U0536132

追寻毛泽东足迹

毛泽东在上海

中共上海市委党史研究室 编

中共党史出版社

图书在版编目（CIP）数据

毛泽东在上海 / 中共上海市委党史研究室编. --
北京：中共党史出版社，2025.4. --（追寻毛泽东足迹）. -- ISBN 978-7-5098-6764-8

Ⅰ.A752

中国国家版本馆 CIP 数据核字第 2024SZ3188 号

| 书　　名：毛泽东在上海
| 作　　者：中共上海市委党史研究室

出版发行：中共党史出版社
责任编辑：赵雨
责任校对：申宁
责任印制：段文超
社　　址：北京市海淀区芙蓉里南街 6 号院 1 号楼　　邮编：100080
网　　址：www.dscbs.com
经　　销：新华书店
印　　刷：北京中科印刷有限公司
开　　本：710mm×1000mm　1/16
字　　数：380 千字
印　　张：28.5　8 面插页
版　　次：2025 年 4 月第 1 版
印　　次：2025 年 4 月第 1 次印刷
书　　号：ISBN 978-7-5098-6764-8
定　　价：72.00 元

此书如有印装质量问题，请联系中共党史出版社读者服务部　电话：010-83072535
版权所有·侵权必究

《毛泽东在上海》修订编委会

主　　编：严爱云

副 主 编：王旭杰　唐洪涛

修订组成员：黄金平　张　鼎

1993年版《毛泽东在上海》编委会

主　编：江　怡
副主编：张文清　裘月屏　马福龙

编辑组

组　长：张文清
副组长：姜守信　李华明
成　员：傅幸艺　严爱云　黄金平

青年毛泽东

1920年5月8日,新民学会会员在上海半淞园合影。左起第七人为毛泽东

1920年毛泽东寓所旧址（原哈同路民厚南里29号，今安义路63号）

1924年5月5日，国民党上海执行部工作人员在孙中山就任非常大总统三周年纪念活动合影。第三排左二为毛泽东

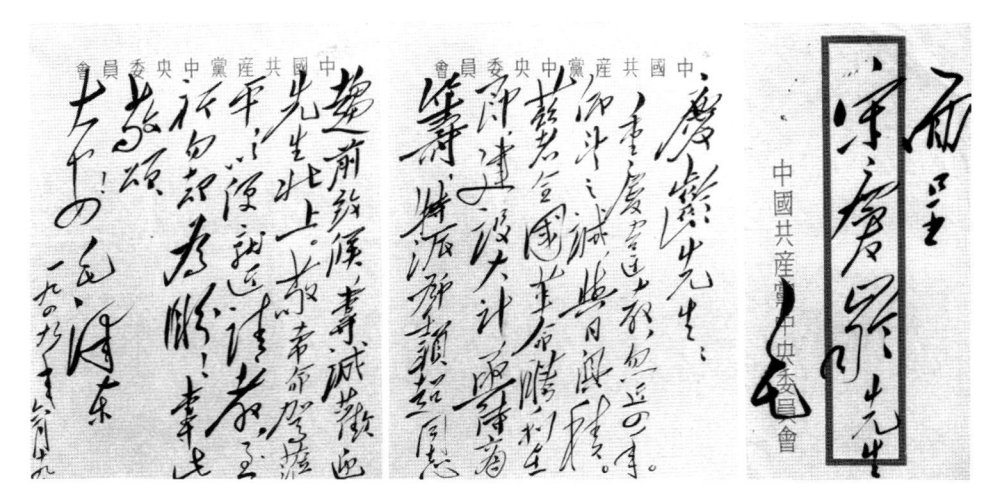

1949年6月19日,毛泽东致函宋庆龄,请她赴北平共商新中国成立后的建设大计

1956年1月10日,毛泽东视察上海江南造船厂

1956年1月10日,毛泽东视察申新九厂

1957年7月8日,毛泽东视察上海机床厂

1958年9月28日,毛泽东视察上钢一厂

1959年4月2日至5日,中共八届七中全会在上海举行

1960年3月19日，毛泽东在沪宴请工人代表

1961年5月1日，毛泽东在上海电机厂和全国劳动模范朱恒握手

1961年5月11日，毛泽东到上海宋庆龄的住所看望宋庆龄

毛泽东在沪接见著名教育家陈望道

毛泽东在沪接见著名数学家苏步青（左一）和著名京剧表演艺术家周信芳

毛泽东在沪与教育、新闻、艺术以及工商界著名人士代表座谈

前　言

毛泽东是伟大的马克思主义者，伟大的无产阶级革命家、战略家、理论家，是马克思主义中国化的伟大开拓者，是近代以来中国伟大的爱国者和民族英雄，是党的第一代中央领导集体的核心，是领导中国人民彻底改变自己命运和国家面貌的一代伟人。

毛泽东的一生与上海结下了深厚情缘。在新民主主义革命时期，他曾13次到上海，在中国革命史上留下光辉足迹。新中国成立后，毛泽东高度重视上海在我国社会主义建设格局中举足轻重的特殊地位，对上海作出许多重要批示、指示，并曾41次亲临上海，深入基层调查研究，结交各方人士，指导上海沉着应对各种复杂局面，寻找适合发挥自身优势的建设道路。

（一）

1919年3月14日，毛泽东生平第一次来到上海，为赴法勤工俭学的湖南青年送行。这是他与上海结缘的开始。1920年5月，毛泽东第三次到上海。他在1936年与斯诺谈话中说：这次到上海，曾经和陈独秀讨论过马克思主义，在我的一生中可能是关键性的时期，对我产生了深刻的印象。当时，陈独秀正在上海发起筹组中国共产党。毛泽东回到长沙后，和何叔衡、彭璜等人创建了长沙共产党早期组织。

1921年7月23日，毛泽东作为长沙代表到上海，出席了中国共产党第一次全国代表大会。1924年国共合作后，毛泽东当选为国民党中央候补执行委员，在国民党上海执行部工作，任组织部秘书、文书科代理主任。同时，他以中共中央执行委员、中央局成员兼秘书的身份，起草并与陈独秀联合签署了许多党内文件。1926年11月上旬，毛泽东在新中国成立前最后一次到上海，任中共中央农民运动委员会书记。主持制定中共中央关于《目前农运计划》，规定了农运发展的重点、原则及与国民党左派协作配合关系，使中共在北伐战争中指导农民运动有了明确的主张。解放战争时期，毛泽东十分关心包括上海在内的国统区人民的革命斗争，视之为配合人民解放战争的第二条战线。

（二）

上海是中国的经济中心，在国际上有较大影响。毛泽东在解放军胜利占领南京后，提出解放上海"慎重、缓进"的指导思想。他要求把解放上海与接管上海一体考虑，军事服从政治，解放服从接管。党中央、毛泽东还精心选配上海解放后的党政班子。他运筹帷幄，亲自决策，以中央军委的名义起草和修改上海战役相关指示电，并确定上海战役"既要歼灭防守之敌，又要完整地保全上海"战略，被陈毅形象地比喻为"瓷器店里打老鼠"。

1949年5月27日上海解放后，党面临执政之初的严峻考验。一方面，国民党封锁出海口，频频轰炸城市，妄图阻断交通，断绝原材料供给，使城市瘫痪；另一方面，投机势力以上海为据点兴风作浪，哄抬物价谋取暴利。上海人民深受物资匮乏、通货膨胀之苦。毛泽东从稳住上海才能稳住全国的高度来把握上海的问题。经他同意，上海市军管会于6月10日一举查封上海证券大楼，抑制银元涨价风，确立起人民币通货地位。不久陈云受命坐镇上海，召开全国财经会议，研究部署克服财政经济困难工作。投机商于1949年7月到次年2月又先后三次发起以"两白一黑"为主的涨价风。在毛泽东支持下,陈云从全国各地调运物资进上海,运用贸易、金融、税收等经济手段,把投机势力彻底打垮,被毛泽东誉为"其功不下于淮海战役"。

经过三年努力,上海迅速治好战争创伤,恢复和发展了国民经济,把十里洋场"五毒"俱全的旧上海,改造成为人民政权巩固、人民生活安定、社会秩序良好、社会风气清新的新上海。

(三)

20世纪50年代中期,毛泽东着手探索适合中国国情的社会主义建设道路。他深入到一些重点地区实地考察。1956年初,来沪视察江南造船厂、申新九厂、上海港等单位,指导上海的经济建设。

1956年5月,陈云带着毛泽东"上海有前途,要发展"的重要指示来到上海,向市委和工商界人士传达,使上海各界深受鼓舞。同年7月,中共上海市第一届代表大会抓住难得的发展机遇,制定了"充分利用、合理发展"工业方针。1960年5月,毛泽东参观上海市科技成果汇报展览时,充分肯定上海自力更生发展科技、研制新产品的成果,勉励科研人员研制火箭要"循序渐进","从无到有,从小到大"。

在党中央、毛泽东的指引下,1963年12月召开的中共上海市第三届代表大会提出把上海建设成为我国先进工业和科学技术基地的奋斗目标。到1966年,上海已初步拥有冶金、化工、机电、仪表、汽车、石化、飞机、电站设备等基础,以及微电子、计算机、光纤通信、生物工程、激光技术等高科技产业,已有70多项产品赶上或接近世界先进水平。上海成为20世纪50年代至70年代我国重要的商品、设备、技术、资金的来源地,工业总产值一直占全国的1/5到1/8,利税总额占全国的1/4到1/6。从普通日用品到汽车、飞机、机电设备和运载火箭，上海都能制造，为改革开放后再创辉煌奠定了重要基础。

（四）

毛泽东的《论十大关系》始终围绕着一个基本方针，就是要把国内外一切积极因素调动起来，为社会主义事业服务。他热情鼓励上海自力更生、革新创造，全心全意依靠工人阶级。他广交上海各界朋友，赞赏激励人民群众的积极性和创造力。

1957年，毛泽东肯定上海机床厂培养工人技术人才、提高工人文化水平的做法，要求全面关心职工的政治思想、文化技术的进步。当他听说上海锅炉厂有位老工人爱厂如家，数十年如一日地珍惜落在地上的每一颗螺丝钉时，赞扬说："工人阶级就要发挥这种精神。"当得知上钢一厂没有外国专家、主要依靠自己的工程师和技术人员完成二转炉车间建设后，他赞许说这个厂大有可为！他勉励上海机床厂"要走独立设计制造的道路"，强调学习外国先进经验要"为我所用"。鼓励搞技术革新、技术革命，说："不试验，不失败，不成功。凡事都要经试验，在失败中取得经验，然后才会成功。"在党中央、毛泽东的倡导下，上海开展社会主义劳动竞赛，掀起技术革新和技术革命热潮，实现工人、技术人员、干部"三结合"，发挥"蚂蚁啃骨头""猴子骑大象"精神，创造了我国的许多"第一"。上海率先制造出世界首台双水内冷发电机和万吨水压机；研制出甲种分离膜，为中国原子弹的研制作出重要贡献；成功实现断手再植；人工合成出结晶牛胰岛素，推动了中国科技的自主创新发展。

毛泽东多次接见上海教育、文艺、科技、工商等各界代表，广泛听取意见。1953年10月，毛泽东召开工商界人士座谈会，邀请上海荣毅仁、刘靖基等参加，希望他们把工厂办得更好，期待他们带头改造。1955年10月，毛泽东再次邀请全国工商联部分成员座谈，推心置腹地讲解和平赎买政策，上海胡厥文、荣毅仁等深受教育，不久上海顺利实现对资改造。毛泽东重视发挥知识分子作用，我国首部彩色越剧戏曲电影艺术片《梁山伯与祝英台》是百花齐放的产物。毛泽东不仅明确支持越剧男女合演的改革，还两次观赏越剧舞台剧《梁山伯与祝英台》，鼓励编演人员。1953年该剧拍摄成电影后，于1954年8月24日公映，为亿万民众所喜爱，并在国际电影节上获奖。1957年3月，毛泽东鼓励复旦大学教授谈家桢："一定要把遗传学研究工作搞起来，要坚持真理，不要怕。"1958年1月，毛泽东专门邀请谈家桢、周谷城、赵超构赴杭州，请他们反映接触到的和熟悉的各方面情况。在毛泽东倡导下，上海得以团结一切可以团结的力量共赴时艰，凝聚人心汇聚民智屡创奇迹。

毛泽东，他的名字、他的思想、他的风范早已深深刻在上海人民心中。缅怀他的丰功伟绩，将激励我们向着全面建设社会主义现代化国家新征程，向着实现中华民族伟大复兴的中国梦，继续奋勇前进！

目 录

综述 \ 1

文献资料

 致黎锦熙信（一九二〇年六月七日）\ 35

 湖南人民的自决（一九二〇年六月十八日）\ 38

 湖南改造促成会复曾毅书（一九二〇年六月二十三日）\ 40

 北京政变与商人（一九二三年七月十一日）\ 44

 江浙农民的痛苦及其反抗运动（一九二六年十月二十五日）\ 48

 关于发展游击战争致刘少奇等电（一九四一年四月三十日）\ 53

 转发松江县召开各界人民代表会议经验的电报（一九四九年十月
  十三日）\ 54

 给上海市纸业革新促进会的题词（一九四九年十月十三日）\ 57

 关于收集和研究上海税收办法的批语（一九四九年十一月四日）\ 58

 中央关于协商委员会的职权给华东局的电报（一九四九年十一月
  二十四日）\ 60

 关于了解华东区县市人民代表会议召开情况的电报（一九四九年
  十二月二十九日）\ 61

 为了解上海工商业家困难的真实情况给陈云的电报（一九四九年十二月
  三十日）\ 62

关于税收和失业问题给陈毅的电报（一九五〇年四月十六日）\ 63

关于目前几个月的工作方针给陈毅的电报（一九五〇年四月二十三日）\ 64

对陈毅关于上海打退四月危机的报告的批语和复电

（一九五〇年五月十三日、十四日）\ 65

对上海党政群机关团体编制情况报告的批语

（一九五〇年八月二十日）\ 67

中央关于同意以大战略区为单位在上海设办事处的电报（一九五〇年

九月十四日）\ 69

中央对上海市委关于在工厂中开展"三反"运动的指示的批语

（一九五二年二月七日）\ 71

关于上海市应抓紧完成"三反"打虎任务开展"五反"斗争的电报

（一九五二年二月二十三日）\ 73

转发华东局关于上海某些资本家借公私合营损公肥私的报告的批语

（一九五二年二月二十五日）\ 75

对薄一波关于上海"三反""五反"情况和部署的报告的复电（一九五二年

二月二十九日）\ 76

转发薄一波关于上海市"五反"准备工作报告的批语（一九五二年三月

五日）\ 77

对薄一波关于上海工商户分类和"五反"部署的报告的批语（一九五二年

三月十三日）\ 81

中央关于增加受保护的资本家数目给上海市委的电报（一九五二年三月

十六日）\ 83

中央转发薄一波关于上海市"五反"策略和部署的报告的批语（一九五二年三月二十九日）\ 85

中央转发上海市委关于在"三反""五反"中严格执行各项纪律的决定的批语（一九五二年三月二十九日）\ 87

为转发一封关于工人监督生产问题来信的批语（一九五二年四月三日）\ 89

中央转发上海市"五反"第一期总结报告的批语（一九五二年四月四日）\ 91

中央转发薄一波关于上海"五反"第二期部署的报告的批语（一九五二年四月五日）\ 93

中央转发薄一波关于上海"五反"第二期经验报告的批语（一九五二年四月八日）\ 95

中央转发上海市委关于争取违法资本家立功赎罪的经验的批语（一九五二年四月十五日）\ 97

对薄一波关于上海"五反"报告的批语和在中央复电稿中加写的话（一九五二年四月十五日、十六日）\ 99

对华东局关于上海国棉二厂团结技术人员解决生产关键问题的经验通报的批语（一九五二年十二月二日）\ 101

关于加强上海防空工作的批语（一九五三年二月四日、九日）\ 103

关于通报上海市税务机关征税中严重违反政策的批语（一九五三年三月二十七日）\ 105

中央关于在全国开展以除四害为中心的爱国卫生运动的通知（一九五八年一月三日）\ 107

对《上海新闻出版和文学艺术部门党内负责干部的一些意见》的批语（一九五八年三月十五日）\ 109

对《上海最近情况（三月二十四日电话消息）》的批语

  （一九五八年三月二十五日）\ 111

回忆与研究

"社会主义需要数学"——回忆毛泽东主席的几次接见 苏步青 \ 113

"把遗传学研究搞起来"——回忆我与毛泽东主席的交往 谈家桢 \ 120

毛泽东影响我一生 邓裕志 \ 126

难忘的会见 陈铭珊 \ 130

殷切教诲从头习——追忆毛主席七次接见 赵超构 \ 133

萍水相逢 终身为友——我与毛主席的交往 许志行 \ 138

一次不平常的会见 刘大杰 \ 145

永恒的怀念 范瑞娟 \ 150

毛主席途经松江 李崇 \ 157

谆谆教导 殷切期望——回忆毛泽东首次视察上海港 韩克辛 \ 160

幸福的回忆 姚哲 \ 168

毛主席在工人中间——忆毛主席视察上海机床厂 艾丁 方杰 \ 172

"这个厂大有可为"——毛主席视察上钢一厂二转炉车间

  上海第一钢铁厂 \ 177

回忆毛主席视察黄浦江 王彬南 \ 180

难忘的一小时 潘先觉 \ 183

毛泽东宴请上海工人代表 张金平 \ 188

毛主席视察驻沪海军"长江""洛阳"舰 于国颖 \ 192

一张珍贵的照片 孙花满 \ 197

毛主席对我入党的鼓励 丁是娥 \ 201

我为毛主席表演魔术　莫非仙 \ 202

我在怀仁堂见到了毛主席　张秀英 \ 204

毛主席看芭蕾舞剧《白毛女》　上海舞蹈学校 \ 206

中秋月圆夜　稼耘 \ 208

于细微处见崇高精神　张玉华 \ 211

我第一次为毛主席摄影　徐大刚 \ 214

我为毛主席理发　钱水桃 \ 216

我为毛主席缝制衣服　周庆祥 \ 223

毛泽东与陈望道的交往　邓明以 \ 226

毛泽东与周谷城　孙琴安 \ 231

记毛泽东与张元济的交往　张人凤 \ 240

毛泽东与张维的友情　魏耀华 \ 247

毛泽东和中国共产党的创立　华幸 \ 254

在上海开展驱张宣传促进湖南自治运动　沈瑞康 \ 267

毛泽东在中央局和国民党上海执行部　任武雄 \ 271

毛泽东一家在上海　陈振国 \ 283

"黄庞惨案"与毛泽东上海之行　陈绍康 \ 287

毛泽东与上海郊区早期的农民运动　孙根宝　王伟雄 \ 291

20世纪30年代中期毛泽东与上海的统战工作　张义渔 \ 297

毛泽东与抗战前后的上海地下党　翁三新 \ 302

毛泽东与解放战争时期上海人民的革命斗争　李三星 \ 313

毛泽东与上海战役　王致冰　庄培昌 \ 327

两位伟人的革命友谊——毛泽东和宋庆龄　张义渔 \ 339

毛泽东肯定松江县各界人民代表会议经验　杨明辉 \ 346

支持上海度过"四月危机"　马福龙　孙锡鸿　孙强 \ 350

毛泽东与上海工人　张金平 \ 357

"送走瘟神　迎来新生"　孙根宝　王伟雄 \ 363

毛泽东与上海的资本主义工商业的社会主义改造　吴祥华 \ 366

遵循经济规律　重提实事求是　孙强　裴建国 \ 379

毛泽东与上海大事记 \ 387

后记 \ 439

修订版后记 \ 441

综　述

　　在纪念毛泽东诞辰的庄重日子里，上海人民怀着崇敬的心情缅怀这位伟大的马克思主义者、中国共产党、中国人民解放军、中华人民共和国的主要缔造者，缅怀他为上海建立的丰功伟绩、缅怀他和上海人民的深情厚谊。

　　在上海的历史上，记载着毛泽东莅临上海 50 余次的重要活动，以及他为指导上海的革命和建设作出的许多重要指示，留下了他光辉的足迹和伟大的思想。在党的创建时期，毛泽东曾多次到上海，为寻求救国救民的真理，积极开展革命活动，参与党的创立。当党确立反帝反封建的民主革命纲领，建立民主联合战线时，毛泽东积极推动首次国共合作，受党的委派到上海参加国民党上海执行部工作。大革命失败后，毛泽东到农村开创革命根据地，创建工农红军，以红色政权的星星之火，鼓舞、支持着上海人民艰难曲折的斗争。全民族抗战爆发后，上海人民发出抗日救亡的怒吼。在党中央和毛泽东的亲切关怀和正确指导下，上海党组织得到恢复和发展，把上海各界力量汇聚到抗日民族统一战线的旗帜下，在艰苦的抗日斗争中充分发挥了战斗堡垒作用，为抗日战争的最终胜利奠定了深厚的群众基础。而当毛泽东领导全国人民最后埋葬蒋家王朝的反动统治时，他又把蒋管区人民的革命斗争作为与国民党斗争的第二条战线，并作出了蒋介石"处在全民的包围中"的科学论断，指导上海人民的斗争，直至配合解放军，里应外合迎接解放。更令上海人民不能忘怀的是，毛泽东高瞻远瞩、运筹帷幄，为解放上海制定了一系列方针、政策、战略、策略，使上海人民顺利地从悲惨苦难的生活中解放出来,一个完整的上海回到了人民手中。解放后,上海,这个我国最大的工商业城市,全国经济文化中心,面临美蒋封锁、轰炸,敌特破坏,投机盛行,经济千疮百孔。党中央、毛泽东对上海各方面工作关心指导,指引上海人民迅速克服各种困难,荡涤一切污泥浊水,取得了改造旧上海,建设新上海的巨大成就。在全国开展大规模经济建设时,毛泽东发表《论十大关系》重要讲话,帮助上海确定了"充分利用、合理发展"的工业方针,使上海积极发挥自身潜力和优势。经过17年的艰苦奋斗,上海建设成为一个门类齐全,有着先进工业和科学技术的基地,在全国国民经济中起着重要的作用。

上海人民永远不会忘记,是毛泽东拨正了新民主主义革命的航道,使上海人民从"三座大山"压迫下解放出来。解放后,毛泽东开创、探索社会主义改造和建设道路,指引上海城市改造和建设取得了重大胜利。新中国成立以后,毛泽东曾40余次来上海,视察工厂企业,接触干部群众;亲自向干部作报告,宣传党的方针、政策;广泛接见各界人士、交朋友,倾听各方面的反映。毛泽东的光辉思想,领袖风范,深印在上海人民的心中,上海人民永远怀念毛泽东。

一 探寻救国救民之路 参与党的创建活动

在灾难深重的旧中国,一批批仁人志士为了改变祖国的境遇和命运,前仆后继,开展各种反抗和斗争,但一次次都失败了。辛亥革命,虽然结束了几千年的君主专制制度,但没有彻底打倒帝国主义和封建主义,中国劳动人民依然处在苦难的深渊之中。中国先进的知识分子开始寻找新的救国之路。以民主和科学为口号的新文化运动在上海应运而生,尤其是俄国十月社会主义革命胜利的消息,为处于艰辛摸索中的先进分子指明了一条马克思主义的新路。

青年时代的毛泽东，思想活跃，抱负远大。早在湖南省立第一师范求学时，就一直深切关注社会问题，经常与同学们讨论危难之中的国家大事。并与同学蔡和森等发起成立新民学会，切磋学术，砥砺品行。当蔡元培、李石曾等人发起组织青年赴法勤工俭学的消息传来时，新民学会会员们跃跃欲试。当时欧洲德、奥、捷各国正爆发着无产阶级革命，俄国又是十月革命的故乡，赴法勤工俭学既做工、又读书，又可以就近了解俄国十月革命和欧洲革命情况，因此一些有志青年十分向往。毛泽东和蔡和森积极倡导、组织湖南留法勤工俭学活动，他为此倾注了大量心血。在留法勤工俭学高潮中，全国赴法勤工俭学1600多人，而湖南就有300多人。上海地处沿海，是留法启程的主要口岸。毛泽东由于欢送赴法的战友，开始了他与上海这座城市最初的交往。他曾于1919年3月和1920年5月，两次到上海，专程去码头为留法勤工俭学的战友送行。毛泽东勉励他们勤工之余多多研究进步的思想学说，了解各国情况，加强通信交流，并把勤工俭学作为新民学会向外发展工作的新内容。

尽管毛泽东本人没有踏上留洋寻求真理之路，但他立足国内革命实践，开始了由激进民主主义者向马克思主义者的思想转变。

1920年5月，毛泽东为欢送赴法勤工俭学的新民学会会员，在沪逗留两个多月时间，其间曾多次前往霞飞路（今淮海中路）老渔阳里2号，拜访被他视为"思想界的明星"的陈独秀。毛泽东早在北京大学图书馆任职期间，就与中国新文化运动主将陈独秀、李大钊结识，受他们影响，开始接受马克思主义。这次在上海，毛泽东和陈独秀谈论了各自读过的马列书籍和政治信仰；特别是陈独秀谈论马克思主义关于无产阶级革命理论，对毛泽东产生了深刻影响。毛泽东后来回忆说，这段时期"可能是一生中最关键的时期"。并说："到了1920年夏天，在理论上，而且在某种程度的行动上，我已成为一个马克思主义者了，而且从此我也认为自己是一个马克思主义者了。"

也就是在与陈独秀的交往中，毛泽东接受了陈独秀要求在长沙建立共产党早期组织的委托，并开始了他直接为建立无产阶级政党而进行的革命实践。

从上海回湖南后，毛泽东首先建立与建党直接有关的宣传新文化、传播马克思主义和十月革命经验的团体——文化书社、俄罗斯研究会。同时，将新民学会由"改良人心风俗"为宗旨的学术性机构改组为旨在"改造中国与世界"的政治性团体，使其性质由民主主义逐渐接近马克思主义，为党的建立奠定了组织基础。1920年冬，长沙共产党早期组织正式成立。

在这一系列建党实践活动中，毛泽东进一步加深了对马列主义建党学说和无产阶级专政理论的认识。1920年和1921年，他与远在法国勤工俭学的蔡和森，就"改造中国与世界"的具体方法和建党问题，进行通信交流。在走俄国人的道路、组织共产党、经过无产阶级革命和无产阶级专政，达到改造中国社会目的等问题上达成共识。毛泽东还明确指出："唯物史观是吾党哲学的根据。"中国共产党的创立，正是毛泽东等一批早期马克思主义者建党思想实践的结果。

1921年7月，毛泽东作为长沙共产党早期组织的代表，在上海出席了中国共产党第一次全国代表大会。在会上，他报告了湖南党组织的建立情况、主要工作、活动方式、经验教训。在讨论工人群众的组织形式时，毛泽东还根据自己在湖南接触工人运动的体会，坚决主张应该把整个工人阶级团结起来，组织起来，表达了他早年对马克思主义与中国工人运动相结合的思想。

中国共产党的诞生，是中国开天辟地的大事，从此中国革命的面目为之一新。从此，毛泽东的名字和中国共产党分不开，他为中国劳动人民的解放奋斗了一生。

二 推动首次国共合作 开展反帝反封建斗争

党成立后第二年,又在上海召开了第二次全国代表大会。毛泽东作为代表曾来上海,因找不到开会地点,没有出席大会。但是,二大明确提出的反帝反封建民主革命纲领和建立民主的联合战线的策略,他很赞同并坚决贯彻。

1923年6月,中国共产党第三次全国代表大会在广州召开,中心议题就是为实现反帝反封建民主革命纲领,加速国共合作为主体的统一战线的建立。毛泽东作为湖南代表,在会上多次发言,赞成以党内合作的形式实现国共合作。并在会上被选为中央执行委员,与陈独秀、罗章龙、蔡和森、谭平山5人当选中央局成员,兼任中央局秘书,成为中国共产党的核心领导人之一。

党的三大以后,毛泽东由广州来到上海。他积极贯彻党的有关决议,从理论和实践上推动全国各阶层的联合战线,开展反帝反封建的国民革命。在上海期间他积极协助蔡和森编辑在上海出版的中共中央机关刊物《向导》周报,宣传党的主张;并在1923年7月11日第31、32期《向导》周报合刊上发表《北京政变与商人》,指出:"中国现在的政治问题,不是别的问题,是简单一个国民革命问题;用国民的力打倒军阀并打倒和军阀狼狈为奸的外国帝国主义……""革命的大业〔不〕是容易的事……惟有号召全国商人、工人、农人、学生、教职员,乃至各种各色凡属同受压迫的国民,建立严密的联合战线,这个革命才可以成功。"毛泽东还受中共中央派遣和国民党本部的委托,在湖南开展筹建国民党地方组织的活动。

1924年1月,标志国共合作的国民党第一次全国代表大会召开。毛泽东在会上当选为国民党中央执行委员会候补委员。不久,受中共中央委派，与罗章龙、王荷波等一起来到上海，参加国民党上海执行部工作。由于国民党上海执行部文书科主任始终没有到任，代理此职的毛泽东成了实际负责人。同样，组织部也因部长胡汉民以元老自居，不屑处理日常事务，实际工作还是由任组织部秘书的毛泽东负责，因此毛泽东被人称为"代组织部长"。

毛泽东在国民党上海执行部工作期间，在上海逗留一年，是他新中国成立前在沪逗留最长的一次。他为贯彻党的民主联合战线的策略竭尽心力。当时国民党成分复杂，严重脱离群众，当时的上海《国民日报》就说："只要花一元钱，不问什么人，都是党员。"为了帮助国民党改变这种严重涣散局面，根据国民党一大宣言精神和孙中山"除恶留良"的指示，国民党上海执行部组织部在毛泽东主持下，对各地组织进行调查，对旧党员实行重新登记。此项工作，受到来自国民党右派的阻挠、破坏。毛泽东等共产党人，不计个人得失，一切以国家民族利益为重，晓之以理。终于使登记工作得以顺利完成，清除了国民党内的一些极度腐败分子，打击了右派势力的嚣张气焰。

与国民党右派势力的斗争始终是国民党上海执行部内的重要工作，也是事关国共合作长期存在的关键。为此，毛泽东以中共中央局秘书身份与陈独秀委员长于1924年7月21日联名签署《中共中央第15号通告》，指出："我们在国民党的工作，甚重要而又极困难"，"为图革命的势力联合计，……须尽我们的力量忍耐与之合作"，"然为国民党革命的使命计，对于非革命的右倾政策，都不可隐忍不加以纠正"。根据《通告》的精神，毛泽东等中共党员与国民党右派露骨的破坏活动开展了必要的斗争。1924年8月，国民党上海执行部发生右派殴打邵力子致伤事件，毛泽东牵头与恽代英、邓中夏、沈泽民等联名上书孙中山，控告国民党上海执行部实权人物叶楚伧"主持不力，迹近纵容"，要求严惩凶手。同年10月，又发生右派雇佣流氓殴打发表反帝演说的上海大学学生黄仁致死事件。经毛泽东等共产党人的坚决斗争，使国民党上海执行部作出抚恤死者，开除肇事者出党的决议。

毛泽东还积极推动国民党上海执行部其他各方面工作。先后成立平民教育运动委员会、妇女运动委员会、青年委员会，它们成为发动群众、组织群众，推动国民革命运动的重要组织。特别是负责黄埔军校在上海的招生事宜，为广州黄埔军校招募了一百余名优秀学员。以后成为中华人民共和国十大元帅之一的徐向前，就是由国民党上海执行部招考，经广州复试而成为黄埔军校第一期学员。

毛泽东在国民党上海执行部工作期间，做了大量具体而有实效、被称为"播种子"的工作。当时中国共产党党员人数很少，但是由于统一战线的威力，党的反帝反封建纲领成为各阶层的共同要求，终于爆发了轰轰烈烈的大革命高潮。毛泽东这段时期在上海作为"播种者"之一作出了积极贡献。

三　关怀上海人民斗争　端正白区工作方针

大革命失败后，毛泽东到井冈山开创革命根据地，创建了工农红军。他从实践上和理论上创造了农村包围城市，武装夺取政权的中国新民主主义革命道路。红军和革命根据地的存在和发展，给上海地下斗争以巨大的支持和鼓舞。但由于"左"倾冒险错误的领导，上海党的工作和根据地的斗争都遭到严重的破坏。1935年1月，遵义会议召开，事实上确立了毛泽东在党中央和红军的领导地位，中国革命从此驶入正确的航道。1935年12月，毛泽东主持召开瓦窑堡会议，系统地批判了"左"倾冒险主义，确定了抗日民族统一战线的政治路线，并着手端正白区工作的指导方针，采取切实措施加强白区党的组织和领导，决定恢复和重建上海地下党组织。会后，党中央、毛泽东委派冯雪峰回沪了解情况，做重建上海地下党组织的准备工作，要上海党组织担负起联合各党各派共同抗日的使命。

1937年5月，党中央在延安召开全国白区工作会议，批判了"左"倾关门主义错误，阐述了党在新形势下白区工作的基本方针和斗争策略。会后，派刘晓前往上海，全面主持上海和江浙地区党组织的重建和恢复工作。刘在离开延安回上海前夕，毛泽东接见了刘晓，并就白区工作的策略方针作了指示。毛泽东指出：中国革命是长期的，地下工作也要有长期打算，不在一时一事和敌人计较短长。地下工作要善于积蓄力量，不能浪费力量。要不浪费力量，就要学会做群众工作，不能光是只有左派参加。秘密工作不是关在房子里，关在机关里，而是要隐蔽在群众里面。他还特别盼咐，具体工作怎么做，一定要根据具体情况作出决定。

刘晓回到上海，当时正是日本帝国主义全面侵华战争爆发之时，上海人民发出抗日救亡的怒吼。他根据飞速发展的抗日形势，把党的恢复重建和领导蓬蓬勃勃的群众抗日救亡运动结合起来。本着广泛团结一切爱国力量共同抗日的宗旨，决定将各界救国会扩大为具有更广泛群众性的上海各界救亡协会，把群众最大限度地组织起来。毛泽东对上海党组织这一决定，给予充分的肯定，并指示上海党组织要"加强各种救亡协会与救亡团体的群众工作，扩大这些团体的群众基础与独立民主的救亡活动"[①]。在领导群众团体的工作方法上"必须彻底改变命令主义和包办主义的工作方式，尽量发展民主主义，吸收无数的积极分子参加工作，发扬他们最大的积极性与创造性"[②]。并强调与国民党的合作中"只有同国民党包而不办的政策作严重的斗争，民族统一战

---

① 中央档案馆编：《中共中央文件选集》（第11册），中共中央党校出版社1991年版，第375页。
② 中央档案馆编：《中共中央文件选集》（第11册），中共中央党校出版社1991年版，第375—376页。

线与国共两党合作,才能有进一步的成功与发展"。在党中央、毛泽东的正确指引下,上海各界救亡协会成为上海地下党领导群众抗日的公开合法阵地,各协会高举抗日民族统一战线的旗帜,把各界的抗日力量汇成浩浩荡荡的抗日大军。上海党组织也在开展抗日救亡运动中得到恢复和发展,党的基层组织在新的基础上建立和健全,并在抗日斗争中发挥了战斗堡垒作用。

上海沦陷后,毛泽东又及时给刘晓来电,指出:"上海失去后,上海救亡运动必将更为困难,公开救亡团体应准备必要时转入秘密状态,党的秘密工作亦应有新的布置,严防敌人的突然袭击。工作方式应有必要的转变。"[1] 以后毛泽东又继续指示上海工作要长期积蓄,保存力量,准备将来决战;要转变组织形式和领导方式。江苏省委根据毛泽东的这些指示,把上海党的工作转向深入基层,面向生产部门。动员和组织全体党员实现职业化、社会化,坚持"勤学、勤业、交朋友"的方针,扎根于群众之中。在斗争形式上,把公开工作与秘密工作相结合,合法斗争与非法斗争相结合,上层统战工作与基层群众工作相结合,并把城市工作与郊县武装斗争紧密配合。毛泽东的这些指示和刘少奇、周恩来等关于白区斗争的思想和实践,逐步发展形成当时党的"隐蔽精干,长期埋伏,积蓄力量,以待时机"的白区工作方针。到1945年抗战胜利前夕,上海许多重要工厂、企业和大中学校都建立了党的组织,党员已发展到约2000人,开辟了青浦、浦东、嘉定、崇明、苏、常、太、澄、锡、虞等抗日游击区,配合新四军有力地抗击了日本帝国主义的侵略。

抗战胜利后,中国面临着两个前途、两种命运的严重斗争。党中央、毛泽东顺应全国人民普遍期待的和平建设的愿望,和国民党进行和平谈判。毛泽东对上海人民开展的争取和平民主的运动十分重视和

---

[1] 中央档案馆编:《中共中央文件选集》(第11册),中共中央党校出版社1991年版,第389页。

关怀。1946年6月23日，上海人民和平请愿团代表在南京下关车站遭到国民党特务毒打。毛泽东获悉后即与朱德联名致电上海人民和平请愿团马叙伦等代表，电称："先生等代表上海人民奔走和平，竟遭法西斯暴徒包围殴打，可见好战分子不惜自绝于人民。中共一贯坚持和平方针，誓与全国人民一致为阻止内战，争取和平奋斗。"①

由于国民党蒋介石撕毁政协协议，妄图通过战争来削弱直至消灭人民革命力量，发动了全面内战。后来毛泽东在自卫还击、战略进攻、战略决战各阶段，指挥千军万马南征北战之时，始终关注着上海人民的斗争。1946年12月，上海发生震动全市的摊贩事件，数千名摊贩为抗议国民党取缔、镇压摊贩，包围了黄浦、老闸警察局，与军警对峙。斗争连续几天，几个区所有商店全部停业，交通瘫痪。毛泽东把上海摊贩事件和北京学生抗议美军暴行运动看作为"蒋管区人民斗争的新高涨"的标志，并预言："解放区人民解放军的胜利和蒋管区人民运动的发展，预示着中国新的反帝反封建斗争的人民大革命毫无疑义地将要到来，并可能取得胜利。"②

1947年5月20日，上海、南京、杭州、苏州等市专科以上学生5000余人举行"抢救教育危机"联合大游行，遭到国民党军警的血腥镇压，发生了震惊全国的五二〇惨案。惨案激起了全国各地、各阶层人民群众的义愤，"反饥饿、反内战"运动扩大到全国60多个大中城市。当时正是国民党发动重点进攻，党中央主动撤出延安，毛泽东继续留在陕北与国民党军队周旋，指挥着全国各战场作战之时。5月30日，毛泽东专门为新华社撰写了《蒋介石政府已处在全民的包围中》的评论文章，对以学生为先锋的爱国民主运动作了充分肯定和高度评价，指出："中国境内已有了两条战线。蒋介石进犯军和

---

① 《中共上海党史大事记》(1919—1949)，知识出版社1988年版。
② 《迎接中国革命的新高潮》，《毛泽东选集》第四卷，人民出版社1991年版，第1212页。

人民解放军的战争,这是第一条战线。现在又出现了第二条战线,这就是伟大的正义的学生运动和蒋介石反动政府之间的尖锐斗争","学生运动的高涨,不可避免地要促进整个人民运动的高涨"。他充满信心地断言:"中国事变的发展,比人们预料的要快些。一方面是人民解放军的胜利,一方面是蒋管区人民斗争的前进,其速度都是很快的。"他号召中国人民为夺取革命的最后胜利"应当迅速地准备一切必要的条件"[①]。

由于人民解放军节节胜利,上海的解放指日可待。毛泽东对上海解放高度重视,他认为,我们进上海是中国革命过一难关,它带全党全世界性质[②],要求全党全军为解放上海做好充分的准备。中共上海地下市委根据党中央、毛泽东里应外合解放上海,争取完整地把上海交给人民的指示,调整组织,加强群众斗争领导,同时,大量吸收在历次斗争中经受考验的、意志坚定的工人和学生积极分子入党,上海解放前夕,全市党员达8000余人。上海党组织还广泛发动各系统的群众开展护厂、护校、反搬迁、反破坏斗争;建立有10万人参加的人民保安队和人民宣传队;并开展敌情调查,进行情报、劝降、策反等工作,配合人民解放军的军事行动。终于使上海完整地回到了人民的手中。

"在反革命势力以野蛮的白色恐怖迫使中国革命的主力由城市转入乡村以后,上海仍然是中国工人运动、革命文化运动和各民主阶层爱国民主运动的主要堡垒之一。"这是毛泽东在亲自修改的新华社社论《祝上海解放》中对上海人民革命斗争的高度评价,也表达了他一贯对上海人民革命斗争的高度重视和深切关怀。

---

① 《蒋介石政府已处在全民的包围中》,《毛泽东选集》第四卷,人民出版社1991年版,第1224—1227页。
② 《陈毅在上海》,中共党史出版社1992年版。

四 运筹帷幄战上海 军政全胜创奇迹

中国人民解放军在取得辽沈、淮海、平津三大战役胜利后，乘胜追击。1949年4月，百万雄师下江南，一举突破长江天险。4月23日攻克国民党首府南京，5月初解放了苏南、皖南、杭州及浙江大部，形成对上海的包围。

上海是旧中国的经济中心，是国民党在京、沪、杭地区负隅顽抗的最后一个据点，守军20余万，并依托4000余处永久性工事。4月26日蒋介石亲赴上海策划和部署防务，他要京沪杭警备总司令汤恩伯坚守6个月，妄图利用这段时间抢运黄金和重要物资设备，并幻想国际局势发生变化，出现国际干涉。

毛泽东对上海的解放和接管极为关注。早在七届二中全会期间，和中共中央华东局负责人讨论解放上海的问题时，就提出了"慎重、缓进"的方针①。为使上海人民早日从黑暗的深渊中解脱出来，生命财产免遭战火涂炭，同时使上海能在解放后迅速恢复和发展生产，为新中国建设发挥独特作用，毛泽东为此深思熟虑，匠心安排。他以中央军委名义为上海战役亲自起草和修改了19份电文，又找各方面人士面谈商议，运筹帷幄，集中全党智慧，作出了一系列重要决策和指示。

"既要歼灭防守上海之敌，又要完整地保全上海"，这是毛泽东解放上海的总的指导思想②。后来陈毅、邓小平在丹阳集训干部时阐述毛泽东这一指导思想，一再告诫广大指战员：单纯军事上占领城市是小胜，只有完整地把上海交给人民才是大胜、全胜。陈毅并把战上海比

---

① 《潘汉年传》，中国人民公安大学出版社1991年版。
② 中国人民解放军上海警备区、中共上海市委党史资料征集委员会编：《上海战役》，学林出版社1989年版。

喻为瓷器店里打老鼠,既要把老鼠打死,又要不损坏瓷器。这一指导思想后来成为战上海时广大指战员的共识。

毛泽东强调军事行动要服从政治需要。在发起战斗前,提出稳住国民党京沪杭警备总司令汤恩伯,不使其过早逃离上海,以免造成上海混乱。4月28日给总前委和第三野战军粟裕、张震的电文中明确指示:"为使汤恩伯在上海稳住一个时期","暂不去占苏州、昆山、太仓、吴江、嘉兴诸点,以利我们有准备地夺取上海"[1]。后来,根据敌我变化情况,5月6日又及时作出:"先行占领吴淞、嘉兴两点,断敌人从吴淞及乍浦两处逃路,然后从容布置,待你们准备好的时候,再去占领上海。"[2] 在攻城时机上,强调不以攻城部队是否准备就绪为准,而以接管上海的准备工作情况而定。当华东局向党中央报告接管上海的准备工作基本就绪后,5月20日,毛泽东才以中央军委名义下达了对上海总攻击的命令,使上海各行各业的接管工作有充裕时间准备,得以井然有序地进行。在进攻的步骤和方法上,毛泽东集思广益,充分发挥解放上海部队的聪明才智。他和中央军委首先同意三野提出的"从两翼迂回,钳击吴淞口,切断敌军退路"的作战方案,迫使敌人为保护其退路而集中全力在吴淞周围与我军决战,从而把市区守敌逐步调动出来,大量歼敌于郊外,使市区免受破坏,又使敌人不能从海上运走更多物资。后来根据市区守敌空虚的情况变化,又明确指示粟裕、张震:"攻击步骤以先解决上海,后解决吴淞为宜。"[3] 人民解放军据此迅速调整了进攻步骤,实施四面八方同时出击,一举解放上海市区,并攻占了吴淞口两侧地区。

---

[1] 中国人民解放军上海警备区、中共上海市委党史资料征集委员会编:《上海战役》,学林出版社1989年版。
[2] 中国人民解放军上海警备区、中共上海市委党史资料征集委员会编:《上海战役》,学林出版社1989年版。
[3] 中国人民解放军上海警备区、中共上海市委党史资料征集委员会编:《上海战役》,学林出版社1989年版。

在解放上海过程中，毛泽东"要完整地保全上海"的指示得到广大指战员和上海地下党切实贯彻执行。为把人民生命财产损失减少到最低限度，在市区作战时，面对敌军凭借高楼大厦居高临下的火力网，解放军战士宁肯牺牲自己也不使用火炮和炸药。在地下党协助下，上海的重要设施、建筑、文物大都完好地保存下来。由于地下党组织纠察队、人民保安队护厂、护校，保证生产、生活照常进行，因此，在激烈的战斗中，全市水、电、煤气、电话依然畅通运行，商店大多开门营业，使上海人民在战火中仍保持正常生活。

毛泽东把军政全胜看作是衡量上海战役胜利的标志。早在七届二中全会期间，他就为上海的解放和接管作了具体的安排和部署，确定由陈毅担任未来的上海市市长，从解放区抽调一批富有经验的军政干部，和原在上海地下党工作的一批优秀的领导干部，作为上海未来的领导骨干。毛泽东接见了其中部分干部，一再向他们交代：上海战役的关键是完整地保全上海。他勉励大家说："华东的同志如果能够把上海搞好，上海和全中国的人民永远不会忘记你们。全中国与全世界的人民，甚至我们的敌人都将以上海工作的好坏来考验我们党有无管理大城市及全国的能力。"[①] 毛泽东几次接见中共上海地下党负责人刘晓，听取有关上海情况的汇报。从1949年3月31日至4月2日，毛泽东还9次邀请已到北平的陈叔通、黄炎培、章乃器、盛丕华等上海著名民主人士座谈，征询他们对接管上海的意见和建议。经过广泛调查研究，4月25日毛泽东亲自起草了《中国人民解放军布告》，批准了接管江南城市政策，实施"按照系统、整套接收、调查研究、逐渐改造"的方针。毛泽东在精心运筹解放和接管上海的过程中，经常提醒干部要全心全意依靠工人阶级，同时要注重调动各界人士的积极性。1949年4月7日，党中央专门致电华东局，要他们"争取资产阶级代表人

---

① 《中国共产党在上海》（1921—1991），上海人民出版社1991年版。

物协助接管上海"①。5月20日，中共中央关于接管上海的机构及干部配备复电华东局，指出："必须吸收一部分产业界民主人士及职工中有威望的领袖参加工作"，同时"亦必须有一部分党外文化工作者参加接管"②。陈毅等领导人认真执行党中央、毛泽东的这些指示，大力开展了上层人士的统战工作，团结一切可以团结的力量，为胜利完成接管上海的艰巨使命奠定了基础。中共上海地下党组织也通过各种方式，争取和团结了一大批爱国民主人士、有影响的工商业者、文化科技界的著名人士和专家自愿留下来，其中不少人还参加了反搬迁、反破坏、护厂、护校和保护物资的斗争。一批敌人营垒里的重要成员也在历史潮流推动下，弃暗投明，不去台湾。

毛泽东在运筹解放和接管上海时，还十分强调对部队攻占和接管大城市的政策、纪律教育。总前委、华东军区及三野前委在实施这一教育过程中制定了陈毅提出的"不入民宅"等入城纪律，以此作为人民解放军给上海人民的见面礼。毛泽东看到报告，对"不入民宅"接连批了"很好，很好，很好，很好"八个大字，十分赞同③。上海战役从5月12日打响，到5月27日上海解放，6月3日崇明解放，期间参战各部队指战员严格遵守政策纪律，不入民宅，露宿街头，谢绝市民馈赠，严格保护外国侨民和民主人士的生命财产，以实际行动扩大了党和人民解放军的政治影响。上海市民感动地称赞人民解放军是"仁义之师"，是"毛泽东、朱德的代表"。人们得出结论："国民党回不来了。"

上海战役的胜利是毛泽东军事思想的胜利。上海战役仅花两个多星期，歼敌15.3万余人，在炮火连天、硝烟弥漫的剧烈战斗中，城市没有遭到毁坏，完整地回到人民手中，市民们保持了平安的正常生活，

---

① 《接管上海》，中国广播电视出版社1993年版。
② 《接管上海》，中国广播电视出版社1993年版。
③ 《陈毅在上海》，中共党史出版社1992年版。

成为古今中外战争史上的罕见奇迹。

五　依靠各方力量　巩固人民政权

上海重回人民怀抱后，进入了建立人民民主专政新政权的阶段。毛泽东在新中国成立前夕就对新政权的性质、任务作了详细阐述。1949年6月30日，他发表了《论人民民主专政》一文，明确指出，人民在现阶段，包括工人阶级、农民阶级、城市小资产阶级和民族资产阶级。"这些阶级在工人阶级和共产党的领导之下，团结起来，组成自己的国家，选举自己的政府"，"对人民内部的民主方面和对反动派的专政方面，互相结合起来，就是人民民主专政"①。在摧毁旧的国家机器后，如何建设新政权，毛泽东对上海十分关怀，而且还要求上海对全国政权建设作出贡献。

上海历来是中国工人运动、革命文化运动和爱国民主运动的主要阵地，是中国各民主党派主要活动的地方。各民主党派核心成员以及有影响的爱国民主人士，如宋庆龄、张澜、黄炎培、沈钧儒、史良、施复亮、孙起孟、胡子婴、盛丕华、颜惠庆、邵力子等，解放前都在上海活动过。党中央、毛泽东十分尊重各民主党派、爱国人士为中国革命作出的贡献，并欢迎他们为建设新中国出力。1949年6月1日，毛泽东在欢迎民盟主席张澜从上海抵北平的电报中诚恳提出："革命战争迅速发展，残敌就歼为期不远。今后工作重心在于建设，亟盼各方友好共同致力"②。毛泽东还两次亲自写信给在国共两党中都享有崇高威望的宋庆龄，盛情邀请她北上共同参加筹备政治协商会议，还特地派遣邓颖超、廖梦醒专程赴上海迎接宋庆龄。8月下旬，宋庆龄抵达北平

---

① 《毛泽东选集》(第四卷)，人民出版社1991年版，第1475页。
② 《毛泽东书信选集》，中央文献出版社2003年版，第295页。

时，毛泽东亲往车站迎接。中华人民共和国成立，上海的一些著名民主人士被推选进入国家领导层。宋庆龄、张澜担任了中央人民政府副主席、黄炎培任政务院副总理。

毛泽东对上海的地方民主建政十分关怀。上海解放后，党中央专门致电上海市委，提出对已由平赴沪的黄炎培诸人，再加已在沪的颜惠庆、江庸、张元济、俞寰澄、施复亮和将由香港到沪的章士钊一律聘为顾问，以"动员上海资本家恢复生产，打通航运，打击帝国主义分子的阴谋活动"。1949年10月12日，毛泽东致函陈毅，具体指示："请邀集刘晓、粟裕诸同志拟一个华东军政委员会的名单草案，党员占半数多一点，党外民主人士占比较少数，共约30人左右，于明（13日）交我为盼。"① 12月2日，毛泽东又亲笔签发了任命工商界爱国人士盛丕华为上海市人民政府副市长的通知书，使上海各阶层人士深受鼓舞。

为使民主建政思想得到贯彻，毛泽东曾一再要求党内干部打破关门主义思想，并让民主人士有职有权，真正参政。他注意将一些重要情况及时向民主人士通报，使他们了解和支持党的政策，以增强党同他们合作共事的基础。如黄炎培反映，收到一些江南地主在土地改革中向他告状的信，毛泽东立即给黄炎培送去华东局关于镇反工作和土改工作的两个指示，并于1951年1月10日写信给当时华东局负责人和苏南区党委负责人。1951年3月18日，毛泽东在给华东、中南、西南、西北四个中央局书记电文中指出：民主人士及大学教授愿意去看土改的，应放手让他们去看，不要事先布置，让他们随意去看，不要只让他们看好的，也要让他们看些坏的，积极支持和鼓励党外民主人士多到基层参观，接触群众，接触实际，以提高认识，更好地参政、议政。

毛泽东对民主建政实践中出现的新鲜经验十分重视。1949年9月

---

① 中共中央党史和文献研究院编：《建国以来毛泽东文稿》（第1册），中央文献出版社2023年版，第74页。

30日至10月4日，松江县（当时属苏南区）召开全县各界人民代表会议。这是华东乃至全国新解放区召开的第一次县级各界人民代表会议。这种形式在不具备召开人民代表大会的条件下，是党和政府联系人民群众的很好的工作方法。毛泽东闻讯后予以高度评价，指出："这是一件大事"①，向全国大力推广，要求各中央局立即通令所属一律仿照松江县的经验办理。11月27日，毛泽东在有关指示中进一步强调说："必须将这种市的县的各界人民代表会议看成是团结各界人民，动员群众完成剿匪反霸，肃清特务，减租减息，征税征粮，恢复与发展生产，恢复与发展文化教育直至完成土地改革的极重要的工具。"②上海后来运用人民代表会议形式，依靠各阶层人士团结奋斗，克服困难，发展生产，创造了经验。毛泽东还专门加了按语转发给各中央局参考。

在民主建政同时，还必须加强对敌人的专政，以巩固人民民主专政。中共中央适时地在全国开展了严厉镇压反革命的群众运动。上海解放后，旧政权遗留下来的残余反动势力和美蒋派遣进来的特务、反革命分子继续与人民为敌，进行种种破坏和捣乱，扰乱社会秩序，妄图颠覆新生的人民政权。尤其在二六轰炸前后，舟山解放之前，以及朝鲜战争爆发之后，敌特活动集中而猖獗。毛泽东对上海的镇反工作极为关注，1951年第一季度，曾连续3次对上海镇反工作作出指示。毛泽东考虑到：在上海这样的大城市，需要严惩一批反革命才能解决问题。他要求上海在经过周密侦察布置后同时行动，处决一大批真正罪大恶极的反革命分子。3月24日，毛泽东同意上海市委的镇反布置，指出："镇反是一场伟大的斗争，这件事做好了，政权才能巩固"③。毛泽东

---

① 中共中央党史和文献研究院编：《建国以来毛泽东文稿》（第1册），中央文献出版社2023年版，第78页。

② 中共中央党史和文献研究院编：《建国以来毛泽东文稿》（第1册），中央文献出版社2023年版，第297页。

③ 中共中央党史和文献研究院编：《建国以来毛泽东文稿》（第4册），中央文献出版社2023年版，第251页。

并具体指示工作方法，首先要取得党内思想的一致，其次要取得各界人民的拥护。在毛泽东的亲自过问下，上海大张旗鼓地开展了群众性的镇压反革命运动。为贯彻毛泽东关于坚持领导与群众相结合，镇压与宽大相结合的方针，上海吸收各界人士参加镇反工作，处决了一批怙恶不悛的反革命分子，铲除了长期欺压人民的"东霸天""西霸天""活阎王"。同时又对大部分反革命分子实行劳动改造，给以洗心革面的机会。广大群众扬眉吐气，生产积极性进一步提高，同时稳定了社会秩序，巩固了新生的政权，保障了抗美援朝、土地改革和其他各项社会改革的顺利进行。

在镇压反革命运动不久，党中央和毛泽东又号召开展"三反"（反贪污、反浪费、反官僚主义）和"五反"（反对行贿、偷税漏税、盗骗国家财产、偷工减料、盗窃国家经济情报）运动。毛泽东从巩固新生政权的高度，将"三反""五反"看作是一场关系到国家命运和前途的政治斗争。由于上海的特殊地位，毛泽东对上海的"三反""五反"运动很重视，自1952年2月7日至4月23日短短2个多月，毛泽东及时批阅上海有关"三反""五反"的报告达18篇之多，其中10篇还转发全国各地参照执行。在毛泽东的亲自过问下，上海"三反""五反"运动取得积极成效，党政机关、群众团体、国营企业共有42万人参加了"三反"斗争，提高了干部觉悟，纯洁了干部队伍。有7万干部、72万职工和各界群众参加了"五反"斗争，巩固了工人阶级领导权，广大工商业者在这一运动中接受了深刻教育。上海的"三反""五反"运动的经验被及时总结推向全国，在各大城市产生了重大影响。通过镇压反革命、"三反""五反"运动，新生的人民政权进一步得到巩固。

六　激励克服困难　指导恢复发展生产

上海是全国的经济中心。解放时上海工业产值和贸易额占全国的一半。上海的经济工作关系全国的经济大局。但是国民党撂下的上海是个烂摊子，经济凋弊，民不聊生。解放初上海经济遭遇接连不断的困难。毛泽东十分关注并亲自过问上海的经济恢复工作，确定了一系列重大决策。

上海刚解放的头几年，形势十分严峻。国内外敌对势力等待着共产党的失败，一些同情共产党的朋友也甚忧虑地说："共产党打天下容易，治天下难。"毛泽东针对这一说法回答：打天下也并不容易，治天下也不是难得没有办法。1949 年 5 月 28 日，上海解放的第二天，上海市军管会发布了《关于使用人民币及限期禁用伪金圆券的规定》。一批投机倒把分子无视军管会通告，肆无忌惮地搞银元投机，哄抬物价，造成人民币早上发出去，晚上就回来了，占领不了市场，有的商店甚至用银元标价。物价飞涨，直接影响上海市民的生活，激起广大人民群众的不满，纷纷要求政府采取措施。而且上海物价暴涨，影响到各大城市，影响当时支援解放战争的进行。中共中央华东局于 6 月 7 日讨论对策，决定予以打击。当陈毅致电向中央请示时，便得到了在 12 小时后毛泽东的亲自回电，同意采取一次果断的行动。6 月 10 日，在各方配合下，市军管会突击搜查、查封了投机活动的集中地证券大楼，逮捕了一批重要投机分子，取缔了银元贩卖的投机活动。从此确立了人民币的地位。

金融斗争虽然首战告捷，但上海平抑物价工作还甚艰难。一些投机倒把分子又转到与生产和人民生活密切相关的"两白一黑"（米、纱、煤）上来，掀起阵阵涨风。从 6 月 23 日至 7 月 30 日，整个物价上涨100%。党中央和毛泽东立即委派中央财政经济委员会主任陈云到上海调查研究，在上海主持召开全国财经会议，研究部署以稳定金融物价为中心的经济工作。从全国各地向上海调运棉纱、煤炭、大米等生产与生活所需的各种物资，以上海为重点在全国范围开展了一场激烈的经济斗争。以刚建立起来的国营经济力量为主，采取市场、税收、信贷、管理等几条经济措施相配合，先后平抑了"七月涨风""十月涨风"和1950年初的"春节抢购风"。经过三次较量，彻底挫败了兴风作浪的投机势力，取得了平抑物价、统一财经的决定性胜利。从而彻底解决了自抗战胜利以来延续的恶性通货膨胀的局面，赢得了上海人民对共产党的信赖。毛泽东对此高度评价，称它的意义"不下于淮海战役"。

当时由于美蒋封锁、轰炸更增加了上海的经济困难。1949年6月23日美蒋宣布对上海口岸实行武装封锁，阻塞上海内外交通，切断上海与世界市场的贸易联系，断绝重要物资供应，使长期依赖进口工业原料的企业无法开工，妄图窒息上海经济。与此同时，他们不断派遣飞机来上海骚扰，轰炸重要工业区以及电厂、水厂等主要目标，企图使上海陷于瘫痪。党中央、毛泽东对此非常关心，毛泽东审定批准了由华东局、上海市委制定的反封锁六条方针，作为上海市第一个施政报告，在上海市一届一次各界人民代表会议提出。报告要求自力更生，改变上海生产方针与发展方向，摆脱对帝国主义的依赖，把为国内生产，为人民服务作为上海一切企业生产的方针和发展方向，发展内地交通，鼓励城乡物资交流；节衣缩食，实行精简节约，克服困难，动员全市人民为粉碎敌人封锁，建设新上海而斗争。当时上海曾发生严重的煤、粮恐慌，铁路、航运等部门抢运煤粮，在全国各地支援下，渡过了难关。上海工人阶级千方百计开展厉行节约、清仓利旧、试制代用品、改装设备等活动，摆脱对帝国主义的依赖，粉碎了敌人的封锁。1950年2月6日敌机又侵入市区轰炸，供应全市80%

用电的杨树浦电厂发电设备三分之二遭毁坏，造成全市许多工厂停工停产。上海工人阶级日夜奋战，紧急抢修，使工厂迅速恢复用电。当时毛泽东正在苏联访问，他了解情况后亲自为上海制定了防空决策。在党中央、毛泽东指导下，上海防空力量增强，反轰炸斗争取得了胜利。

当时，上海许多私营工商业因二六轰炸，被迫停工停产，还由于财经统一之后，社会虚假购买力消失，以及公债、税收任务重了一些，因此，出现了较为严重的困难。对此，中共上海市委和市人民政府除积极采取措施外，自1950年3月12日至5月10日，陈毅市长连续6次发电报向党中央、毛泽东报告，如实反映上海具体困难，并提出积极建议。电报反映："三四月份，上海社会秩序比较混乱，敌特活动表面化，税收公债政策受到攻击，劳资关系紧张，人心浮动。这些情况以四月上旬为最紧张"。"300个厂长、经理逃去香港，失业职工可能增至20万，连同家属要救济的将要超过50万……"①

毛泽东对上海的问题高度重视和关怀，他先后四次亲自复电陈毅，并两次对上海电报作了指示。复电多次肯定上海采取的"方针是正确的"；"所取方针和中央的方针是一致的……我们是支持你们的"；"税收问题和失业问题能照正确原则解决，取得各方面同意妥慎进行，甚好甚慰"；"目前确实应当用大力来做调整公私关系、劳资关系、维持生产和救济失业的艰巨工作。"5月13日，毛泽东还对陈毅5月10日的电报作了重要指示："上海打退四月危机的经济及目前采取的各项政策是各地大城市党委值得注意的，请将此项报告转发各主要城市党委研究"。根据上海和全国各大城市出现的情况，1950年6月6日，毛泽东在中共七届三中全会上的报告中提出了调整工商业的重大决策，作为国家财政经济状况根本好转的三个条件之一。上海落实毛泽东的指示，

---

① 《陈毅在上海》，中共党史出版社1992年版。

采取了一系列切实措施。上海工人阶级并从大局出发,以主人翁姿态协助资方克服困难,上海私营工商业迅速摆脱了困境。上海经济在克服一系列困难后,得到迅速恢复和发展。

七　采取和平赎买政策　引导私营工商业改造

上海是中国民族工商业和民族资产阶级最集中的城市。对上海资本主义工商业的社会主义改造和对民族资产阶级和平赎买政策,毛泽东作了一系列的指示,并亲自做了大量工作。

早在七届二中全会上,毛泽东就说过:"在革命胜利后一个相当长的时期内,还需要尽可能地利用城乡私人资本主义的积极性,以利于国民经济的向前发展。"但是,"它将从几个方面被限制在活动范围方面,在税收政策方面,在市场价格方面,在劳动条件方面。"之后,党中央又制定了"发展生产、繁荣经济、公私兼顾、劳资两利"的十六字方针。

上海私营工商业由于国民党政府腐败及帝国主义的掠夺,刚解放时,在生产经营上极为困难,开工率只有20%—30%。尽管人民政府采取了一些扶持措施,但仍未能扭转局面。1949年底,中共上海市委向中央报告,许多私营工厂企业负债甚多,难以维持。对此,毛泽东一面指示陈云去了解私营工商户的实际困难情况,一面决定由中央调拨款项,用于生产贷款和产品收购,以帮助私营工商业渡过难关,致使困难程度稍有缓解。1950年二六轰炸后,上海私营工商业又遇到严重困难,不少工厂停工,劳资关系紧张。毛泽东亲自复电并指示中共上海市委和陈毅,肯定中共上海市委在调整公私关系、改善劳资关系、适当减少税收、增加政府贷款、救济失业工人等方面采取的措施和建议,以使上海经济休养生息,加速恢复。党中央、毛泽东在中共七届三中全会上适时地作出了调整工商业的重大决策，并提出"不要四面出击"的战略策略方针。

在党中央和毛泽东的关怀下，上海扎实地进行了调整工商业政策的工作。调整了公私关系、劳资关系和产销关系，特别是通过扩大国家资本主义初级形式的加工订货，资本家提高了经营信心，迅速恢复了生产，渡过了难关。到1951年就出现了"淡季不淡、旺季更旺"的繁荣景象，一些弃店弃厂出走的资本家也陆续回来，迎来了私营工商业者们所说的"难忘的1951年"。

市场好转后，一些资本家又投机违法，追逐高额利润，追求自由经营，在机关"三反"运动中发现了一些不法资本家还施放"五毒"。1952年党中央决定开展"五反"运动。毛泽东亲自关心并指导了上海的"五反"斗争。"五反"后，上海私营工商业又遇到困难，党和政府采取紧急投放贷款，想方设法帮助共渡难关，维持生产。

随着国民经济的恢复和有计划的经济建设即将开始，1952年9月，毛泽东提出要开始向社会主义过渡的问题。这个时候，虽然对实行逐步过渡的方针是明确的，但是对于过渡的形式还没有定下来，过渡的"船"和"桥"还没有找到。1953年三四月间，党中央、毛泽东指派李维汉到上海、武汉调查，深入考察头三年私人资本主义的发展变化，分析了公私关系、劳资关系状况，以及加工订货中存在的矛盾和问题。同年5月27日，李维汉向党中央和毛泽东作了报告，第一个提出由低级（统购包销、加工订货等）向高级（公私合营）发展的各种国家资本主义形式，"是我们改造资本主义工业使它逐步过渡到社会主义的主要形式"，"是我们利用资本主义工业来训练干部、并改造资产阶级分子的主要环节"。毛泽东对这个观点深为赞许，并亲自打电话告诉李维汉，"这个报告将提交政治局会议讨论"。6月15日中央政治局召开扩大会议，肯定了李维汉报告提出的观点，会议确定了对私人资本主义实行利用、限制、改造方针，通过由低级到高级的国家资本主义形式实行改造，对民族资产阶级采取和平赎买政策。会上，毛泽东还第一次对过渡时期总路线的内容作了表述。这是思想认识上的一个飞跃，从而形成了一条具有中国特色的对资本主义工商业的社会主义改造道路。

过渡时期总路线确定以后，毛泽东非常关心上海的对资改造工作，多次强调要将企业改造与人的改造相结合，并亲自做了许多工作。1953年9月7日，上海盛丕华等人参加了毛泽东同民主党派、工商界代表谈话，听取了毛泽东关于改造方针政策的说明，解除了一部分人的疑虑。同年10月，全国工商联召开代表大会，会前毛泽东召开工商界人士座谈会，上海荣毅仁、郭棣活、刘靖基应邀参加，毛泽东对荣毅仁说，希望你们把工厂办得更好；又鼓励刘靖基："你回去要带头啊！"参加会议的上海代表回沪传达后，在全市工商界掀起了学习总路线的热潮，许多人认识到走社会主义道路是大势所趋，提出要"积极经营，争取利用；不犯'五毒'，接受限制；加紧学习，欢迎改造"。刘靖基于同年12月带头申请公私合营，刘鸿生专门召开家庭会议，提出争取他家所有企业公私合营。

1953年12月15日，经毛泽东同意，党中央批复上海扩展14个工厂进行公私合营试点，批复指出：如果我们认真做好了现有的公私合营工厂的工作，作出榜样，这就能更有力地促进和引导私营工业进行公私合营。在党中央、毛泽东关怀下，从1954年开始，上海的公私合营工作有了较大进展。这一年切实贯彻执行了"四马分肥"（国家税收、企业公积金、工人奖金福利、资本家股息红利）的分配政策，资本家对政府的信心和信任度大为提高。同年，合营的大、中工厂企业有211户。合营以后工人积极性高涨，劳动生产率明显提高，生产力得到发展，工人福利有所改善，资本家分得红利亦甚丰。1954年合营工业的全员劳动生产率，以1952年不变价格计算，平均每人达15924元，比1952年的12982元增长22.66%。该年全市又有1000多户较大企业的资本家提出了公私合营的申请，其中多数是为公私合营的优越性所吸引。1955年10月，毛泽东邀请出席全国工商联执委会议的成员座谈，上海的胡厥文、荣毅仁、胡子婴、刘靖基、郭棣活等参加，毛泽东系统地阐明党的和平改造和赎买政策，殷切希望他们认识社会发展规律，主动掌握自己的命运，进一步接受社会主义改造。之后不久，上海顺利地实现了对资本主义工商业的社会主义改造。这是一次涉及改变生产资料私有制的根本性变革，而生产力不仅没有遭到破坏，相反得到迅速发展。上海公私合营加私营的工业总产值，按1952年不变价格计算，全市合营以后的1956年，比1954年增长30.95%，比国民经济恢复的1952年增长74.08%。

党中央和毛泽东根据中国国情具体分析了中国民族资产阶级既与中国官僚资产阶级不同，又与苏联资产阶级不同的特点，创造性地制定了正确的方针政策，实现了对资产阶级的团结改造与和平赎买，开创了中国特色的社会主义改造道路，在理论和实践上丰富和发展了马克思列宁主义。

八　指导确定上海工业方针　利用发展上海工业潜力

经过三年的经济恢复和对资本主义工商业、手工业的社会主义改造，以及有计划地进行第一个五年计划的建设，上海的经济有了迅速的发展，有力地支援了全国的建设。

这时毛泽东已在思考如何全面开展社会主义建设的问题，并为此进行全面的调查研究。他深入到一些重点地区实地考察。1956年初来到上海，先后视察了江南造船厂、申新九厂、上海港等单位，了解上海各方面工作。之后，他又听取34个部委的全面汇报，发表了著名的《论十大关系》，其中对沿海工业和内地工业关系的论述，直接指导了上海的经济建设。

第一个五年计划时期，上海由于地处东南沿海前哨，不是重点建设地区，一度还有人提出"紧缩"的方针。当时，上海工业虽有一定发展，但由于投资不足，不少行业生产潜力还远远没有充分发挥。毛泽东从当时帝国主义"新的侵华战争和新的世界大战，估计短时期内打不起来，可能有十年或者更长一点的和平时期"[1]的观察，批评有些同志不敢在沿海搞工业的思想，提出要抓住机遇，即使有八年、七年、六年，甚至只要有五年时间，也要在沿海好好地办四年工厂，等到第五年打起来了再搬家[2]。并根据上海的优势、潜力，指出："上海地区不作大的扩建还值得考虑。上海赚钱，内地建厂，这有什么不好？这和新建厂放在内地的根本方针并不矛盾。"[3]提出要"利用和发展沿海工业老底子。"不久，毛泽东又让陈云到上海传达了他"上海有前途，要发展"[4]的意见。毛泽东的这些指示精神，对上海工业建设指明了方向。中共上海市第一次党代会上结合上海的实际情况，确定了"充分利用、合理发展"的上海工业方针，在这一方针指导下，全市进行了经济改组和技术改造，适当的改建和扩建。在工业布局的调整中，相继建立了闵行电站设备，吴淞冶金，彭浦重型机械，吴泾、桃浦重化工、漕河泾仪表电子等重点工业区。经过三次工业大改组和依靠上海科学技术力量向产品的"高、精、尖"发展，极大地推进了上海经济的发展。到1965年，上海已经建设成为我国的一个先进工业和科学技术的基地，取得举世瞩目的成就。50年代后期，诞生了我国第一代轿车，刚刚跨入60年代，就成功地研制出当时只有极少数国家能研制的探空火箭。由于"充分利用，合理发展"这一方针的贯彻从未中断，1966年

---

[1] 《论十大关系》，《毛泽东文集》第七卷，人民出版社1999年版，第26页。
[2] 薄一波：《若干重大决策与事件的回顾》。
[3] 薄一波：《若干重大决策与事件的回顾》。
[4] 《陈丕显文选》第四卷，中共党史出版社2000年版，第241页。

与 1956 年相比，全市工业总产值增长了 1.6 倍，平均每年增长 10％。上海工业生产的发展，也更有力地支援了全国的经济建设。

上海是一个老工业基地，技术力量比较雄厚，虽然解放后大批技术力量支援外地建设，但潜力仍很大。毛泽东在指导上海经济建设中，十分重视调动一切积极因素，充分发挥人的因素。在上海考察期间，他深入到干部、群众、知识分子中做思想教育工作。在视察上海港时，他对上海港负责人说，上海港是我国第一大港，又是一个国际性港口，是一个有发展前途的港口，一定要把它管好。他还指出，上海的干部要好好学会管理本领，以适应社会主义建设的需要。在视察公私合营申新九厂时，他向干部、群众提出了"现在公私合营了我们怎么办"的问题。毛泽东告诫大家，要依靠工人阶级把工厂管好，要发挥私方代理人懂管理的作用，要处理好工人与资本家的关系。在完成社会主义改造后，毛泽东把正确处理人民内部矛盾的问题提到了全党面前，亲自到上海向干部作正确处理人民内部矛盾的宣传报告。各方面积极性的充分调动，推动了社会主义生产力的发展。到 1965 年，上海工业生产水平已经具有相当基础，已有 70 多项产品赶上或接近 60 年代世界先进水平。其中有人工合成牛胰岛素、10 万千瓦双水内冷发电机组、20 万倍大型电子显微镜、每秒运算 20 万次的电子计算机等。

我国经济建设是在帝国主义封锁、禁运的客观条件下进行的。毛泽东在关心指导上海经济建设中，特别强调坚持独立自主、自力更生的方针；并根据上海技术力量雄厚的条件，要求充分发挥上海自身的潜力。毛泽东在视察工厂时一再提出要"走独立设计制造的道路"，强调学习外国先进经验要"为我所用"，鼓励赶超世界先进水平，"要有这种勇气"。并鼓励先进模范人物搞技术革新、技术革命，说："不试验，不失败，不成功。凡事都要经试验，在失败中取得经验，然后才会成功。"煤炭工业部副部长沈鸿写信向毛泽东建议我国自己制造万吨水压机。毛泽东接到信后立即批转给有关同志，后来任务落实到上海。当时像这样最高等级的自由锻造水压机只有少数发达国家能制造。上海工人、技术人员开展社会主义大协作，发挥聪明才智，艰苦奋斗，经过三年努力，"蚂蚁顶泰山""银丝转昆仑"①，终于自己设计、自己制造成12000吨水压机。60年代初，上海工人阶级通过自己的努力已经拥有一批新兴工业：高温合金、稀有金属、石油化工、合成树脂塑料、合成纤维、半导体材料及激射光、高温陶瓷等，上海人民不辜负党中央、毛泽东所望，显示了有志气，有能力自立于世界民族强者之林的决心。

在开始全面建设社会主义的十年中，上海以它经济发展的速度和取得的成效受到世人的瞩目，远远超过当时的香港、台湾。这一时期上海取得的经济建设成果中，无不闪耀着毛泽东思想的光芒。

九　毛泽东在上海人民中间

毛泽东的一生，与中华民族的命运紧紧相连。他的名字永远写在中国的新民主主义革命和社会主义革命和建设事业的历史上，他的丰碑永远铭刻在全国各族人民的心中。毛泽东的足迹数十次踏上上海这块土地，曾和上海各行业、各阶层的人民群众有过接触、交往，乃至通信，他深情地关怀着人民群众的情绪和愿望。人民领袖独特的神采风貌和对人民群众的深情厚谊，永系上海人民心头。

上海的工人阶级永远难忘毛泽东对工人阶级的期望。他一再在全党强调全心全意依靠工人阶级，发挥工人阶级的作用。"五反"时，毛

---

① 在制造万吨水压机过程中，工人克服缺少大型设备的困难，用千斤顶加枕木的办法替代大型起重设备，把260吨重的大部件提到6米高；用几根钢丝绳牵动，使几万吨重的大部件翻身，人们称颂这些创造为"蚂蚁顶泰山""银丝转昆仑"。

泽东提出，"要使资本家废除'后帐'，实行经济公开，并逐步建立工人店员监督生产和经营的制度"。并一再在有关上海"五反"的情况报告上批示："此事一定要实行"，"工人监督生产一事极为重要"。在开始全面建设社会主义的探索过程中，毛泽东几次亲自来上海，视察上海的工厂、港口，到工人们中间，与工人们亲切交谈，了解情况，鼓励大家为社会主义建设作贡献。在接见上海锅炉厂领导，听说有位老工人爱厂如家，数十年如一日地珍惜落在地上的每一颗螺丝钉，他高度赞扬"工人阶级就要发挥这种精神"。毛泽东特别关心爱护劳动模范，教育干部要注意发挥先进模范人物的骨干、带头、桥梁作用。1960年3月，毛泽东亲自宴请上海的革新能手、劳模代表，深情地鼓励大家为技术革命献计献策，贡献力量。当他得知代表们都是工人，对在场干部指出：要从工人中培养大学生；从工人中培养工程师，培养作家。正是在毛泽东倡议和关怀下，第一批工人工程师在上海诞生。上海科技大学、华东纺织工学院（现中国纺织大学）招收一批劳动模范入学深造。各行各业的先进模范人物带动了全市技术革新、技术革命运动，使上海的经济建设在60年代初取得了一批重大的成就。

上海青年们不会忘记，毛泽东把青年比作早晨八九点钟的太阳，并把"希望寄托在你们身上"，热情地期望青年争做革命事业的接班人。早在1950年4月，上海南洋模范中学一群学生自发给毛泽东写信，表示愿在党的旗帜下，打下为人民服务的基础，请求毛泽东为他们《青锋》壁报半月刊题词。毛泽东满足了他们的愿望，在政务繁忙，日理万机中，抽空题写了三种直横不同排列的"青锋"，好让同学们按照壁报的格式自由选择。收到党和国家领导人毛泽东的亲笔题字，南模1000多位同学雀跃起来，他们决心好好读书，掌握为人民服务的本领。上海《青年报》请毛泽东为正在克服困难中奋斗的上海青年题词时，毛泽东寄来了"前进！前进！进！"遒劲有力的五个大字。当刊载在1950年5月5日《青年报》时，成了鼓舞上海青年的进军号。在视察基层时,毛泽东也十分关注青年的成长,经常提醒干部们要全面培养青年。在视察上海机床厂时,看到车间大多是青年工人,便欣喜地对厂领导说:"这是工人阶级的新生力量,你们要很好培养","要全面关心工人政治、思想、文化的进步"。当离厂前,厂领导请毛泽东作具体指示,毛泽东微笑着说:"你们有这么多青年,一定能把厂子办得更好!"寥寥数语,包含了毛泽东对青年的热切期望和信任。

毛泽东在上海曾多次接见妇女代表,留给妇女难忘的记忆。毛泽东曾在上海接见制笔工业公司副经理汤蒂因时,热情地握着她的手说:"你就是'金笔汤',你要做好社会主义企业的经理啊!"使汤蒂因这位女店员出身的民族资本家感动不已。在全国政协二届二次会议期间,毛泽东又特意接见了汤蒂因,向她了解制笔工业全行业公私合营后的情况。汤蒂因汇报到,有些家与厂分不开的小厂,老板娘要求带进合营厂;清产核资时生产资料与生活资料难以划分。毛泽东说:"老板娘可以带进合营厂,生活资料划起来要从宽,不要影响他们原来的生活。"还嘱咐汤蒂因多关心小厂和女性私方人员,发现问题多做调查研究,提出解决办法,供政府参考。当毛泽东在工厂视察中看到厂里不少女工在生产第一线时,非常高兴,主动握住女工们沾满污油的手,加以鼓励。他由衷地为新中国妇女的解放而自豪,说:"妇女解放了,也能开机床,男同志能干的事,女同志也能干了。"毛泽东的亲切关怀、赞扬,鼓舞着上海广大妇女在社会主义建设中发挥"半边天"的作用。

毛泽东是我军的缔造者,他历来重视人民军队的建设。1953年2月,毛泽东首次视察海军舰艇部队,在武汉登上驻沪舰队"长江"舰和"洛阳"舰,与舰艇指战员共同生活了四天三夜。视察中,毛泽东指出:"为了反对帝国主义的侵略,我们一定要建立强大的海军",明确规定了海军建设的方针。1963年4月,国防部批准授予驻守上海某部八连"南京路上好八连"的光荣称号,以表彰这个解放 14 年以来,身居闹市一尘不染,勤俭节约,克己奉公,热爱人民的好连队。毛泽东亲自写下著名的《八连颂》,赞扬八连的事迹,向全军推广。诗中写道:"好八连,天下传。为什么?意志坚。为人民,几十年。拒腐蚀,永不沾。……纪律好,如坚壁。军事好,如霹雳。政治好,称第一。思想好,能分析。分析好,大有益。益在哪?团结力。军民团结如一人,试看天下谁能敌。"① 好八连成为精神文明建设的典范,全国人民学习的楷模。

毛泽东在上海曾多次接见教育、文艺、科技、工商等各界代表,与他们广交朋友,身体力行党的统战政策。戊戌老人、商务印书馆创始人张元济解放时已 83 岁高龄,德高望重,按照中央指示,被聘为上海市政府 14 位顾问之一。毛泽东在与老人相处和书信往来中,尊崇备至,真诚而又亲切。张元济感动地说:"我见过光绪皇帝,光绪皇帝想把国家弄好,但是过于软弱;我见过袁世凯,那只是一个奸雄;我见过孙中山和蒋介石……;到今天,我见到毛主席,才看到中国有希望了。"② 毛泽东的老友张维,解放后在上海第二军医大学任教。1957 年,张维突患高血压中风,毛泽东不仅写信嘘寒问暖,还特意派人将自己所得的稿费 5000 元钱送去,以周济他多子女的生活困难。张维病体稍愈后,毛泽东又接见了张维夫妇,给予他们无尽的温暖。张维感动地教育子女要牢记毛泽东的深情关怀,早日成长,为社会主义事业贡献力量。《共产党宣言》第一个中文全译本的翻译者陈望道,与毛泽东相识于 20 世纪 20 年代初,毛泽东很尊重他为中国革命作过的贡献。解放后,毛泽东不仅关心陈望道的学术研究,更从政治上给予无微不至的关怀。1957 年,陈望道被党中央直接吸收重新入党,焕发了他新的活力。直到生命即将结束,陈望道仍然铭记着毛泽东的关怀

---

① 《解放日报》1982 年 12 月 26 日。
② 张人凤:《记毛泽东与张元济的交往》。

之情。

　　毛泽东重视发挥知识分子的作用，为繁荣文化科学事业，倡导艺术上、学术上的百花齐放，百家争鸣，经常关心并亲自过问这些政策的贯彻执行。50年代初，我国生物学界受苏联影响，片面排斥摩尔根遗传学派。1957年3月，毛泽东鼓励上海复旦大学教授谈家桢说：一定要把遗传学研究工作搞起来，要坚持真理，不要怕。以后毛泽东又多次接见谈家桢，询问遗传学研究的发展情况，并表示：如遇到困难和障碍我们一起解决，要大胆把遗传学搞上去。著名历史学家周谷城是毛泽东的老朋友，毛泽东多次鼓励周谷城写文章，参加学术争鸣。1956年周谷城发表《形式逻辑与辩证法》一文，向苏联传统理论挑战，提出了一些新见解。在学术界讨论中，周谷城很孤立。毛泽东却十分赞赏这种敢于探索的勇气，鼓励他进一步投入学术辩论。彩色电影《梁山伯与祝英台》是党的"百花齐放、推陈出新"戏剧改革方针的产物。毛泽东曾两次观赏越剧舞台剧《梁山伯与祝英台》，鼓励编演人员。1952年批准将该剧拍摄成彩色戏曲艺术片，1954年在全国放映，盛况空前，使越剧这一地方戏曲剧种为亿万人民群众所了解，并在国际电影节上获奖，饮誉世界。越剧在实验男女合演之初，不同意见颇多，学越剧的男演员情绪受影响，领导上试验的决心有所动摇。毛泽东听说后，明确支持这一新生事物，说："男女合演好"，给正在搞试验的干部和演员鼓劲，使越剧男女合演取得成功。毛泽东在与知识分子交往中，谈古论今，学识渊博，常令专家学者们敬佩不已。而他却虚怀若谷，善于向群众请教，使与他接近的知识分子深受启迪。1958年1月，毛泽东曾专门邀请谈家桢、周谷城、赵超构赴杭，请他们反映接触到的和熟悉的各方面情况，议论"双百"方针等问题，并征询他们对当时经济建设的意见。1957年7月7日，毛泽东在上海接见各界代表时，向上海第一医学院教授苏德隆详细询问有关血吸虫病的防治问题。毛泽东还询问七年消灭血吸虫病的可行性，苏认为时间太短，12 年较好，毛泽东便果断地说："那么，农业发展纲要上就改为 12 年吧"，毛泽东尊重知识分子意见的精神，激起苏德隆等科研人员消灭血吸虫病的决心。

毛泽东虽然离开我们已 40 多年了，但他的音容笑貌、高风亮节已深深印刻在上海人民心中。

文献资料

致黎锦熙信

（一九二〇年六月七日）

邵西①先生：

京别以来，在天津、济南、泰山、曲阜、南京等处游览一晌，二十五天才到上海，寓哈同路民厚南里二十九号，同住连我四人。工读团殊无把握，决将发起者停止，另立自修学社，从事半工半读。同住都有意往俄，我也决去，暂且自习，一年半或二年后，俄路通行即往。想找一俄人，学习俄语，此时尚未找到。我一生恨极了学校，所以我决定不再进学校。自由研究，只要有规律，有方法，未必全不可能。外国语真是一张门户，不可不将他打通，现在每天读一点英语，要是能够有恒，总可稍有所得。我对于学问，尚无专究某一种的意思，想用辐射线的办法，门门涉猎一下。颇觉常识不具，难语专攻，集拢常识，加以条贯，便容易达到深湛。斯宾塞尔最恨国拘②，我觉学拘也是大弊。先生及死去了的怀中先生，都是弘通广大，最所佩服。可惜我太富感情，中了慨慷的弊病，脑子不能入静，工夫难得持久，改变也很不容易改变，真是不得了的恨事呵！文字学、言语学、和佛学，我都很想研究，一难得书，二不得空时，懈怠因循，只好说"今日不学又有明日"罢了。希望先生遇有关于言语文字学及佛学两类之书，将书名开示与我，多余的印刷物，并请赐寄。收聚了书，总要划一个时间，从事于此。我近来功课，英文，哲学，报，只这三科。哲学从"现代三大哲学家"③起，渐次进于各家；英文最浅近读本每天念一短课；报则逐日细看，剪下好的材料。我外国文还在孩子时代，不能直接看书。我只想于未出国去的两三年内，用我已经得到的国文一种工具，看新出的报、杂志、丛书及各译本，寻获东方及世界学术思想之大纲要目，以为出国研究的基本。近来国内到处发了丛书热，不管他动机和内容怎样，总于我这种"知识荒"的人多少有些益处。旅京学会出报的事可实现否？只是这种混合的团体，很不容易共事，不如另找具体的鲜明的热烈的东西，易于见效，兴味较大。我觉得具体、鲜明、热烈，在人类社会中无论是一种运动，或是一宗学说，都要有这三个条件，无之便是附庸，不是大国，便是因袭，不是创造，便是改良派，不是革命派。我想做一篇"具体，鲜明，热烈，与新运动"的文章，无闲暇构思的机会，恐怕不能做了出来。先生能指挥日常生活，将"上衙门""下私宅""作事""读书"支配得那样圆满得当，真不容易。我因易被感情驱使，总难厉行规则的生活，望着先生，真是天上。北京此时想是很热，上海也热起来了。余话后谈。敬问

　　近安。

　　　　　　　　　　　　　　　毛　泽　东

　　　　　　　　　　　　　　　　六，七。

　　　　　　　　　　　　　　（根据手稿刊印）

注　释：

① 邵西，即黎锦熙。

② 斯宾塞尔，指英国哲学、社会学家斯宾塞（1820—1903）。"国拘"为其所著《社会学研究》第9篇。意即为一国狭隘范围所限。

③ 指法国唯心主义哲学家柏格森（1859—1941），英国唯心主义哲学家、逻辑学家罗素（1872—1970），美国哲学家、教育家、实用主义主要代表杜威（1859—1952）。

（《毛泽东早期文稿》，湖南人民出版社 2013 年版，第 431—433 页。）

湖南人民的自决[①]

（一九二〇年六月十八日）

　　于今张敬尧走了，我觉得这种"非张敬尧而有妨于湖南人民的自决的"，往后正复不少。这些非张敬尧而有妨于湖南人民的自决的，我们便可以依从了吗？不论是湖南人，或非湖南人，凡是立意妨害湖南全体人民自决的，自然都是湖南的仇敌。因为中国之乱，连亘八九年了。乱不足奇，乱而毫没有半点结果乃是大奇。社会的腐朽，民族的颓败，非有绝大努力，给他个连根拔起，不足以言摧陷廓清。这样的责任，乃全国人民的责任，不是少数官僚政客武人的责任。官僚、政客、武人，有私欲，无公利；有猜疑，无诚意；有卖国，无爱国；有害人，无利人。八九年来的大乱，都是此辈干来的营私勾当。腐败绝顶的政府，娼妓生涯的党徒，盘据国中，甘心为恶，铁道卖尽，矿山卖尽，森林卖尽，商埠卖尽，乞得日本来的枪械、饷款、训练官，屠杀人民，与市民战，与学生战。至于就湖南一省而言，造乱者，少数之武人。而人民钳口结舌，合手并脚，半死半生，应说话的不说话，应反抗的不反抗，先自示弱，怎怪彼等之乘隙呈凶。时到今日，吾等乃翻然觉悟，知道"湖南者，现在及将来住在湖南地域营正当职业之人之湖南也"。湖南的事，应由全体湖南人民自决之。赞助此自决者，湖南人之友。障碍此自决者，湖南人之仇。吾湖南人唯一无二之希望与责任，即在恢复自由，不能不求全国同胞热肠志士大大的表予同情。

注　释：
① 原文载上海《时事新报》1920年6月18日。

（《毛泽东早期文稿》，湖南人民出版社2013年版，第438—439页。）

湖南改造促成会复曾毅书①

（一九二〇年六月二十三日）

曾毅先生阁下：

惠书诵悉。名言谠论，钦感莫名。湘事糟透，皆由于人民之多数不能自觉，不能奋起主张，有话不说，有意不伸，南北武人，乃得乘隙陵侮，据湖南为地盘，括民财归巳〈己〉橐。往事我们不说，今后要义，消极方面，莫如废督裁兵；积极方面，莫如建设民治。以现状观察，中国二十年内无望民治之总建设。在此期内，湖南最好保境自治，划湖南为桃源，不知以外尚有他省，亦不知尚有中央政府，自处如一百年前北美诸州中之一州，自办教育，自兴产业，自筑铁路、汽车路，充分发挥湖南人之精神，造一种湖南文明于湖南领域以内。非欲自处于小部落也，吾人舍此无致力之所。中国四千年来之政治，皆空架子，大规模，大办法，结果外强中干，上实下虚，上冠冕堂皇，下无聊腐败。民国成立以来，名士伟人，大闹其宪法、国会、总统制、内阁制，结果只有愈闹愈糟。何者？建层楼于沙渚，不待建成而楼已倒矣。吾侪缩小范围，讲湖南自决自治。吾侪大胆昌言，湖南者湖南人之湖南也。陆荣廷也罢，唐继尧也罢，段祺瑞也罢，非湖南人，在湖南地域无正当职业之人，不得与闻湖南事。要说天经地义，这才是天经地义也。湖南大国也，南阻五岭，北极洞庭，三湘七泽，惟楚有材。自营食，自营衣，自营住，斥其羡馀之茶米矿，换得大洋及生活必须品。人间天上，大风泱泱，西方瑞士，东方日本，虽曰夸言乎？得吾三千万人之一齐努力，固不难致之也。舍基础而筑层楼，四千年中国人之过也。舍己之田而耘人之田，近年来湖南人之过也。吾人主张"湘人自决主义"，其意义并非部落主义，又非割据主义，乃以在湖南一块地域之文明，湖南人应自负其创造之责任，不敢辞亦不能辞。与湖南文明之创造为对敌者，军阀也，湘粤桂巡阅使也，湘鄂巡阅使也，护国军、靖国军、征南军也。是等之敌对者，一律退出于湖南境地以外，永无再入湖南境内与湖南人对敌。湖南人得从容发展其本性，创造其文明，此吾人所谓湘人自决主义也。

来书大意："湘人自治，废督废兵，超出南北党争，建湖南为缓冲地带"。名言至论，大赞成而特赞成。至谓"不设一兵"，陈义甚高，无可反对之余地。惟敝会主张废除一切守备队、镇守使，暂保存正式有纪律之陆军一师。尊意乃欲不设陆军，而以警备队维持地方秩序，名实未亏而作用大异。警备队者，土匪之友。土匪无警备队不得枪，警备队无土匪不得开差机会，不得多量之开差费与乡村附带掠夺。正式编制之陆军，纪律较严，土匪有些畏惧，一也。陆军至多设一师，遍湖南地面设警备队，则至少七八个司令，三四个镇守使，兵额大增，二也。虽然，犹有进者，湘人自决主义，固不是无抵抗主义，强暴复来，可以任其宰割。强暴复来乎，正式之抵抗，仍不可少也。湘人自决主义者，们罗主义也。湖南者湖南人之湖南。湖南人不干涉外省事，外省人亦切不可干涉湖南事，有干涉者仍抵抗之。正式陆军一师之设，顾到民力，顾到土匪，复顾到至不得已时抵抗强暴，此则第三之理由也。呜呼湖南！鬻熊开国②，稍启其封。曾、左③吾之先民，黄、蔡④邦之模范。一蹶不振，至于桂、粤窥其南，滇、黔窥其西，北洋派窥其北，岳阳沦为北派驻防者六年，长沙则屡践汤、傅、张⑤之马蹄。谁实为之，可不哀乎！然湖南人虽死，而未尽死。至于压之既甚之时，起为一瞑不视之举。驱汤芗铭，驱傅良佐，驱张敬尧，消极的破坏冲决之力，仍存在于其本性之中。此后应注意者，则积极的建设之进行，世界大势之观察，民治之敷施，文化之宣传，教育之改造，刻不容缓也。三千万人，则等于明治改革时日本之人口也。地理则较之瑞士而强也。多而无当，大而无当，无日本人瑞士人之知识能力与训练，空鼓其勇气，消极的少意识的破坏则能之，瑞士光华之国，日本充实之邦，终未能见于大江流域之湖南也。阁下湖南人，来书所云，对于湘事，同此感怀。同人皆平民，湘事改造，具见所刊宣言及改造条件之中。第一义则自决主义，第二义则民治主义。谭组庵⑥、赵炎午⑦诸驱张将士，劳苦功高，乡邦英俊。此后希望其注意者，第一能遵守自决主义，不引虎入室，已入室将入室之虎又能正式拒而去之。第二能遵守民治主义，自认为平民之一，干净洗脱其丘八气、官僚气、绅士气，往后举措，一以三千万平民之公意为从违。最重要者，废督裁兵，钱不浪用，教育力图普及，三千万人都有言论、出版、集会、结社之自由，此同人最大之希望也。来函已付沪报发表。大乱初勘〈戡〉，三千万人，人人要发言，各出独到之主张，共负改造之责任。先生更有赐教，无任欢迎之至。

湖南改造促成会
六月二十三日
上海哈同路民厚南里二十九号

注　释：

①　原文载上海《申报》《民国日报》1920 年 6 月 28 日。曾毅，早年留学日本，1906 年加入同盟会。1913 年主办汉口《民国日报》。1914 年再次留学日本，次年回国，主办上海《中华新报》，1920 年回家乡湖南长沙。

②　鬻熊，楚之先祖。湖南省春秋、战国时为楚国地域。

③曾、左,指曾国藩、左宗棠。均为湖南人。

④黄、蔡,指黄兴、蔡锷。均为湖南人。

⑤汤、傅、张,指汤芗铭、傅良佐、张敬尧。相继担任过湖南督军。

⑥谭组庵,即谭延闿。

⑦赵炎午,即赵恒惕。

(《毛泽东早期文稿》,湖南人民出版社2013年版,第440—444页。)

北京政变与商人①

（一九二三年七月十一日）

这次政变发生，惊动了老不注意政治的商人忽然抬起头来注意政治，这是何等可喜的一个消息：上海各马路商界总联合会于六月十四日发表宣言，主张召集国民会议解决国事；上海总商会复于六月二十三日经会员大会议决，发表对全国国民的宣言，这个宣言里说：

"用敢掬诚宣告中外，自本月十四日起，所有曹锟、高凌蔚等因僣窃政权对内对外种种行为，凡我国民概不承认其有代表国家资格。除通电各省军民长官请各自维持其境内之治安以维现状外，其善后建设事宜，谨当与全国国民共谋解决。"

总商会同时议决否认"不能代表民意"的国会，并组织一个民治委员会以为积极解决国事的机关。上海各马路商联会和上海总商会这次举动，总算是商人出来干预政治的第一声，总算是商人们三年不鸣一鸣惊人的表示！

中国现在的政治问题，不是别的问题，是简单一个国民革命问题。用国民的力打倒军阀并打倒和军阀狼狈为奸的外国帝国主义，这是中国国民历史的使命。这个革命是国民全体的任务，全国国民中商人、工人、农人、学生、教职员，都同样应该挺身出来担负一部分革命的工作；但因历史的必然和目前事实的指示，商人在国民革命中应该担负的工作较之其他国民所应该担负的工作，尤为迫切而重要。我们知道半殖民地的中国政治，是军阀外力互相勾结箝制全国国民的二重压迫政治，全国国民在这种二重压迫的政治下自然同受很深的痛苦，但是很敏锐很迫切地感觉这种痛苦的还要以商人为最。大家知道厘金和关税是商人的两个生死关，商人之迫切要求裁厘加税，是他们利害切肤的表示；但裁厘加税并不是容易做得到的事，因为裁厘有损于军阀的利益，加税又有损于外国帝国主义的利益。假使把厘金通通裁掉了，结果是军阀一天一天瘦而商人一天一天肥，那时商人起来推翻军阀真是只要"一声喊"，搬了石头打自己的脚，聪明的军阀决不做这样蠢事。假使把外货的关税特别加增，或竟废掉协定关税由中国自己定出保护关税来，把中国商人身上的镣铐撤去了，一转瞬间国内工商业加速度发展，外货在中国就立刻没有立足之地，狡猾的外国帝国主义者更决不做这样蠢事。所以裁厘加税，与外国帝国主义和本国军阀简直是有生死关系，断不是黎元洪一纸稽滑的起身炮命令所能做到的。我们再看最近上海纱商要求国家发纱业公债为曹锟靳云鹏破坏，要求国家禁棉出口又为外国公使团破坏，更足证明外力军阀和商人是势不两立的。这些都是上月二十三日到了上海总商会会员大会的那些体面商人穆藕斋〔初〕先生们亲自尝到的苦味！

　　商人们历来"酷爱和平"，未想到政治的改造需要革命，不是几个"裁兵、制宪、理财"的电报所能收效；更未想到革命须要自己出马，号召组织全国国民，造成广大的群众运动，才有革命的实力；甚至以为改造政治不必需要一个政党，而怪国民党之努力革命为多事。商人们从前有些幼稚而且怯懦的心理，试将现在的情形比较起来，岂不要哑然失笑？从前还有一部分迷信美国的商人，他们迷信美国是扶助中国的好友，而不知美国竟是最会杀人的第一等刽子手。试把近来美国怎样阴谋扶助那商人及全国国民所反对的曹锟去抢夺政权，以及怎样出死力妨碍商人所要求的禁棉出口政策等等实际的事例看来,就可以知道迷信美国的错误了。我们从这次上海商人对于政变的举动看来,知道他们业已改变从前的态度,丢掉和平主义,采取革命方法,鼓起担当国事的勇气,进步的非常之快。至其对于美国阴谋侵略中国的愤恨,我们从上海总商会和银行公会反对美国商会及美侨协会"乘我国民于民治运动奋斗期中,高唱隐含共管中国的论调,而以中国商会及银行界已于同意之谬说,建议本国政府"的文电看来,"中国商人媚外"的恶名,至少也洗去了一部分。

上海的商人起来了而且行动了,我们希望上海以外的商人都一齐起来一致行动。现在的时机是火烧眉毛尖一样的迫切,再不容我们躲懒睡觉。现在是要团结全国国民实行做革命运动,更不容于商人之中还分出派别。须知外力、军阀是全体商人以至全国国民的共同敌人,而革命成功后所取得的又是共同的利益,为推翻共同的敌人取得共同的利益而团结而奋斗,是最必要的。我们帝〔希〕望天津、北京两地的商人,不为曹锟和一班"官僚资本家"所迷惑,汉口的商人不为吴佩孚所劫持,一齐起来和上海商人取一致的革命行动。商人的团结越广,声势越壮,领袖全国国民的力量就越大,革命的成功也就越快!

末了,我们还有须警告全国商人的:第一,革命的大业〔不〕是容易的事,在向来外力、军阀两重压迫革命的中国环境里更不是容易的事,惟有号召全国商人、工人、农人、学生、教职员,乃至各种各色凡属同受压迫的国民,建立严密的联合战线,这个革命才可以成功。要实践总商会"与全国国民解决"的宣言,不要再蹈从前商教联合会拒绝工人加入的覆辙。第二,现在商人们既已很勇敢地踏上了革命的第一步,就要赶快去踏上第二步,坚持以国民会议解决国事的办法,整严步〔伐〕,努力向前,不达目的不〔止〕,切不可稍遇阻力就停止不进,或更走向和外力、军阀妥协的错路上去。大家要相〔信〕只有国民革命是挽救自己和国家唯一的道路，历史上许多的革命事业都可以做我们的参考或指导。我们的环境已经引导我们做历史的工作。我们不可再懈怠！用革命的方法，开展一个新时代，创造一个新国家：这就是中华民族历史的使命，我们切不要忘记！

注　释：

① 原文载《向导》第 31、32 期合刊，1923 年 7 月 11 日。

(《党的文献》2011 年第 1 期。)

江浙农民的痛苦及其反抗运动[1]

（一九二六年十月二十五日）

江浙两省在中国为工商业特别发达之区，因此工人商人的地位容易被人重视。至于这两省农民，便少有人重视其地位，而且多以为两省乃太平富庶之区，农民并无多大痛苦。其实这种见解完全是皮相，完全是不明白江浙农村实际状况之谈。我们试一考察江浙农村之实际状况，便知道实际情形与悬想完全相反。以下所述各县具体事实，只算我们近来得到的一极小部分材料，然已足证明江浙农民并不是一般人想像的那种太平富庶无多痛苦的农民了。

崇明　长江口之一岛，岛之全域为崇明县，因长江泥沙沉淀冲积而成。岛之四周年涨新沙，因此沙田甚多，佃农甚多。今举上沙一地为例。此地地主剥削佃农非常利害，每千步田要纳保证金五十元。这种田完全是新涨的沙田，农民逐渐替地主们经营成熟。成熟后，地主管田底所有权，农民管田面的权。每年耕种所用人工、肥料、农具、种子等均归农民自备。秋收后每千步田要纳租谷五百斤甚者五百斤以上。地主到农民家里的时候，农民要请他吃好酒饭，不然便难免加租。收租的秤，大概都在二十两以上。农民如稍反抗，马上送县究办。农民若今年欠了五元租，明年就要你还十元，二十元，又不得不还。于是农民之破产者年年有之。此地农民曾在民国十一年起了一个暴动，并没有什么赤党、过激党煽动他们,他们自己成群起来打毁警察局,割去地主陶某的耳朵,并大闹县署要求减租。后因团结不固,首领被捕,以致失败。今年江苏遭了普遍的旱灾,田亩减收,上沙地方每千步田农民只收谷三四百斤,而地主缴租仍坚持要照旧例缴五百斤。地主且以"佃业维持会议决"以欺农民(佃业维持会系十一年地主组织以欺农民的),于是农民恨地主益深,暴动又将发生了。

江阴　从无锡乘轮船前往,到一处地方,叫顾山镇。这顾山镇介在江阴、常熟、无锡三县之间,三县大地主很多,压迫佃农很利害。去年秋天,有一个日本留学生顾山人周水平(周原在无锡省立师范毕业)回到本乡,看不过眼,乃劝佃农组织团体,名曰"佃户合作自救社"。周往来各村,宣讲农民痛苦声泪俱下,顾山农民从者极众,江、常、锡三县交界各地农民都为煽动,如云而起,反对为富不仁之劣绅大地主,一致要求减租。但当农民尚未完全联合起来之时,劣绅地主早已联合起来,江阴、常熟、无锡三县绅士地主同时动作。文电如雪片告到孙传芳,孙传芳哪有不听劣绅地主的话,于去年十一月便把佃户合作自救会解散,把周水平捕获,今年一月便把他枪毙了,减租运动算是一时镇压下来。当周水平灵柩回到顾山安置在他家里时,农民们每日成群到他灵前磕头,他们说:"周先生是为我们死的,我们要给他报仇!"今年大旱,稻收不好,农民又想起来要求减租。可见他们并不怕死,他们知道只有团结奋斗,以减少贪暴地主的剥削,才是他们的出路。又江阴东乡有一名叫沙洲的地方,亦有农民反对〔地〕主的事。此地主苛例为交上期租,江苏人所谓寅交卯种,是一件于农民经济上很痛苦的事。现在农民要求种出还租,正在那里奋斗。

丹阳　这里述丹阳县吕城镇的两件事(这吕城镇在丹阳东乡,靠近沪宁铁路)。一件是反抗当铺欺剥农民。事在今年夏间。吕城镇上有一家当铺,一天被马玉仁残部在县西茅山为匪者到境抢了一回,但所抢不多。当铺主人即鸣官报失,说典当的衣物都抢去了,同时密将衣物乘夜移藏他处。这些衣物的当户即近镇各村农民，闻讯，邀截于路，得原物之一部，但已被移藏之部未得。典物的农民乃起而组织"当户联合会"。向吕城镇当铺算帐〔账〕。结果，当铺陪〔赔〕偿损失一部，即每人陪〔赔〕偿等于当价之数目，共陪了九百块钱。此事证明农民有团结便可得到胜利，设这回没有团结，便让奸狡的当商欺剥了全部的当物去了。又一件是反抗劣绅富农强迫农民缴钱戽水，事在今年夏秋，一直到现在尚未了结。江苏各县农村的河里，现在很普遍的采用一种机器戽水，叫做"戽水机器"，以代替旧法的手车脚车戽水。吕城镇附近几个村子的农民，感觉得要戽水改用机器。但这个地方的劣绅及富农便乘机图利，抢头先做，组织一个"机器戽水公司"，集合资本一千四百元，买来一架机器，安置在河里，用公司名义出布告，要农民每年按亩出钱，若不出钱不准戽水。农民们一打算：所有这几村的田一年按亩缴纳的钱，即够买一架机器，集资自买一架，一次出钱，年年可用，用公司的机器，则年年要缴这样多钱。于是大反对劣绅富农的公司。本地有几位小学教员颇帮农民的忙，帮他们组织一个团体，叫做"农民促进会"，在这个团体内，组织一个"机器戽水合作社"，办法也是农民按亩出钱，也凑足一千四百元，买了一架戽水机器。于是河里有两个戽水机器，一架是公司的，一架是合作社的，公司的那一架完全罢在那里没有人理会。劣绅气极了，用种种诬词告到孙传芳那里。结果派兵下乡，大索过激党，捕去四人，通缉三人，声言不用公司机器的人都要重办。当兵来时，村中壮年男子都躲在禾丛中，只留下老弱妇女小孩见兵士的面。这些犯了重罪的农民，单是送兵太爷免捕礼就送了一千余元，其余被搜掠者不在内。此案到现在还没有完结。好在现在已是孙传芳不甚如意之时，吕城的劣绅们或者也稍稍感到难尽如意，亦未可知。

无锡　离无锡县城十五里之徐巷镇，不久之前也出了一件小小乱子。此地大商兼大地主的荣德生，他要在此地修一条马路经过农村，拆毁镇上房屋，廉价收买过路田亩，此事直接损害农民经济，故农民们组织农民俱乐部反抗荣德生。结果荣德生屈服，允许田二百元一亩，新植的桑苗一角钱一株，镇上房子不拆。

青浦　沪杭路侧之青浦县，上月内发生农民反对重价买荒之事。本县荒地，农民缴价买荒，历来定价每亩三元。此次劣绅串通县长林贞一，组织一公司，以每亩三元，领得荒地，而以每亩十二元卖与农民。农民组织垦务联合会反抗，劣绅、官厅则多方恐吓。现仍在争持中。

泰兴　东乡王庄地方，今年因旱少收，农民要求减租，与地主起了激烈的争斗。地主不但不肯减租，反压迫农民。农民中之一人因恨极图杀一万恶之地主。地主报县，捕农民三十人入狱。

泰县　泰县森森庄地方之农民，今夏因旱请求减租，起了一个运动。地主压迫，捕去为首数人。

徐州　江苏农民中江北徐海一带算是最苦，红枪会、连庄会到处皆是，农村各种争斗，比他处更多，缕述不尽。铜山县东乡、北乡等处地势洼下，去年禾稼淹没殆尽。所幸二麦已种，农民尚有"转过荒年有熟年"之希望。今秋淫雨连绵，田间禾苗终日浸在水中，由萎黄而腐烂，农民辛勤半载，落得两手扑空。此时地中仍是积水片片，二麦播种无期，怨声载道，莫不表现一种凄惨愁苦的状态。天灾之外，同时还有横征暴敛之军阀、贪官与重租重利之劣绅地主，层层敲剥。因此农民流而为匪者极多，徐州一带，所以成了著名之匪区以此。

慈溪　慈溪居浙江，在宁波之西，近日本县山北地方曾发生一次大的暴动。这山北地方的农民本来是很强悍的，时常有械斗的事发生，加以近年官僚警察无理的压迫，劣绅地主加倍的剥削，农民积愤已深。恰巧今年晴雨不均，稻和棉花都没有收成，那地主的钱租又一些儿都不肯减，农民的闹荒暴动就因此爆发了。农民的暴动一爆发，一般游民无产阶级都很勇敢的参加进来。九月十三日上午，聚积二千多人到警察局报荒，和警察冲突起来。他们把警察署焚毁了，把警察的枪械也缴了。又转至乡绅地主家"吃大户"。吃了以后，因愤乡绅地主的凶恶，把他们的屏画古董门窗壁络都捣毁净尽。每天都是这样，他们也不大听人劝导，只是这样发泄他们的忿气。隔日乡绅逃至城内告发，军警陆续下乡大搜农民，农民领袖多已逃散，"犯法""犯罪"已成为普遍的宣传，农民因此胆怯起来，这个暴动就镇压下去了。这次暴动失败的原因，在群众完全没有组织，又没有指导，所以成了原始的暴动而至于失败。

注 释：

① 原文载《向导》第179期，1926年10月25日。

（《红色记忆——江苏省档案馆馆藏革命历史报刊资料选编（1918—1949）》，东南大学出版社2014年版，第30—32页。）

关于发展游击战争致刘少奇等电

（一九四一年四月三十日）

少奇、陈毅、小姚①：

敌占宁波、奉化、温州、福州，如系久占，你们应注意组织各该地之游击战争。有地方党者，指导地方党组织之，你们派少数人帮助之；无地方党者，由你们派人组织之。从吴淞经上海、杭州、宁波直至福州，可以发展广大的游击战争。上海杭州线的军事领导，不可仅委托谭震林，他一人管不到许多，有单独成立战争单位之必要（此区有大发展前途），可划为第八师区域。你们意见如何及如何组织，请考虑电告。

毛　朱　王　叶②

四月三十日

（根据手稿刊印）

注　释：

① 小姚，即饶漱石。
② 毛朱王叶，即毛泽东、朱德、王稼祥、叶剑英。

（《毛泽东军事文集》第二卷，军事科学出版社、中央文献出版社1993年版，第639—640页。）

转发松江县召开各界人民代表会议经验的电报

（一九四九年十月十三日）

一

德怀、仲勋①，林彪、子恢②，剑英、方方③，小平、伯承、贺龙④，一波、澜涛⑤，高岗、富春、林枫⑥，康生⑦：

据饶漱石⑧同志十月十一日电称，"我们选择上海附近松江县，创造召开全县各界人民代表会议的经验。此种会议，已于九月三十日举行。我曾赶往参加，并作报告。会议结果良好。经过各界代表的热烈讨论和辩论后，成立了减租减息，合理负担，处理劳资纠纷等实施办法。对党内党外，教育意义均甚大。证明，在各县召集各界人民代表会议，不但有迫切需要，而且有充分可能。会议经过和经验，拟全部在《解放日报》上发表。计：（一）我在会议上的报告，关于减租减息，合理负担及工商业政策问题。（已在十月六日《解放日报》上发表）（二）松江县各界人民代表会议报道。（三）县委书记关于松江工作与任务的报告摘要。（四）介绍松江全县各界人民代表会议的经验（拟用《解放日报》社论发表）。上述各件，已于今日由新华社发给中央。如仍需由内部专门总结报告，请电示办理"等语。上述文件俟收到后即由新华总社广播，你们可以在报纸上看到。你们看了松江县的经验后，请即通令所属一律仿照办理。这是一件大事。如果一千几百个县都能开起全县代表大会来，并能开得好，那就会对于我党联系数万万人民的工作，对于使党内外广大干部获得教育，都是极重要的。务望仿照办理，抓紧去做。并请你们选择一个县，亲自出席，取得经验，指导所属。

毛　泽　东
十月十三日

二

漱石同志：

　　酉真电悉。（一）松江会议成功，极为欣慰。俟各项文件收到后，即由新华总社广播各地。我已将你的来电转发各中央局负责同志，请他们通令所属，一律仿照办理。华东局所属则请你通令办理。这是一件大事。如果全国一千几百个县都能开起全县代表会来，并能开得好，那就会对于我党联系数万万人民群众的工作、对于使党内外广大干部获得教育，都是极重要的。请你抓住松江经验，要华东各地省委、区党委、地委负责同志，亲自出席若干县，取得经验，以利推广。（二）内部总结报告，不需要了。

毛　泽　东
十月十三日
（根据手稿刊印）

注　释：

　　① 德怀，即彭德怀，当时任中共中央西北局第一书记。仲勋，即

习仲勋，当时任中共中央西北局书记。

② 林彪，当时任中共中央华中局第一书记。子恢，即邓子恢，当时任中共中央华中局第三书记。

③ 剑英，即叶剑英，当时任中共中央华南分局第一书记。方方，当时任中共中央华南分局第三书记。

④ 小平，即邓小平，当时任中共中央西南局第一书记。伯承，即刘伯承，当时任中共中央西南局第二书记。贺龙，当时任中共中央西北局第二书记；一九四九年八月被任命为中共中央西南局第三书记，这时尚未到职。

⑤ 一波，即薄一波，当时任中共中央华北局第一书记。澜涛，即刘澜涛，当时任中共中央华北局第三书记。

⑥ 高岗，当时任中共中央东北局书记。富春，即李富春，当时任中共中央东北局副书记。林枫，当时任中共中央东北局副书记。

⑦ 康生，当时任中共中央山东分局书记。

⑧ 饶漱石，当时任中共中央华东局第一书记。

(《建国以来毛泽东文稿》第一册，中央文献出版社2023年版，第77—80页。)

给上海市纸业革新促进会的题词

（一九四九年十月十三日）

你们提倡由纸的商业转变为造纸工业，改良土纸及推广土纸使用范围，都是好的。你们用土纸抄写我的几篇文章，我是感谢你们的。现在我给你们写了几句话，但请你们不要用为广告。

毛　泽　东
一九四九年十月十三日
（根据手稿刊印）

（《建国以来毛泽东文稿》第一册，中央文献出版社 2023 年版，第 90 页。）

关于收集和研究上海税收办法的批语

（一九四九年十一月四日）

薄一波①同志：

　　请将此项情报②抄送黄敬③，并收集上海税收办法，加以研究。

　　　　　　　　　　　　　　　　　　毛　泽　东
　　　　　　　　　　　　　　　　　　十一月四日

（根据手稿刊印）

注　释：

　　①薄一波，当时任中共中央华北局第一书记、政务院财政经济委员会副主任。

　　②指中共上海市委一九四九年十一月一日给中央的电报中转述的英国侨民致英政府备忘录要点。转述的要点有："英侨情况，现亦略好转。对身受政府一视同仁之待遇，无不感激。惟对某些税收制度及劳资问题，尚有意见。例如，税收方法、税率及制度，全国应一致。在天津之合并征收所得税及营业税，似非合理，更依照'付税能力'强定工商业税，亦不科学，对工商业均有严重不良影响。惟上海之营业税法及印花税法，系参酌本市实际情况而定，人民无不称善。"

③黄敬,当时任中共天津市委书记、天津市人民政府市长。

(《建国以来毛泽东文稿》第一册,中央文献出版社2023年版,第190—191页。)

中央关于协商委员会的职权给华东局的电报

（一九四九年十一月二十四日）

华东局：

　　戌梗电悉。上海第二届各界代表会应选出四十人左右的协商委员会，其职权为在各界代表会闭会期间向市政府提出建议案，并为下届各界代表会准备议程及议案。请参考北京《人民日报》所载北京第二届各界代表会所选举的协商委员会。

中　央

十一月二十四日

（根据毛泽东手稿刊印）

（《建国以来毛泽东文稿》第一册，中央文献出版社2023年版，第279页。）

关于了解华东区县市人民代表会议召开情况的电报

（一九四九年十二月二十九日）

饶漱石同志（中央转）：

请将下列各方面情况电告：（一）你们对上海外商征税比较对华商征税税率高低程度如何？（二）全国概算中分配华东之收入数额有完成把握否？（三）全华东区内县的人民代表会议共有多少县开过了，尚有多少县未开过？市的代表会议（三万人口以上的）是否均已开过？一九五〇年一二三月内，全华东区所有县市均应开一次人民代表会议，可以做到否？（四）此次上海市人民代表会议的经验及结果如何？

毛泽东
十二月二十九日
（根据手稿刊印）

（《建国以来毛泽东文稿》第一册，中央文献出版社2023年版，第367页。）

为了解上海工商业家困难的真实情况给陈云①的电报

（一九四九年十二月三十日）

陈云同志：

上海市委亥江致中央电称，上海有许多大型中型工厂负债甚多，难于维持，要求政府贷款，否则有大批倒闭危险等语。上海工商业家是否确有这样大的困难，政府是否已允许贷款及贷给多少，资本家叫得那样凶是否符合实际情况，是否有借此低〔抵〕制公债的意图，你的看法如何，盼告。

毛 泽 东
十二月三十日

（根据手稿刊印）

注　释：

① 陈云，当时任政务院副总理兼财政经济委员会主任。

（《建国以来毛泽东文稿》第一册，中央文献出版社2023年版，第368—369页。）

关于税收和失业问题给陈毅①的电报

（一九五〇年四月十六日）

陈毅同志：

删午电悉。税收问题和失业问题能照正确原则解决，取得各方同意妥慎进行，甚好甚慰。目前处在转变的紧张时期，力争使此种转变进行得好一些，不应当破坏的事物，力争不要破坏，或破坏得少一些，你们把握了这一点，就可以减少阻力，就有了主动权。会议②情形，望随时电告。

毛　泽　东
四月十六日二十二时
（根据手稿刊印）

注　释：

① 陈毅，当时任中共上海市委第一书记、上海市人民政府市长。

② 指一九五〇年四月十五日至二十三日召开的上海市第三次各界人民代表会议。

（《建国以来毛泽东文稿》第二册，中央文献出版社2023年版，第69页。）

关于目前几个月的工作方针给陈毅的电报

（一九五〇年四月二十三日）

陈毅同志：

四月二十一日电悉，方针是正确的，目前几个月确实应当用大力来做调整公私关系，劳资关系，维持生产与救济失业的艰巨工作。

毛　泽　东
四月二十三日

（根据手稿刊印）

（《建国以来毛泽东文稿》第二册，中央文献出版社2023年版，第97页。）

对陈毅关于上海打退四月危机的
报告的批语和复电

（一九五〇年五月十三日、十四日）

一

子恢①，剑英，小平，德怀，一波，高岗，彭真②，黄敬各同志：

兹将陈毅同志五月十日来电③转发给你们作参考。上海打退四月危机的经验及目前采取的各项政策④，是各地大城市党委值得研究的，请将此项报告转发各主要城市党委研究。

毛 泽 东
五月十三日

二

陈毅同志，并告漱石：

（一）五月十日报告收到，甚好甚慰。所取方针是正确的。（二）

六月征税减少一千亿的问题，待研究后由陈薄⑤答复你。（三）我们决定六月中旬召开政协全国委员会通过土改法令并讨论调整工商业问题，你不是全国委员会委员，但有些问题须事先和你商量，请你于六月一日来中央一次，留两三天，即可回去。如果你觉得马上来为好，亦可以马上就来。如何，盼复。

毛　泽　东
五月十四日
（根据手稿刊印）

注　释：

① 子恢，即邓子恢，当时任中共中央中南局第三书记。

② 彭真，当时任中共北京市委书记。

③ 指陈毅一九五〇年五月十日给毛泽东、中央、华东局的上海三、四两月综合报告。

④ 一九五〇年三月和四月，上海社会秩序比较混乱，敌特活动表面化，税收、公债政策受到攻击，劳资关系紧张，人心浮动。这些情况以四月上旬为最紧张。上海市在解决上述问题稳定局势方面做了很多工作，他们的经验和采取的政策主要是：调整公私关系，实行公私兼顾政策；改善劳资关系，照顾双方利益；适当减少税收；救济失业工人；开展自我批评，纠正工作中的缺点；等等。

⑤ 陈薄，即陈云、薄一波。

（《建国以来毛泽东文稿》第二册，中央文献出版社2023年版，第200—201页。）

对上海党政群机关团体编制情况报告的批语

（一九五〇年八月二十日）

周①：

此电两项建议②值得注意，请考虑指示各地，省及大市照此办理，成为制度。又，各地整编总结，报来者少，请考虑去电催送总结。

毛 泽 东

八月二十日

（根据手稿刊印）

注　释：

① 周，指周恩来。

② 指中共上海市委一九五〇年八月十四日关于上海党政群机关团体编制情况给中央并华东局的报告中提出的两项建议。这两项建议是：（一）编余员工处理问题。整编中采取谨慎处理是非常重要的，但老弱残疾人员，应视具体情况分别处理，一般可早日给资遣散。工务局六七十岁有多年工龄的老工人，无家可归者以包下养老为宜。（二）编制委员会撤销后，凡有关编制问题，应指定专门机关继续负责指导，以巩固已得成绩，并坚持贯彻下去。否则时间一久，

便又各自为政，自行扩充广泛招聘、制度松懈的倾向难免发生，这是值得注意的。

（《建国以来毛泽东文稿》第二册，中央文献出版社2023年版，第451—452页。）

中央关于同意以大战略区为单位在上海设办事处的电报

（一九五〇年九月十四日）

一

各中央局及各大军区党委：

接上海市委九月十二日电称，"六月初至八月底，市委接到各区委反映，有关各地区来沪购物受骗、贪污、将公款私存私营行庄等事件，达十一件之多。其中情况较为严重的，有太原煤矿购买钢丝绳，贪污一千万元，并受商人欺骗，以劣货抵充舶来品（已报告）。西北军区第三军运输处长徐飞，以五、六亿款项，化名分存私营行庄，经转告区行查出，而徐本人态度蛮横，强词夺理。他与平原军区代表张瑞卿向荣尔仁购厂，事先未和华东财委商量，即与荣订立合同，后因财经情况好转，荣即毁约，迄未解决。一野温同志来沪采购汽车材料，委托私人代办，商人以旧货翻新充数，本人则贪污腐化，住所不定。浙江制麻公司，中南区工商部，东北林务局等采购五金电器材料，均收取上千万佣金。四野后勤卫生部到广协书局、商务印书馆买书，索取额外书籍，价值三十余万元。上述情况均在群众中造成不良影响。我们已分别抄转各有关单位查明处理，但因各地来沪人员甚多，又不愿与当地党政接头，沪商人刁滑异常，我方人员容易受其欺蒙。为防止类似事件发生，除通知工商部门加强对外地来沪采购同志予以必要的照顾与帮助外，建议中央电告各地，以大战略地区为单位（包括大城市）在沪设立办事处，统筹各单位贸易和采购事宜，并与沪工商办事处取得联系，避免此间多头及商人谋取非利的弊端，是否有当？请裁夺"等情。中央认为上海市委的意见是正确的，请你们即以大战略区为单位（包括大城市）在上海设立办事处，统筹各单位贸易采购事宜，并与上海工商办事处取得联系，避免各项弊端。对于各区过去派赴上海人员所犯错误，应予检查，给以必要处罚。

中　央

九月十四日

二

上海市委：

九月十二日电悉，同意你们的意见，已令各中央局依照你们的建议在上海设办事处统筹采购，并与你们联系。

中　央

九月十四日

（根据毛泽东手稿刊印）

（《建国以来毛泽东文稿》第三册，中央文献出版社2023年版，第43—44页。）

中央对上海市委关于在工厂中开展"三反"运动的指示的批语

（一九五二年二月七日）

各中央局，并转所属各大城市党委：

中央认为上海二月四日关于在工厂中开展"三反"的文件①是正确的，特给你们参照办理。

中　央
二月七日

（根据毛泽东手稿刊印）

注　释：

① 指中共上海市委一九五二年二月四日关于在国营、公营及公私合营工厂中开展"三反"运动的指示。指示说，从半个月来上海市部分国营、公营及公私合营工厂的民主改革和"三反"试点工作看，工厂中的贪污浪费情况十分严重，是老虎集中的地方，开展"三反"已成为广大职工的迫切要求，也是当前工厂中进行一切工作的关键。因此决定所有国营、公营及公私合营的工厂，只要领导条件具备的，都要无例外地开展一次深入彻底的"三反"运动。在工厂中开展"三反"运动，不仅不与民主改革和生产改革相冲突，而且可以完全结合成为

推动改革的一个基本动力，鉴于工厂既是一个紧张的生产机构而又是大老虎集中的地方，在工厂中进行"三反"，不仅要彻底肃清贪污浪费，消灭大老虎，而且要不妨碍生产并有利于生产，因此要特别注意掌握以下几点：1. 正确处理工人的偷窃与"揩油"行为问题。解决这一问题的基本办法应当是正面教育，建立制度，不究既往，杜绝今后。2. 慎重而严肃地处理工会经费、福利事业与合作社中的贪污浪费问题。处理这些问题的基本原则是既要彻底弄清是非，认真向群众交代，又不要打击干部的积极性，伤害许多可以改造与挽救的干部。3. 对有贪污行为的职员与技术人员，要采取团结争取多数、孤立打击少数的原则，并根据其技术高低和作用大小加以区别对待。4. 工厂中的贪污现象极为普遍，必须有重点、有意识地检查贪污和搜捕大老虎，防止盲目地泛泛地进行。5. 在工厂中进行"三反"，其内容较机关更为复杂，而干部条件又相对较差，因此要特别强调有准备有步骤地展开，不能机械地照搬机关的一套做法，不能简单从事、限期完成。

（《建国以来毛泽东文稿》第六册，中央文献出版社2023年版，第143—144页。）

关于上海市应抓紧完成"三反"打虎任务开展"五反"斗争的电报

（一九五二年二月二十三日）

陈毅、谭震林①二同志，上海市委各同志：

市委二月二十一日报告②收到。你们二月二十日的会议开得很好，我相信你们的打虎作战会开展起来。希望你们从二月二十五日至三月十日，分为三期，每期五天，共十五天，抓紧检查督促，改进方法，基本上完成上海市各系统内部的"三反"打虎任务。从三月十一日起阵容整齐地正式开展上海市工商界的"五反"斗争。

毛　泽　东
二月二十三日下午九时

（根据手稿刊印）

注　释：

① 谭震林，当时在中共中央华东局、华东军政委员会担任领导工作。

② 指中共上海市委一九五二年二月二十一日关于打虎不力问题给毛泽东并报华东局的检讨报告。报告说，上海打虎仅完成预定任务的

百分之二十六，较各地落后，已严重影响到全国的"五反"运动。这主要是由于市委对这次严重的阶级斗争认识不足，思想老虎未能及时肃清，以致贯彻不力，陷入战线太长、分兵把口的被动状态。二月二十日全市召开了二千多人的打虎干部会议，由陈毅传达毛泽东的指示，严肃地批评了上海打虎现状，指出努力方向，并当场宣布对一些领导干部给予撤职和停职反省的处理，逮捕法办了数人，教育意义很大。为了加强上海的工作，华东局还决定调一批省市领导干部到上海市担任各方面的领导工作。

（《建国以来毛泽东文稿》第六册，中央文献出版社2023年版，第254—255页。）

转发华东局关于上海某些资本家借公私合营损公肥私的报告的批语

（一九五二年二月二十五日）

请各地注意处理同类情况①。

毛　泽　东
二月二十五日
（根据手稿刊印）

注　释：

① 指中共中央华东局一九五二年二月二十四日通报中所说的上海市公私合营工厂中资产阶级营私舞弊的情况。通报说，在"三反"中发现上海的十个公私合营厂实际上已变成为"合公营私"厂。它们完全丧失国营经济领导下的国家资本主义经济的性质，成为资本家损公肥私的基地。通报要求各级党委在"三反""五反"运动中同时打垮资产阶级在公私合营方面的进攻，将工厂中的领导权巩固地掌握过来。

（《建国以来毛泽东文稿》第六册，中央文献出版社2023年版，第265页。）

对薄一波①关于上海"三反""五反"情况和部署的报告的复电

（一九五二年二月二十九日）

薄一波同志：

二月二十七日的电报收到。你和华东局、上海市委诸同志共同决定将上海"五反"停止下来到三月二十号再行发动的方针及各项处置是完全正确的。这样既有利于现在的"三反"，也有利于三月二十号以后的"五反"，也有利于全国的经济形势。

毛 泽 东
二月二十九日上午一时
（根据手稿刊印）

注 释：

① 薄一波，当时任政务院财政经济委员会副主任、中央人民政府节约检查委员会主任，受中央委派在上海帮助"三反""五反"工作。

（《建国以来毛泽东文稿》第六册，中央文献出版社2023年版，第279页。）

转发薄一波关于上海市"五反"准备工作报告的批语

（一九五二年三月五日）

一

此件①发各中央局转各城市市委参考。在任何城市进行"五反"，必须分析情况，确定策略，组织工人、组织干部（工作队）、组织指挥机关，并做出全盘计划，方能真正开展"五反"斗争，并在斗争中不断修改自己的计划，决不能盲目地进行"五反"。市委须每天指导各区，几天总结一次经验。各中央局分局省市区党委须几天讨论当地"五反"工作一次，决不能满足于只发一二个原则指示。

毛　泽　东
三月五日

二

应按中央新的划分标准,划分为守法的、基本守法的、半违法半守法的、严重违法的和完全违法的五类。——毛注②

三

不应当提出反暴利的口号。——毛注③

四

此两项应当反,可以归入反盗窃国家资财一类。——毛注④

五

大城市和中等城市不同,必须以区为"五反"的单位,市则统一领导各区。——毛注⑤

六

严密控制,非常需要。有些城市控制不严,出了乱子。——毛注⑥

（根据手稿刊印）

注　释：

① 指薄一波一九五二年三月三日关于上海"五反"准备工作和部署给毛泽东并中央的报告。报告说，上海市的"三反"估计可以如期完成，"五反"准备工作近两三天与市委同志做了初步研究，作出如下部署：（一）上海共有工商业十六万三千户。守法户占总户数的百分之三十五，半守法半违法户占总户数的百分之六十，严重违法和完全违法户占总户数的百分之五。（二）上海上层资本家包括同业公会的主委、区工商联主任以上的人员在内，共有五百余人，根据具体情况，已分成应予保护的、一般保护的和坚决打击的三大类，正在征求各方意见。（三）"五反"内容必须明确规定。一些人对"五反"概念还比较混乱，有的是单纯地反暴利，有的是反逃汇套汇、反隐瞒敌产，而且反的年代很远，有的则是一切都反。（四）关于材料准备。已组织专人整理群众检举和资本家坦白的材料。（五）组织"五反"工作队或战斗小组，对他们加以训练，作为"五反"开始时的骨干。（六）"五反"运动的领导拟定以区为单位，加强区委的领导作用。市委集中掌握运动发展的情况，掌握政策，统一步调等。（七）在"五反"开始前准备出几个大案件的成熟材料，待"五反"中拿出来，为这场斗争全胜铺好道路。（八）加强领导，规定纪律，严密控制。

② 薄一波在上述报告中说，上海按与国家经济部门来往的多少和金额的大小，对国计民生利害关系的大小，及在资产阶级中间影响的好坏，对全市资本家加以排队，分为守法的、半守法半违法的、严重违法的和完全违法的四类。在这后面毛泽东写了这条批注。

③ 毛泽东的这条批注，写在薄一波上述报告中说的一些人对"五反"的概念还相当混乱，"有的是单纯地反暴利"之后。

④ 毛泽东的这条批注，写在薄一波上述报告中谈到一些人对"五反"概念的理解时说的"有的是反逃汇套汇、反隐瞒敌产"之后。

⑤ 毛泽东的这条批注，写在薄一波上述报告中谈到"五反"运

动领导问题时的以下一段话之后:"上海地区太大,人口六百万,有二十一个区委,完全集中到市委,事实上是不可能的。"

⑥ 毛泽东的这条批注,写在薄一波上述报告中说的"五反"运动应"加强领导、规定纪律、严密控制"这句话之后。

(《建国以来毛泽东文稿》第六册,中央文献出版社2023年版,第325—328页。)

对薄一波关于上海工商户分类和"五反"部署的报告的批语

(一九五二年三月十三日)

请周①研究。

此件②一般很好。惟五类中第二类宜增加,第三类向第二类移过来一部分,是否可能,请你和一波通话时征询他的意见③。

毛　泽　东
三月十三日

(根据手稿刊印)

注　释:

① 周,指周恩来。

② 指薄一波一九五二年三月十日关于上海工商户、上层资本家分类和行业排队及"五反"部署等问题给毛泽东并中央的报告。报告说,上海十六万三千户工商户,按五类划分,第一类守法户,占工商户总数的百分之十五点三;第二类基本守法户,占总数的百分之三十六点八,每户行贿、偷税漏税等在一千万元以下者均划入;第三类半守法半违法户,占总数的百分之四十四点二,这一类所占比例最大,每户

偷税或盗窃等平均在一千五百万元左右；第四类严重违法户，占总数的百分之二点八；第五类完全违法户，占总数的百分之零点九。关于"五反"的部署，为照顾上海特点，避免生产下降或停滞，避免增加失业和减少税收，拟在掌握好排队材料和具体对象，做到心中有数后，有步骤地有控制地分批地进行，预计一个半月基本解决问题。为迅速地逐步地形成"五反"统一战线，报告对"五反"的内容、界线、清算的时间等作了规定，并提出为了使生产不致因"五反"而停顿，做到一面生产一面斗争拟抓的几件事情。中央在一九五二年三月十六日转发了薄一波的这一报告。

③ 周恩来一九五二年三月十五日写给毛泽东的报告说："已与一波通了电话。他认为照主席指示，将'五反'中上海工商户第三类向第二类移过来一部分的可能是有的，具体计算，当在'五反'执行中解决，大约第一、二类可达到全数百分之六十。"

（《建国以来毛泽东文稿》第六册，中央文献出版社2023年版，第361—362页。）

中央关于增加受保护的资本家数目给
上海市委的电报

（一九五二年三月十六日）

上海市委，并告薄一波同志：

三月十四日报告①及早几天薄一波同志的报告②均已收到。你们的计划很好。惟"五反"计划中我们希望从第三类③移一部分到第二类④，对坚决保护和一般保护的资本家数目能增加一些就好，望酌情处理。

中　央
三月十六日

（根据毛泽东手稿刊印）

注　释：

① 指中共上海市委一九五二年三月十四日关于一周打虎情况及今后"三反"与"五反"部署给毛泽东、中央并华东局的报告。报告说，打虎任务已基本上完成，决定基本结束突击打虎工作，把主要力量转入"五反"。待"五反"结束后，利用"五反"中间所得来的材料，内外结合地再来一次彻底肃清老虎的工作。目前正集中一切力量为"五反"第一战役做好各种准备工作。

② 指薄一波一九五二年三月十日关于上海工商户、上层资本家分类和行业排队及"五反"部署等问题给毛泽东并中央的报告。参见本书第 79 页注②。

③ 指半守法半违法户。

④ 指基本守法户。

(《建国以来毛泽东文稿》第六册，中央文献出版社 2023 年版，第 367—368 页。)

中央转发薄一波关于上海市"五反"策略和部署的报告的批语

(一九五二年三月二十九日)

薄一波同志,各中央局,分局,并转省市区党委:

薄一波同志三月二十五日关于"五反"的策略和部署①很好,各城市均应仿行。上海"五反"的重点首先放在占六十二万人中的四十三万人方面,是正确的。尤其不误生产,极为重要,各城市凡误生产者,均应立即改变做法。

中　央

三月二十九日

(根据毛泽东手稿刊印)

注　释:

① 指薄一波一九五二年三月二十五日关于上海"五反"给毛泽东并中央的报告中所述的第一战役的经验和第二战役的部署。上海"五反"第一战役的经验是:(一)"五反"要与生产相结合,"五反"必须维持生产。(二)把"五反"政策向工人、店员、高级职员及老板彻底摊牌,让他们都摸到政府的底。(三)"五反"斗争必须从诉苦

运动入手，通过诉苦发动群众，形成"五反"统一战线。（四）"五反"斗争过程也即是争取高级职员的过程，高级职员争取过来了，问题就接近解决了。（五）要学会利用矛盾，分化资本家。（六）充分运用党在资本家中间的影响和力量，发挥资本家亲戚朋友中的党团员和其他积极分子的作用。关于"五反"第二战役的部署是：第二战役可如期在四月一日开始。拟选择两千个重点户进行检查，非重点户则以区街或行业为单位，对资本家和工人店员分别进行发动。党的领导力量主要仍应放在重点户和大户身上，只分出一部分力量来进行一般的动员。

（《建国以来毛泽东文稿》第六册，中央文献出版社2023年版，第410—411页。）

中央转发上海市委关于在"三反""五反"中严格执行各项纪律的决定的批语

（一九五二年三月二十九日）

上海市委，各中央局、分局：

中央同意上海市委三月二十五日关于在"三反""五反"工作中严格执行各项纪律的决定①，望各中央局分局指令所属机关派在上海工作的人员注意执行。同时全国各城市在"三反""五反"中均应照上海的办法规定严格纪律，切实制止混乱现象。

中　央
三月二十九日

（根据毛泽东手稿刊印）

注　释：

① 中共上海市委一九五二年三月二十五日关于"三反""五反"工作中严格执行各项纪律的决定的主要内容是：（一）本市各机关团体，如欲逮捕"三反"中有关人犯，必须经市委批准，交市公安局与区委联系后依法执行。中央及华东各地在沪各单位，则须经华东局批准后，与市委接洽办理；华东以外各大行政区所属各单位，除经当地最高机

关之批准外，并须来市委接洽办理。（二）无论本市外埠任何机关团体，如因"三反"而须传讯本市有关人员，须经市委批准，再与区委联系后，由公安分局以传票传至公安分局讯问，对被传之人，未经补办扣留手续，不得扣留过夜。（三）关于"三反"中退赃、追赃问题，华东局已有指示，其中所示退赃、追赃方式是完全正确的。但上海目前正处在"五反"时期，不宜由各单位径自进行追赃，无论本市外埠任何机关团体，凡须在本市追赃时，必须携带材料来市增产节约委员会联系与接洽，由其斟酌情形，分别先后，予以查明核实，再将结果复告有关单位，至于被追出之赃款、赃物，则由该处统一交存人民银行，对收赃、存赃等有关"三反"人员之调查讯问，亦应即日停止。本市"五反"全面展开后，追赃问题即能解决，各机关团体负责追赃之人员，并可参加本市"五反"检查组织，配合进行。（四）凡因"三反"追赃而须将私人资财加以冻结、扣押，或对私人产业加以查封、没收时，一律必须经市增产节约委员会批准后，由军管会军法处或市人民法院依法执行。

（《建国以来毛泽东文稿》第六册，中央文献出版社2023年版，第412—413页。）

为转发一封关于工人监督生产问题来信的批语

(一九五二年四月三日)

这是上海劳动局一个同志关于工人监督生产问题的意见①。请尚昆②同志印发在京各中央委员、候补中央委员、全总党组、中财委及其所属各部门党组,并从陆地寄送各中央局、分局、省市区党委,作为研究这一问题的参考材料。

毛 泽 东
四月三日

(根据手稿刊印)

注 释:

① 指上海市劳动局干部蒋立一九五二年三月二十五日送请毛泽东审阅的关于私营企业中工人监督生产的建议。建议的主要内容是:(一)对私人资本主义仅靠国家政权机构和国营经济机构自上而下的监督非常不够,必须同时依靠发动私营企业中工人群众对资本家的自下而上的监督,将两方面的监督密切结合才能奏效。(二)现已发布的几个有关法令文件,对工人监督生产经营的权力,均无明确规定,因而工人群众的监督显得软弱无力。这是资产阶级得以盗窃国家资财的主要原因之一。因此,严格建立私营企业中工会及工人对生产的监督制度刻

不容缓。（三）只要把工人监督权明确规定在共同纲领范围之内，不会发生对资本家限制得太死太大的弊端。今天私营企业中工会和工人的政治觉悟已有一定的基础，对企业的生产经营业务已有一定的熟悉，只要赋予明确的权力，建立较完善的制度，加上健全的领导，工会和工人是能够胜任的。（四）关于建立私营企业工人监督生产制度的具体实施办法，提出了九条意见，包括工人监督生产的性质、职权范围、组织系统、纪律和奖惩等内容。

② 尚昆，即杨尚昆，当时任中共中央办公厅主任。

（《建国以来毛泽东文稿》第六册，中央文献出版社 2023 年版，第 417—418 页。）

中央转发上海市"五反"第一期总结报告的批语

（一九五二年四月四日）

上海市委，华东局、各中央局、分局，并转省市区党委：

上海市委四月二日关于"五反"的十条经验①很好。这是"五反"以来最完备的一次经验总结，望一切正在推行"五反"或准备推行"五反"的城市党组织，注意研究，一体遵行。并可在党刊上发表。

　　　　　　　　　　　　　　　　　　　　　中　央
　　　　　　　　　　　　　　　　　　　　　四月四日

（根据毛泽东手稿刊印）

注　释：

① 上海市"五反"第一战役从三月二十一日开始，至三月三十一日结束，对七十四家重点户进行了检查。所取得十条经验是：（一）充分准备，不打无把握的仗。（二）"五反"必须结合生产。（三）明确交代政策，破除各种顾虑。（四）从诉苦运动着手，充分发动群众，引向"五反"斗争。（五）争取高级职员是取得"五反"胜利的重要关键。（六）对资本家充分利用矛盾，多方实行分化。（七）充分运用党在资

本家中间的影响和力量。（八）在政治上打掉资本家的"威风"，要他们全面交代违法事实，务求详尽确实，务求说清违法事实来龙去脉，数字务求详尽准确。（九）充分发动群众与严密控制相结合，这是保证运动正确发展与彻底胜利达到"反而不乱"的关键。（十）巩固胜利，妥善收兵，做到有始有终。

（《建国以来毛泽东文稿》第六册，中央文献出版社2023年版，第419—420页。）

中央转发薄一波关于上海"五反"第二期部署的报告的批语

（一九五二年四月五日）

薄一波同志，上海市委，华东局，各中央局、分局：

（一）同意薄一波同志三月三十一日的报告①，并将这个报告发给各处参考。（二）大资产阶级所有的企业，因其技术进步，工人众多，产品量大，不论在经济上政治上都较中小私人企业为重要。过去有些同志重视中小，轻视大的。在民建会和工商联的组织问题上亦认为重点宜放在中小。这种观点显然是不正确的。中小应予组织起来，在"五反"中应将其问题迅速弄清，早日组成"五反"统一战线，以壮声势，孤立五毒②深重的大投机商人，这是完全必要的。但大资产阶级除掉少数有害无益的投机分子以外，我们必须用大力向他们的企业中进行工作，加强工会工作和党的组织工作，在"五反"中照天津和上海的办法按其情况有分别地适当地对待各类大资本家。此点务请各大中城市加以注意。

中　央

四月五日

（根据毛泽东手稿刊印）

注　释：

① 指薄一波一九五二年三月三十一日关于上海工商业户的具体分析和"五反"第二战役部署给毛泽东并中央的报告。报告说：上海大资本家大工商户约有一万二千户，其户数占总户数的百分之七点四，但职工人数则占百分之七十，其在经济上的比重则又远超过其人数的比重。关于"五反"第二战役，决定实行普遍发动群众和重点检查相结合，具体部署是：（一）争取解决两千个重点户，其中一千五百户是普通重点户，另五百户是三百九十个上层资本家的工商业。对普通重点户，用两种方法解决，对拒不坦白或坦白不彻底的准备检查五百户到八百户，用政府压力和资本家相互劝说、检举的方法解决其余部分。对三百九十个上层资本家所有的五百户，一面在工厂商店中发动工人店员检举，一面根据具体情况分别处理，一般保护过关，少数予以严办。（二）用市委的一半力量去解决中小户问题。以区街或行业为单位进行，要求搞清三万户。对六万多户家庭商业和独立手工业户，采取一般号召，用登记、节约检查委员会审查通过的方式解决一部分。（三）继续做到一面"五反"，一面维持生产。决定在四月份内继续投放货币，进行收购，加工订货，并适当开放银行贷款，以维持生产。（四）充分运用第一战役的经验。

② 五毒，指一些资本家的行贿、偷税漏税、盗骗国家资财、偷工减料和盗窃国家经济情报五种违法行为。

（《建国以来毛泽东文稿》第六册，中央文献出版社2023年版，第425—426页。）

中央转发薄一波关于上海"五反"第二期经验报告的批语

（一九五二年四月八日）

薄一波同志，华东局，各中央局、分局，并转各省市区党委：

薄一波同志四月六日关于上海"五反"第二战役经验的报告①是正确的，发给各地仿行，请各城市在"五反"中都注意这些新策略。

中　央

四月八日

（根据毛泽东手稿刊印）

注　释：

① 指薄一波一九五二年四月六日关于上海"五反"第二战役策略及经验给毛泽东并中央的报告。报告说，上海"五反"第二战役从四月一日开始，六天以来，乘先行突破七十四个重点户的威力，进展极为顺利，有急转直下之势。鉴于面对面斗争的火力太强，斗争后太伤感情，对今后继续团结资本家不利，因而规定第二战役的策略是："检查少数，俘虏多数，严阵以待，不战而胜。"第二战役的一个重要特征，就是普遍运用了不战而胜的策略。其办法是：首先将资本家情况

材料搞清楚，并把检查队掌握在手，陈兵不动，而分一部分力量到各厂店依靠工会进行诉苦控诉，充分发动群众并争取高级职员，准备好随时都可以投入战斗的一切条件。另外则分行业分区召开老板会议，交代政策，实行分组评议，互评互挤。然后选择适当时机，表扬坦白较好的工商户，免予检查；对态度极不老实不肯交代的才派检查队进入厂店检查。这样先礼后兵，效果很大。第二战役要解决的两千个重点户，将有一千六七百户或者更多一些用不着检查即可以解决问题。报告还说，第二战役的另一个特征，是放手使用已经彻底坦白而又愿意立功的违法资本家。由他们包打全市或本区同业，由于他们是内行，能找到要害，作用甚大。

（《建国以来毛泽东文稿》第六册，中央文献出版社2023年版，第440—441页。）

中央转发上海市委关于争取违法资本家立功赎罪的经验的批语

（一九五二年四月十五日）

上海市委四月十二日的报告①很好，发给各中央局、分局、并转各省市区党委仿行。

中　央

四月十五日

（根据毛泽东手稿刊印）

注　释：

① 指中共上海市委一九五二年四月十二日关于争取违法资本家立功赎罪的经验给华东局并毛泽东、中央的报告。报告说，上海"五反"第一战役中，七十四个重点户在检查队认真检查、职工检举、家属规劝之后，终于低头认罪。但由于怕受到严厉处分，惶惶不安、无心生产，其所属厂店的部分工人、店员也多怕失业。为迅速扩大"五反"统一战线，给第二战役造成有利条件，我们于四月三日召集这些违法资本家开会，宣布他们的"五毒"罪行是严重的，虽是经过检查斗争才交代，亦作为自动坦白，从宽处理，只退补不加罚，免于刑事处分。

如能积极检举，协助检查其他不法工商户，立功赎罪，退补还可酌减。今后应保证不再重犯"五毒"，并规规矩矩服从工人阶级和国营经济的领导，积极从事生产。听到政府宣布可以从宽处理，违法资本家如获大赦，争先恐后登台揭发自己的"五毒"罪行，一致感谢政府宽大处理，表示愿意立功赎罪。这次会议，使他们转变了以前紧张和恐惧不安的心境，稳定了生产情绪，以具体事例说明了政府"坦白从宽、抗拒从严"的政策。会后我们迅速将他们分配到全市各业去立功检举和劝导坦白，以活的榜样来启发其他工商户，效果良好。

（《建国以来毛泽东文稿》第六册，中央文献出版社2023年版，第468—469页。）

对薄一波关于上海"五反"报告的批语和在中央复电稿中加写的话

(一九五二年四月十五日、十六日)

一

请恩来同志拟电答复,并转发各地参考。电中似有错字。

毛泽东
四月十五日早
(根据手稿刊印)

二

此外,工人监督生产一事极为重要,而各地反映甚少,似未认真研究。望立即研究具体办法电告为要①。

三

必须在此次"五反"后实行工人店员监督大中厂店的生产和经营,此事一定要实行,并不能延缓。望各大中城市党委迅速研究具体办法,电告中央为要。——中央注②

（根据毛泽东手稿刊印）

注　释：

① 这段话加写在中央一九五二年四月十六日给薄一波、上海市委和华东局的复电稿的最后。

② 这一段文字加括号写在薄一波一九五二年四月十三日关于上海"五反"第二战役基本总结及第三战役部署向毛泽东并中央的报告中以下一段文字之后："经研究,在工厂企业设备较好、技术较进步、生产量大、工人多、并保证不挪用原物料定金和加工费的条件下,可以而且应该实行加工订货;但必须有工会作保证,这就自然提出工人监督生产的问题。拟沿用劳资协商会议形式,或采取新创的加工订货保证委员会的形式来实行监督。总之,要工人代表、高级职员和资本家共同签字,共同负责。"

（《建国以来毛泽东文稿》第六册,中央文献出版社2023年版,第465—467页。）

对华东局关于上海国棉二厂团结技术人员解决生产关键问题的经验通报的批语

（一九五二年十二月二日）

陈、薄①：

此件②有用，似可由你们通报各厂仿行。

毛　泽　东
十二月二日
（根据手稿刊印）

注　释：

① 陈、薄，即陈云、薄一波。

② 指中共中央华东局一九五二年十一月二十四日向所属通报的上海国棉二厂团结技术人员解决生产关键问题的经验材料。其基本内容是：工厂的领导干部将生产中的关键问题交给技术人员，依靠技术人员经过科学实验加以解决。他们明确规定，"凡有关技术问题，工程师室应负完全责任"，并向车间干部宣布，凡生产上有关技术问题，应接受工程师的指导，有关技术措施的决定，应先送工程师室审查，使工

程师有责有权。因而开始改变了过去生产管理上无人负责的现象，使生产技术上的问题得到及时的解决。

（《建国以来毛泽东文稿》第六册，中央文献出版社2023年版，第382—383页。）

关于加强上海防空工作的批语①

（一九五三年二月四日、九日）

一

聂、黄②：

为了防御台匪空军向上海一带的可能的攻击，上海空军及防空两方面均须提高警惕，加紧整顿，准备随时可以对敌作战，确保上海一带的安全。为此请与空司、防司③筹商应敌计划告我为盼。

毛　泽　东
二月四日

二

同意这个部署。高射炮弹药问题，请周总理注意。

彭、周、朱、刘④、黄克诚阅，退肖向荣。

毛　泽　东
二月九日
（根据手稿刊印）

注　释：

① 毛泽东的这两个批语，其一写在中国人民解放军总参谋部关于一九五二年十一、十二月份部队发生严重事件给毛泽东并中央、军委的综合报告上。其二写在军委办公厅主任肖向荣一九五三年二月六日关于加强上海防空问题给毛泽东的报告上。

② 聂，指聂荣臻，当时任中国人民解放军代总参谋长。黄，指黄克诚，当时任中国人民解放军副总参谋长。

③ 空司，指中国人民解放军空军司令部。防司，指中国人民解放军防空军司令部。

④ 彭，指彭德怀，当时任人民革命军事委员会副主席。周，指周恩来。朱，指朱德。刘，指刘少奇。

（《建国以来毛泽东文稿》第八册，中央文献出版社 2023 年版，第 62—63 页。）

关于通报上海市税务机关征税中严重违反政策的批语

（一九五三年三月二十七日）

薄一波同志：

  此件①有教育意义，应由中财部（加一报头，说几句话）发给各大区及省市财委及其财政管理局。

毛　泽　东
三月二十七日

同时北京印发如前示（尚昆②知道）。

（根据手稿刊印）

注　释：

  ① 指中央人民政府财政部一九五三年三月二十五日关于上海市税务机关征税中严重违反政策的情况给华东财委并财政管理局、上海市财委并报毛泽东的报告。报告说，上海市税务局在市委和财委的领导与督促下，努力完成了去年税收任务，工作是有成绩的。但由于财政部门领导上有重任务轻政策的思想，对税局强调任务多，交代政策少，因而不仅在一般税务干部中，即在各级税务局领导干部中，都有一部分人把任务和政策对立起来，存在着要任务可以不要政策的思想。最

近,《党报通讯》第四期就反映上海市税务局某些分局有严重违反政策的现象。有的向私商强迫预借营业税、货物税;有的连不应征税的货物也征了税;有的为了催交税款,甚至发生押人、吊人、轮流审讯等严重的违法乱纪行为,而这些行为市税务局领导干部发现后未予纠正。

② 尚昆,即杨尚昆,当时任中共中央办公厅主任。

(《建国以来毛泽东文稿》第八册,中央文献出版社2023年版,第194—195页。)

中央关于在全国开展以除四害为中心的爱国卫生运动的通知

（一九五八年一月三日）

一

各省委、市委、自治区党委：

今冬必须在全国各地开始大举进行以除四害为中心的爱国卫生运动。各地尚未动员的必须立即动员起来。杭州市已决定在两年内基本肃清四害。上海市亦已大动起来。兹将一九五八年一月二日收到的《上海市开展冬季爱国〔卫生〕运动的情况》①一份转发给你们，请你们参照办理。今冬除四害布置，城市一定要到达每一条街道，每一个工厂、商店、机关、学校和每一户人家，乡村一定要到达每一个合作社、每一个耕作队和每一户人家。一九五八年十二月全国各省市自治区共二十七个单位将在北京开评比会议，比较各地成绩的大小。

中 共 中 央
一九五八年一月三日

二

刘、周、朱、邓②阅，尚昆③用电报发去。抄卫生部和各部门。

（根据毛泽东手稿刊印）

注　释：

①《上海市关于开展冬季爱国卫生运动的情况》中说，一九五七年十二月十八日下午，上海市人委召开了行政会议和各区电话会议，布置了开展以除四害为中心的爱国卫生运动，要求领导干部带头参加突击。十二月十九日，中共上海市委、市人委、市工联、团市委、市妇委、卫生局等机关团体负责人和干部千余人组成了一百个突击队，深入到十七个区三十八个单位进行了半天的除四害突击活动，在全市人民中作出了榜样。现在全市比较显著的蚊蝇孳生地初步进行了清除垃圾、堵竹节、挖蛹工作。各个区的卫生运动都开展得有特点、有目标。如东昌区的突击点是发动户籍警深入到每家每户宣传除四害，各办事处均有一个重点户带头示范，树立旗帜，并已决定将每星期四作为除四害日。

② 刘，指刘少奇。周，指周恩来。朱，指朱德。邓，指邓小平，当时任中共中央总书记、国务院副总理。

③ 尚昆，即杨尚昆，当时任中共中央书记处候补书记、中央办公厅主任。

（《建国以来毛泽东文稿》第十二册，中央文献出版社2023年版，第137—138页。）

对《上海新闻出版和文学艺术部门党内负责干部的一些意见》的批语

（一九五八年三月十五日）

此件①可一看，然后谈一下。为什么知识分子不敢讲、不敢写呢？我们人民的自由已被压死了吗？

毛　泽　东
三月十五日
（根据手稿刊印）

注　释：

① 指中共中央宣传部编印的《宣教动态》第 28 期刊载的《上海新闻出版和文学艺术部门党内负责干部的一些意见》。意见综合了中共中央宣传部部长陆定一于一九五八年一月八日、九日、十三日、十四日分别召集上海市新闻、出版、文学、电影等单位党内负责干部座谈会的情况。在新闻界座谈会上，有人反映，有些同志谨小慎微，不敢说话。左派不愿替报纸写稿，有点踌躇。中中和中右，不敢沾报纸的边。版面上也没有生气。在出版界座谈会上，有人反映，出版没有长期规划，今天不知明天做什么，和现在国家建设面貌不相称。对出版工作

如何贯彻百家争鸣只是兢兢业业小心为妙。对旧的通俗文艺书籍采取什么态度，方针还不明确。而儿童文学书籍无人写稿，愈是低年级学生读的书愈是无人写，发生稿荒。在文艺界座谈会上，有人反映，大学的古典文学师资有脱节现象，建议在上海成立文学研究所。在电影界座谈会上，有人提出如何"放"的问题，比如，有毒的片子是否经过消毒、修改后就拿出去？还是发现问题就停下来重新搞？还有人反映，反右以后，大家缩手缩脚，特别是在创作上很少发言。毛泽东的批语和这个情况反映，作为成都会议文件在会上印发。

（《建国以来毛泽东文稿》第十二册，中央文献出版社2023年版，第275—276页。）

对《上海最近情况（三月二十四日电话消息）》①的批语

（一九五八年三月二十五日）

可以一阅。落后分子觉悟起来，共产主义精神高涨，这是目前国内形势的显著特点。

毛 泽 东
三月二十五日
（根据手稿刊印）

注 释：

①《上海最近情况（三月二十四日电话消息）》的主要内容是：（一）比先进，比多快好省的运动正在进一步发展。同工种比，同业务比，同行业比，厂际比，车间比，科室比，个人比，越比越深入。（二）运动与前一时期比较，开始转到想办法，找关键，比智慧，比措施。很多厂开了诸葛亮会，或者摆擂台。如江南造船厂抓住了缩短造船修船周期的关键，订出先进的指标和措施，原来造五千吨的船花十八个月，现在九个月就完工；修船周期也缩短一半。（三）随着运动的深入发展，许多规章制度实际上被冲破了。比如，工厂的成品以前是装箱后送商业部门验收，这样费时费钱，现在商业部门派人到工

厂验收了。又如工厂上下工序之间、车间和验收人员之间的手续是很多的，现在已大为减少了。（四）有些工厂建立新的规章制度跟不上去，工作已发生困难。如江南造船厂过去靠施工命令、派工单领导生产，现在车间工长、主任直接到车间派工，生产效率大大提高，但新的规章制度跟不上，计划科统计不出完成生产的情况，劳动工资料发不出工资。这个问题必须迅速解决，已要工业部门总结这方面的经验。（五）各方面的情况有很大变化：1. 许多厂增产一倍、两倍以上，最多的永泰电机厂产值比去年增加二十六倍；新产品不断出现。2. 群众思想有不同程度的提高，过去调动工人积极性总是讨价还价，现在这种现象没有了。3. 厂内及厂与厂之间的协作关系有很大改进。上海绢纺厂过去三班工人闹不团结，干部没有办法。这次检查说：不团结就赶不上英国。现在三班工人互相照顾，生产也上去了。（六）修改定额问题。国营大厂有定期修改定额的习惯，大都在四五月修改，现在提前了。电机、橡胶、针纺等行业的工厂自动提出修改定额，办法是工人自己提出来，自下而上经过讨论，再用送捷报的办法到没有修订的工厂去报喜。（七）最近发现有简单化强迫命令的现象，如推销公债、储蓄、税收、绿化等。这些情况已引起市委注意。（八）商业方面的情况：1. 随着运动的发展，特别是效率提高以后，公司、基层商店感到人员过多，很多职工贴大字报提出上山下乡。对这些人的安排，除到郊区、江西省长兴岛以外，还要研究其他的出路。2. 机构与体制问题，经过酝酿上海市属六个局合并为三个局，即第一、第二商业局合并为第一商业局，零售业务下放给区，市级批发业务交中央站兼管；服务局、粮食局、供销合作局合并为第二商业局；外贸局不动。3. 商业网的调整正在个别区、个别行业试点。毛泽东的批语和这个材料，作为成都会议文件在会上印发。

（《建国以来毛泽东文稿》第十二册，中央文献出版社2023年版，第297—298页。）

回忆与研究

"社会主义需要数学"
——回忆毛泽东主席的几次接见

苏步青

在纪念伟大领袖毛主席一百周年诞辰之际①,我常常在想,我们国家能有今天这样繁荣,并逐步走向富强,是毛泽东、刘少奇、周恩来等一批无产阶级革命家半个多世纪来,领导全党全国人民艰苦卓绝奋斗的结果。回想起半封建、半殖民地的旧中国,饥寒交迫,民不聊生;看看今日之中国,在世界上扬眉吐气,地位越来越高,对毛主席感激之情不禁油然而生。毛主席几次接见我的情景,近来常在脑海浮现,现将这久远的回忆记录下来,作为对主席的深切怀念。

(一)

我是一个从旧社会过来的知识分子,对共产党的认识经历了害怕—怀疑—信任的漫长历程。在党和国家领导人的关心和帮助下,这种认识过程逐步得到缩短。

---

① 本书"回忆与研究"涉及的文章,除特殊说明外,均成文于毛泽东同志诞辰100周年之际。

新中国成立之前,我在浙江大学任数学教授,国民党散布共产党"共产共妻"等谣言,在知识界产生过一些影响。我起初对于共产党是一无所知的,再加上这些谣传,说实在的对共产党心里有点害怕。1947 年 10 月,国民党分子杀害了浙大学生会主席于子三,引起广大师生的震惊,我在收到特务恐吓信之后,仍与竺可桢校长一起参加于子三的丧礼;1948 年,浙大有 5 名进步学生被投入监狱,我的学生谷超豪,把学生会的策略悄悄地告诉我,希望凭我的声誉营救那些被捕学生。我利用国民党口头谈和的机会,在保释书上签字画押,把几位进步学生救了出来。他们出狱后,有的加入游击队,有的投奔解放区。现在想起来,我当时之所以能这样做,并不是对共产党有所认识,只不过出于一种正义感而已。

到了 1949 年 3 月,国民党中央研究院企图将我和其他著名学者、教授带到台湾去。过时,我在周围朋友的帮助下,才开始认识国民党的这一阴谋,拒绝了他们要带我的子女去台湾的劝告。随着杭州的解放,我对共产党不再感到害怕,但是对能否领导经济建设,特别是能否领导教育、科学,疑多于信。杭州刚解放那一天,我问过谷超豪,共产党来了又会怎样呢?我每个月能不能领到 3 担米的薪水呢?谷超豪笑着告诉我说:"共产党需要知识分子,你的收入绝不只 3 担米。"其实,在新中国成立前谷超豪早就是中共地下党员,我是不可能知道这个秘密的。

杭州解放不久,浙江省军管会主席谭震林派了一位处长来探望我,与我谈心里话,介绍党的政策,了解我的家庭生活情况,并特地派保卫员送我们 5 位科学工作者去北京参加全国自然科学筹备会。不久,周恩来总理在中南海怀仁堂设宴接待,亲自打开葡萄酒,给会议代表斟上。共产党如此"礼贤下士",使我顿时感到一股暖流充溢心中。

1954 年,我当上了全国政协委员。在第二届全国政治协商委员会上，我第一次见到毛主席。此时，全场响起了"毛主席万岁"的口号声。不一会儿，话筒里传来毛主席那浑厚、亲切的湖南口音："同志们万岁！"我听后无比激动。我这个在旧社会教了近20年的教书匠，今天也能在大会上聆听毛主席的讲话，简直是不敢想象的啊！毛主席在会上说，党的统一战线是一个伟大的法宝，统战工作意义重大，一定要尽力做好。我对统一战线的认识，可以说是在那次会上开始的，而且一直牢记心中。

（二）

1956年1月10日晚，我接到电话通知，赶到坐落在南京西路的上海展览馆（当时叫中苏友好大厦）大厅，陈毅市长带我去见毛主席，有生以来第一次握住主席那巨大、厚实的手，使我非常感动。

在会见之前，我曾参加一次外事访问活动。那是1955年12月，作为一个代表团的团员，我参加了由郭沫若副总理任团长的科学代表团，前往日本访问。当时中日尚未建交，访问活动进行得非常艰巨，原先拟乘飞机回国，后来因故改乘轮船迂回曲折回到上海。这个代表团共9人，回来时已是年底31日了。除了冯德培和我，其他7位都到杭州去，在那里受到毛主席的接见。1月初毛主席来到上海，提起要补行接见我们两人。

那天晚上，在陈毅市长介绍之后，毛主席就伸出大手握住我说："我们欢迎数学，社会主义需要数学。"听到毛主席这样重视数学，看重数学工作者，我心中有说不出的激动。毛主席接见后，我们在一个圆桌旁就座。当时周谷城先生坐在我旁边，更靠近毛主席。毛主席和周先生用湖南乡音交谈着。

"在长沙游泳时的照片还有吗？"毛主席问周先生。多年前，毛主席和周谷老在长沙一起游泳，周谷老就站在毛主席身边，有人给他们拍了张照片。

接着，毛主席兴趣很浓，讲了近一小时的话。他边说话边抽烟，我有心数了一下，大约抽三四根香烟。同桌的还有著名医学教授黄家驷先生。他劝毛主席少抽点香烟。毛主席风趣地说："有没有八、九十岁的老人还在抽香烟？"

之后，服务员上酒上菜忙个不停。这时我才注意到罗瑞卿、陈伯达也同桌就座。许多同志纷纷向毛主席敬酒。毛主席举杯一饮而尽，突然脱口而出："这是水嘛！"原来，当时的工作人员担心主席喝酒太多，会影响身体，悄悄地将酒换成白开水，没想到被毛主席道破了。

在毛主席身边聆听教导，他的一言一行给我留下深刻的印象，感到十分亲切。那天毛主席和大家在一起，谈笑风生，毫无拘束，这对我的教育意义实在太大了。虽然接见时间不太长，但对我的后半生影响极大，明确了为党为人民服务的前进方向，也在各种风浪中起到了辨别是非，永远跟党走的作用。

一只硕大的手，紧紧握住我的手。每当想起毛主席的那次接见，我就有一股用不完的劲。此后几年间，我加快步伐，向微分几何领域的深度和广度进军。我的专著《一般空间微分几何学》《现代微分几何概论》《射影曲面概论》相继出版。1956年，我又参加周总理主持召开的我国十二年科学规划会议长达半年之久。我从自己的经历中领悟到：没有中国共产党就没有新中国，只有社会主义才能发展中国。在党组织的帮助和教育下，我逐步提高对党的认识，并提出了入党申请，终于在1959年3月，被党组织接纳为中国共产党党员。我下定决心，要为共产主义奋斗终身。

（三）

那是1961年五一节前夕，我在上海有幸又一次受到毛主席的接见，这次范围较小，只有周谷城、谈家桢、周信芳等人。

一见到谈先生，毛主席就问他：你还搞不搞摩尔根遗传学？谈先生说：不搞了。毛主席认真地说：搞嘛！为什么不搞啊？

原来，在"双百"方针制定之前，由于受苏联的影响，错误地把从西方发展起来的现代遗传学，说成是"资产阶级遗传学"，把"基因学说"，说成是"资产阶级唯心主义捏造"，是"反动的"，而把苏联人李森科的遗传学理论，封为"无产阶级遗传学"，说成是"社会主义的"，从而压制和禁止摩尔根学说的遗传学。有一阵子，大学里无法开设遗传学课程。后来，毛主席亲自制定的"百家争鸣，百花齐放"的方针，正确地处理了这个问题。在1957年3月的一次接见中，进一步扫除了遗传学研究工作中的障碍。

就在这次接见之前，上海市委一位负责科教工作的领导向毛主席汇报说，我们大力支持谈先生在上海继续发展遗传学，并提出一些具体措施。主席听了很高兴，频频点头说："这样才好啊，要大胆把遗传学搞上去。"毛主席的支持，对复旦大学遗传学研究的发展起了很大作用。

这次接见，使我进一步了解到毛主席胸怀宽广，善于发表自己的见解，特别是把学术研究和政治问题分开来对待，这就有力地支持了学术讨论的开展。虽然这里讲的是遗传学，但对其他科学的研究，"双百"方针当然也是适用的。

毛主席在上海的两次接见，使我受到很大教育。当时全国掀起学习毛泽东著作的热潮，我也认真地学习《毛泽东选集》，开始对毛泽东思想有了比较系统的认识。正由于有了马克思主义、毛泽东思想的指导，在"文化大革命"中，我虽然和许多专家、学者一样受到严重迫害，受到不公正的对待。但是想到毛主席接见时的情景，就来了勇气，不为"四人帮"所屈服。

过了一段时间，毛主席了解到与我同样遭遇的8位学者、教授的情况，在一次党中央的会议上"解放"了我们，其中有翦伯赞、冯友兰、周谷城、谈家桢、刘大杰等，毛主席一时记不起我的名字，说还有一个搞数学的，周总理马上接着说："叫苏步青。""对，苏步青，七斗八斗，没有命了。"毛主席一句话传到上海，当时我还在宝山县罗店镇"劳动改造"。一个工宣队的头头来说："苏步青，毛主席'解放'你了！"

翌日，我便从被关押的楼房回到家里，我心里很明白，"四人帮"迫害我，毛主席救了我的生命。余生之年，一定要为党为中国的社会主义事业鞠躬尽瘁。

粉碎"四人帮"之后的一段时间里，我更受到党和国家的重用，1978年任复旦大学校长。在工作上，我加快拨乱反正的步伐，使复旦走上正轨；在思想行动上，我坚持学习毛主席著作和邓小平建设有中国特色的社会主义理论。用正确的思想严格要求自己，抓紧时间，继续开展数学和科研工作。

（四）

在毛主席多次接见中，我受到教育最深的一点，是经过长期的锻炼和学习，逐步把毛主席关于为人民服务的思想融化在行动之中。

我认为，世界观的转变是最根本的转变。我在旧中国生活了将近半个世纪，受到封建主义、资本主义思想的影响，在新中国，要树立起全心全意为人民服务的社会主义思想，这是要经过尖锐激烈的思想斗争的。共产党员应该有远大的理想和胸怀，要为解放全人类，实现共产主义而奋斗终身，这些是在争取加入共产党的过程中，以及在此后的一段时间内逐渐树立起来的。"文化大革命"期间，我有幸与工人相处3年之久，在江南造船厂进行船体放样的革新中获得成功，科研成果获得全国科学大会奖。这件事也引发我，把数学科学运用到四个现代化建设之中，计算几何成功的应用就是一例。

在我退居二线之后，毛泽东思想继续指引我前进。在邓小平建设有中国特色的社会主义理论的激励下，我觉得应把自己的余力为教育事业服务。之后我三次主动要求为上海市中学数学教师举办培训班，教导他们用高等数学的观点，去对待初等数学，以便在教学中达到高屋建瓴的效果。那时我已经83岁了。近几年来，精力比以往更差，但我仍关心青年大中学生的健康成长，有时跟大学生座谈理想，有时与中学生通信，探讨共同关心的问题。我之所以不肯做享清福的"爷爷"，是由于心中树立起一个观念：只要一息尚存，就得为国家、为人民作奉献。想想我之所以有今天，完全是共产党、毛泽东思想培育的结果。

毛主席虽然已经离开我们，但是毛主席的教导我将永远牢记心间，他的思想永放光芒，将继续指导我在社会主义的光辉大道上走完人生的路程。

"把遗传学研究搞起来"

——回忆我与毛泽东主席的交往

谈家桢

  1993年12月26日，是毛泽东同志诞辰一百周年，在这样一个令人感怀的日子里，我抑制不住内心的激动，回忆他生前对祖国科学技术发展的关怀，追忆他对我的亲切关怀和殷切期望。我曾经十多次在各种场合见到过毛主席，尤其令人难忘的是，曾四次受到他的直接接见。

  毛主席在世时，十分关心祖国科学技术的发展，许多学科的研究都是在他的直接关怀下发展起来的。我是多年从事遗传学研究工作的，回顾新中国成立以来遗传学发展过程，我可以说，没有毛主席的亲切关怀和热情支持，就没有中国遗传学的今天。

  大家知道，由李森科发动的，在1948年全苏农业科学院会议上对遗传学中摩尔根学派的粗暴批判，是苏联在自然科学领域进行的一系列批判中影响最大、最为恶劣的一起。以后这个批判随着报刊上的介绍和苏联专家来华讲学，在我国广泛传开。我国有关的大学和研究机构中，都组织了对李森科报告的学习，并在某种程度上仿效苏联的做法，正统的遗传学被贴上"反动"的标签，我在复旦大学不能开设遗传学课程，也不能从事遗传学研究。

1956年主席提出了繁荣科学文化的"双百"方针，即艺术方面的百花齐放和学术方面的百家争鸣。在毛主席的"双百"方针推动下，中国科学院和高等教育部于8月在青岛召开了遗传学座谈会，这是为系统地纠正过去的错误而召开的一次影响很大、很好的学术座谈会。这次会上，不同学派的遗传学者各抒己见，取长补短，同全苏农科院1948年8月会议形成鲜明的对比。

我与毛主席的第一次会面，是在1957年的3月。那时，我正出席党中央召开的全国宣传工作会议。毛主席到会作了重要的长篇讲话。就在会议进行期间的一个夜晚，毛主席接见了出席大会的一部分同志，我也荣幸地参加了。当我走进怀仁堂的时候，毛主席正满面春风地站着，和同志们握手交谈，我的心情是非常兴奋和激动的。在座的还有好多位中央领导同志和一些自然科学、社会科学家。在陆定一同志把我介绍给主席之后，他不住地用力摇我的手，亲切地说："哦，你就是遗传学家谈先生啊！"这简短的一句话，使我激动不已。毛主席问我，对贯彻党的"双百"方针和对遗传学的研究工作有什么意见。我向主席汇报了在青岛召开遗传学座谈会的情况。他鼓励我说："一定要把遗传学工作搞起来，要坚持真理，不要怕。"又说，"过去我们学习苏联，有些地方不对头，现在大家搞嘛，可不要怕"。

毛主席的这番话，对我是极大的鼓舞，彻底解除了我思想上的负担。当时的苏联，错误地把学术问题同政治问题混为一谈，用行政命令的办法解决遗传学的两派争论。他们把从西方发展起来的现代遗传学说成是"资产阶级遗传学"，把"基因学说"说成是"资产阶级唯心主义的捏造"，是"反动的"，而把李森科的遗传学理论封为"无产阶级遗传学"，说成是"社会主义的"。甚至还有人为地把研究生物遗传和变异客观规律的遗传学分为"米丘林遗传学"和"摩尔根遗传学"。这样，他们就以强制手段推行一种学派，压制和禁止另一种学派。这种错误思潮和办法，当时对我国也产生了一定影响。

宣传工作会议以后不久，同年7月，毛主席在上海接见了一批民主党派负责人和各界代表，我又一次见到了主席，那是在中苏友好大厦交谊厅，我一进门，主席就站起来，紧紧握住了我的手，非常亲切地对我说："老朋友，谈先生！"

1958年1月4日晚，春节将临，我突然接到上海市委的通知，说是有重要事情，要我马上去杭州，同行的还有周谷城、赵超构两位同志。我们猜想，是毛主席叫我们去，等我们上了飞机，这猜想便得到了证实。飞机座舱里的陈设，同我们见到的毛主席在飞机上工作的照片完全相同。毛主席是派了他的专机来接我们的，当时，我们真是高兴极了。

到了杭州，当我们到达主席住所时，已是深夜十一点多，主席已经站在门口等候我们了。那是一个皓月当空的夜晚，那是西子湖边一座水木明瑟的庭园，主席亲切地把我们迎进室内，那里陈设十分简朴，一张方桌，四把椅子。我们四人各据一席，相向而座，像老朋友拉家常一样，无拘无束地谈了起来。过了一刻，桌上就摆起饭来，原来主席还没有吃晚饭，而时间已近子夜了，对我们三人而言，则是宵夜了。于是边吃边谈，餐后又继续谈下去，主席的精神极好，谈笑风生，兴致勃勃，他询问了我们各方面的情况，话题涉及工业、农业、历史、逻辑、新闻、遗传等诸多领域，什么都谈，似乎也没有什么中心的要求。直到凌晨两点多，他看了看表，煞住了话头，说："已经两点多了，你们太累，该休息了。我们明天再谈吧！"从主席的住处出来，到我们上车的院子门口，有一段几百米长的曲折小径，主席坚持把我们送到门口，等我们上了车才回去。第二天早晨八时许，主席就打电话到我们住的地方，约我们一起午餐，是浙江省委书记江华同志举行的餐会，我坐在毛主席的一边，他一直与大伙儿谈笑风生，直到应登机的时候才离去。

主席当年在百忙中，不辞劳苦，抽出时间，联系群众，听取群众意见，关心群众的生活和工作，谦逊有礼、热情可亲，真是叫人心服，令人感动！谈话时又是幽默豪放，博古通今，令人敬佩！伟大出自平凡，我想毛主席之所以能为中国人民的伟大领袖，也绝对不是偶然的事情。

1961年的"五一"国际劳动节前夕，我受到了毛主席的第四次接见。主席一看到我就问，"你对遗传学问题还有什么顾虑吗？"我说："没有什么顾虑了。"当时上海市委一位负责科教工作的同志向主席汇报说，我们大力支持谈先生在上海把遗传学搞起来，并且讲了当时的打算。主席听了很高兴，频频点头说："这样才好呵，要大胆把遗传学搞上去！"

在毛主席的亲切关怀下，在上海市委的大力支持下，我们复旦大学把1959年成立的遗传研究室加以扩大，1961年底建立了遗传研究所，全所设立了动物及人体遗传学、植物及进化遗传学和微生物及生化遗传学3个研究室，在辐射遗传、医学遗传（包括分子病）、微生物生化遗传和进化遗传（包括油菜的新种合成）等方面，按照国家的规划，开展了系统的研究。到1965年的4年中，我们研究所发表了50多篇科学研究论文，并出版了16种专著、译作和讨论集。

毛主席的关心和希望，给了我巨大的动力，即使在最困难的时候，在寒风凛冽的"牛棚"里，我一想到这些，心里就倍感温暖。1974年，主席已经重病在身，却还记挂着我的工作。他特意嘱托王震同志在路过上海的时候带来口信，关切地询问我：这几年为什么没见到你发表文章？你过去写的文章，许多观点还是正确的嘛！我听后心情十分激动，决心要在教学和科研工作中做出新的成绩，为发展我国遗传学尽自己的一份力量。此后的工作，特别是十一届三中全会以后，我们遗传学研究所又有了新的发展，除了原有的研究项目外，又开辟了遗传工程、染色体的结构和功能、真核生物基因的调控机制等等现代遗传学领域的研究工作，特别是遗传工程，被列为国家八项重点科研之一。

毛主席生前不仅关心科学的发展，而且经常鼓励科学家要用马克思主义的观点去指导科学研究，回顾四十年来中国遗传学研究的发展，我更加深深地感到在学术问题上，如果不是用唯物辩证法的观点作指导，就会阻碍和扼制科学研究的健康发展。这是主席生前再三强调的，也是为以后的历史所再三证明的。

主席生前十分强调联系实际，科学理论本身是来源于实践，又去指导实践的。整个遗传学的发展证明了：正确的理论一定来源于实践，并且必须接受实践的验证。记得当年他把我同周谷城、赵超构三人接到杭州的一段西湖佳话，再三鼓励我们要到群众中去，多接触工农，理论多联系实际，如今追思起来，感触更深了。

毛主席曾勉励过许多科学研究工作者，要学一点哲学，学点唯物辩证法，并用它去指导科学研究。因为真理本身是从古往今来一切科学和文化知识的高度理论概括，自觉地运用它来指导我们的科研，对我们每一个科学工作者，都是大有裨益的。

在与主席的多次交谈中，我发现主席的知识十分渊博，学贯古今中外，在各个学科，主席都能发表精辟的见解。同时，他高瞻远瞩，看到遗传学的前途，多次勉励我一定要把中国的遗传学搞上去。在几次亲切的谈话中，我自身的体会是：至少从主观上，毛泽东同志都坚持以科学的态度，反对一切不科学的东西，自始至终贯彻科学的求实精神。

毛主席与我的几次交往，这不仅仅是对我个人，而且是对整个知识界的关怀和爱护。正如邓小平同志所说的："毛泽东同志历来重视知识分子的作用，同时也非常注意知识分子要好好地改造世界观。这是从爱护出发，是为了更好地调动他们的积极性，发挥他们的作用，使他们能够好好地为社会主义事业服务"。从整个革命和建设过程来看，毛主席是重视知识分子的作用的。我们要准确地完整地理解毛主席关于知识分子问题的思想和政策。

抚今忆昔，在纪念毛泽东同志诞辰一百周年的日子里，回忆他对遗传学发展的关怀，追思他对我的亲切教导和殷切期望，在小平同志提出"科学技术是第一生产力"这一正确论断的今天，更激发起我的工作热情，一定要为我国遗传学的发展，为把我们的祖国建设成为一个繁荣、昌盛的社会主义国家，赶上和超过世界先进水平，实现科学技术的现代化而贡献自己的绵薄之力。

毛泽东影响我一生

邓裕志

我很幸运,青少年时代能和毛主席生活在同一座城市里,能和毛主席的爱妻杨开慧同学,能参加毛主席领导的驱张运动,就此走上爱国道路;我很幸运,在1945年毛主席赴重庆谈判时,能聆听他的讲话,在历史关键时刻增加了对中国共产党和人民军队的了解和信任;我很幸运,从1949年开始,多次见到毛主席,并受到他的鼓励,更坚定了我听毛主席的话,跟共产党走的立场。

我生于1900年,1909年入长沙周南女校读书。那时的毛主席叫毛润之。在长沙,毛润之广泛接触社会,了解世界,寻求救国之路。他接触了康有为、拿破仑、彼得大帝、林肯、卢梭等人的著作、思想,最后,终于找到了马克思列宁主义,在长沙点燃了革命之火。

1915年我进入福湘女子中学读书,1919年杨开慧也到了福湘女中读书,我虽比她高几年级,但我当时是福湘女中学生自治会会长,和杨开慧同住一幢宿舍楼,彼此很熟悉。

毛润之当时在长沙将大部分时间花在学生的组织宣传上。他组织学生会,举办演讲,编辑《湘江评论》。他写的文章激烈、雄辩、很有说服力。《湘江评论》被军阀张敬尧查禁后,我知道毛润之有一篇很重要的文章登在湘雅医学院学生张维办的《新湖南》上。1919年11月,长沙发生赵女士自杀事件，毛润之写了好几篇关于妇女解放的文章，登在长沙的报纸上，影响很大。毛润之在长沙点燃的革命之火，也引发了我的爱国热情，我走出闺门参加了爱国活动。从此我投身社会活动，投身妇女解放运动。1928年起，中华基督教女青年会全国协会把我从学生部调到劳工部工作，我和劳工部干事李远珍一起到浦东开办上海第一个女工夜校，旨在以提高女工文化水平的方法改善女工受压迫的地位。1929年我到伦敦经济学院留学，研究工厂立法、工人教育、经济制度。1939年到纽约大学研究院留学，研究劳动经济、工会运动、妇女与童工问题。我一直在探索改变妇女地位的途径。其实，人剥削人的社会制度不推翻，广大妇女不可能得到真正的解放。可惜，我当时还不明白这层道理。女青年会在上海办过6所夜校，解放后我才知道，当时中国共产党的组织也在工人中开展工作，不少地下党员和团员在夜校中活动。夜校除了教文化，还组织许多课外活动，演唱进步歌曲，演出进步戏剧，演讲时事，介绍苏区或延安的情况，激发女工的爱国热情，不少人走上革命道路。1935年史良和我参与发起成立上海抗战时期第一个救国会——妇女界救国会，成立大会就在四川路青年会举行，夜校女工是主力军。抗战时期，我还积极参加陶行知先生发起的国难教育社的工作。

抗战胜利后，毛主席不顾个人安危，赴重庆与蒋介石会商国是。毛主席除参加会谈外，广泛接触各党派、各阶层人士，宣传共产党的立场政策、主张。一天，邓颖超大姐派人通知我们到曾家岩8号去，说毛主席要会见我们。当时，民主党派的人士很担忧，因为他们没有军队，前途未卜。毛主席在接见中给大家讲时事，讲共产党对国际国内问题的立场。毛主席的讲话幽默、在理，很有说服力。他关于承认各党派合法地位，保证人民自由权利，联合各党派召开政治会议等问题的态度尤得大家拥护。毛主席的谈话使我增加了对毛主席、对共产党、对人民军队的了解，增加了对国际国内局势真相的了解。从此以后，我人虽在国统区，却时常关心整个局势的变化，关心来自解放区的每一个信息。

1949年初，许广平来邀我参加北平召开的第一次全国妇女代表大会。我和陈叔通、沈体兰、包达三、王造时等同船，由香港秘密赴北平。我们都藏在舱里，我扮作陈叔通的家属，船上打着外国旗。国民党的两条船一前一后夹着我们的船，但找不到岔子没敢动手。3月8日之前，我们到了北平，住在六国饭店。一天，全体妇女代表乘车到机场欢迎毛主席从西柏坡进北平。毛主席乘着敞篷吉普车绕机场一周，向我们招手致意。妇女代表大会召开期间，毛主席会见我们，国统区的人排成一排，毛主席和我们一一握手。我在较前面的位置，邓大姐向毛主席介绍："她就是女青年会劳干部主任干事邓裕志。她们办的女工夜校掩护了我们很多同志。"毛主席说："你不是叫邓裕芝吗？"我忙说："改了，改叫邓裕志了。"毛主席和我边握手边说："谢谢你，谢谢你救了我们不少同志。"我忙说："惭愧、惭愧，我们做得很少、很少。"毛主席笑着说："咳哟，虽然少，救了很多人哪。"我说："我们只是出于爱国而搞女工夜校，当时也不懂什么革命。"毛主席说："爱国就是革命嘛。"听了毛主席的鼓励，我非常激动，我想，共产党、毛主席在进行中国革命这么伟大的事业中，还记得我这个劳工部干事做过的一点点工作，我今后一定要好好跟共产党、毛主席走，为国家、为人民多做点工作。

第一次妇女代表大会以后，我留在北平，参与了建国大事的活动。期间，经常见到毛主席，听到毛主席的讲话。我作为宗教界的代表，参加了政协预备会、第一届政协会议；参加了人民英雄纪念碑的奠基仪式，毛主席挥锹铲了第一锹土，我也铲了土；参加了开国大典，在天安门城楼上亲耳听到毛主席用湖南口音庄重宣布："中国人民站起来了！"亲眼看到毛主席按动电钮，第一面五星国旗冉冉升起。以后，在历届全国政协会议、人民代表大会上多次见到毛主席。有一次会间，毛主席来到我们中间，他远远地越过人头向我伸过手来要和我握手，我想把手伸过去，但很多人挤我，我又怕够不到主席的手，就逃走了。后来，主席见到我，问："上次，你怎么逃走了？"我只好如实告之："我实在挤不过去，免得硬挤过去拉你的手，别人讨厌我。"主席是个平易近人的群众领袖。

1950年3月，我任中华基督教女青年会全国协会总干事后，认识到中国基督教受外国势力控制利用的局面与独立自主的新中国不协调。在毛主席、周总理的关心、鼓励下，我积极协助基督教界的吴耀宗先生、刘良模先生等人发起中国基督教"三自"爱国运动，肃清外国势力，使基督教成为中国基督徒自己办的宗教事业。回顾中国基督教的这条自治、自传、自养的道路是走对了。在共产党、毛主席的领导下，中国社会主义建设事业蒸蒸日上，国家日见富强，人民生活日益提高，妇女也真正得到解放。我从心底里敬佩毛主席的英明、伟大。

毛主席是20世纪孕育的伟人，毛主席的革命实践又影响了20世纪的历史进程，毛泽东思想引导和影响了中国社会的道路，也引导和影响了20世纪的几代人。我和20世纪同岁，毛泽东影响着我的一生。

难忘的会见

陈铭珊

1953年下半年，党中央和毛主席提出过渡时期总路线，就是要经过国家资本主义道路，对私营工商业实行社会主义改造和赎买政策。当时我对走社会主义道路思想上没有准备，因此顾虑重重。在华东局统战部和市委统战部召开的一次工商界人士座谈会上，我感到非常紧张，特别是听到一家老公私合营厂民谊药厂批评私方"合公营私"，心想合营后还要批判，我的顾虑更大。我起先一直沉默不语，后来领导上要大家畅所欲言，有意见和要求尽管提出来，人民政府会考虑的，我憋不住了，提出来试试看。我在小组会上说，我有四个担心，第一，担心股东红利是不是照发；第二，担心是不是还让我做总经理；第三，担心我的高工资是否要减少；第四，是不是与公方代表合得来。实际上这些都是当时工商界人士普遍关心的问题。后来政府公开宣布：企业有盈余的，红利照发（当时是"四马分肥"，1956年后改为定息）；在人事安排方面，总的是量才录用，适当照顾，有的还担任公司经理，但公方代表要派。对我个人是职位不动，工资照旧。这样，我所担心的问题基本上都得到了解决。同时我也看到大势所趋，不走不行，走在前头总是光彩点。所以我很快召开股东大会，对几百个股东进行宣传动员，通过了向政府申请公私合营的决议。1954年7月1日正式得到批准，并任命我为倍谊药厂厂长，我深深感到共产党说到做到，令人信服。我当时是上海青联委员，我以自己的亲身经历，广泛地向工商界宣传公私合营的优越性和党的和平改造政策的英明正确。

在全行业公私合营后，我在各种会议上，多次见到过毛主席，其中有两次我亲聆毛主席的教导，使我终生难忘。

一次在公私合营高潮以后，1956年2月，全国青联为了鼓励在合营中起了积极作用的工商界青年，在北京召开全国工商界青年积极分子大会，上海有60位代表参加，我是上海代表团团长。会议开得隆重热烈，拥护共产党的口号不绝于耳。会议闭幕前，我和北京的孙孚凌、天津的王光英三个人在中南海怀仁堂受到毛泽东、刘少奇、朱德、周恩来、陈云、邓小平、陈毅等中央领导接见。怀仁堂是一间北方四合院式的极普通的小休息室，但布置比较高雅。毛主席等中央领导与大家谈笑风生，问我们对公私合营有什么看法，是不是愿意合营等问题，王光英谈得最多。会见后，在去草坪拍照的路上，毛主席和我走在一起，他问我："你是什么厂的？"我说："上海倍谊药厂。"他说："噢！上海有个什么谊的药厂'合公营私'，有吗？"我回答："有的，叫民谊药厂，现在问题已经解决了。我们是倍谊药厂，是上海最大的药厂，是1954年第一批申请公私合营的。"我心想，毛主席连民谊药厂"合公营私"的事都知道，真是明察秋毫，太伟大了。

还有一次是1957年夏季。有天晚上，市委统战部电话通知我马上去中苏友好大厦咖啡厅。我不知道是什么事情，赶到那里一看，只见灯火辉煌，已经有好多人坐着。一进门就看到毛主席站在那里讲话，使我惊喜不已。我悄悄地坐在后面。咖啡厅里是分团桌坐的，毛主席讲话后就坐过来同大家交谈。当他坐到我所在的一桌时，有人介绍到我说："这是陈铭珊。"毛主席说："噢！上海有个陈铭珊，北京有个陈铭德嘛！"当时反右运动已经开始，北京陈铭德已被划为右派。我听后心中很吃惊，不知这话是什么意思。毛主席与我们交谈了一会，临离开之前又补充一句:"我刚才说北京有个陈铭德,是为了便于记忆。"他这一解释,才使我如释重负。

这两次见到伟大领袖毛主席,使我感到十分亲切,平易近人,虽然他老人家管理国家大事,日理万机,但对下面的许多事情却能了解得非常清楚,十分细心,体察入微,更增添了我对党的领导人的崇敬之情。

殷切教诲从头习

——追忆毛主席七次接见

赵超构

我怀着沉痛和崇敬的心情,纪念毛主席逝世两周年。毛主席是我国各族人民最伟大的领袖和导师。我多次承主席接见,当时情景还历历在目。主席对我们旧知识分子的改造问题作了许多亲切的教导,这是主席对知识分子最大的关心和帮助。我想着重在这方面写一些回忆的印象,来表达我对主席的崇敬和纪念的心情。

第一次见到主席,是在1944年5月间中外记者团访问延安的时候。当时我是以重庆《新民晚报》记者身份参加这个记者团的。

主席那天接见中外记者团全体人员的情况,我在《延安一月》① 中有较详细的描写。主席那天的讲话,由于当时条件,未能在重庆报纸上公开发表。记得那天谈话的范围相当广泛。从国际谈到国内。主席从欧洲开辟第二战场,分析世界反法西斯战争的形势,作了许多英明的论断,后来都被一一证实了。主席还讲到,要求国民党政府实行民主,必须是各方面的。然后就政治上的、军事上的、经济上的、文化上的、各党派关系上的民主作了解释,揭露蒋介石的法西斯统治。这

---

① 《延安一月》是赵超构访问延安写的长篇通讯,从1944年7月30日起在重庆、成都两地《新民报》(日刊)连载,引起读者极大兴趣。

就进一步帮助我们从反动派的谣言中解脱出来。对于我来说,也是第一次接受党的教育。我告别延安时,主席还让我给《新民报》老报人张恨水捎去一份延安的礼物:一条当地织造的毛毯,还有红枣和小米各一袋,并向他问候。

抗日战争胜利以后,美国政府扶蒋反共,蒋介石积极准备内战。毛主席代表全国人民的愿望,冒着巨大风险,亲自飞到重庆来谈判,争取和平。在这样尖锐的斗争中,主席还是抽空接见重庆各方面的人。在重庆郊外的八路军办事处,主席单独接见我一次,从上午九点直谈至晚饭后。

主席慈祥和蔼的态度和生动的谈话,能够使一个最拘谨的人消除顾虑,把自己心里的话倾倒出来。那天的话题很广,谈得也很多。我知道主席很忙,曾多次告辞,但是主席总是要我继续谈下去。

主席来重庆,是大出我们的意外的,重庆有许多人替主席的安全担心。我把这个意见向主席谈了,主席笑着说,蒋介石这个人,大家是清楚的,但是这一次来重庆,也是经过研究分析的,有准备的。看到主席这种从容不迫的大无畏革命精神,我当时是极度感动的。

主席提到我写的《延安一月》,指出我是个"自由主义者"。接着又说:"在重庆能写出这样的文章也不容易。"这实际上是一种含蓄的批评。当时我还以为"自由主义"是个好名词,因而沾沾自喜。

那天,主席给我讲解了国共谈判的几个关键性问题,如美蒋的阴谋,以及解放区周围的情势等。有句话我还记得很清楚,说是如果没有美国人帮助蒋介石运兵运枪炮,大片的"沦陷区"是会由人民收复的。因为八路军就在城门口。

但是那天更多的时间,是在了解重庆各方面的情况。主席详细地询问了重庆新闻界的情况。我同重庆的上层人物是很少接触的,对于中下层的所谓"公教人员"则来往较多。主席很细心地问了这些人的生活、思想以及情绪,和他们对蒋介石、国共谈判的看法。我是尽我所了解的，不管大事小事都讲了。最后，主席沉吟了一会儿说：死跟蒋介石的人只是少数，有的人不满现状，但对美蒋还有幻想，绝大多数的人是可以转变过来的。

傍晚时候，周恩来匆匆忙忙地回来共进晚餐，然后立即陪同主席坐汽车进城。大概这一夜又要进行重要的谈判。在暮色苍茫中，我亲眼看到周恩来是那样郑重地走在前头，拉开车门，细心地招呼毛主席上车。就在这些细小的动作中，也洋溢着周恩来对主席的恭敬、热爱的感情。

在重庆第二次见到主席是在国民党为主席举行的茶话会上。那天主席忙于同各方面的人握手交谈。许多人都拥在毛主席周围。他们都感到，能够见到毛主席，能同毛主席握手交谈，是极大的荣幸。虽然是在蒋管区，并且是在国民党机关的大厅里，这也看得出人心所向。

1957年，我三次见到毛主席。

一次是召开全国宣传工作会议的时候，主席接见了新闻界的部分人。在接见中，有同业提出我的办报方针："短些，广些，软些"。主席指出：软些，软些，软到哪里去呢？主席还说，报纸文章，对读者要亲些，平等待人，不摆架子，这是对的，但要"软中有硬"。到了这年的6月，反右斗争开始，我正在北京参加人大。想不到就在6月29日，在伟大的中国共产党生日的前两天，主席在中南海接见我，在座还有当时上海市委统战部部长刘述周。我是怀着非常恐慌沉重的心情去的。但是主席接见我，还是那样慈祥亲切。我向主席表示要辞去《新民报》总编辑职务。毛主席不同意，说："最好回去还是当总编辑吧！"并且关心地问："你当总编辑，是不是有职有权？"我没想到在这种情况下毛主席还关心我这个非党知识分子是否有职有权，就说："我如果没有权，我就不会犯错误了。"这时毛主席很风趣地用了一个成语说："恐怕还是有点形格势禁①吧！"毛主席的态度如此宽厚、热情，使我感动不已。

主席这次接见，主要是教导我要进一步端正办报路线。后来，主席又读到我写的几篇错误文章，恳切地指出错误所在。他的慈祥态度、亲切勉励，使我逐渐恢复了信心，进行检查。今天我还能在上层建筑做一份工作，全都是毛主席和党对我的教导啊！

同年9月，主席在上海，又接见了我。同时被接见的还有舒新城、束世澂两先生，这已是反右以后了。一见面，主席就诙谐地对在座人介绍说：宋高宗的哥哥来了（宋高宗名赵构）。主席的笑话，使我紧张的心情放松了。接着，主席对我说，已经看到我的两篇检查，他还问起我检查时的心情怎样。我向主席老实讲了，说是感到很紧张，好多天睡不着觉。主席笑着说，睡不着觉是好事。接着就亲切地教导我说，要养成勇于自我批评的习惯，不习惯的人觉得自我批评很可怕，习惯了就会感到自我批评的好处。还说犯了错误，吸取教训，改过来就好了。

在这次接见中，毛主席还向上海市委同志和舒新城先生交付了修订旧《辞海》的任务。主席说，解放这么多年，不能再让人查老《辞海》了。这些话我是亲耳听到的。想不到20年后，我也参加《辞海》的修订工作了。修订《辞海》是毛主席的希望，追忆当时交付任务的情景，今天我有机会参加这个工作，感到很荣幸，同时也深感责任的重大。我们一定要在上海市委领导和各方协作下快速修订，实现主席的遗愿。

1958年初，记得是1月5日，主席在杭州又接见了我一次。接到通知是在4日夜间，飞到杭州已是深夜了。同去的还有周谷城、谈家桢。那是一个皓月当空的良宵，在西子湖边的一所水木明瑟的庭院里，

---

① 这句话的意思指客观上还有所障碍。

主席还没有休息，就在当夜接见，直到次晨三四点钟。主席讲话的范围非常广泛，生物、遗传问题，逻辑问题，都相当专门。主席一边讲一边问。对于我，主席教导我两件事：一要分清九个指头和一个指头的关系。主席给我们讲解了宋玉的《登徒子好色赋》，幽默地指出登徒子娶了一个丑媳妇，但是登徒子始终对她忠贞不贰，他是模范地遵守《婚姻法》的，宋玉却说他好色，宋玉用的就是攻其一点不及其余的方法。又一件是教导我一定要经常到下面跑跑，多接触工农兵，受教育。主席说他自己一到下面跟群众接触，就感到有生命。主席还说，知识分子一定要走出书斋，如果你不肯自动出来，将来会有人把你们揪出来的。这些话都是意味深长的，都是针对我们知识分子毛病的。既是批评，也是最大的关怀。那天清晨临别的时候，主席很高兴地说，这样的聚会，也算是"西湖佳话"吧。在杭州的第二次接见时，主席还指示我回自己的家乡去参观，因为对自己的家乡最熟悉，最能够对比出解放前后的巨大变化。遵照毛主席的指示，我在当年五六月间回到家乡温州一次，在附近的各县城参观了两个月。在《新民晚报》上写了《吾自故乡来》的连载通讯。

　　毛主席去世已经两年了，我们再也没有机会见到他老人家慈祥亲切的风貌了，再也没有机会听到他老人家的谆谆教导了。作为一个多次亲身得到主席教导的人，追忆过去接见的情景，更是悲痛万分。但是毛主席的光辉著作正在越来越广泛的传播，毛泽东思想已深入人心，我们一定要努力学习，努力工作，为实现四个现代化贡献力量，以报答主席的恩情。

萍水相逢　　终身为友
——我与毛主席的交往

许志行

汉口邂逅

我是江苏吴县人。因家境贫困，17岁时被家里人送到湖南长沙一爿五金玻璃商店当学徒。这年，爆发了轰轰烈烈的五四运动。我受到新文化、新思想的影响，不愿意做小奴式的学徒，渴望继续读书。有一天，我偷偷从店里逃了出来，身无分文，只好沿着长沙到武汉的铁路走到了人生地不熟的汉口。

在汉口一家旅馆的门口，我遇到了毛泽东，时间是1919年12月的一天。

那时，26岁的毛泽东正以湖南省人民驱逐军阀张敬尧赴京公民代表团团长的身份途经武汉。他看到我这个衣衫单薄的少年，十分关心地走过来，向我了解情况。我把自己一心想读书，不愿意做学徒，从商店里逃出的情况，一一告诉了他。他听了以后深表同情。劝勉我说：想读书是好的，但是年纪轻轻流落在外是不好的。同时，表示愿意帮助我回浙江老家。我说，我不能回家了，最好帮助介绍一个自力更生的工作。毛泽东说，他在这里也是过路客，就要上北京去，没有熟人可以帮助介绍工作。他劝我要暂时忍耐，回家安心等一段时间，等他去北京办完事情回到湖南后，一定设法帮助我出来读书。我接受了毛主席的劝告，把浙江家里的地址告诉了他。第三天，我跟着他一起乘船到了上海。

毛泽东到上海的目的是送蔡和森、蔡畅、向警予等人赴法勤工俭学。到上海以后，我们住在环球中国学会。三天后，毛泽东替我买了一张回家的火车票，我们便分手了。

我回家以后，受到了家人的严厉责罚。不久，我收到了毛泽东从北京写来的信，毛泽东在信中对我安慰、鼓励了一番。以后又陆续寄了一些《新生活》《星期评论》《新青年》等进步刊物以及宣传新文化运动的小册子给我看。

进"成年失学补习班"

过了半年多，驱张运动胜利后，毛泽东1920年7月上旬回到长沙，担任湖南省立一师附小的主事（校长）。为了革命事业的需要和援助失学青年，毛泽东筹集了一笔款子，于1921年在一师附小高级部创办了一个"成年失学补习班"。

毛泽东给我写了一封信，邀请我去长沙这个补习班读书。我喜出望外，当即偷偷离家直奔长沙。毛泽东把我安插在补习班读书，并且负担我的一切费用。毛泽东的大弟弟毛泽民也在这个班读书，小弟弟毛泽覃则在小学部六年级读书。毛泽东每周给我们三人上一次"公民"课，讲一些革命故事和革命道理。

成年补习班只补习三门课：国文、英文和算术。毛泽东经常挤出时间指导我们三人读书。他说：国文是非常重要的一门课，是学习其他各课的入门要径。这门课学好了脑子就灵活了，思想就通了，但学这门课是不容易学好的，非多读、多练，刻苦钻研不可。多读，要多读新书。他常从上海、北京等地出版的杂志、报刊，如《新青年》《新潮》《新生活》等刊物上选出文章给我们读。要我们多读，多练习作文。要我们每周写一篇作文和读书心得，每天写一篇日记。

毛泽东指导我们做作文，十分注重题材的选择，重视写文章与现实斗争的关系。当时，我们的作文大多是写关于五四新文化运动和爱国反帝等方面的内容。一次，湖南的反动军阀赵恒惕把两个反对专制统治的青年杀了，残酷地把人头挂在城门口"示众"。毛泽东就要我们去看，看了回来写文章，抨击赵恒惕的反动统治，同军阀作斗争。我针对当时湖南封建迷信较重的这一情况，写了一篇《靠菩萨的结果》，用事实说明求神拜佛是没有用的。毛泽东看了说写得很好，鼓励我投稿。这篇文章后来刊登在何叔衡主编的《通俗日报》上。

补习班的学习本来定为一年，但只办了半年，经费就发生了问题。维持到暑假，只得宣布下学期停办。我转入附小高级部毕业班读书。

我在附小高级部读书时，毛泽东已和杨开慧结婚。迁出学校，住在清水塘。我和毛泽东的两个弟弟住在一个房间，平时经常就学习问题同去请教毛泽东，几乎每个星期日都去。

寒假，毛泽东邀请我到韶山他家里住。我在毛泽东家里的阁楼上同毛泽民、毛泽覃一起温习功课，度过了一个愉快的新年。

1922年，毛泽东亲自介绍我和他的两个弟弟加入了社会主义青年团。

依依惜别

一年以后,我在一师附小高级部毕业。我不愿意离开长沙,更不愿意离开毛泽东、毛泽民和毛泽覃,打算报考长沙的中学,但中学一切都要自费,这对于贫寒的我显然是不可能承受的。

毛泽东看到我非常痛苦,就替我出主意,说:"求学问不一定选择地方,选择学校,只要有真心,便是什么地方都可以……"劝我回浙江投考省立师范学校,因为浙江的省立师范,学膳费都只缴半费,半年不到十块钱。毛泽东说,这几块钱,我是能够接济你的。

我离开长沙时,去清水塘向毛泽东告别,他握着我的手说:"以后升学去,要格外努力","读书之暇,对于社会事业也得关心关心"。并告诫我:"不曾尝过苦痛的人生,简直没有价值!美满的人生,是战胜痛苦的结果!"

"一年多来,累你不少!"我低着头,强忍着眼泪说。

"没有什么,你不要这样。"毛泽东安慰我。

告别时,毛泽东把我送到门口,望着我说:"路上小心。到了浙江考取学校后,就写信来……"我在毛泽民、毛泽覃等同窗好友的送行下,依依不舍地离开了长沙。

投身革命

我回到浙江杭州,考取了浙江省立第一师范学校。毛泽东知道以后,很高兴,给我写了一封信,对我鼓励了一番,希望我关心时事,做一些革命工作,还按时给我寄一些钱和书籍。

1925年，上海发生五卅惨案。那年暑假，我到上海参加了宣传工作。上海总工会派我做一些工会工作。其间，我加入了中国共产党。回到学校后，又在学校里搞一些革命活动，因此，我被学校当局开除。

这时，正是第一次国共合作时期，毛泽东在广州国民党中央党部担任代理宣传部长。我把被学校开除的事写信告诉他。毛泽东回信，热情邀请我去广州。1926年春天，我到了广州，毛泽东安排我担任宣传部交通局助理，负责对上海方面的联系工作。

1926年10月，国民革命军攻下了武汉三镇。不久，国民党中央政府迁到了武汉。我随毛泽东也到了武汉，并由他介绍担任国民党中央党部的机要秘书。这时，毛泽东已经辞去国民党中央宣传部的工作，专门办农民运动讲习所。

1927年4月、7月，蒋介石、汪精卫先后叛变革命，大肆屠杀共产党员，第一次大革命失败。我与毛泽东在武汉分手。毛泽东回到湖南农村，发动了湘赣边界秋收起义。进而开始了创建井冈山革命根据地的伟大斗争。

我回到上海以后，由于国民党反动派白色恐怖的统治，我与毛泽东失去了联系。但是，我一直深深地想念着自己的恩师和兄长毛泽东。

阔别重逢

1949年1月，北平和平解放。3月，毛主席到了北平。这时，上海还没有解放。我设法写了一封信给毛主席。不久，毛主席回了一封信，托新华社上海分社的一位工作人员捎带。那位捎信的同志不慎将这封信遗失了，我没有收到。

上海解放后，我在上海格致中学教书，又写了一封信给毛主席。没过多久，毛主席给我回了信，鼓励我："在上海教书甚好，教书就是为人民服务。"并邀请我假期到北京一游。

1956年1月，毛主席又写信邀请我趁放寒假去北京。

第二年，毛主席邀我赴京一叙。暑假，我怀揣着毛主席的亲笔信，来到了北京。我按照毛主席信中的指点来到中南海找叶子龙。叶子龙派毛主席的机要秘书高智把我安排住在前门招待所。

6月22日下午，我接到毛主席要会见的通知。晚上6点30分，高智带着我来到中南海游泳池。在一个宽敞的客厅里等候。不一会儿，走进一位身材魁伟的人。

"毛主席！"我站了起来。

"志行兄，我们见面太晚了！太晚了！"毛主席走上前来，一把抱住我的肩膀。

毛主席松开手，注视着我，无限感慨地说："接到信后，应该早点来嘛！等了你好长时间了，我多么想见见旧时的朋友啊！"

遇到老朋友，毛主席谈兴甚浓。他侃侃而谈，谈在武昌时的相遇、相识，谈在广州、武汉时的战斗生活，以及在武汉分手后的经历。我感慨万千，眼含热泪，万万没有想到一位中国的领袖，能和自己促膝谈心，倾吐友情……

毛主席要我在北京多住几天，看看故宫、颐和园，游一游香山、长城。

五天以后，毛主席叫人通知我晚上9点到他的办公室。一见面，毛主席就笑盈盈地问："这几天玩了些什么地方，玩得痛快吗？"他又向我了解了上海知识界的一些情况。过几天，毛主席要到外地去视察。他对我说："有什么困难，有什么要求提出来。"我说，想去韶山看看。

毛主席很赞赏我这一想法，他拿起毛笔，给韶山乡人民政府写了一封信，请他们以朋友的态度接待我。

临走时，毛主席叫人给我500元钱作为路费和买一些纪念品。我执意不肯收，毛主席说："这是我的稿费，是我以个人名义送给你的。"

并一再告诉我:"我决不慷国家之慨。"

我到韶山后,受到了当地人民政府和农业合作社的热情接待。

回首往事,在汉口那段最困苦的日子里,我当时只有17岁,幸亏遇到了毛主席。尽管素不相识,毛主席却给我以无微不至的关心、照顾,不仅接济处于贫困潦倒之中的我,而且还帮助我继续上学,教导我如何做人,甚至亲自替我介绍参加工作,引导我走上革命的道路。

一次不平常的会见

刘大杰

1965年6月20日上午,复旦大学党委副书记陈传纲亲自跑到市区来找我,市委统战部王致中部长也到处找我,碰巧我带孙女到花鸟商店去玩了。我的门口停了两三部汽车,说一定要把我找到。我家里人不知出了什么事情。后来他们居然找到了我。他们说陈丕显同志找我。我到了陈丕显同志那里,陈说:毛主席找你谈话。他就带我去见主席。这天,主席本想找三个人谈话,周谷老(周谷城)、我、还有一个杨荣国。杨荣国写了一部《哲学史》,可能主席觉得还不错,想找他谈谈,以为他在上海,其实他不在上海,在广州中山大学。主席、周谷老和我三个人都是湖南人,结果一谈谈了两个多钟头。我先到,进去一看,只有主席、江青、陈丕显还有我四个人。主席先同我谈了大约一小时,后来周谷老来了,一道谈到12点多钟才出来。同主席能谈这么长时间很难得。

我一看见主席觉得兴奋、紧张,有差不多一个多小时不大敢讲话。后来主席说:"随便谈么!"才敢提出些问题,请问主席。主席这年72岁,身体还很好。这天他与我们谈话很随便,内容大体是学术、教改、文艺(主要是京剧改革)三个方面。在百家争鸣、学术讨论问题上谈得很多。他特别对我们强调讲:"不要怕批评,不要紧张,经过一次批评,虽然自己不觉得,总要比过去有所提高。每次提高一点点就好,提高就是螺旋式上升,不可能是直线上升。现在发表的文章虽然有毛病,但是比解放初期的文章总是大大的不同了。你们不要怕批评,有批评才能进步。"谈到这里,他讲了一段非常风趣的话,他说,你又不是党员,又不怕开除党籍,批评一下有什么可怕?我们党内理论斗争比对你们的批评严格得多、厉害得多。过去历史上有一个时期,我们党内还搞过"残酷斗争、无情打击",陈独秀说我是"左倾机会主义",王明又说我是"右倾机会主义",动不动开除党籍、开除军籍。现在不同了,我们不搞那一套"残酷斗争"了,我们现在搞的是团结——批评——团结,这还有什么可怕呢?

当时有一段时间,社会上批评周谷城发表的文章。在周谷老未到时,主席向我问起周谷城的情况,我说他现在好一点,不像前一时期话也少讲。我说:批评他的文章似乎太多了一点,批评到后来讲来讲去不过是那几句话。

主席当面对周谷老说,不是我们叫人家来批评你,而是群众性讨论所发表的不同意见。目前你暂时且慢写文章,等他们不再"骂"你了,你再把他们的文章拿来好好地看一看,做一些研究,他们讲得对的地方,你应接受,做些自我批评。有些地方如果你觉得可以辩论,你还可以再写文章同他们辩论。主席又对周谷老说:"在逻辑问题的争论中,我同意你所主张的要把辩论法和形式逻辑分开来的意见,我倒不同意把两者混淆起来的论点。"讲到这里,主席讲了一句英文话:"Formal Logic(形式逻辑),Formal 就是形式么!讲的就是形式,那就是关于思维形式的法则么。"

关于学术讨论,主席说:只要方向不错,可以允许不同的学派存在。他问了谈家桢的情况。主席还说,摩尔根学派可研究,米丘林、李森科学派也可以研究,为什么只许搞一派?

这天,周谷老又对主席讲他的"无差别境界"。他说:"我讲'无差别境界'原来还以为是照主席的话说的,矛盾是可以解决的,否则我们还革命干什么?"主席当时就指出说:"当然矛盾是可以解决的,但是旧的矛盾解决,新的矛盾又产生。"

这天主席说起要看我写的《中国文学发展史》,陈丕显同志叫人拿了一部来。主席说:"你为什么不早送我一部?"我说:"里面毛病太多,不敢送主席。"主席说:"不要紧,慢慢来么!只要比过去好一点就是好的,以后你再有书出版,一定要送我一部。"

主席对中国历史、文学资料之熟悉实在惊人,而且他的见解精辟深刻,分析文学作品充满辩证法,令人敬服。古今中外有这么大学问的领袖实在少见。我正在修改《中国文学批评史》的下卷,有许多地方难以下笔,我乘会见的机会向主席求教。主席讲得非常精彩,能解决问题。譬如,他说唐朝韩愈文章还可以,但是缺乏思想性。我们总以为《谏佛骨表》是进步的文章,主席却说那篇东西价值并不高,那些话大多是前人说过的,他只是从破除迷信来批评佛教而没有从生产力方面来分析佛教的坏处。《愿逆》也是如此。但是,韩愈的诗文有点奇。唐朝人也说"学奇于韩愈,学涩于樊宗师"。韩愈的古文对后世很有影响,写文学史不可轻视他。主席认为柳宗元的文章思想性比较韩愈的高,不过文章难读一些。他指出:屈原写过《天问》,过了一千年才有柳宗元写《天对》,胆子很大。我问主席能否说柳宗元是唯物主义者?他说顶多能说有朴素唯物主义思想成分。主席很推崇刘禹锡,"沉舟侧畔千帆过,病树前头万木春。"这两句诗他就很欣赏。主席对历史实在熟,说到这两句诗时,立刻说出这首诗是刘禹锡送白居易的。刘禹锡的文章不多,但他所作《天论》三篇,主张"天与人交相胜还相用"之说,他的反对迷信,反对因果报应的思想,主席给以较高的评价。我问主席,刘禹锡可否算作是唐朝的一个朴素唯物主义者?主席说:"可以。"主席对韩愈、柳宗元、刘禹锡的估价都同我们想的不同,他都同我们作了具体分析,启发很大,可以帮助我们领会精神,举一反三。不过，听主席的分析似乎很容易，当我们碰到具体问题时，恐怕不易把握。

对于宋朝的王安石，我们一向总认为他能反对天命、反对封建宗法是他的进步之处。主席却以为，在王安石之前已经有人提出过反对天命、反对封建宗法的思想，譬如屈原、王充。主席说：王安石最可贵之处在于他提出了"人言不足恤"的思想，在神宗皇帝时代，他搞变法，当时很多人攻击他，他不害怕。封建社会不比今天，舆论可以杀人，他能挺得住，这一点不容易做到。主席一点出，的确是这样，这句话过去我们常常碰到，就是拎不出来，只晓得王安石反对天命、反对封建宗法是他的进步之处。主席还说："要学习王安石这种'人言不足恤'的精神，不要害怕批评，要敢于发展、坚持自己的见解。"主席的这些话，对我们帮助很大，我下笔修改我的《中国文学批评史》就比较有把握了。

唯心主义的东西要不要搞？我们常常有摇摆。主席讲了一段话，告诉我们做学问一定要找对立面，对我们很有启发。他说，唯心主义的东西不要怕碰，不研究唯心主义的东西，唯物主义怎么能发展啊！研究过去的唯心主义著作，把它当作对立面，才有助于今天的学术研究，就是研究过去的东西也要留心去发现同一时代的对立面。譬如，梁武帝和范缜就是对立面：一个提倡佛教，一个反对宗教。在唐代唐宪宗的时候也有这种对立面，提倡宗教和反对宗教。听了这段话，实在启发很大，古今中外都应该研究，都要找对立面，对立斗争才能发展。

我问主席清代"乾嘉学派"如何评价，主席回答非常全面辩证。他说："对'乾嘉学派'不能估价太高，不能说它就是唯一的科学方法，但是他的确有成绩。"主席对这一学派产生的历史背景作了科学的分析，他指出清代雍正时代对知识分子采取高压政策，兴"文字狱"，有时一杀杀一千多人。到了乾隆年代不采取高压政策了，改用收买政策。

网罗了一些知识分子，送他们钱，给他们官做，叫他们老老实实研究汉学。与此同时，在文章方面又出现了所谓"桐城派"，专门替清王朝宣传先王之道，迷惑人心。主席指出的这一点，我们过去从来没有想到过。他指出在鸦片战争以后，中国面临亡国的危险，就有一些进步的知识分子出来，像龚自珍这些人既反对"乾嘉学派"，又反对"桐城派"。前者要知识分子脱离政治，钻牛角尖，为考证而考证。后者替封建统治阶级做宣传，两者都要反对。后来又出现康梁变法，都没有找到出路。主席说："最后还是非革命不可，这一点现在你们都懂了吧？"

主席还同我们谈了《辞海》的事。他说："《辞海》已收到了。看了一些，还看得不多。其中有些辞目，解释还嫌简略。譬如'共产党'，'共产主义'这些条目讲得太简单，注解不够清楚，不能满足青年读者。"

主席很重视京剧现代戏的改革。他说，《红灯记》《沙家浜》都不错，其中有些小地方可能还要斟酌，再把它提高一步。《红灯记》"赴宴斗鸠山"一场中，鸠山说："苦海无边，回头是岸。"李玉和说："放下屠刀，立地成佛。"我觉得这几句不妥，特别是后两句。但是，四句话都是佛经，改起来很难改。主席说京剧改革的事要搞下去，目前先搞几个好的剧目来，到处去唱。唱来唱去逐渐使他们成为传统剧目，逐渐使现代剧占领舞台。

关于教育改革，主席很关心，强调少而精和启发式的教育。

虽然，在1960年和1963年我受到过主席的接见，但都只讲了几句话，这次两个多小时的亲切会见，教益匪浅，使我终生难忘。

永恒的怀念

范瑞娟

粉碎"四人帮"后,我曾多次来到庄严肃穆的毛主席纪念堂。每当看到毛主席的石雕坐像,我的两眼便盈满热泪;瞻仰毛主席的遗容时,我更是禁不住哭了出来。过去数次见到毛主席的情景,又一幕一幕地浮现在我的脑海里……

我第一次见到毛主席,是在1950年8月。这一年的春天,上海解放不久,越剧界精神面貌已发生了很大变化,大家怀着强烈的翻身感和饱满的政治热情,投入戏曲改革之中,希望越剧这个剧种有新的发展。我想越剧过去一直局限在江浙一带演出,现在解放了,为什么不能到更广阔的天地里去演呢?我和编导南薇交换意见,他大胆地提出:把越剧带到北京、带到毛主席住的地方去演出,我听了精神为之一振,我们想到田汉先生,他在1948年为越剧写过《珊瑚引》(由袁雪芬和我主演),住过越剧学校,与南薇也很熟悉,现正担任文化部艺术事业管理局局长,何不先给他写封信问一下?田汉先生很快来了回信,欢迎我们去北京演出。全团同志听到这消息,高兴得简直像鸟儿飞起来。

到了北京,田汉、安娥先生及文艺界的一些领导同志亲自到火车站接我们。我们带去《梁祝哀史》《祝福》和《李秀成》三个剧目。在演出最后一场时,田汉来到剧场,告诉我们一个好消息:周恩来总理不但看了我们的戏，还邀请我们到他家中做客。

第二天中午，田汉同志陪我和傅全香、南薇、陈鹏乘汽车来到中南海，周总理亲自在他住处的门口等着我们。我奔上去，握着总理的手，既兴奋又紧张。我们随总理进了西花厅，除邓大姐外，还有许广平和孙维世姐妹在场。周总理和我们亲切交谈，谈到1946年在上海看《凄凉辽宫月》的情况，谈到1947年越剧"十姐妹"的联合义演。他说："你们'十姐妹'在那种环境中联合义演，很不容易，影响很大，体现了团结，团结了越剧界、文艺界，也团结了人民，这是过去没有过的。团结就是力量，我们共产党是讲团结的。"邓大姐也说："旧社会是文人相轻，新社会是要文人相亲。"这些话，我一直铭记在心头。

谈了一个多小时，周总理请我们吃便饭。在我们吃完饭时，工作人员请总理接电话，总理听完电话回来，兴奋地向大家宣布："同志们，毛主席的秘书刚才来电话，毛主席要看你们的演出，今天晚上请你们到怀仁堂去演《梁祝哀史》。"听到这个喜讯，我激动得心怦怦直跳，周总理说："毛主席今晚要看你们演出《梁祝》，你们该多高兴！毛主席看你们演出，幸福呀！"这时坐在一旁的许广平握着我的手说："是啊！你们太幸福了！"

可不，对毛主席，我从心底里有一种敬仰、爱戴之情，我在照片上看到过他，在书里读到过他，在歌里唱到过他，来到北京我们就在他身边，现在能亲自为毛主席演出了，这是多大的幸福啊！

由于本来打算第二天回上海，《梁祝》的服装、道具已提前送往火车站托运。南薇带领突击队以最快的速度把准备装车的服装、道具运回来，送到中南海怀仁堂。我和傅全香、陈鹏召集演职员，做好演出准备。大家听说给毛主席演出，个个兴高采烈。提前吃过晚饭，大家乘坐中南海派来的汽车前往怀仁堂。

来到怀仁堂，演员们在两边的厢房里化妆，据说这是过去考状元的地方。窗门宽敞，从里面可以见到外边人来人往。不一会儿，就看到来看戏的首长们陆续步入怀仁堂。周扬同志来到化妆间，嘘寒问暖，我说："一切都好，只是听说要给毛主席演出，不免有些紧张。"周扬同志笑着说："不要紧张，你们都是经常在台上演出的演员了，还怕台下观众么？毛主席来看戏不要紧张，就是马克思看戏也不必紧张。"还有一些首长来看望我们，他们都平易近人，又说又笑，大家紧张的心情逐渐放松了。演出开始了。幕一拉开，就听到热烈的掌声。我抑制着心头的激动，尽量集中心思像平时一样认真地演出，眼睛也不向台下看。演"思祝"前是休息，后台一个同志告诉我："我看到毛主席了，他老人家坐在第五排中间。"我说："大家讲好了，不可往台下看嘛！"其实，我又何尝不想看看毛主席呢！

音乐声又响起来，我走到台上去演"思祝"这段戏。戏的开头，台上只有我一个人，这下我看到了毛主席。他老人家坐在前排中间，穿着白衬衣，敞着衣领，兴致勃勃地看着戏。我的目光不敢停留，强令自己不要分心，不能激动，继续演下去。那时，"思祝"中有这样一段情节：祝英台临别时约定婚期八个字，打个哑谜让梁山伯猜："一七、二八、三六、四九。"到祝家来，梁山伯拨弄算盘，掐着指头，木然痴想，还是左算右算算不来。毛主席看到这里，哈哈大笑，用手指点着梁山伯说："看你傻乎乎的，等把日子算出来，祝英台早已经嫁出去了。"这句话引得旁边的人都笑起来。这句话我是在事后一位坐在毛主席后面的上海人民法院的何院长告诉我的。

演出结束后，毛主席站起来鼓掌。我们全体演员都涌到台上谢幕，这时我更清楚地看到了毛主席，他身材魁梧，神采奕奕，摇动着手臂向大家致意。我们目送着毛主席退席，时间仿佛都凝固了。

回到后台，负责接待我们的中央办公厅的钟灵同志过来对我们说："演出很成功，毛主席看了戏很高兴，他要我转告你们，希望以后你们再来，他再看你们演出。"他还代表毛主席请我们剧团全体同志到中南海里的瀛台吃夜宵。夜宵很可口，大家都知道这不是一顿普通的饭。

吃夜宵时，钟灵等同志向我和傅全香推荐了《宝莲灯》这个题材，说主人公沉香很勇敢，他这个外甥可以打不讲理的娘舅，后来劈山救母，救出华山圣母娘娘，你们演出这个戏，一定会鼓舞人心，我们当即表示诚恳接受这一推荐，并说回上海排好《宝莲灯》，争取再到北京来，向毛主席汇报。

第二天，文化部沈雁冰部长的秘书打电话给我，说："你们在怀仁堂演出，毛主席说要谢谢你们，送给你们礼物，你们有什么要求呀？"我回答："毛主席和中央领导看了我们的演出，是对我们全团的极大鼓舞，这比什么礼物都宝贵。"他说："沈部长要执行毛主席的意思，送给你们剧团回上海的火车费用。"当时我们东山越剧社还是姐妹班性质的民间职业剧团，一切经费完全自理。我说："不要，如果一定要送的话，别的都不要，只要送给我们每人一个纪念章好了，让我们永远牢记这次难忘的演出。"他答应了，说等制作好以后送给你们。回到上海后不久，文化部通过上海市文化局转寄给我们两千万元（旧人民币），我们把这些钱存到了银行里，年底，在抗美援朝的捐献飞机大炮期间，我们把这笔钱捐献了出来，让它为国家发挥更大的用处。

毛主席看越剧，不仅是对我们剧团的鼓舞，也是对整个越剧界的鼓舞。1950年10月，朝鲜战争爆发。1951年，上海展开捐献飞机大炮运动，我当时担任越剧工会主席，亲身感受到越剧界焕发出多么高的政治热情。有些中、小剧团经济上很困难，但积极性很高，开会时，有的演员家中无人照顾小孩子，就把自己的小孩绑在床脚上，三十多个剧团，三千多个会员，每周把星期六日夜两场演出的收入捐出来。从8月10日起，越剧界又在大众剧场举行了为期半月左右的联合义演，超额完成捐献一架"越剧号"鲁迅战斗机的任务。

1951年秋天，我们又应政务院之召，第二次赴北京参加庆祝国庆演出。这次带去的剧目有三个：《梁山伯与祝英台》，在去年进京演出的《梁祝哀史》基础上重新整理加工而成；《宝莲灯》，根据钟灵同志推荐，由南薇、韩义改编；另一个是现代题材小戏《爷子争先》。《梁山伯与祝英台》被指定为在怀仁堂举行的庆祝国庆晚会的演出剧目，9月29日在大众剧场作审查演出，除对个别细节提出修改意见外，总的方面一致赞扬，认为是一个可以代表国家的剧目，够得上国际水平。10月2日在青年宫、6日和7日在怀仁堂，演出招待了国际贵宾和其他观礼代表。

10月7日晚上7时半许，我们正在怀仁堂后台化妆室里化妆，忽然从场子里传来暴风雨般的掌声，是毛主席来了！由于事先不知道毛主席会来看戏，全团同志特别激动。剧终，全场起立鼓掌欢送毛主席。剧团全体同志排列在台上向毛主席致敬。在强光灯照耀着的舞台上，一个脖子仰得比一个脖子高，一个手臂晃得比一个手臂急，"毛主席万岁！"喉咙张开着高呼。毛主席走向台前，以招手回答剧团全体同志。

10月11日、12日在民主剧场演出《宝莲灯》。政务院决定这出戏也在怀仁堂演出一次，招待即将开幕的政协全国委员会第三次会议的代表，由于周总理在6、7两日偶有微恙未能看《梁祝》，10月14日晚在怀仁堂重演一次，周总理看后，到后台来向我们祝贺参加国家剧团。他说《梁祝》剧本改得不差。去年东山越艺社的《梁祝》，台上搭台的舞台美术形式也不差。我说："那是南薇的创造。"为了鼓励大家，周总理提出赠送给剧团一部精装的《毛泽东选集》和送给每一个同志一枚二周年国庆纪念章。

10月15日晚上，《宝莲灯》在怀仁堂演出，毛主席莅临观剧。这是一星期内毛主席第二次看越剧。演完后，剧团全体同志排列在台上向毛主席热烈致敬，毛主席又一次走向台前向同志们招手。大家的情绪仍然十分激动，剧团的指导员凌映激动得不当心从台上跌下去，她赶快爬起来再拍手。在这出戏里我前面演刘彦昌，后面演劈山救母的沉香。田汉、欧阳予倩等前辈上台与大家一一握手时，欧阳予倩笑着对我说："范瑞娟，你胆子可不小，敢在毛主席面前耍斧头。"我马上说"哦！我在毛主席面前班门弄斧了！"

这次演出后不久，有一次我碰到于伶先生，他悄悄地告诉我，说毛主席为了抗美援朝，厉行节约，把自己伙食的小灶都减了，我听了非常感动，回上海后就第一个主动把自己的工资减了一部分交党费。从 10 月 21 日起，我被邀为政协全国委员会第三次会议的特邀代表，出席了会议。一天，我正与评剧演员小白玉霜、天津的河北梆子演员韩俊卿在一起，毛主席走过来了，我有点紧张，想跑开，小白玉霜一把拉住我，说："干嘛这么紧张？"毛主席非常平易近人，和蔼可亲，他见到我便问："你是《梁山伯与祝英台》中的梁山伯吧？"我有点不好意思低下了头。毛主席接着说："你去年的演出我看过，今年又看过。"我连忙说："请主席多提意见。"毛主席说："你今年比去年演得好。"这时有位东北的省委书记过来和毛主席握手，我往前面一看，有许多照相机，就急忙走开。过了两三天，有位记者送给我一张与毛主席在一起合影的照片。这是意想不到的，我深感荣幸，这张照片是无比珍贵的纪念，我一直藏在箱底，"文化大革命"中，多次抄家，总算幸免，"文化大革命"后，我们才拿出来挂在家里的墙上，另一张和毛主席的正面合影被登在《北京日报》上。

1952 年，在北京举行第一届全国戏曲观摩演出大会，我参加了《梁山伯与祝英台》《白蛇传》两个剧目的演出。周总理向中央推荐了《白蛇传》作为招待国宾的剧目，他说：越剧《白蛇传》招待贵宾不会坍台的。毛主席陪同蒙古党和国家领导人泽登巴尔观看了该剧。这是毛主席第四次看越剧。我感到荣幸的是，这四次越剧演出我都参加了。

毛主席非常重视、热爱民族戏曲艺术，对我们演员也很关心。有一件与我直接有关的风波，是靠毛主席干预才得以平息的。1957 年初，中国新闻社约我写一篇文章登在香港《大公报》上，谈谈自己的婚姻、家庭生活，目的是以亲切生动的切身体会向港澳和海外读者介绍戏曲演员解放后的幸福生活和精神面貌的变化。我本来用的题目是《新中国帮助我建立了一个幸福家庭》，香港《大公报》发表时考虑到读者对象，将题目改为《我的丈夫，我的蜜月》。文章发表后，上海《解放日报》于1957年3月24日转载。没想到，这篇文章引起了一场风波。尽管许多读者对这篇文章表示赞赏，但也有人提出批评，认为党报上不适宜登这样生活化的文章，应多反映社会主义建设情况。而且有人上纲上线，提到吓人的高度，扣上许多大帽子，使我背上沉重的思想包袱，报社也为此受到一些读者的指责。这场风波惊动了毛主席。毛主席说："我的丈夫就是我的丈夫，这是无可非议的"，"上海人口几百万，几百封信（指读者批评信）是少数嘛。报上也总不能天天都是上甘岭，讲讲丈夫、蜜月也可以嘛！"幸亏毛主席表了态，我和我的丈夫陈伯鸿才解脱了承受的压力，宣传媒介也由此得以摆脱类似的指责。到"文化大革命"中，是非大颠倒，这件事又被翻出来，成为批斗我和伯鸿的一大罪名。新闻界老前辈赵超构先生提起这场风波一直愤愤不平，说："写了那么朴素的热爱社会主义的文章，也东斗西斗，苦头吃足。"毛主席那番话，我是事后很久才知道的。我知道十分感动，我感动并不仅为我自己及家里四代人，而是进一步坚定了我对党对毛主席的信念，今后不管遇到任何风浪，都要经得起考验！

此后，1958年、1961年毛主席到上海来时，我都参加了接见。毛主席见到我，每次都风趣地说："梁山伯来了。"他和文艺界、知识界的人士谈笑风生，丝毫没有居高临下的架子，倒更像是了解、关怀我的良师益友。

毛主席虽然离开我们多年了，但他确确实实永远活在我的心中，活在亿万人民心中。我对盖叫天老先生一句话很有同感："生我者父母，教我者共产党。"如果没有共产党、毛主席，就没有新中国，没有戏曲事业的兴旺繁荣，我们这些演员也不会摆脱屈辱的地位，迎来艺术生命的新生。饮水应思源，时代在前进，各个领域都在发生着深刻的变革。对毛主席的永恒的怀念，将激励我信心百倍地为美好的未来而继续努力奋斗。

毛主席途经松江

李崇

1955年，毛主席视察南方时，曾途经松江，听取当地主要领导同志的工作汇报。对这件事，一直难以忘怀，至于具体日期，由于时间相隔较长，现在一时难以回忆准确。当时向毛主席汇报工作，只有李楚和我两人。李楚在"文化大革命"中不幸去世了。

时间约在11月初。一天，中共松江地委接到中共中央华东局的电话通知，说毛主席要到松江视察，指定地委书记李楚和专员李崇两人到火车站迎候汇报工作。指定地委委员戴心思负责车站的保卫工作。

毛主席来松江那天，天气晴朗。上午九十点钟一列客车从上海往杭州方向驶去，这是保卫车，没有在松江站停靠。隔5分钟左右，车站站长向我们汇报，后面一列车快进站了。不一会儿，一专列从上海方向奔驰过来，徐徐停靠在松江车站。首先从火车站下来的是上海市公安局局长黄赤波，他对李楚和我一一问了姓名后，即带领我们两人到了第二节车厢，由保卫人员引导我们进入车厢，只见毛主席身着灰呢中山装已等在那里①。

---

① 据中共中央文献研究室编《毛泽东传》引用档案资料记载，1955年11月5日，下午2时45分，毛泽东乘专列到松江，与松江地委书记、专员谈话，3时37分结束，在松江火车站停留52分钟。

毛主席招呼我们坐下，首先问我们会不会抽烟，会抽烟就抽嘛。我们两人各拿了一支"中华"烟。接着他问我们是什么地方人，边问边记录。当我回答是山东蓬莱人时，毛主席就说，蓬莱出个吴佩孚嘛。我说，是的，对吴佩孚，蓬莱的知识分子是知道的，他是个大军阀。在老百姓中间，对他不太清楚。

毛主席那次在松江车站，对我们讲话不多，主要是提问，我们作回答和汇报。提问的问题，主要有四个方面：

一、关于农业合作化的问题。

毛主席问到松江地区的农村合作化搞得怎么样了，对这个问题，我们作了比较具体的汇报。当汇报到松江地区已有80%左右农户组织起来，参加了农业合作社时，毛主席即插话说，农民的兴趣很高嘛！

二、关于镇压反革命的问题。

毛主席问我们松江地区关、管、杀反革命有多少时，我们汇报不出。李楚向主席实事求是地说答不上。毛主席听后没讲什么，也不再提问。

三、关于防治血吸虫病的问题。

毛主席深知松江血吸虫流行的严重情况，他问我们，松江血吸虫流行很严重是吗？我们回答：是很严重，已影响了生产、参军，危及群众生命。毛主席接着问血吸虫是怎么感染的。我们虽然作了回答，但是讲得还不清楚。毛主席听后追问这小虫怎么叮到钉螺里去的？由于我们缺乏这方面的知识，一时没答出来。毛主席对我们说，南方的血吸虫很严重，你们要很好重视。

四、关于绿化的问题。

毛主席从上海到松江，一路上注意绿化的情况，他向我们指出：浙江的绿化好，你们要到浙江去看看。

毛主席在松江火车站停留约40分钟时间，主要是他问，我们汇报。汇报完后，毛主席送我们到车厢门口，握手告别，专列向杭州方向驶去了。

在向主席汇报工作中对一些问题答不上来，说明我们工作没有做好。事后，我们首先请血吸虫病防治部门拿了血吸虫感染过程的图解，向我们讲解人是怎么感染的问题。地委对防治血吸虫病工作作了布置，并要求各地大力宣传，做好防治工作。后来，李楚和我还遵照主席的指示，专程去浙江参观了绿化。

谆谆教导　殷切期望

——回忆毛泽东首次视察上海港

韩克辛

1955年11月5日,毛主席在柯庆施、陈丕显等上海市委负责同志陪同下,来到黄浦江畔,登上了上海港的领航船"港申"轮,兴致勃勃地视察港口。当时,我任上海港务局党委书记,自始至终陪同毛主席视察。现在,虽然已过去了38年,但他老人家在视察时的音容笑貌,对我们的教导和期望,依然历历在目,记忆犹新。

"一定要把这个大港口管理好"

这天,天气晴朗,金风送爽,挂满彩旗的"港申"轮,静静地停靠在黄浦码头上。我先到"港申"轮,怀着兴奋的心情,全面仔细地检查了安全情况,然后站在码头上船舷边,等候着毛主席的到来。

10时42分,几辆黑色轿车缓缓驶进黄浦码头,在"港申"轮旁边平稳停下。毛主席从第一辆车上下来。我快步迎上前去,握住毛主席的手,问了声"毛主席好",柯庆施把我介绍给毛主席。然后我扶着他老人家通过舷梯,登上"港申"轮。船员们列队站在甲板上,欢迎毛主席的到来，大家兴奋得一个劲地鼓掌。多少年来，我们上海港的广大干部、工人、船员，天天盼望能见到毛主席，现在，这个时刻终于来到了。毛主席满面笑容，向大家挥手致意步入休息室。

稍事休息后，"港申"轮拉响汽笛，徐徐离开了码头，向上游驶去。这时，黄浦江江面风平浪静，视线极佳，一群群白鸥临水飞翔，像是有意为"港申"轮助兴，引航。毛主席走出休息室，信步上了驾驶台甲板，站立在栏杆边，举目四望，远眺浦江两岸。我开始介绍上海港的分布情况和上海港的基本情况。毛主席饶有兴趣地听着，并不时插话提出问题。

旧中国上海港有两个显著特点：一是半殖民地性质。上海港，从第一次鸦片战争开埠，到新中国成立，被帝国主义践踏了一百多年。首先，港口管理、引航、航道疏浚、港内码头仓库等港口主权以及关税自主权、关税收支权等一直被英、美、日帝国主义控制着。其次，国民党官僚资本在港内也控制着一定数量的码头、仓库和堆场。属于民族资本的私营码头仓库则规模狭小，地段偏僻，生产设备不全，一直遭外商和官商的排挤；二是半封建性质。旧上海港码头的封建把持制度根深蒂固。黄浦江、苏州河两岸是"一个码头一个天"，历来被黑社会大大小小的封建帮派恶势力把持着全部装卸业务，恶霸和把头残酷剥削工人，血腥欺压工人。当时在码头上流传着"把头，把头，吃人不吐骨头"，就是码头工人对封建把持制度的血泪控诉。生产关系的性质，决定了旧上海港的生产力。1949年，上海港口吞吐量只完成194万吨，其中绝大部分还是6月份上海解放以后完成的。

毛主席听到这里，语重心长地说，上海是我国第一大港，又是一个国际港口，解放前由于帝国主义和官僚资本主义的控制、操纵，发展不快，现在变成我们自己的港口了，是一个大有发展前途的港口。

接着，我又汇报了上海港解放后，在党中央、毛主席的正确领导下，接管、经济恢复和民主改革、生产改革的情况。

解放后，没收了官僚资本，驱逐了帝国主义势力，收回了港口主权（包括引水权），从根本上改变了港口的性质；进行了反霸、民主改革，废除了封建制度，固定了码头工人的工作，工人获得了真正的解放；建立了港务局这个港口统一领导机构，统一了港口的行政管理和生产业务，建立了生产制度；对私营航运业和私营码头仓库业有步骤地进行了社会主义改造；进行了生产技术改革，改进落后的生产手段，逐步使用机械代替人力装卸；不断疏浚航道，提高船舶通航能力；贯彻"按劳分配"的工资政策，不断提高工人物质生活和文化生活的水平。由于生产关系的改变，生产力水平的提高，港口年完成吞吐量已增至1100多万吨，全港有85个码头泊位，加上浮筒总共有泊位100个左右，全港职工25506人，年均每天完成吞吐量3.5万吨。同时，通过上海港进出口的商品，不断增加，有贸易往来的国家和地区不断扩大，1955年有68个，吞吐量为94.3万吨。工人说：新旧港口对比，真是两个世界，两重天，海港面貌日日新。

　　毛主席听了这些情况，很高兴地露出欣慰的神色，不时地点头，亲切地嘱咐：是啊，你们一定要把这个大港口管理好，使它有个比较快的发展，适应社会主义建设的需要。

"转让这个办法好"

　　"港申"轮继续平稳上驶。毛主席不时地询问看到的码头和停泊江中的轮船的情况。在驶到高阳路码头时，我主动地向毛主席介绍说："这里原来是英商公和祥码头"。

　　毛主席问："这个码头的情况怎么样？"于是，我详细地向他老人家汇报。

　　解放前上海港外商码头仓库，有英商的太古洋行、公和祥码头公司和美商总统轮船公司经营的 9 个码头及仓库。这些外商码头仓库的岸线和仓库面积在全港占有很大比重。码头长度有 3289 米，占全港的 25%；仓库面积约 24.27 万平方米，占 40%，堆场面积有约 19.27 万平方米，占 22%。外商码头仓库业是上海开埠以后，在不平等条约的庇护下，随着港口运输和贸易的发展而陆续设立的。

我指着对面的原公和祥码头介绍：它是属英商怡和洋行，是解放前靠巧取豪夺发展起来的码头业托拉斯，操纵着上海港码头仓库业务。当年，他们以走私贩运、堆存转运鸦片起家，以后又靠经营军火装卸储存业务发财；它们还依仗洋商在华的特权，勾结地方封建势力，抢夺民产，侵占公地，扩大码头和仓库，横行霸道。这些英美外商码头仓库，占据了港内深水地段，取得了营业上的有利地位；他们有资本雄厚的外商轮船公司做后盾，费率由他们随意制定，形成了在港口码头仓库业中的垄断地位。1949 年初，外商眼看形势不妙，解放军就要渡江，经营上的特权将不复存在，于是大量抽逃资金，直至上海解放，外商码头仓库业剩下来的只是些搬不走的陈旧建筑和设备。

毛主席听后关切地问："对外国人的码头仓库，你们是怎样解决的？"

我汇报说："是通过转让的办法接收过来的。"

毛主席进一步问："怎样转让的？"

于是，我又详细地向他老人家汇报转让的过程。

解放后，美帝国主义敌视我国，支持蒋介石集团，疯狂轰炸上海，封锁上海出海口。1950 年底，美国政府又冻结我国在美财产，我国政府相应宣布征用美国在华财产。上海港征用了美商"上海码头堆栈公司"，对其余外商码头仓库业则继续由外国资本家或其代理人经营。业务上则由上海港务管理局统一管理，服从统一调度，取消了外商牟取暴利的特权。统一指泊，按统一费率收费，使得外商主动要求将其资产转让给我国。条件是：他们所欠的债，由我们还；他们的设备（包括动产和不动产）无偿的转让给我们。到 1954 年，外商的大部分码头仓库移给上海港务局统一经营管理，变成了中国人民的财产。

毛主席听后马上问：这么转让，对我们来说，是吃亏还是有利？

我回答说：当然是有利啦。

毛主席高兴地说：转让这个办法好。

"注意掌握好政策"

毛主席的这次视察，正是在社会主义改造高潮中，因此他十分关心上海的改造情况，关切地询问了上海港私营码头仓库和轮船公司社会主义改造的情况和做法。

上海对资改造工作，水上是一个口，由我主持工作。当时有三个部分：私营海船，私营长江船，私营码头仓库和驳船。

我首先向毛主席汇报了私营航运业的社会主义改造。上海私营航业的社会主义改造开始较早，1953 年 4 月，根据资本家的自愿申请及各私营航业的不同情况，先批准了北洋航线的中兴轮船公司、海鹰轮船公司成立了公私联营中兴海运公司。1954 年，又有大陆、华胜等 5 家小的私营轮船公司合营。1955 年 6 月，南洋航线 10 家私营船务行公私合营。与此同时，上海地区的长江私营航业也实行了合营。至此，上海港的私营航业的公私合营就基本完成了。

毛主席问：对私方人员怎样安排的？

我说：根据量才录用、适当照顾的原则，对私方人员作了适当安排：如北洋航线 27 名私方人员中，安排担任筹委会副主任委员的 2 人，副总经理 3 人，正副科长 8 人，其余 14 人分别按其专长在科室担任业务工作。

接着，我向毛主席汇报了私营码头仓库业和私营驳船的社会主义改造情况。我说，这方面的工作，自 1954 年正式开始。先是上海轮船公司私方带头提出合营申请，后又有中华码头公司等私方相继申请。通过学习过渡时期总路线和有关政策，具备了合营的充分条件，于 1954 年 12 月成立了公私合营上海港码头仓库公司筹委会，实现了码头仓库公私合营。合营的码头共有 49 座，长 2181 公尺，占全港码头长度的 20.1%；仓库 114 座，面积 14.49 万平方米，占全港仓库面积 17.1%；堆场面积 21.27 万平方米，占全港堆场面积 23.2%。

毛主席仔细听了关于上海私营航业和上海港私营码头仓库业社会主义改造情况汇报后，特别详尽地询问了民族资本企业家刘鸿生的家庭情况和他的企业情况。刘鸿生早在 1918 年为堆存开滦煤炭而创办中华码头公司，逐步扩大发展，成为上海港华商码头中最大的一家，它所属的中华南栈、中华北栈六七处码头，是上海港有名的煤炭码头。这几个码头及仓库，已公私合营，划归上海第七装卸区。

关于刘鸿生先生的情况，我向主席汇报说，刘先生是位了不起的爱国企业家，他除创办了中华码头公司，还陆续开办了中华煤气公司、上海章华毛麻纺织公司、大中华火柴公司、上海水泥公司等企业。新中国成立后，历任上海市府、华东军政委员会委员，还在民建一工商联任职。刘先生现在年事已高，不大过问码头公司的具体业务，他的儿子刘念智先生担任中华码头公司经理，较早地向市政府和港务局提出申请，要求合营，现在是公私合营上海港码头仓库公司筹备委员会的副主任委员。

毛主席听后神情严肃地嘱咐：这些问题很重要，有一定的复杂性，处理时一定要讲政策，要注意掌握好政策。

毛主席深入细致调查问题的做法和讲究政策的教导，给我和在场的干部以极大的鞭策，深刻的教育。

"要不断地努力学习"

此时,"港申"轮继续缓缓航行。滔滔的黄浦江中,大小船舶穿梭般的进出;两岸码头巍巍塔吊,上下忙碌。毛主席神采奕奕,满面笑容,信步走到驾驶台后面的甲板上。

驾驶台后甲板设有信号旗杆,信号员根据各种情况,随时升降不同形状色彩的旗帜,告知来往船舶和码头值班人员信号,以便保证安全。青年信号员崔汝功正在旗绳旁,聚精会神的值班。毛主席向他走去,亲切地招呼小崔说:同志,你好!并和小崔握手。24岁的小崔激动兴奋得结结巴巴地说:"毛主席您好!"

毛主席慈祥地问小崔:"你是做什么工作的?什么地方人,家里有什么人?"

小崔一一作了回答。

毛主席还关心地问小崔:"读过书吗?一般的报纸、书刊能看懂吗?"

小崔回答说:"读过几年小学,对一般的报纸和通俗书刊能看懂,但要进一步学习,就有困难。"

毛主席鼓励说:"那不错嘛!还应该不断地努力学习,提高文化水平,多为人民服务。"

这时,风渐渐大起来,江面上浮起了灰白色的浪花,船有些颠簸,我们劝毛主席回驾驶台。毛主席进了驾驶台,站在舵工陈绿庭身旁,随手拿起望远镜瞭望前方。

将到中午时分,"港申"轮开到江南造船厂附近,征得毛主席的同意,调头返航。毛主席回到休息室。

他老人家从餐桌上拿过四片文旦,分两片递给我,边吃边问我:

你过去在哪里工作？

我回答说："在山东渤海，搞地方工作。"

在场的柯庆施对我说："你写给主席看么。"于是我写了："我叫韩克辛，进上海前在渤海三地委，担任过书记。"

毛主席关心地又问："从农村转到城市，工作有困难吗？"

我坦诚地回答："困难不少，港口工作面广，也较复杂，而且还涉外，有好些问题不懂。"

毛主席亲切地嘱咐说，不懂就学嘛，学会了就不困难了。我们就是从不懂到懂，从战争学习战争的。从农村转到城市。是一个大的转变，要努力学习。

毛主席的这些话，情深意切，语重心长，几十年来一直激励着我积极学习，努力工作，不断前进。

12时50分，"港申"轮驶回外虹桥码头。我搀扶着毛主席走下舷梯。毛主席在码头上，频频挥手向列队欢送的船员告别。

旭日临东海，光辉照千秋。毛主席首次视察上海港，已过去38年了。上海港已发生了翻天覆地的变化，特别是党的十一届三中全会以后，邓小平同志倡导的改革开放以来的十几年，港口面貌日新月异。现在，上海港年吞吐量已逾1.5亿吨，跨进世界十大亿吨港行列；已与160多个国家和地区的400多个港口有海上贸易运输往来。

在纪念毛主席诞辰一百周年的日子里，重温当年毛主席的教导，心情格外激动，感到更加亲切。我决心永远牢记毛主席的教育和关怀，在改革开放的大好形势下，为建设有中国特色的社会主义继续作出应有的贡献。

幸福的回忆

姚哲

今年是毛泽东诞生一百周年，也是毛主席亲临江南造船厂视察37周年。回忆当年我作为厂的负责人，陪同毛主席视察，亲聆主席教诲的难忘情景，真是激情翻滚、思绪万千。

1956年1月10日，这是我永远不能忘怀的日子。那天，晴空万里，百年老厂尽朝晖。上午9时左右，我们接到市有关部门通知：今天有中央领导同志来你厂视察，你们立即做好一切接待准备工作。我和厂里其他几位负责同志一起研究了视察路线、安全保卫工作和环境打扫，大家不约而同地都在想着同一个问题：到底是哪位首长来呢？朱总司令在1954年视察过我厂，这次会不会是毛主席来呀？我们是多么想见到毛主席啊！当我们把市里的通知传达到厂党委委员和各车间、科室主要干部时，大家都怀着同样的心情，有的同志一个劲地问我们："到底是谁来呀？"我们当时只好笑着回答："见到了就知道了，赶快回去抓紧做好接待的准备工作吧。"传达结束后，大家迅速回到各自负责的区域做准备工作，有的同志忘了吃中饭，有的同志一边啃着馒头，一边布置接待工作，整个厂都在迎接一个不平凡的时刻。江南造船厂的百年历史上即将翻开永不磨灭的光辉一页。

下午3时许，多辆小轿车由北大门进厂，在第一辆车引路下，车队平缓地驶向船体车间，在当时的内场加工场门口停下来。轿车门打开了，从车厢里走出的正是我们敬爱的领袖毛泽东！他老人家身穿黄绿色军大衣，脚穿黑皮鞋、神采奕奕、红光满面，在陈毅和柯庆施的陪同下出现在我们面前。我们几个厂里的负责同志立即迎上前去，毛主席满面慈祥地同我们每一个人亲切握手，并向当时正在附近平台工地上进行生产操作的工人老师傅频频招手。这是我第一次幸福地见到毛主席，当我的双手紧紧握住毛主席他老人家那温暖的大手，面对毛主席和蔼亲切的笑容时，一股暖流立即传遍我的全身，真是千言万语不知道说什么才好。我多年来怀着万分崇敬的心情，希望有一天能见到毛主席，这个幸福的愿望今天终于实现了。毛主席在这样的日理万机的繁忙时刻，来到我们工厂视察，这对我们造船工人是多么巨大的关怀，多么巨大的鼓舞啊！我含着幸福的泪花，紧紧地跟在毛主席的身旁，集中全副精力，认真做好每一段视察路线上的接待保卫工作。

　　我们陪同毛主席首先来到当时船体内场加工工场，边走边向毛主席汇报了正在加工的产品情况，还让主席看了工人们自己革新创造的多风割的操作。主席一边仔细地听取我们的汇报，观看工场里钢板油压机、三星轧车等各种机器设备和工人老师傅的操作；一边不断地含笑向所有在工场里操作生产的工人挥手致意。接着，主席来到了潜水艇制造工地的主机和装配工场，走向潜水艇总装的船台。主席称赞造船工人忘我劳动，奋发图强的革命精神。路上，毛主席亲切地询问各位陪同人员的姓名，当陈毅介绍厂长叫郑重时，毛主席笑着说："郑重这个名字很好，郑重就是郑重其事的办事。"当陈毅介绍厂党委副书记张宣时，毛主席又说：张宣这个名字不错啊！张开嘴巴就是要宣传党的政策路线。说得大家都高兴地笑了起来。当毛主席发现延安时期曾在他身边工作过的王范也来江南厂陪同视察时，立即把他认出了，亲切地问他，你现在在哪里工作呀？陈毅风趣地向主席介绍说，他是上海的"包打听"呀！（王范当时是上海市检察长）主席听了哈哈笑开了，他笑得那样爽朗，使我们这些陪同视察的同志感到格外幸福。

"毛主席来了！""毛主席万岁！"人们奔走相告，喜讯迅速传遍全厂。江南厂沸腾起来了，广大工人群众从四面八方涌向毛泽东身旁。我们陪同人员和欢腾的人群簇拥着毛主席走向船台，走到3号船坞，他老人家迎着春风，眺望浦江新潮，问了我一声："这是不是黄浦江？"我回答："是。"毛泽东若有所思。

当毛主席视察结束，即将乘车离厂时，他老人家又一次和我们陪同人员一一握手，并亲切地说：请代我向工人同志问好！这时"毛主席万岁"的欢呼声，人群热烈的鼓掌声，此起彼伏，响彻全厂，响彻云霄。我们怀着依依不舍的心情，望着毛主席那魁梧高大的身影坐进汽车，缓缓地向厂门驶去……

当时，许多同志在日记本上写下了这个终生难忘的日子，不少同志激动得一夜睡不着觉。第二天，郑重和我带着这一喜讯来到正在黄浦江试航的"白克莱星将军"号船上。该船是苏联的一艘冷藏船，德国建造，我厂接到这艘船的翻修任务后，遇到了诸如没有设计图纸等很多技术困难，硬是把一个个困难克服了。毛泽东视察江南厂时，正是试航的关键时刻，主机试车是否成功，试航如何，直接关系到江南厂的国际声誉。当试航人员得知毛主席视察江南厂的消息时，干劲倍增，提前圆满地完成了这艘船的艰苦大修工程。事后，该船的船长特地从苏联致电江南厂表示感谢，称赞江南厂工程技术人员技术高超，完成的大修工程质量一流……

毛主席视察江南厂后，广大干部职工决心以更高的质量、更新的产品来报答毛主席对我厂的关怀：1956年3月我国的"03"第一艘潜艇下水，1958年我国第一艘国产万吨轮"东风"号下水，1961年我国第一台国产万吨水压机研制成功……

江南厂这一百年老厂，正以全新的姿态投入改革开放的洪流中去，为跨入世界先进造船的行列，更好地为国防建设，为国民经济建设和国际航运事业服务。

毛主席在工人中间

——忆毛主席视察上海机床厂

艾丁　方杰

在毛主席诞辰之际,我们禁不住又回忆起他老人家视察上海机床厂的动人情景。虽然过去 36 个年头了,但每每念及,心潮起伏,思绪万千,主席的指示、话音、神态、容貌,犹历历在目,难以忘却。

1957 年间,艾丁担任上海机床厂的厂长,方杰担任党委书记。这年的 7 月 8 日上午,时针刚过 11 点,毛主席在上海市委第一书记柯庆施的陪同下,莅厂视察。在厂部前面的中央大道,毛主席一下车,柯庆施就把我俩介绍给毛主席,他微笑着和我们握了手,就亲切地问起了我们的年龄、原来学什么的?方杰恭敬地告知自己 34 岁,艾丁比自己大 2 岁,都是由地方转业的,原先对工业并不熟悉。主席听后亲热地说,只要认真学习,会懂的,会熟悉的,会精通的。话音刚落,厂部办公楼上的职工惊喜地发现了毛主席,一瞬间,"毛主席万岁"的呼喊声在厂区回响。毛主席来厂的信息不胫而走,像电波般地迅速传遍各个角落,职工欣喜若狂,沉浸在无比幸福的激动之中,全厂沸腾了。毛主席环视四周,频频招手示意,向职工们问好。

我们请主席进了厂部会议室,介绍了等候在这里的总工程师李民同等。毛主席兴致很好,一面看着挂在墙上的显示工厂发展变化的产品图片，一面听着厂长艾丁的情况汇报。工厂的前身是官僚资本，原先只能修配生产简单的农机具，现已改造成为专业制造精密磨床的现代化工厂，成为第一机械工业部的重点骨干企业。新中国第一台磨床在这里诞生，第一代掌握磨床制造技术的职工队伍在这里成长。解放7年来，先后仿制了31个品种，4000多台磨床，供应了全国70多个城市1041家工厂的建设需要等发展变化情况。毛主席听完汇报鼓励说，"国家需要这样的工厂。希望更好工作，加快社会主义建设。"接着又举了举手，意味深长地说："要有自己设计制造的产品。"我们意识到主席要求，工厂要更上一层楼，必须丢掉拐杖，学会自己走路。

离开会议室，毛主席健步来到液压、大件、装配三个车间。在液压车间，毛主席仔细观看了液压筒的加工过程。这是机床的心脏部分，加工长度一米六，精度相当于一根头发丝的五分之一，光洁度达到九级。完工后的油压筒内壁清晰光滑如镜如玉。在这里，工人、技术人员、干部三结合，正在对仿制的液压操纵箱的设计制造大胆进行革新，改进后的液压操纵箱提高了性能，减少了零部件十分之一，缩小了体积，重量也减轻了很多，苏联专家认为，这是成功的改革，要求把图纸带回国作为纪念。主席看了点头微笑。车间里有不少的女工在操作机床，毛主席非常关注，走近她们，和她们亲切地握手，并说："妇女解放了，也能够开机器，男同志做的事，女同志也能做。"的确，女同志成为机器制造工人，这是解放后才有的事。妇女的社会、经济、政治地位提高了，半边天的作用日益显示出来，推动着生产力的发展和社会进步。厂里的女工，约占第一线生产工人20%，成了生产中的骨干力量。

走进大件车间，工人师傅们用掌声表示对伟大领袖的爱戴和崇敬。他们正开展着增产节约劳动竞赛，推广劳动模范盛利、朱大仙同志创造的多种先进刀具高速切削法，使车工效率普遍提高60%到120%，月月超额完成了计划。当主席看到车间里精心操作各式机床的，大部分是青年工人时，露出了欣喜的眼神。当时青年职工占全厂人员半数以上，为了实现从修配到制造精密机床的转轨，我们突出地抓了职工的文化技术、政治思想的学习，办起从小学、中学、中专到大学预备班的各种班级和专业技术培训班，在校学生占职工总数的40%左右，边工作边学习，进步较快。还选拔了30多名优秀工人到技术部门，在实践中加速培养提高，有的担任了设计师，摸索从工人中培养技术人才。还有不少具有一定文化技术理论知识的老工人和有实践经验的技术人员，充实到厂级和科室、车间领导岗位。当主席了解情况后，高兴地说："这是工人阶级的新生力量，要很好培养。"还一再嘱咐我们："要全面关心职工的政治思想、文化技术的进步。"毛主席寄厚望于青年职工，并嘱咐，要全面关心人、培养人。生产力中最活跃的因素是人，现代化的先进技术、经营管理的掌握，有赖于职工的政治思想、文化技术的进步，素质的提高。工厂需要成为既出产品，又是培育人才的阵地。

在装配车间里，主席一进门看到了高高悬挂的"安全生产、保证质量"的横幅标语时，用手指指，点头表示赞同。一排排整齐排列着正在总装的精密磨床，似乎在接受毛主席的检阅，主席放慢脚步，饶有兴趣的边观察边询问。我们汇报说这些磨床每月有二三十个新老品种投入试制和批量生产，都是由有经验的工人师傅装配的，遇到技术上困难问题，就同科室的技术人员，共同研讨调整克服，他们合作得很好，保证了产品的质量。几年来通过生产实践，取得了多品种轮番生产的管理经验，提高了设计能力和制造装配技术，从而大大缩短了由仿制过渡到自行设计制造的时间。1957年开始自行设计制造了国内第一台磨床，由仿制与创造结合，上了个新台阶。毛主席听后，频频点头，并用手中黑色的折扇连连指着，突出在机床下方的（上海机床厂制造）几个醒目字体，语气沉重地说："要走独立设计制造的道路。""学习外国的先进经验，为我所用嘛！"还说，职工中有巨大的创造力，要依靠工人阶级办厂，自力更生搞建设。毛主席的指示，激励着干部、职工们主人翁的荣誉感和责任心。全厂的干部、职工都暗下决心，一定要把工厂办好，一定要走出一条自己独立设计制造的道路，为社会主义建设作出贡献，为国争光。

毛主席接连视察了三个主要车间后，神采奕奕地走向中央大道。不少职工情不自禁地跟着、跳着，"毛主席万岁！"的欢呼声，又此起彼落地在空中回响震荡。谁都不愿失去见到毛主席这个难得的机遇，珍视这一生中的幸福时刻，人们欢呼着簇拥在毛主席身边。毛主席毫无倦意，顶烈日冒高温，不断向职工挥手致意。随同毛主席来厂的摄影记者侯波同志，在几乎没有角度的情况下，敏捷地高举相机，连连摄下了毛主席和工人阶级心连心这一历史性的镜头。这时，人潮似海，毛主席还准备再到其他车间看看，但时针已指向11点50分了，随同人员招呼着把车开了过来。此刻，我们请主席再作指示，毛主席风趣地说："你们都是专家，有那么多年轻人，能把工厂办得更好。"言毕，在陪同人员的催促招呼下，挥手再次向大伙示意告辞。在一片欢呼和掌声中，车子慢慢驶离厂区，直到消失在眼帘中，群众还停立在中央大道，久久不愿离去。他们为毛主席日理万机，还冒盛暑高温前来看望职工而激动不已，含着激动的幸福泪花，议论着、比划着、思考着。有的赶紧打电话给亲朋告知见到了毛主席的喜讯；有的谈论着毛主席魁梧健康的身体、朴素的穿着、慈祥可亲的音容笑貌；有的打听着毛主席留给厂里什么指示……

7月9日，在毛主席视察我厂的次日，全厂职工又怀着激动的心情，向他老人家寄去了致敬信，表达了遵照他的教导，在党的领导下，加快社会主义建设步伐的决心和信心，并衷心祝愿他健康长寿。

如今，36年过去了。这期间，尽管有风浪、有曲折，有险阻，但毛主席关于依靠工人阶级，注重培养新生力量，全面关心职工的政治、技术、生活，走自力更生独立设计制造的道路等谆谆教导，却始终成为上海机床厂办好企业的指导思想。正是在这种思想指导下，上海机床厂职工团结奋斗，在出产品出人才的实践中不断攀登，为国家作出了积极的贡献。尤其改革开放以后，给工厂增添了蓬勃生机和活力，加快步伐，革新拼搏，走向世界，迎来了更为美好的历史时期。

当年毛主席的期望，今天成了现实。每念及此，更坚定了我们在党的领导下，坚持党的基本路线，走中国特色的社会主义道路的决心，坚定了把社会主义祖国建设得更加繁荣富强的信心。值此毛主席百岁诞辰纪念，我们更加无限缅怀新中国的缔造者毛主席。任凭风云变幻，毛主席将永远活在我们的心中。

"这个厂大有可为"

—— 毛主席视察上钢一厂二转炉车间

上海第一钢铁厂

1958年9月28日凌晨,一轮明月挂天空,洒下满地银光。此时,毛主席在上海市委第一书记柯庆施等的陪同下,来到上海第一钢铁厂二转炉车间视察。随同毛泽东视察的还有公安部部长罗瑞卿、水利部部长张治中。

毛主席一下车就和迎上前来的厂长王祖宇等人亲切握手。他一边走,一边问王祖宇:"这个厂有几个炉子?"还问了有关设备的情况。

王祖宇一一回答了主席的问话。主席微笑着点点头。

当毛主席走到二转炉车间的时候,他停了下来,抬头望了望高大的厂房,看到脚手架还没有拆去,屋披还没有披上,一派建筑收尾的景象,他又问王祖宇:"这座厂房还没有造好?"

王祖宇回答说:"我们一边建厂房,一边生产。"王祖宇又说:"这座厂房造得很快,先后只用了47天,昨天已全部投入生产。"毛主席满意地笑了。

走进二转炉车间,王祖宇又介绍说:"这个车间大约4000平方米左右,有6个8吨蜗鼓型侧吹转炉,4座20吨化铁炉,年产钢可达30万吨左右。"

在王祖宇陪同下，毛主席稳健地沿扶梯登上一号炉炉台。此刻，青年炼钢炉前的唐长根、沈炳兴等9名工人正紧张地把料送进炉子里去。这时已经是清渣加料的时候，炉身慢慢倾斜摇下，金色的钢花，从炉口飞射出来，就如节日的焰火，把高大的厂房映照得更加明亮。

毛主席满面红光，目光炯炯有神，向前走了几步，从陪同人员手中拿起火镜帽，透过蓝色的火镜，仔细察看着熊熊燃烧的炉火。唐长根等人又飞快地往炉子里送进石灰。毛主席饶有兴趣地问："这是在加什么？"又问了什么时候出钢。陪同的人一一作了回答。

毛主席离开二转炉车间，走到车间前面的一条大路上，这里是全厂的中心地点。他停下脚步，向四周瞭望，指着北面正在施工的灯火通明的工地问："这是什么车间？"

"这是高炉车间，建成以后可以解决上海有钢无铁的状况。"王祖宇又指了指西边的建设工地说："这是轧钢车间和无缝钢管车间。"

毛主席点点头，又问工厂还有什么发展？

"明年我们准备搞第三转炉车间。"王祖宇回答。

"这么多车间不得了呀！"主席赞许地说。

柯庆施插话："这个厂发展很快，不少大车间。"

主席又关切地问："这个厂是不是有8500名工人？这么大的厂你管得了吗？"

王祖宇说："主要是靠党委集体领导。生产、建设依靠工人、工程技术人员，请主席放心，没有问题。"

毛主席又问："你们这儿有没有外国专家？"

"没有！我们主要依靠自己的工程师，技术人员。二转炉的设计是根据我国的物质情况设计的。它的生铁的质量要求不高，适应性较强。"

听着王祖宇的介绍，主席幽默地说："哦，你们的转炉是吃粗粮的。"

主席望着周围正在挑灯夜战的建设工地，兴奋而又亲切地对王祖宇等人说:"这个厂大有可为啊!"

时间过得好快,毛主席快要上车了,工人同志们听到毛主席来厂的消息,从四面八方涌来,争着想看看敬爱的领袖毛主席。毛主席站在车前,向大家挥舞着帽子,频频点头致意。这时,欢呼声响彻夜空。许多只手伸向毛主席,毛主席慈祥地微笑着,伸出手,亲切地和工人们握手告别。并说:"再见,谢谢!"

汽车开动了,人们的视线随着汽车远去……

毛主席来厂视察的动人情景鼓舞着广大的钢铁工人。从当天夜里到清晨,平炉车间在 4 小时零 5 分钟内炼出了 53 吨优质钢,超过了厂里的历史最高纪录。一天以后,平炉车间又以 4 小时炼出了一炉 57 吨优质钢,平均每小时产量达到 14.25 吨,创造了当时平炉利用系数 22.29 的全国纪录。

回忆毛主席视察黄浦江

王彬南

1957年7月8日中午，晴空万里，骄阳似火。宽阔的黄浦江浪花朵朵，两岸劳动人民为建设社会主义新上海的热情一天高似一天。真是"毕竟浦江盛夏中，风光不与四时同"。这时，停泊在十六铺码头上海港务监督领航船"港申"轮，挂满了五色彩旗，全船同志都是一清早就各就各位，紧张地工作着，等待着。他们将要接受一个终生难忘的光荣任务。

当时，我担任上海港务监督第一副主任，负责港口航运管理，同时负责中央首长和外国元首及国际友人视察黄浦江的保卫工作。迎着东方的曙光，我和市委警卫处长王济普，还有马雪增等几位同志赶到"港申"轮上布置具体工作。负责机舱安全的轮机专家邵丹卿同志早已到位，正在聚精会神地检查各个机械部件，以确保绝对安全；负责饮水安全的韩俊来、王者之两同志正冒着盛夏酷暑，满身是汗的在炉子间烧开水。全船同志看到我们忙来忙去，马不停蹄，都在以猜测的但又是兴奋的心情，迎接一个美好时刻的到来。

喹、喹、喹……海关大钟浑厚悠扬地敲个不停，我抬头一看，已是正午12时了，即和王济普、马雪增站在码头上等候。12时9分，几辆黑色轿车平稳而缓慢地驶进码头，在"港申"轮旁边停下。马雪增走向第一辆轿车启开车门，第一位下车的是毛主席，只见他老人家神采奕奕，容光焕发。陪同人员有柯庆施、陈丕显、曹荻秋、杨士法、关键等同志。上海市公安局长黄赤波、副局长杨光池等同志走在最后。

毛主席下车后满面笑容和我第一个握手，而后和船长孙泰祯握手。我当即跟在主席后面陪同主席上船，孙泰祯在前领路。主席健步走上扶梯，步入客厅。待各位随来同志坐定后，陈丕显即通知我们启航，向黄浦江上游龙华方向前进。

主席在客厅里倾听有关同志汇报工作，内容涉及对私营工商业社会主义改造后的上海生产建设、市场供应、人民群众生活等问题。一小时后汇报结束，主席在"港申"轮上吃中午饭。当时吃的都是极普通的家常菜，四季豆炒肉片、油面筋炒辣椒、红烧黄鱼、咕咾肉，还有一碗榨菜肉丝汤。饭菜摆好后，主席关心地要我们通知船上同志一起吃饭。当我们告诉主席船上同志已吃过饭时，他老人家笑着说："好好好！"接着便和同桌的同志又说又笑地一起吃饭。席间有一位同志讲：上海市场物价平稳，蔬菜供应充足，特别是西红柿上市特别多。主席于是高兴地说，那就给我来点西红柿吧！我立即叫食堂准备，很快将一大盆做好的西红柿送到主席面前，老人家吃得非常高兴。

饭后休息了一会，主席打算在浦江游泳，横渡黄浦江。为了安全起见，我们当即与上海气象台联系。得知下午3时多有雷阵雨后，陈丕显劝主席不要游泳了，他老人家笑着点点头。果然，到了近3时就黑云满天，阵阵雷声接踵而至，雨越下越大，船就在龙华附近停泊抛锚。不久，雨过天晴，"港申"轮即起锚返航。

毛主席看到天气晴朗，便步出客厅，站在甲板上，立在船首。老人家用愉快的目光，满脸笑容，全神贯注地凝视着浦江两岸社会主义建设的惊人巨变。

下午4时半左右，"港申"轮胜利完成航程，稳稳地停靠在海军扬子江码头。毛主席和大家一一握手。当看到水手长许阿采在整理缆绳时，主席即走上前去和他握手，老许因双手沾满污油，便赶快用手在自己身上擦了几下，才和主席握手。之后，主席就健步走下扶梯，向我们挥手告别，这时，船员同志不约而同地涌到船舷边，目送主席离去，他老人家几次回过头来，向大家频频挥手。

  毛主席视察黄浦江已经是久远的往事了，每当我回忆起当年那个幸福的时刻，毛主席那光辉的形象，毛主席那深入调查研究、时刻关心人民群众、勤俭节约、艰苦朴素的优良作风，便一齐展现在我眼前。

难忘的一小时

潘先觉

我一生中经历过无数世事，然而最令人难忘的是为毛泽东主席做讲解员并聆听他老人家的亲切教诲。

重要的接待任务

1960年5月27日，院党委书记神情严肃地通知我："明天有一个重要的任务要你去完成。"我问是什么任务，他笑而不答。我再问，他说："到时候，你自然会知道的，而且你将会终生难忘。"我当时觉得有些莫名其妙，而且"明天"到哪儿去，也不告诉我。第二天，5月28日下午，一位平时熟悉的保卫人员，陪我乘上小汽车，直驶延安西路，即现在的上海文艺会堂所在的地方，车子开进院子里，我按指示走进一个房间，进去一看，发现我们研制发射成功的火箭实物已经整齐地安放好了，但尺寸较小，而且有的地方都有剖面和窗口，可以窥视其中内部构件，显然这是一种展示品，供人们参观的。保卫人员陪我进入后，室内静悄悄没有一个人，他嘱我稍坐，离开我之后，没再回来。我知道又将有一位首长来临，要听我的汇报，但能是谁呢？不知为什么，那天的一切使我产生一种神秘感。过了好久，我看到有人在汽车道上探雷，才知道今天的事非同小可，心中不免紧张起来，但也还没有想到毛泽东主席会亲自前来。大概下午4时左右，柯庆施和随从人员进来了。当我站起来向柯庆施汇报时，他摇摇手说，你不要向我讲，今天你的任务是向毛主席介绍我们上海市的成功经验。我一听，不觉紧张起来，因我事先没有什么准备。柯对我说，你是亲历火箭研制全过程的人，一直在第一线，熟悉情况，你先思考一下。要讲得简单扼要，一不要啰嗦，二不要太数理化，只要讲清火箭功能、性能，以及是在怎样的条件下快速发射的便可以了。他接着说："我比毛主席先来一步，一是检查一下现场情形，二是关照你大致如何的原则。"之后，他巡视一周，便挥手与我告别离去，又留下了忐忑不安的我。

曲折的研制过程

望着展台上的那枚火箭，我不禁心潮澎湃。1956年，在毛主席等中央领导的关怀下，我国制定了1956—1967年12年科学技术发展远景规划。以后又在"重点发展，迎头赶上"的方针指引下，我国于1958年初着手研制火箭。当时，我在清华大学研究生院刚毕业，分配到中科院力学研究所，在所长钱学森的领导下从事火箭动力学的研究。经过众多科技人员的共同努力，同年国庆节前夕就完成了火箭的设计。毛主席等中央领导观看了设计图纸。鉴于上海之技术优势，中央决定在上海加工这枚火箭。不久，上海火箭设计院成立。我被指定担任这枚火箭的主任工程师，负责在一线组织施工。在制造过程中，遇到了许多实际困难，由于在设计过程中没有进行科学的分析，设计中盲目求大、求洋，致使这枚火箭无法进一步施工。当时，我向上级反映，按照当时的设计方案没法施工，既不合理也浪费。就因为这句话，我被扣上"右倾"的帽子，成了重点批判对象，被免去了主任工程师的职务。

我被解除职务以后，又和一些科研人员一起提出了缩小比例，删繁从简的模拟火箭方案，起先无人理睬。直到中央从土法大炼钢铁中接受了教训，提出"冲天干劲和科学分析相结合"的号召后，才被重视，在全院开展研讨。该方案经论证后通过。不久我也"官复原职"，继续组织施工。

修改的设计方案，是在摸清了上海当时的加工能力之后提出来的，切实可行，因此施工进展很快。从施工到实验、到发射，只用了大约一年时间。

1960年2月19日，我国自行研制的探空火箭在上海市南汇县老港镇西临东海的滨海地带首次发射成功，那是在没有外国专家，没有外国图纸，没有外国设备的"三无"条件下的成功尝试，引起了党中央的高度重视。就在2个月前，北京市市长彭真、聂荣臻元帅先后到上海视察、参观，都是由我给他们作讲解。等一会儿，毛主席就要来了。

幸福的时刻

天，渐渐暗了下来，室内灯火通明。几辆小轿车鱼贯而入，毛泽东下了车，由柯庆施和杨尚昆两人陪同，向我等候着的房间走来，柯庆施陪着毛泽东走到火箭前面，并把我介绍给毛泽东，他和我握手，我感到无限的兴奋，浑身热乎乎。他对我点点头，示意我开讲。我便讲解起来。他听得非常仔细，很专注，说明他对这"玩意儿"的重视，因为这毕竟是我国发射的第一枚现代化金属火箭啊！

我介绍完毕时，毛泽东问："这火箭可以射多高？"我回答："大约八公里。""啊，八公里，不算太低，亦不算高。"我忙汇报道，是不能算高，因为是模拟火箭。为了从中探索经验教训，以便制作大中型火箭时，可以少走弯路，带有种"试验田"的意味。当我说清这一层意思后，他点头说道："好啊，先低后高，从小到大，这是发展规律，你们干得不错，再继续努力，再大一点，高一点。"我说："现在中型火箭已大体设计好，正在地面实验。"他听后高兴地说："噢，你们已经搞中型火箭了，大概可以放多高。"我说："大概三四十公里。"他说："好啊，好啊。"鼓励我们继续干下去。

我起先以为，至此毛泽东大概要结束这次谈话了，但不然，他把我打量一番之后，却把兴趣从火箭移到了我个人身上来了。

毛泽东操着湖南口音问道："你是学生出身？还是学徒出身？"

"学生出身，但打过仗，后来再念大学。"

"哪个大学毕业的？"

"上海交通大学。"

"啊，交通大学！是不是那个学生会自己开火车到南京请愿的交通大学？"

"是的。"我点点头。

他紧接着问我："那你是学火车的，还是学火箭的？"

我看着他老是站着太吃力了，便随手搬过一把椅子，请他坐下。他坐下后，继续问我："交通大学有火箭专业吗？"

"没有。"其实那时许多高校，都无此专业。

"那你学的什么专业？"

"机器制造。"

稍停一会，他又问：

"那不学火箭专业，怎能制造出火箭呢？"

"是摸索着设计制造的。"

毛泽东又问："你们成功经验何在？"

"火箭上天是一系列工程知识的综合，包括许多火箭专家发挥作用，而我的工作任务，只是把一系列过程串起来。至于成功经验……"

他继续问："这种成功，主要靠什么？"

当时，我便脱口而出："主要靠实践和主席的《实践论》的指导！"

他面露笑容，看了我一眼，表情中显示出他对我的回答是满意的。当时我忽然在想：恐怕他老人家又要提什么新问题了。

我正在思忖之际，毛泽东又说了："你回答得很好，实践已使你们学习到火箭专业的全部知识，你们能把这枚火箭自力更生发射成功，也就是火箭大学研究院毕业。"

这时，我才领悟到毛泽东一开始问我什么出身，学生还是学徒的含义。

一小时过去了。毛泽东带着满意的笑容离开了展览厅。

尽管这一难忘的会面已经过去 30 多年了，但是，毛主席的音容笑貌已深深地刻在我的脑海里，并且成为我在祖国航天领域中不断克服各种困难的强大动力。

毛泽东宴请上海工人代表

张金平

1960年3月19日，一个春雨绵绵的周末。午饭后，上海联华带钢厂党支部书记兼厂长孔令熙接到市委领导来电：已派车接你，请速来康平路开会。他赶到那里，交给他的任务是准备"腹稿"——要口头汇报本厂在技术革命运动中的工作情况。随后，上联电工器材厂杨新富、国棉四厂陈志贤、联华带钢厂潘仁祥、上海工具厂朱富林、上海中国自动电讯器材厂陈铭津等，也先后接到速去康平路开会的通知。由于时间急促，朱富林在下班前才接到通知，他连工作服也没有来得及换掉，就拿着雨衣，穿着带泥的套鞋钻进了送他的小汽车。代表们陆续赶到康平路后，却没有让他们进去，市总工会副主席周炳坤和市委办公厅的同志立即另派专车把他们先后送到当时的上海市政协文化俱乐部。

在俱乐部一间宽敞的会议室里，代表们坐在沙发上静静地等候。这些经常出席市里各种会议的代表心里却在想：今天开什么会呢？往常开会都事先提出要求并要做好准备，今天好像有点特别。不一会，市领导陈丕显、曹荻秋、魏文伯、刘述周走了进来。分管工业的书记对大家说："你们知道为什么叫你们来吗？"大家互相看了一下，不知怎么说好。不等大家回答，他接着说："等一会就知道了。你们一见就认识。"

一席话说得大家更是丈二和尚摸不着头脑。看到代表有些紧张的神态，他嘱咐道，等一会问什么就讲什么，不要拘束，说话要随便些。不一会，有位工作人员进来说："大家走吧。"在市委领导的带领下，走到一间客厅里，毛主席正坐在沙发上同市委第一书记柯庆施交谈。

"是毛主席！"代表们睁大眼睛注视着毛主席。"是毛主席接见我们！"这是代表们万万想不到的。他们感到惊异、兴奋，瞬时一股幸福的暖流涌遍全身。毛泽东即起身向工人代表走去。孔令熙在最前面，他连日到各处介绍经验，喉咙也哑了。这时他心情格外激动，当他用嘶哑的声音自我介绍时，毛泽东侧了侧身仍未听清，柯庆施即在一旁补充道："他叫孔令熙。"毛泽东听了笑着说："噢，是孔夫子的后代"。毛主席一面和代表握手，一面亲切地询问代表的姓名、单位及工作简况，跟随毛泽东的新华社记者侯波，动作敏捷地摄下了这感人的场面，为我们保存了这一珍贵的历史照片。随后，毛泽东和大家一起走进一间大餐厅，里面安放着两张大圆桌。由于有些单位的代表没能及时赶到，把原先安排的两桌改为一桌。入席后，服务员立即开始上菜，斟酒。一位市委领导说，主席平时是不喝酒的，今天破例了，毛泽东微笑着对代表说："这一次，上海工人在党的领导下，技术革命搞得很好，我想请大家吃顿便饭，感谢上海的工人阶级。可是，上海那么多工人，不可能把大家都请来。你们是上海工人的代表，你们多吃一点吧。"说着，毛主席第一个站起身来，举起小小的酒杯向代表们祝贺，祝上海工人身体健康、在技术革命中大干一场。代表们和市委领导起身跟毛泽东干杯。代表看到毛泽东红光满面、神采奕奕，心里有说不出的高兴，只想多看几眼，顾不上吃菜、喝酒。起初，代表们都比较拘谨，刘述周副市长正坐在毛泽东的左边，他建议工人代表也回敬毛主席一杯，气氛随之融洽。按照市委领导原定计划，由孔令熙先向毛主席汇报工作。毛泽东说，他喉咙都哑了，就不要讲了吧！他讲的有没有录音？（柯答：有。）我可以听录音嘛。席间，毛泽东对市委领导人也很随和,他称"红小鬼"出身的陈丕显为"小陈",称见过列宁的柯庆施为"柯老",对其他领导同志则尊称以"老×"。毛主席待人亲切,谈话又颇有风趣,很快解除了代表们的紧张心理。

3月19日当天,《解放日报》在头版显著地位刊登了上海工具厂朱富林等同志搞革新的长篇报道,还配发了照片、评论。毛泽东下午抵沪后已看过报道。他笑着对朱富林说:"你是革新闯将。我国军事战线上出了个'朱总司令',现在上海工业战线也出了个'朱总司令',太好了!"说得朱富林也不禁笑了起来。毛主席又关切地问朱富林:"搞试验有没有困难?"朱答:"没有什么困难。"毛泽东听了笑着说:"不见得吧!困难肯定有的。你搞了多少次才成功的?"朱答:"228次。""是嘛!你们上海有个王林鹤,发明高压电桥不是经过300多次试验吗?困难是不小的。但是,困难没有什么了不起,我们不要怕困难。"席间,毛泽东回顾了我党光辉的革命斗争史,语重心长地说,革命不是一件容易的事,革命先烈抛头颅、洒热血才换来了今天。你们在大搞技术革命的时候,尤其要记住这条真理。搞试验,一次不行、十次、百次,甚至几百次,最后还是会成功的。不试验,不失败,不成功!凡事都要经过试验,在失败中取得经验,然后才会成功!专心听着的朱富林、孔令熙等代表不住地点头,连毛泽东夹给的东坡肉、鱼、海蜇皮卷辣椒也顾不上吃;杨新富全神贯注地望着毛泽东,端在手上的蛋清豆腐汤也忘了喝。这时,潘仁祥夹住一小块肉,轻轻一提,却连着好大一块。他正在进退两难之时,毛泽东看见了,他老人家用筷子帮他夹到碟子里,还连声说:"吃了它!吃了它!"毛泽东看到代表都是青年工人,就亲切地鼓励代表,说青年人是国家的未来,要听党的话,要敢于闯,大胆地去创造。杨新富汇报到该厂投产了农村急需的低压电气开关时,毛泽东欣喜地插话说:"你们要好好干!要积极支援农业!"毛泽东还对代表们说:"你们要永远保持不断革命的精神,团结群众一同前进。"他老人家还指着青年代表对市委领导同志说,我们这些老年人没有用了，都给这些青年小伙子逼上来了，逼得我们老年人成天到处跑呀！说得几位市委领导都笑了。在晚宴上，毛泽东曾关切地询问："你们中间有没有大学生？""有没有工程师？"当得知代表们都是工人时，毛泽东对在场的市委领导同志说，要从工人中培养大学生，从工人中培养工程师，还要培养作家。

晚宴结束后，毛泽东请工人代表和市委领导一起到锦江小礼堂看戏。礼堂的第一排放了三张大沙发，孔令熙和市委第一书记陪伴在毛主席的两侧，其他同志分坐其后。当晚，上海青年京剧团为大家演出了《盗仙草》《岳母刺字》《将相和》等优秀传统剧目的精彩片段。毛泽东兴致很高，不时地打着拍子欣赏张美娟等艺术家的精湛演出。当演到岳母在儿子背上刺下"精忠报国"四个大字时，毛泽东激动地从大沙发上站起来鼓掌。重新入座后，毛泽东侧身问孔令熙："这个戏你看过吗？"孔答："看过。"毛泽东深情地说："中国像这样的母亲有千千万万呢！"直到深夜11时左右，演出全部结束。毛泽东还关切地问市委领导同志"代表们怎么回去？"当得知市里已安排好送代表的专车时，毛泽东笑着点点头，代表们也怀着依依不舍的心情向毛主席告别。

代表们回厂后，厂领导和同志们急不可待地问："这次见到哪位中央领导？""见到周总理，还是朱老总？"代表兴奋地说："毛主席请咱们工人代表吃饭了！"喜讯很快传了出去。后来，在5月中旬市人代会上，杨新富代表满怀激情地向大家介绍了自己参加毛主席宴请的经过和感受。

为了落实毛主席的指示，市政府决定从工人中选拔有技术的优秀工人为工程师，当年五一前夕登报公布了138名首批工人工程师名单。著名劳动模范王林鹤名列榜首，朱富林、杨新富、陈志贤榜上有名。紧接着，市里办起了业余大学，推荐优秀工人的代表进高等学府深造，王林鹤、杨新富、陈铭津、李福祥等进入上海科技大学学习，为工人群众知识化开辟了新途径。

毛主席视察驻沪海军"长江""洛阳"舰

于国颖

1953年2月19日上午，人民领袖毛泽东在武汉江汉关码头，视察驻沪海军"长江""洛阳"两艘军舰。

温暖的阳光照射在水兵们身上，在甲板上"站坡"的水兵们，目不转睛地望着毛主席，激动得不断擦拭着被泪水模糊的眼眶……

毛主席首先登上"长江"号。军舰徐徐离开码头，毛主席在"长江"舰上，来到了水兵们中间，他走遍各个舱室和战位，看望正在工作的年轻的水兵。

毛主席登上扶梯，来到高高的驾驶台上，亲切地问大家，愿意不愿意干海军？

"我们都愿意干海军。"航海长大声回答。

毛主席点点头，笑着说，应当安心干海军。过去帝国主义侵略我国大都是从海上来的。现在太平洋还不太平。我们应该有一支强大的海军。

毛主席来到前甲板，战士们立即围在毛主席身边，仰望着毛主席慈祥的笑脸。

毛主席和蔼地问大家，你们都到过北京吗？

"到北京参加过国庆检阅。"几个同志齐声回答。

毛主席笑着说，那我们都是熟人了。

"那时距离远，没看清主席。"一个水兵说。

毛主席的身子往前倾了倾，笑着说，那现在看清楚了吧！

毛主席的话使战士们感到分外亲切、温暖和幸福。领袖和战士亲密无间。一阵阵爽朗的笑声在江面荡漾。

军舰破浪前进，江风掠过甲板，把战士们的衣服吹得飞摆。毛主席摸了摸战士的衣服，关切地问道："冷吗？"

战士们心潮汹涌，热血沸腾，回答："不冷！"

毛主席用慈祥的目光望了望大家，问大家都是什么地方人，都是从哪里调来的。战士们告诉毛主席，他们当中有山东人、河北人、浙江人、江苏人；有的从陆军调来，有的从学校刚参军，还有起义的原国民党海军人员。

毛主席又关切地问大家，你们团结不团结？

"很团结。"大家齐声回答。

毛主席满意地点点头。接着，掰着手指头，从我国社会主义革命和社会主义建设，谈到共产主义的光辉未来，又从国际阶级斗争风云，谈到海军发展的前景。毛主席说：帝国主义如此欺负我们，我们要争气，要认真对付；我国的海岸线这么长，一定要建设强大的海军。

毛主席又说，过去我们没有空军，也没有海军，现在我们已经有了飞机，有了军舰，只要我们大家一起努力干，我们的前途是非常光明的。

战士们无限崇敬地说："靠毛主席的领导。"

毛主席信任地说，靠大家一起努力干。

毛主席要到机舱看望战士，机舱里机油熏人，又闷又热，副机电长急忙上前劝说："舱里气温很高，请主席不要去。"毛主席坚持要下去看看同志们。

在机舱里，毛主席和正在值勤的机电长叙家常、谈工作，谈了很长时间。机器响声很大,说话听不太清楚,毛主席就用手放在耳边招着听。谈完话,毛主席向机电长伸出手去,机电长刚要伸手,一看自己的手满是油污,又赶快缩了回来,用棉纱擦了几下,还没有擦干净,毛主席的大手握住了机电长的手,机电长湿润的眼睛久久地凝望着毛主席的慈祥面容。

毛主席向炮位走来,枪炮长急忙跑步上前,向毛主席报告。毛主席向枪炮长详细地询问前主炮的构造和性能。枪炮长回答时,毛主席稍倾着上身,听得是那样的认真,有时为了弄清一个细节,一连要问几次。

毛主席问身旁的舰政委学得怎样。他回答说:"刚学到一点舰艇知识,别的还不行。"毛主席亲切地说,应该好好地向战士们学习。

20日中午,毛主席来到了"洛阳"舰。

毛主席视察完雷达室和驾驶台以后,走进会议室。毛主席把舰的副政委找来,询问了干部战士们的政治思想情况和学习情况。

毛主席说,要首先注意政治教育,提高同志们的政治热情。毛主席要副政委把战士读的书拿来给他看看。

副政委应了一声,刚走出会议室,在梯口碰上了一位报务员。副政委马上把这个报务员阅读的书籍拿来,送给了毛主席。

毛主席仔细地翻阅着,这些书有《毛泽东选集》《实践论》《中国革命和中国共产党》,以及描写解放军和志愿军英雄事迹的读物,还有一些技术书籍。毛主席一页一页地看着一本描述头门山海战英雄事迹的小册子,说的是海军414艇指战员,在面对比自己大数十倍的敌人面前,以大无畏的革命气概,出色地完成了护航任务。毛主席看了这本书很高兴,问副政委是否看过这本书。

"看过。"副政委回答。

毛主席说,这本书内容很好,文字通俗,适合战士看。

毛主席反反复复地教导舰上干部要做好人的思想工作,重视从政治上建设海军。毛主席还像当年向井冈山进军和长征途中那样，在航行中，同战士们一起谈思想、谈工作、谈生活，启发战士们的政治觉悟。

战士们聚集在后甲板，拉起手风琴、跳起快乐的水兵舞。毛主席微笑着走到战士们中间，称赞大家：好，都很活泼。

毛主席问，你们有什么乐器？

"有胡琴！""有手风琴！""有笛子！"战士们像在队列里报数似的，一个个高兴地回答。

一位枪炮兵从人群背后挤到毛主席跟前说："还有锣鼓！"

毛主席望着这位枪炮兵，微笑着说，"是啊，扭秧歌可少不了锣鼓！"

毛主席问在场的工农同志有多少，青年学生有多少，大家分别举了手。毛主席点了点数，又问大家团结不团结。

战士们笑着回答说，"主席，我们团结得可好哩！"

毛主席满意地说：应该好好团结。今后就更好了，工农分子知识化，知识分子工农化，知识分子和工农分子的界限，慢慢地就消失了。

战士们搬来一把椅子，请毛主席坐下。毛主席还是站着同战士们谈话。毛主席关切地问大家，同志们都习惯海上生活吧？

大家齐声回答："都习惯了。"

毛主席微笑着点了点头，打着手势，亲切地教导大家说，过去在陆地上，我们爱山，爱土；现在是海军，就应该爱舰，爱岛，爱海洋。

毛主席来到伙房门口，问候大家说：同志们辛苦了！

"为人民服务！"几个炊事员齐声回答。

毛主席看了看烧好的菜，还舀起一勺汤晃了晃，问炊事员，伙食标准够不够、营养好不好。毛主席仔细看了看伙房里的一切，赞扬说，很好，你们卫生工作搞得不错；厨房卫生工作很重要，这有关全舰同志的身体健康。毛主席还关切地问打饭的水兵，干部战士吃的都一样吗？

水兵们回答："都一样。"毛主席满意地点了点头。

扬子江上，霞光闪闪。大江南北，壮丽多娇。军舰将要通过前方一个名叫小孤山的岛子。毛主席来到了前甲板，举起望远镜，久久地眺望着。当军舰通过小孤山时，毛主席放下望远镜，指着小孤山说：30年前，我路过这里，这个岛子那时在这边，现在到那边去了。过去的水道很窄，现在变宽了。世道变了，世界也变了……

夜里，江面上寒风飕飕地刮着，气温更低了，每班下更的战士，都怀着对毛主席无限热情，看着从毛主席住舱的舷窗里透出的灯光。已经半夜了，灯光仍然亮着。

舱面值更的战士换了一班又一班，毛主席还在办公。战士们久久凝视着从毛主席住舱的舷窗里送出的灯光，像看到了当年井冈山的篝火，延安窑洞的油灯。大家激动得谁也不想睡觉，便三三两两地聚集在一起，小声地、热烈地谈论着白天见到毛主席时的幸福情景。

战士们对毛主席无限崇敬，凝成了一个强烈的愿望：毛主席要能和我们在一起照个相，该有多好啊！

毛主席像了解战士的心。21日上午9点多钟，毛主席首先来到"洛阳"舰，和大家一起照相。天气很冷，战士怕毛主席受凉，有人提议全舰合照一张。毛主席说，舰上人多，可以分几次，多照几张。在照相的时候，毛主席几次转过脸来，问大家排好了没有，还向前跨了几步，看看队伍，叫大家再靠拢一点，好都照上。

毛主席返回"长江"舰，又同大家合影。毛主席不时用手拉拉身边的战士靠近一点。毛主席还侧身指了指站在驾驶台上的战士，问摄影记者：上面都能照上吗？记者答道："都能照上。"毛主席这才放了心。

毛主席用近两个小时的时间，分8批同两舰的指战员合影。

40年来，在毛主席教导的指引下，人民海军战胜了无数艰难险阻，惊涛骇浪，从小到大，从弱到强，不断从胜利走向胜利！

一张珍贵的照片

孙花满

从1959年3月至1966年5月,我曾多次为毛主席演出。这是我一生中难忘的情景和美好的回忆。对我来说,他是伟大的领袖,是懂行的热情观众,又是对我进行谆谆教诲的慈祥的长者。

1956年我考进上海市戏曲学校京剧班,原来学梅派青衣。后来老师和学校领导认为我的大嗓子比较好,扮相也比较清秀,要我改学老旦。当时让只有十六七岁的我扮演老太太,实在想不通,还哭了好多次。1959年春,有一天副校长陈洛宁找我布置任务,晚上到锦江俱乐部参加晚会,到了后才知道是中央首长在那里开会。领导告诉我们要保密,这是为了中央首长的安全。年仅18岁的学生竟有这样光荣的政治任务,是组织对我的信任,从未见过世面的我,自然感到紧张、激动。

在晚会上,我们坐在舞场的边上,定睛一看,一会儿周总理来了,朱老总、叶剑英、陈毅来了,最后,毛主席、刘少奇都来了,看得眼睛都花了。原来是党的八届七中全会在上海召开。面对着有崇高威望的领袖,我又兴奋,又紧张,简直看傻了。女同学中只有我与于永华参加,叫我准备的是唱《吊金龟》。因为节目很多,最后我没有唱。实际上叫我唱我也唱不出来,因为我初出茅庐,看到这种场面,心里太激动、太紧张了，室内有暖气，但我的手始终是冰冰凉的。晚会结束，我与于永华回到宿舍，她看看我，我看看她，心里很兴奋，但又不能讲，要保密，在床上翻来覆去都睡不着。这一天大约是1959年3月27日，是我有生以来第一次见到这么多中央领导同志，这对我在政治上、精神上是很大的鼓舞。我们当时这么年轻，不懂事，只知道在学校里好好学戏、演戏，从不关心政治。现在组织上这样信任我，还见到了毛主席，我又是共青团员，觉得自己不顾全大局，不服从组织决定，很不应该。我下决心要服从分配，唱好老旦。后来《文汇报》记者来向我采访，并在1960年初发了文章。这件事被毛主席知道了，有一次在晚会上，他拍拍我的手臂问我："听说你过去不愿意演老旦？"我说："是的。"他又问："报纸上登的对不对？"我点点头，主席高兴地笑了。在这之前，主席还曾问我姓什么，叫什么名字？我说姓孙，叫孙花满。他说姓孙是孙悟空。主席的湖南话我听不懂，他就解释说是齐天大圣，我听懂了。他说你的名字很好，孙花满，花满了"百花齐放"，这样好嘛！说得很风趣。还有一次，主席问我是哪里人？我说是河南洛阳人。主席说，好啊，河南出才子。我说我不是才女。他问我怎样到上海的？我说我爸爸是做生意的，开始在汉口，后来到上海。之后数年间，毛主席先后看过我演的《吊金龟》《六离门》《岳母刺字》。毛主席看《六离门》时，还请了历史学家周谷城一块儿看戏。看过后还向周提问："《六离门》有没有这回事？"周谷老说："有人说有，有人说没有。"1962年初，我在报纸上看到一篇文章，讲的是东北有一位老人，解放后翻了身，生活有了很大提高。他给毛主席写了一封信，表示了感激的心情，并向毛主席要了一张照片，挂在家里，以永远纪念毛主席。我得到了启发，在一次舞会上我坐在主席的身旁，对主席说：我给你演出过这么多次，我也要照片。主席幽默地笑着说："我又不是开照相馆的。"我急切地说："你给了我，我一定保密。"主席点点头。半年后，在主席生日的那天晚会上，他主动拿出两张照片，一张是站着的，一张是坐的，我觉得坐的那张很慈祥，名字也已签好，我就要了这一张。这张照片我一直珍藏着，在"文化大革命"中我把它藏来藏去，后来让我妹妹带到新疆，保存了下来。一位国家领袖对我这点小要求都记在心里，使我深深地感动。

我们参加晚会，没有什么奢侈的东西。有一次晚会上，桌上放了些糖果、水果、巧克力，我不知道是怎么回事，文化局干部包美珍、冯琦叫我们吃，说今天是毛主席的生日。我就跟毛主席说了几句祝寿的话，主席很高兴。最后，我们在锦江饭店吃点心，是吃主席的寿面，很朴素。还记得在1964年9月15日在锦江俱乐部，当时有我、杨春霞、张美娟、李炳淑四个人。毛主席请我们吃饭，我们都很激动。席上有大螃蟹、红米饭、苦瓜，还有些辣味菜。主席和我们一边吃饭，一边问赴西欧演出的情况，大家兴致勃勃地向主席汇报。在上海青年京昆剧团，我和我的同学们李炳淑、杨春霞、齐淑芳、李永德、周云敏等经常为主席演出，主席总以热烈的掌声来鼓励我们，有时还站起来为我们鼓掌。从1959年起到1966年5月，先后总共有七八年时间，差不多每年都有机会见到毛主席，我当时感到非常幸运。

一次，我看到毛主席的右手内侧有黑色，我问他是怎么一回事？主席说，我刚看过书。毛主席非常好学，是阅读线装书把手指染黑了。那时，柯庆施、魏文伯、石西民、徐平羽、李太成都提出要我们学琴棋书画，说："你们搞艺术的人一定要学这些，不然就缺乏艺术修养。"我当时也是很听话的一个孩子。

毛主席自己也能哼戏，爱听沈金波唱《李陵碑》，边拍板边跟着哼，当时我们不理解。后来在1973年我随《龙江颂》剧组去湖南韶山毛主席的老家，参观了党史资料展览，我才理解：杨家七郎八虎都牺牲了，毛主席一家为革命也牺牲了六个亲人。在长沙还有一件使我印象很深的事，1973年9月，我们刚到湖南长沙，下了火车，当地有不少文艺界的同志来欢迎我们，剧组里的孙爱珍同志把一位女同志领到我的面前对她介绍说："这是孙花满。"当时我并不认识她,她自我介绍是湖南湘剧团的左大玢,她说："是毛主席讲的,上海有个老旦叫孙花满,《罢宴》唱得非常好,这次上海京剧团来这里演出《龙江颂》,有你的名字,我就来了。"想不到是主席的介绍,使我们交了朋友。

1976年春节前后,我们在丽都花园(现市政协)拍了七部戏曲舞台纪录片,说是中央交办的任务,有张美娟、齐淑芳、李炳淑的戏和我演的《罢宴》《打孟良》。我们拍得很专心、很认真。演出的都是原班人马,这些戏的质量都是很不错的。拍完后,李炳淑到北京去开会时见到了张玉凤(毛主席的护士长),她说:"这些片子毛主席都看过了,他很高兴。"

我最后一次见到毛主席是在1966年5月5日。每当缅怀起毛主席对我这样一个在新社会成长的京剧演员,从青少年时代就开始的亲切关怀、爱护和鼓励,我内心仍然激动不已。

毛主席对我入党的鼓励

丁是娥

毛主席对我入党的鼓励是我终生难忘的。1958年，毛主席到上海来，接见了我们。当毛主席得知我已经入了党，非常高兴地跟我握手，说："我们党又多了一位新同志啰，希望你为党好好工作呵。"毛主席的话虽然不多，但是一直激励着我。过去，一个女演员演戏就是为了个人生计。现在，在党的教育下，我懂得了要为我们党的事业贡献自己。在这点上，老一辈无产阶级革命家给我们的教诲，我们是要永远记住的，永远不要忘了自己是个党的文艺工作者。不管我们党碰到什么困难，碰到多少挫折，我都坚定不移地跟着党走。在改革开放的今天，我自己一定要顺应这个潮流，为这个大变革，为我们的国家建设得更好而作出贡献。

我有幸能为毛主席演唱，见到了毛主席，并聆听他的教导。毛主席是一位伟大的领袖，但和蔼可亲，而且很有幽默感。一次，他来上海，我们搞些联欢小节目请他看。许帼华唱了个《绣荷包》，唱了以后到主席身边，主席就问："你的荷包在哪儿啊？你绣的荷包让我看看啊。"当时李炳淑也唱了一段，主席说："李炳淑，饼酥，一个饼酥了。我觉得你的名字好记，饼酥了。"说得大家开心大笑。

我为毛主席表演魔术

莫非仙

1959年4月,正当中共八届七中全会在沪召开,许多中央领导同志集中在上海,这期间我有幸到市政协文化俱乐部为他们表演魔术节目,幸运地见到了毛主席、刘少奇主席、周总理和其他许多领导同志。

一天晚上,我正在裕德浴室洗澡,团里的汤化葵同志特地找到浴室来通知我,要我赶快准备为领导同志演出。我一听时间紧急,赶紧穿衣起来,跟着汤同志到团里拿演出道具。

当晚,李太成局长陪我和妻子陆英(助演)来到了文化俱乐部的舞厅,有很多中央负责同志在跳交谊舞。到深夜十二点钟的时候,我们正在舞池的周围坐着,只听得"哄"地一下,突然大家全都站了起来,啊!是毛主席来了!毛主席!当时我的心情很激动,这种心情一直是我后来难以忘怀的。音乐慢慢奏起来,主席也走进了舞池。

演出是穿插在交谊舞之间的。这一夜,我演了三场,十分钟一场。演出后,我先跟毛主席握手,再转过身来与刘主席握手。刘主席很热情,迎上来握住我的双手。王光美同志一把拉住我的臂膀,带我走到周围的中央负责同志面前,跟我一一作介绍,她平易近人,一点架子也没有。一直到凌晨三四点钟,到锦江吃过夜宵以后,才把我和妻子送回了家。

以后三夜，我连续演了九场。市委工作人员一看见我，就说："莫非仙，你演得成功呵！"这些工作同志在我演魔术的时候，一直注意着毛主席的表情。他们告诉我：主席看魔术时总是非常高兴的；毛主席平时工作繁忙，难得有机会轻松一下，他们要求我每天晚上演出时拆穿一套，好让主席开心开心。我照办了。主席看后，总是恍然大悟地哈哈大笑："哦！原来是这个秘密！"

在整个中央全会期间，我总共演了13天，26场，天天晚上公开一套，这在魔术界是从来没有过的事情。

有一次，主持晚会的负责同志要我演一个主要给毛主席看的节目，让他高兴高兴。那里摆着三个单人沙发，毛主席坐当中，左右坐着两个护理主席的小姑娘。我拿了一副扑克牌，请毛主席从整副牌中抽出一张牌，毛主席抽了一张红桃老K，然后我把牌掺和几次，用嘴吹一下气，请旁边的一位小姑娘把椅垫翻过来，一看，那里躺着一张牌，正是毛主席抽的那张红桃老K。毛主席惊奇极了。魔术总是假的，变法各有巧妙而已，在我做准备工作时，被警惕性很高的警卫人员发现了。本来我是想放在毛主席坐的沙发椅子下面的，后来想想不好，就放在旁边小姑娘的椅子下面了。警卫人员起先也不同意，经我一番解释，才同意了。后来在"文化大革命"中，造反派拿这件事来做文章，诬陷我"要谋害毛主席，是政治事故"。还有一次也是单独演给毛主席看的，我坐在毛主席近旁，一整副牌拿在手上，本来三张A是不连在一起的，一拍手，全连在一起了。我当着面演给毛主席看，效果好极了，毛主席高兴，我心里畅快。

我在怀仁堂见到了毛主席

张秀英

1957年2月14日，市文化局卢奇群通知甬剧工作委员会，中央文化部副部长刘芝明叫甬剧派两个人到北京去参加全国新歌剧会议，并指定贺显民、张秀英二人去（当时我们甬剧工作委员会成员共四人：贺显民、张秀英、史少岩、周廷发）。当天由市文化局买好火车票，上车时甬剧工作委员会派人给我们送行，还赠我一本笔记本，上面写着："祝你胜利地完成为甬剧发展而努力的新歌剧会议光荣归来"。我们怀着兴奋的心情，于2月15日到达北京，住在北京吉祥胡同文化部招待所，在来开会的代表中，我看了一下，上海只有甬剧（戏曲剧团）参加，我们就问刘芝明副部长，怎么上海其他戏曲剧团没来参加？他说，这次新歌剧会议，主要解决艺术发展方向问题，歌剧走什么路有两条：一条是以郭兰英演唱民歌的歌剧路子，一条是用洋嗓子演唱的西洋化歌剧路子。因为甬剧也面临走什么艺术路子的方向问题，是用传统表演，还是话剧加唱或西装旗袍戏，甬剧与新歌剧所遇问题有相同之处，所以这次叫甬剧来参加。后来文化部组织我们去看了《茶花女》和《小二黑结婚》两个不同艺术形式的歌剧。在讨论时，文化部部长周扬说，艺术问题要"百花齐放、百家争鸣"，不能抹杀那一头，主要看观众喜欢什么。讨论之后刘芝明副部长叫我们到他家中做客，告知我们要去参加全国宣传工作会议,我们听了非常高兴。

　　3月13日下午,我们乘车到中央文化部大礼堂,先由周扬总结讨论情况。当会议开到三点钟左右,周扬在会上宣布,接下去还要开重要会议,散会之后叫大家留下来,一起乘车去,没有讲到什么地方去。当汽车停下来之后,下车抬头一看,呀!这不是怀仁堂吗?心想怀仁堂是中央领导所在地,能否看到毛主席?我兴奋地、暗暗地盼望着能实现这个心愿。进会场后见代表团座位都按区域划分,而且是对号入座,同时还有专人领到座位上,离我们座位不远处,看到上海的周信芳,我叫贺显民递了个条子给他,周信芳同我们点头笑笑。因我们进场较晚,会上已有人在发言。会开到下午四点半宣布休息。五点不到又开会,当会议开到五点多钟时,果然,毛主席从后台走出来了!大家顿时热烈鼓掌经久不息,毛主席穿一件深灰色中山装,身材魁梧,红光满面,精神特别好。我的心情非常激动,目不转睛地翘首望着,直到毛主席坐定后,我心情才慢慢平复下来。

　　毛主席主要讲"关于正确处理人民内部矛盾问题",我虽文化水平低,还是拼命记下毛主席讲话大意,其中我记得最清楚的是关于"百花齐放、百家争鸣"问题。毛主席说,香花中也有毒草,不要怕,锄掉就行了,毒草中也有香花,把香花吸收来。他又说,我们要用正确方法来对待内部矛盾,要允许人家有不同看法,大家来讨论谁是谁非,走哪条路,但是都要走社会主义道路等。

　　毛主席讲话很自然、风趣,有时同台上的人讲话,谈笑风生,就像谈家常一样,听了很亲切、舒畅、又很心服。会议一直开到下午七时才散。吃过晚饭后,我对贺显民讲,赶紧寄信告诉上海,说我们甬剧演员见到毛主席了。全国宣传会议开了一个月,到3月15日我们才回上海。

毛主席看芭蕾舞剧《白毛女》

上海舞蹈学校

1967年4月24日,毛主席和其他党和国家领导人在北京人民大会堂小礼堂观看了芭蕾舞剧《白毛女》。

当获悉要为毛主席和中央领导同志演出时,剧组全体同志兴奋、紧张的心情难以形容。大家早就作好准备了,同志们都静静地在舞台后台自己的岗位上紧张地等待着。《白毛女》演出许多场了,没有一次开幕前会像今天这样的肃静。开幕前有人按捺不住,竟违反纪律,在台上微微地把大幕拉开一条缝,激动地向前排张望。想先睹毛主席为快。

终于,《东方红》的音乐响起来了,毛主席和其他首长一起步入剧场!

演出是成功的!当毛主席和其他领导人上台与演员们合影时,大家争先恐后地涌向毛主席,渴望能与毛主席握手。毛主席说:"《白毛女》好!"剧组的同志们热烈的情绪无法平静。演出后,毛主席还和剧组同志合影留念。

是年春天,随着"文化大革命"的开展,围绕芭蕾舞剧《白毛女》,出现了一股否定的极左思潮,于是舞校出现了肯定《白毛女》与否定《白毛女》两种观点的争论。这次毛主席对芭蕾舞剧《白毛女》的肯定，有力地批判了那些否定《白毛女》的错误观点，给我们予极大的鼓舞，我们永难忘怀。

中秋月圆夜

稼耘

1958年9月,正是秋高气爽的时节。27日那天上午,市委宣传部石西民部长忽然把我找去,要我立即开列一个文艺界名演员的名单,要通知他们当晚去锦江饭店对面的市政协文化俱乐部集中。

"大跃进"年代,到处热火朝天,演员们演出任务天天排得满满的,不少同志深入在工厂农村生产第一线,立时三刻要通知到他们可真不容易,这要靠各单位的人事干部各显神通了。

晚上八九点钟的光景,人员陆陆续续来到了,有文化系统的,也有电影系统的,大约有四五十人的样子。大家进入一间幽美典雅的舞厅,三五成群地围坐在舞池旁边的茶座上,一面轻声地交谈着,一面静静地等候着。

从环境和气氛看,人们心中在捉摸,今晚一定有重要人物到场,究竟是谁呢?谁也猜不透,谁也自觉地不去追问,这是惯常的纪律。

几个钟头过去了,还不见什么动静。会不会情况有了变化?各自心里在嘀咕,在猜测,但仍然耐心地等待着。

时钟正指着十二点,突然幽暗的舞厅亮堂起来,一个高大魁梧而又熟悉的身影出现在我们面前,大家被这突如其来的喜悦惊呆了,在屏息呼吸的一刹那寂静后,闪电般地爆发出一阵欢跃声:

"啊，毛主席！"

陪同者请毛主席在第一号茶座就座，此时音乐已徐徐奏起，毛主席站起来，向文艺工作者致意，并邀请跳舞，第一个被邀请的是上海人民沪剧团的副团长陈荣兰，陈荣兰格外地高兴，谦虚的朗朗笑着，随即把身边的沪剧著名演员丁是娥介绍给主席，两人谦让了一番，毛主席就邀请丁是娥走进舞池。丁是娥怀着尊敬的幸福的神情，小心翼翼地随着主席，亦步亦趋地跨开舞步，生怕踩着主席的脚，显得不那么自在。

在第二号茶座上，有钟望阳、刘厚生等同志，我也和他们一起在座，我们目不转睛地盯着舞池，观赏着主席稳健的舞步，轻声论着毛主席独特的舞步，刘厚生风趣地说："是一种音乐散步。"

这一轮的乐曲刚停，毛主席向我们的茶座走来了，我们多么欣喜！我们庄重地站立起来，通报了姓名，主席和我们一一握手。主席坐下与我们亲切交谈，问这里原先是什么地方？钟望阳答，解放前这里是法国夜总会，刘厚生还谈起前一次会见毛主席的情景。这时范瑞娟走过来，给主席点了一支烟，主席操着浓重的湖南口音说："哦！你就是梁山伯。"毛主席已观赏过越剧《梁山伯与祝英台》了。此刻，吕瑞英被谁推了一把，只见她扭扭捏捏地来到主席跟前，原来她想和主席跳舞，主席应声随即与她跳了一阵，遂了她的心愿。乐曲停止后，主席又走向第三号茶座。

还有谁陪伴主席跳舞，已记不清了。印象最深的是电影演员黄宗英陪伴主席又跳舞又交谈，黄宗英合着主席的脚步轻快起舞，转了一圈又一圈，跳得潇洒自如，谈得也饶有兴味，遗憾的是我看得见，却听不见。

时钟已指向凌晨一点，整整一个钟头过去了，当主持者宣布主席还要到正在挑灯夜战的上钢一厂去视察，舞会到此结束时，大家很不过瘾，恋恋不舍，当主席步向出口处时，场内的许多文艺工作者一哄而上，争相和老人家握手道别。

　　归途中，夜深人静，我仍沉醉在刚才舞会的情景之中，抬头只见圆月凌空，分外皎洁，分外晶莹，此时此刻才恍然，啊！今天是中秋节！

于细微处见崇高精神

张玉华

解放后,我在上海市委机关长期从事接待工作,其中接待毛主席有数十次之多。在毛泽东诞辰一百周年之际,回想起在接待过程中亲身感受到的毛主席于细微处反映出来的艰苦朴素,平易近人,关心同志的种种品格,至今历历在目,令我永生难忘。

1949年六七月间,中央有关部门指派许俊来上海收集有关我党地下活动的资料。中共上海市委办公厅让我负责协助许俊工作,并将资料护送到北京。到京后,我被安排住在中南海招待所。一天,许俊对我说,今晚怀仁堂举行京剧晚会,中央领导同志将出席观看,机会难得,让我也去。入座不久,毛主席、周总理和其他中央领导同志先后来到,全场响起经久不息的热烈掌声。毛主席坐下后又站起来,频频向大家招手致意。这是我第一次见到毛主席,我兴奋极了。

毛主席于他的60岁生日之际,在1953年12月26日夜间由北京乘专列来上海视察。当时保密很严,梁国斌、黄赤波等负责同志布置了接待工作,说有重大的政治接待任务,我心中很紧张,也很高兴,立即投入了紧张的准备工作。27日凌晨,毛主席的专列抵达上海,在真如站附近的小火车站下车后,乘汽车直奔瑞金二路118号(现瑞金宾馆东院一号楼),与中共中央华东局和上海市委负责同志见面,了解上海和华东地区的情况,至凌晨五时左右散会。毛主席说,大家很辛苦了,我们都休息吧。华东局和市委负责同志走后,毛主席要休息时,才发现主席的行李还放在专列上,由于当时通讯不便,不知道专列停在哪个站,一时联系不上。毛主席从延安到北京一直是用自己简单的行李休息睡觉的,从来不用招待所被子。他的被子两面都是用白布做的,见到花面被子,他要提意见的。后来,毛主席一直在房间看文件办公,没有休息,直到下午四时离开瑞金二路118号。毛主席生活俭朴,埋头工作,使我们受到深刻教育。

1957年春天,毛主席来上海视察工作,在兴国宾馆住了2天左右。临走前,毛主席接见了负责接待的同志,有黄耀南、刘文功、龚庆祥和我等人。市委负责同志把我们一一介绍给毛主席后,毛主席对我们说:接待工作很重要,国家一定要有个部门主管这项工作,而且一定要由党性强的同志来做这项工作。你们年纪不大,要加强学习马列主义,懂得国内外情况,团结同志,才能做好这项工作。我说:"谢谢主席,祝主席身体健康,欢迎主席经常来。"毛主席笑了,说:"上海我是要常来的。"

1960年,我国处在经济困难期间,中共中央在上海召开重要会议,讨论如何发展工业、农业、手工业,安排经济工作。会议期间,毛主席针对当时面临的困难状况,决定把原定会议用餐的三荤一素的伙食标准改成三素一荤,首先从他自己做起,并当即实行。这项行动也得到别的中央领导同志的响应。有关领导同志向我们接待人员传达毛主席的意见时,还特意关照说在执行过程中,不准走样。开始时,我们担心,这样一改,将影响了毛主席的生活标准,伙食营养是否会跟不上毛主席夜以继日的工作消耗,不好办。经过大家讨论,才领会到毛主席要与人民同甘共苦,他的意见不能改,既然在毛主席身边工作,应该懂得这个道理,理解毛主席的心意。就这样,毛主席带头过紧日子的精神,为大家树立了榜样,使我十分感动。

1961 年 5 月 1 日，毛主席在上海过五一节。当天早上 3 时，黄赤波、林德明、王济晋和我四人接到通知，说毛主席请我们同桌吃饭，一起欢度节日，真使我们喜出望外。我们上了主席的专列餐车，吃饭时，毛主席对我们说，今天是五一国际劳动节，很快过端午节了，你们为我工作很辛苦，我请你们共同过节，表示感谢。当时，餐桌上放了粽子。毛主席问我们端午节为什么吃粽子？我们回答，是纪念屈原，但具体缘由讲不清楚。毛主席说，我把关于屈原的故事讲给你们听，然后你们每人吃两只粽子，不然我就吃亏了嘛。一番话说得我们大笑起来。当毛主席讲完故事，我们把粽子吃掉后，毛主席很高兴地说，看来你们的饭量都不小，为了帮助消化，我再唱一段京戏助助兴。随即他唱了一段高庆奎的《逍遥津》。那天早晨，毛主席谈笑风生，兴致很高。气氛始终很热烈。

　　毛主席的亲切教导，与人民群众心连心的崇高品德，永远铭记在我心中。

我第一次为毛主席摄影

徐大刚

那是1957年7月的一个下午,领导要我到兴国招待所去接受新闻采摄任务,我赶到那里后,才知道是晚上毛主席要接见一批印尼外宾。参加这次活动的记者,除北京随行来的外,上海记者只有二人,文字记者是当时新华社上海分社的于惠英,摄影是我。能见到毛主席啦!当时我既兴奋又紧张,怕拍不好照片。那时距接见时间还有四五个小时,而我却已在一次又一次地检测照相机和闪光灯,也不知道检查了多少遍,在一旁的警卫处同志笑着对我说:"您这样无休止的摆弄,好照相机也给您折腾坏啦。"

激动人心的时刻终于来到了,毛主席在外宾进入接见室时迎了出来,我感觉毛主席那和蔼的笑容,泰然的神态和画像上一模一样。我看得凝了神,似木桩般肃立在原地,连拍握手镜头也忘了,要不是有人捅了我一下,我也许还会呆立许久。

接见持续了一个多小时结束后,毛主席送外宾到门口挥手道别,就在门口和中央陪同来的耿飚同志等谈话。那时和我站在同一位置的于惠英对我说:"等毛主席谈完话,我们上去向毛主席问候好吗?"我怕犯纪律错误而未作声,她见我犹豫就对我说:"我们地方记者,难得见毛主席,错过这次时光,会终身遗憾。"她见我仍不挪步,她就一个人跨步上前和毛主席握了手，并不断地说："祝毛主席长寿。"我当时羡慕得也想过去，但又不敢挪动半步，仍肃立在原地。毛主席在于惠英离开后，就迈步向着我站立的方向走过来，离我还有三四步距离的时候，我猛然想到，应给毛主席让道，我就迅速移到一边，想不到，毛主席和蔼地微笑着，又向我走来，在我再想让道时，一位领导同志说了一声："你不要走啊！"说话间，毛主席已站在我面前，一时我全身热血沸腾，连一句问好话也说不出来。还是毛主席先问我："你是上海记者吧？"我立即回答说："是。"毛主席接着又问我："你叫什么名字？"我回答："我叫徐大刚。"毛主席听后对我说："这名字好记。"经过这几句对话，我激动而又拘谨的情绪，开始有些平静下来，也才想起该对毛主席说些什么，千言万语道不尽，我向毛主席说："毛主席，祝您永远健康长寿。"并大胆地紧握了毛主席的手，那时我已泪润眼眶，气噎丹田，如再多讲一个字，就会止不住热泪淌下来。

任务结束后，我回到单位，心情久久不能平静，脑海里老是沸腾着一个想法，那样一位叱咤风云的领袖，对我们普普通通的新闻工作者能如此亲切，如此平易近人、尊重人，这在世界伟人中是少有的。许久我悟出了一个道理，这大概就是中国共产党所以深得人民拥护的缘故吧！

这次切身的感受，使我在第二天（7月7日），再次参加毛主席在原中苏友好大厦，接见上海文教、工商界人士并围桌交谈的活动中，已能平静地控制了自己的激动。这次所摄的照片，在两天后（7月9日）被刊登在上海市各报。我还在众多场面的底片中，选裁出了三张毛主席谈话时不同神态的特写。以后我又有幸多次为毛主席在上海、庐山的活动拍摄照片。这些照片和有关的回忆成为我数十年来最珍贵的宝藏。岁月消逝已久，但那些难忘的时刻，却永铭在心。

我为毛主席理发

钱水桃

我曾经在毛主席身边工作过 8 年,每当想起那不寻常的岁月,我总是心潮起伏,思绪万千。

（一）

1955 年,才 20 岁的我,在杭州饭店理发厅当理发员。当时不少中央领导下榻在杭州饭店,我有机会接触到中央、省市的有关领导。大约是 1955 年下半年,西湖公安分局的莫所长到杭州饭店办事,路过理发厅,便神秘地对我说:"我们要到你江苏老家去调查。"我听后心里"咯噔"一下,不禁胡思乱想起来,我犯了什么错误,值得公安机关兴师动众到我老家去。见到我发呆的样子,莫所长笑着告诉我,要调你到好地方去,我的心情也随之松弛下来。

过了大约五六个月,杭州饭店的叶经理告诉我,将要调我到毛主席身边工作,听到这个消息,我几乎不敢相信,以为是叶经理在和我开玩笑,但看见他那严肃认真的神色,我才相信这是真的。我这个出身雇农家庭的普通职工,能有幸到毛主席身边去工作,一定要好好干,不辜负党和组织的期望和厚爱。

　　1957年下半年，杭州饭店叶经理、省公安厅警卫处处长伍一正式把我接到西湖刘庄毛主席住处，我心里既兴奋又紧张。这天中午，我吃过午饭正在刘庄院内散步，这时从丁家山走下一小群人，人群中间有一位身材魁梧、全国人民都熟悉的面容，"啊，毛主席！"我心里惊叫一声就愣在路边了。这是我生平第一次见到毛主席。

　　之后，当时的省公安厅厅长王芳走过来问我："刚才你看到谁了？"我回答："没有看见。"我知道当时的纪律很严，看到中央首长是不能随便乱说的。"你不认识就算了。"王芳随口说了声就走了。后来我才知道，这是王芳有意安排的对我一次考验，我顺利通过了第一关考试。

　　当时毛主席已有一个专职理发师黄慧，他已年过花甲了，从延安就一直跟着毛主席。由于年龄不饶人，老黄师傅在工作时手开始发抖，但主席一直舍不得他离开。后经主席身边的工作人员说服，主席才同意更换理发师。这个任务便落在王芳厅长、伍一处长身上。

　　这天晚上，王芳厅长来到主席身边征询地问："主席，你中午看到的那位年轻人怎么样？带来认识认识？"于是我被带到了主席房间，主席听完王芳厅长对我基本情况的介绍后说："技术行，样子也可以，又年轻，就留下吧！"我便留在主席身边了。主席和我拉家常，问我几岁？老家在哪里？父母亲是干什么的？家常拉呱了一阵后，主席拿起镜子照了照，对我说："头发长得蛮快的，小钱，你5分钟之内可不可以理完？"

　　我那时血气方刚，马上答道："完全可以。"

　　剃、剪、修，"嚓、嚓、嚓"我一气呵成，按时将主席的头发理好了。主席对着镜子一边照一边连声说："蛮可以，蛮可以。"

　　这是对我的第二次考验，后来才听说，当时有些著名的理发师，手艺高超，可是一到主席身旁，竟然激动得不知所措，手拿理发工具发抖，无法工作了。我年轻单纯，打心眼里热爱毛主席，一心想留在主席身边工作,所以临场发挥正常,加上平时就与中央首长打交道较多,也没怯场,第二关就这样顺利通过了。

(二)

1958年下半年,当时的省委书记江华和伍一处长通知我,马上整理行装到北京报到,我跟随江华书记上了火车后,才得知此行是到武汉,当时武汉正在召开一个中央会议,我的任务就是给到会的中央首长理发。在半个月时间里,我憋足了劲干活,像是一只上足了发条的闹钟。期间,我认识了朱德、周恩来、刘少奇、陈云、邓小平、贺龙等一大批中央首长。

会议结束后,毛主席的秘书罗光禄把我带到毛主席下榻的武汉东湖宾馆,我被确定为毛主席的专职理发师。

第二天,我去给主席理发。我的心情忽然有点紧张起来,杭州那次给主席理发时的勇气也不知跑到哪儿去了。我深知自己手中刀剪的分量,这毕竟是给主席理发呀!如果理不好,将会影响主席的形象,主席好像看出了我的心思,和蔼地说:"小钱,你先坐一会儿。"过一会儿他说:"我的头发有不少时间没理了。""到我这里来工作习惯不习惯?"主席和我东一句西一句地闲扯着,我紧张的心情开始松弛下来。说心里话,我曾仔细地研究过主席的发型,主席当时的头发比较长,两边的头发一直把耳朵盖住,就像人们在电影、电视中看到早期毛泽东的那种发型。我觉得,根据主席的形象、地位、威望,他更应当有一种庄重的、独有的、更能体现其伟人的发型。于是,我大胆地问主席:"主席,您的发型要改一改,怎么样?"主席当时正在看书,他有个习惯,理发时喜欢看书看报,听到我的问话,放下书,看着我随便地说:"那好吧,你看着办吧!"说着又捧起书,边看、边和我拉扯。

我根据自己设想的方案，拿出看家本领，为主席理发。

不一会发理好了，我对主席讲："主席，您喜欢不喜欢？"主席对着镜子仔细照了照说，"哟！年轻了起码十岁，蛮好的，蛮好的。"接着主席高兴地照相。从此以后，主席一直保持着这个发型。这个发型，是全国人民、全世界人民所熟悉的，也就是现在天安门城楼上挂着的主席像的那个发型。现在我回想起来，这是我一生中最值得高兴，也是最有意义、最有成绩的一件事。

慢慢地我和主席熟了起来，我不仅是专职理发师，也是他身旁的卫士。一天夜里，我看见主席自己在不停地捶背，便走过去问候："主席，我给你按摩按摩吧！"主席笑着说："你还有这本事，来，试试看！"

我在杭州饭店理发厅工作时，曾专门向老师傅学习过按摩技术。说实话，端打推拿、舒筋、捶背我还是挺在行的。主席日理万机，操劳过度，他也是血肉之躯，难免出现腰酸背疼。对于这种疲劳症，可以在有关穴位上和疼痛处运用敲、拍、揉、搓、推、拿等手法，很有疗效。我用拳头在主席的后背上轻重有节的捶摇。随着扑扑的响声，主席连声哼道："舒服！舒服！"于是，我更来了劲，拿出所学的本领给主席按摩。按摩完毕，主席神情愉快，打趣地对我说："小钱，你又多了一个职务——按摩师。"以后，几乎每天晚上，主席工作时间长了就会叫我给他按摩。

在主席身边工作，是幸福的。主席非常关心我们的学习。我当时文化程度较低，主席便送我到中南海业余职工学校学习，还经常教诲我们，要掌握马列主义，一定要把文化学好，有时主席还亲自检查我们的作业，对写错的字用红笔给圈出来。有一次，由于一时工作忙，我没有把当天的作业做好。恰巧，这天主席检查我的作业，我老老实实地对主席讲我把作业给忘了。主席看了看空白的作业本，皱了皱眉头，严肃地对我说："工作要做好，学习也要学好，学习也是一项重要的工作。"又说："马上把没做好的作业补好，然后给我检查。"过了约摸两个小时，主席又走到我身边，问我作业有没有做好，并亲自检查了我的功课。从这以后，工作再忙，人再累，我再也不敢不做作业了。

（三）

主席非常重视调查研究，他调查研究的途径主要有四条：一是自己亲自下基层；二是派专职检查组下去；三是派自己身边工作人员回家乡；四是请有关人员来座谈。只要主席身边的工作人员回老家，主席总要问他家乡的人民生活怎么样，都想些什么。我们回家探亲的第一件任务，就是搞调查，曾记得1961、1962年，一年回老家三趟，搞调查，宣传农业纲要六十条，深入到小队里去读农业纲要六十条。因1958年人民公社办大食堂，吃大锅饭，群众生活十分不便，也吃不饱。主席听了身边工作人员的直接感受和汇报反映后，便下文，逐步停办大食堂。

主席很喜欢游泳、爬山。用他自己的话讲，是到大风大浪中去锻炼，在主席身边的短短几年中，我们陪主席先后游了长江、钱塘江、珠江、湘江、沅江、北戴河。

（四）

主席不光关心我们的工作、学习，对我们的生活、家庭也是无微不至的关怀。

有一次我给主席理发时，主席突然问我："小钱，你有对象吗？""有。"我腼腆地回答。"在哪里，干什么工作的？"主席感兴趣地进一步问。"在江苏老家,是一个小学教师,""小学教师?哎!这个职业好哇,是一个辛勤的园丁。"主席高兴地给我出点子,"你抽空要回去看看,联络联络、加深加深感情嘛!我给你安排。"

没想到在这次闲聊中扯出的话题,主席却一直放在心上。以后每次随主席外出到上海、南京、苏州、杭州,主席总是催我回去看看。并通知卫士长李银桥给我沿途安排好一切食宿。现在每当我忆起这些往事,心情难以平静。主席对我真是恩深如海啊!

1960年6月上旬,我们随主席来到上海。空闲的时候,主席关切地对我说:"小钱,你不小了,可要记得结婚啊!"

主席见我不吭声,猜到我一定有什么难言之隐,于是又问:"是不是有什么困难?有困难就提出来嘛。"我只得老老实实地说没钱。主席听罢我的苦衷,禁不住哈哈大笑说:"没钱,这好办,我叫银桥帮你操办,不用操心。"主席和蔼地摸摸我的头,像父亲在关照儿子一般。接着又嘱咐我:"小钱,打一张结婚报告,把你的那个对象接来,在上海结婚,我们等你结完婚再出发。"还说:"婚礼不要搞得太阔气,也不能太委屈你,办几桌酒,请工作人员都参加嘛!"

结婚前的一切准备工作,在主席的关心下,由卫士长直接动手操办、布置。礼品有一条毛巾毯,一条毛毯,一对热水瓶,一对景泰蓝花瓶和一对英雄牌钢笔,几斤喜糖。这些东西在现在也许不算什么,但在当时可以算得上不错了。招待所的一套客房暂时做了我的新房。

结婚当天晚上,吃完喜酒后,我带着新娘到锦江饭店对面俱乐部去见毛主席,送去喜糖。我爱人亲手剥了一颗喜糖送进主席嘴里,主席含着喜糖笑着说:"这喜糖真甜啊!"我爱人握着主席的手尊敬地问候:"主席身体好吗?"主席答:"好。"又说:"这次随我们去北京好吗?"我爱人非常激动,高兴地回答:"好!"我们俩深深地体会到,我们从小在艰难困苦的日子里长大,今天有这样幸福的生活,是毛主席、共产党给我们的。

大约过了 20 多天我随主席一起回到了北京。我爱人也回到了江苏老家。日后主席时常问我："你妻子现在好不好？你想不想她？有什么困难就及时向我提出。"

主席对我们身边的这些工作人员给予慈父般的温暖，我们的生活琐事他老人家一一挂在心头，连我们自己也没想到的事，他老人家都想到了。我们在他身边的工作人员都强烈地感受到主席是最有人情味的，能有幸与他老人家生活、工作在一起，一生受益无穷，确实是一种莫大的幸福。

我为毛主席缝制衣服

周庆祥

1959年,我在上海服装六厂担任车间主任。有一天,厂支部书记张德敏通知我到上级公司——上海市服装商业公司报到。到了公司,党委书记毛贵荣亲自找我谈话,他说,党组织信任你,交给你一个光荣而又重要的任务,为到上海的中央首长定制服装。原来,当时中央在上海锦江饭店小礼堂召开中央全会,市委领导为了方便与会代表生活需要,在锦江饭店内部设立了服务部,其中包括服装定制。我的任务就是为会议代表量体裁衣加工服装,在会议期间,我先后为周总理、朱总司令、叶帅、谭震林副总理等中央首长缝制了衣服。特别使我终生难忘的,是为我们伟大领袖毛主席缝制了衣服。

记得那是会议后期,警卫处的同志通知我,要为毛主席定制衣服。我赶紧收拾了所需的材料和工具,就随警卫处的同志到锦江饭店对面的原法国俱乐部,我一进门,只见俱乐部内许多人正在大堂内摄影留念,女摄影师侯波忙着为首长和代表们拍照。我穿过大堂,走入花园,只见花园里绿草茵茵,十分宁静。毛主席和江青坐在大树下的白藤椅上,面前放着一只白藤编的小圆台,神态安详。我见到主席心头一热,急忙趋步向前。主席发现我后,忙把正抽着的烟放下,站起身来,与我握手,问我:"你是来给我做衣服的吗?"我连忙称是。他告诉我,过几天要接待非洲客人，所以要赶制两套衣服。我拿出事先带来的 10 多块衣料样本让主席挑选，其中有派力司、凡立丁、花呢等，颜色以灰色、素色为主。主席最后选中的是中浅灰色的派力司料子。他说："我身上穿的这套衣服是武汉做的，不错，但颜色深了一些，领子不舒服，所以领子要大些，这样就舒服了。"并要我按中山装式样做列宁装领样，我仔细为他量好尺寸后，就向主席告辞，主席又与我握了手。我们连夜裁衣、缝制。第二天上午，等主席起身后，我就送到主席房间里，为主席试身（试身是定制服装在正式缝制前的试穿工序，使缝制服装更贴身）。主席试过之后，表示满意。他指点我说："我人胖了些，衣服又不能太大，但又要舒适：你做的这样大小可以。领子前面要挺，不要翻起来，这样就显得精神些。"回到工作间后，我按照主席的要求和体形，采取熨烫特殊工艺操作，即衣服大小不变，但体形胖的部位用熨烫胖，小的部位用熨烫小，这样大小合体，衣服既能保持身体魁梧，同时又显得潇洒，并将衣服领子放低，不碰到头部，穿着就觉得舒服，领尖前面加挺，这样就不会翻过来。衣服完工后，由主席卫士长李银桥取去。不久，他告诉我，主席对做的衣服非常满意。

会议结束后，主席又让我为他缝制四套衣服。那时，主席已搬到太原路汾阳路一幢法国式小洋房里，主席住在三楼，中间有个花园。穿过花园有个二层楼的小洋房，就作为我的工场。我和两位助手，白天做衣，晚上睡觉，先后住了一个月。期间，我还为毛主席修补了一些衣服。毛主席叫工作人员拿出一堆旧衣服，里面有上衣、裤子、衬衣。我看到这些衣服都很陈旧了，四件衬衣的领子都已破，一条裤子有了破洞，一件上衣已经太小不合身。当时我想，毛主席啊！您是人民的领袖，像这样的衣服，怎么能再穿呢。可是，毛主席他老人家还要穿。他对我说："我想把这几件衣服再补一补，或放一放，这样就还可以穿上一段时间。"

到了第二年冬天，中央又在上海开了一次会，我又被抽调去为会议服务，又为主席缝制了几套衣服，其中有中山装、列宁装领样和休息时穿的白色真丝睡衣。由于主席对我做的衣服比较满意，李卫士长特别关照，要我把主席的尺寸样板留下来，以后有需要，就通知我做。这样，我先后为主席做衣服达六年之久。

  我是工人出身，能给毛主席做衣服，我感到幸福和自豪。在与主席接触的日子里，我感到主席既严肃又平易近人。他生活十分简朴，吃饭菜不多，喜欢吃辣椒。平时要洗冷水浴。他也有常人的爱好，富有生活情趣和审美观点。他对衣服要求美观、舒适，也正是我们服装业必须遵循的基本准则。1976年毛主席逝世时，我正在香港考察，我和同志们一起参加了中国银行举办的悼念会，大家都十分悲痛。我亲自为毛主席做过衣服，得到过他老人家的教诲，每思念于此，激动不已，我激励自己要努力工作，用实际行动来纪念伟大领袖毛主席。

毛泽东与陈望道的交往

邓明以

　　陈望道与毛泽东相识于20世纪20年代初中国共产党的创立时期，在那具有历史性意义的关键时刻，是共同的革命理想使他们走到一起来了。

　　早在1919年五四运动时期，陈望道自日本回国执教于浙江第一师范学校，因与夏丏尊等同仁提倡新文化运动和改革国文教授等措施，引起了反动军阀当局的恐慌，不久即掀起了闻名全国的"浙江一师风潮"的斗争。斗争结束后，陈望道回到故乡义乌分水塘时，应上海《星期评论》社之邀，翻译了马克思、恩格斯的经典著作《共产党宣言》。《共产党宣言》中文全译本于1920年8月在上海社会主义研究社正式出版后，受到工人阶级和先进知识分子的热忱欢迎。

　　作为《共产党宣言》的第一个中文译本，它对于宣传马克思主义，推动社会主义运动在中国的蓬勃发展，起了非常重要的作用，同时对中国共产党的创立也有很大的影响。许多具有激进民主主义思想的革命青年，在它的影响下，逐步树立起对马克思主义的信仰，成长为初步的共产主义者。毛泽东就曾于1936年对斯诺说过这样的话："有三本书在我的思想上影响特别大，建立起我对马克思主义的信仰，我一经接受了马克思主义是历史的最正确的解释之后，我便从来没有动摇过。

一本是陈望道翻译的《共产党宣言》,这是第一本用中文印行的马克思主义的书。"他在《关于农村调查》一文中也说道:"记得我在1920年,第一次看了考茨基的《阶级斗争》,陈望道翻译的《共产党宣言》和一个《社会主义史》,我才知道人类有史以来,就是阶级斗争史,阶级斗争是社会发展的原动力,初步地得到认识问题的方法论。"

1920年5月,陈望道来上海参与筹建上海共产党早期组织,不久又与陈独秀、李达、李汉俊、杨明斋等共同发起筹建中国共产党。作为全国第一个成立的共产党早期组织,在筹建组党的过程中,还担负起同全国各地共产党早期组织联络的任务,以及召开一大的筹备工作。1921年7月,毛泽东作为长沙的代表前来上海出席中国共产党第一次全国代表大会。他们来后即与上海共产党早期组织成员陈望道、李达、李汉俊等会面。

然而,正当大家在积极筹备一大召开的事宜时,不料为党内活动经费一事,陈独秀与李汉俊发生了争执,这一争执发展到后来竟又牵连到陈望道的身上。陈独秀在当时到处发信说他们要夺他的权。陈望道因此大为恼火,坚持要陈独秀澄清事实,并向他作公开道歉。陈独秀既不愿澄清事实,又不肯公开道歉。陈望道一气之下便表示今后不愿再接受陈独秀家长式的统治,提出离开组织的请求。当时上海党组织内的一些青年同志,因不明事实真相纷纷指责陈望道。陈望道虽曾选为一大代表,但他终于未能出席代表会议。一大召开之后,中共上海地方委员会成立,陈望道仍被选为第一任书记。但他不久即正式提出辞呈。

然而,毛泽东在当年却能以一种截然不同的方式和态度来对待这件事情,从而体现出他作为一个政治家的胸怀与风度。

1923年8月5日,上海地方兼区执行委员会召开第六次会议。已是中央委员的毛泽东代表党中央出席了这次会议,并在会上作了一系列指导。会议除了讨论当时急需的救援狱中同志和江、浙军事问题外,他还代表中央明确建议:"对邵力子、沈玄庐、陈望道的态度应缓和,劝他们取消退出党的意思。"他还建议"把他们编入小组"[1]。所谓"态度应缓和",显然是针对上海地区一些青年党员对陈望道等表现出来的过激的言辞与过"左"的态度和情绪而说的。毛泽东所持的这一立场正是为了消除双方这种对立情绪,这是一种与人为善,团结同志的做法。党组织当时还指定由沈雁冰去对三人进行劝说工作。沈雁冰在回忆录中亦有记述:"党组织又决定派我去向陈、邵解释,请他们不要退出党。"然而陈独秀却依旧一意孤行,未肯作出任何一点自我批评。谈话的结果是:"邵同意,陈却不愿。他对我说:你和我多年交情,你知道我的为人,我既反对陈独秀的家长作风而要退出党,现在陈独秀的家长作风依然故我,我又如何取消退党呢?我信仰共产主义终身不变,愿为共产主义事业贡献我的力量。我在党外为党效劳也许比党内更方便些。"[2]

事实也正如他自己所说的那样,陈望道虽然暂时离开了组织,但他始终以一个党外布尔什维克严格要求自己,对党的事业,始终坚贞不渝,对党组织所交予的各项任务也仍一如既往、坚韧不拔地努力去完成,直到新中国成立以后重新回到党组织中来。陈望道用自己革命的一生实践了这一誓言。

值得一书的是在以后的漫长的岁月里,陈望道曾一再得到毛泽东的无微不至的关怀和帮助,给了他无穷的力量,致使他在前进的道路上,在各项事业中得以取得更大的成就。

他们的再次相会是在相隔了 20 余年之后的 1945 年 8 月下旬,那是在抗日战争胜利之后,中国共产党为了争取和平,揭露美蒋和团结人民,发表了《对目前时局的宣言》,提出和平、民主、团结三大口号,并由毛泽东偕同周恩来、王若飞亲自赴重庆参加国共谈判。在谈

---

[1] 茅盾:《我走过的道路》,人民文学出版社 1981 年版。
[2] 茅盾:《我走过的道路》,人民文学出版社 1981 年版。

判期间，毛泽东仍不忘党的统一战线工作，关怀留在大后方的爱国民主人士和进步教授。他在百忙中抽空会晤了复旦大学张志让、陈望道、周谷城等一批教授。而此时的陈望道等人也正在为争取和平、民主、反对内战、反对独裁进行着不懈的斗争。能在这一时刻受到毛泽东的亲切邀见，无疑使他们受到很大的鼓舞，从而增添了斗争的力量和勇气。

新中国成立之前，中国人民政治协商会议第一届全体会议于9月21日至30日在北平召开。在毛泽东的直接关怀下，陈望道作为一名特邀代表前去参加了这次会议。此后他曾当选为历届全国政协委员，第三、四届全国政协常委，上海市二、三、四届政协副主席。此外，他还是历届全国人大代表，市人民委员，复旦大学校长。

新中国成立后，由于职务上的关系他同毛主席会面的机会就更多了，每次进京出席全国性的会议，国家领导人单独接见一些民主党派代表时，陈望道都照例会在场。毛主席来上海视察工作时，邀见一些党外人士总也少不了他。有一次，主席在上海市委领导同志的陪同下，邀请了陈望道等几位著名人士共进午餐。席间，主席谈笑风生，平易近人，显得极其轻松愉快，尤其是当他见到陈望道时，就像见到了老朋友一样，无比亲切，对陈望道说起，自己最近又读了他著作的《修辞学发凡》一书，称赞："写得很好，就是古代的例证多了一些。"又关切地问他，目前是否仍在从事这方面的研究。还说："现在许多人写文章就是不讲文法，不讲修辞，也不讲逻辑。"毛主席的这番话，使他很受鼓舞。原来由他创立于1955年底，附设在复旦大学的一个研究室恰好也就是以"语法、修辞、逻辑"来命名的。从这次受到毛主席的接见之后，他像有着使不完的劲，在担负繁重的学校行政领导工作和党派工作以及大量的社会活动的同时，仍然坚持学术研究活动，继续为发展语言科学，为促进语文事业作出贡献。

毛泽东不仅关心陈望道的学术研究工作，更重要的是在政治上还给予他无微不至的关怀。对于陈望道在中国共产党创立时期的前前后后的表现，以及他暂离组织后的这段历史的情况，党中央和毛主席是清楚了解的，也正是因为有这样一个理解和信任的前提，在新中国诞生后，当陈望道向党组织透露自己的心迹，要求重新回到党组织中来的时候，毛泽东曾明确指示："只要陈望道本人愿意回到党组织里来，我们任何时候都欢迎，并且可以不要履行什么手续。"

1957年5月底，中共上海市委为建议吸收陈望道入党一事向党中央请示报告。6月19日，中共中央组织部发来批文，"同意上海市委关于接收陈望道入党的意见。"陈望道是一名由党中央直接吸收入党的党员。组织上考虑到他的历史情况以及当时的具体政治环境和工作的需要，没有公开他的党员身份，直到1973年十大召开时才正式公开他的党籍。

毛泽东与周谷城

孙琴安

周谷城是著名历史学家，兼涉哲学与文学，长期在上海复旦大学任教。早在1921年，他在湖南第一师范学校教书时，就与毛泽东认识了。当时周谷城教英文兼伦理学，而毛泽东则在小学部任主任，兼教国文。

1949年5月27日，上海解放，当时在复旦大学任教的周谷城，当上了校务委员会常委和教务长的职务。而毛泽东则已成了人民共和国的领袖。激于当时的振奋心情，又有感于20多年前的同事生涯，51岁的周谷城向毛泽东写了一封信。毛泽东收到周谷城的信后，十分高兴，立刻给他回信，说："得书甚慰，如见故人。"回信中说到革命形势，勉励周谷城"相期共同努力"。

由于周谷城主要研究历史，而毛泽东对历史又深有兴趣，两人早年又共过事，因此，新中国成立以后，周谷城与毛泽东见面的机会较多。

1956年，毛泽东提出了"百花齐放，百家争鸣"的"双百"方针，他每到一处，常与高级知识分子聚谈，同时鼓励大家投入学术争鸣之中去。

那时，周谷城对苏联的一些有关逻辑的著作有些不满，写了《形式逻辑与辩证法》一文，发表在1956年2月号的《新建设》杂志上。这篇文章引起了毛泽东的注意，对于此文的探索精神和新见解十分赞赏。

1957年2月16日，毛泽东召集中央报刊、作家协会、科学院负责同志开会。当谈到批评要有说服力时，毛泽东说："《新建设》上周谷城写了一篇逻辑问题的文章，我看也不错。"

同年春天，毛泽东来上海。有一次，在吃晚饭之前，他把周谷城找去，对周谷城说："你的逻辑论文写得很明确，要继续争鸣下去。"

周谷城说："不得了，火箭炮似的批评冲起来，我受不了。"

"有什么受不了，辩论就是嘛。"毛泽东不以为然地说。

"我的意见很少人赞成，我很孤立，成了众矢之的。"

"你的意见有人赞成，并不孤立。"

"怕不见得。"周谷城说："如果有人赞成，那当然可以鼓励我。"

"人民大学里的一个刊物，好像是《教学与研究》上，有人写文章，引了你的意见。"

"我没有看见。"

"我可以叫人寄给你看看。"毛泽东说："不要害怕，要积极地写，有话不说是不舒服的。"

毛泽东回到北京，果然叫人给周谷城寄来了几本刊物，里面有些地方还折角作出记号，这些记号大多是引用周谷城观点的原话。

一次，毛泽东又来到上海，由陈毅召集座谈会，会场就设在上海展览馆电影院楼下西厅里，被邀的教授、学者、专家约30余人，周谷城也被邀请。陈毅见周谷城来了，便向毛泽东介绍说："历史学家周谷城教授。"毛泽东把周谷城拉到自己的身边，笑着说："老朋友，老朋友。"随即又问道："你还在复旦吗？"

"还在复旦。"

"身体吃得消吗？"

"身体倒很好，只是书不易教好。尤其是解放后，思想跟不上，不易教好。"

"不要紧，慢慢来，总要有一个过程，书总是会教好的。"毛泽东宽慰着，随即又问："材料呢？"

"我教世界史，除了从外文书本上找一些资料，供自己参考外，很少用其他材料。"

"哦，应该了解外国嘛。"毛泽东听说他引用外国资料，显得很高兴，频频点头，随后又说："我国的历史很长，文字记载的东西很多，地下发掘出来的古物也很多，要充分利用地下发掘的材料。"

"是，是的。"周谷城也连连点头。随后说："解放前，有一次我回家乡，居然有人恭维我说：'你学问这样好，为什么不找个军长当一当？何必去当教授？'"

毛泽东听罢哈哈大笑，随后用手一挥，说："那是过去啊！今日之教师、教授非昔比了，现在的教师是人民的教师，现在的教授是人民的教授了。"

1957年，上海市委召开宣传工作会议，周谷城在会上作了发言，号召国人赶快树立法制精神。毛泽东知道了，特邀他去北京做客。

周谷城一到毛泽东的家，毛泽东就对他说："法制精神可嘉，相期努力。"说着，就指着一张椅子叫他坐下。

周谷城坐下后，他又笑容满面地问："书教得怎样？学生学得怎样？"

周谷城回答后，他又问："文章写吗？展开学术讨论吗？"

周谷城想他工作如此之忙，居然还关心他的学问和教学，有点过意不去，便说："主席啊！您太累啊！"

"我已经习惯了。"然后又说："我也是讲一张一弛的。"

不知怎么，两人谈到了游泳。

毛泽东说："凡水皆可游，游泳池的水是水，游泳池的水也可游。"

周谷城心领神会，知道他在引用自己的说话方式，因为他曾就形式逻辑的问题发表过看法，于是便说："形式逻辑这东西是敌我共同的武器，我方可用，敌方也可用，它是没有阶级性的。"

"何以见得！"

"例如：资产阶级说，凡生产资料应该私有，大工厂是生产资料，所以大工厂是应该私有的。无产阶级说，凡生产资料应该公有，大工厂是生产资料，所以大工厂是应该公有的。"

"噢！"毛泽东笑了："言之成理，也有力。"

"真的吗？"周谷城有点不相信。

"是啊，"毛泽东说："我也是按三段论办事的。我有一次在南宁时，打算游泳，南宁的同志这也怕，那也怕，居然打电报给总理，要总理制止我游水。这时，我便说，凡水皆可游，南宁的水是水，南宁的水也可游。这不是很合三段论法吗？我这么一说，便让我下水了。"

周谷城与在场人听罢，不禁笑起来了。

"还得补充，"毛泽东见周谷城笑得厉害，又补充说："在凡水皆可游上面要加上几个条件：一是水只有一脚背深游不得；二是近沸腾了的水游不得；三是结成冰块的游不得。"

周谷城说："大前提真实与否，逻辑自己是管不了的。"

1958年6月，周谷城去北京开会，忽然接到毛泽东打来的电话，要他到中南海去谈一谈。他遵命前往，只见毛泽东正在露天游泳池旁的帐篷下看书。

"你会游泳吗？"毛泽东一见到他，就问。

"小时，在家乡的小河里或池塘里，也可以浮游几十码，不知现在还浮得起么。"

"试试看。"

于是两人换上游泳裤子，一同下水。毛泽东从深水一端下水，游起来了，周谷城从浅水一端下水，一直不敢到没顶的深水里去。

"来啊。"毛泽东向他招呼道。

周谷城说:"我既不能深入浅出,也不能由浅入深。"

毛泽东见他仍不敢去深水处,估计他水性恐怕不很高,就吩咐工作人员给他竹竿和橡皮圈。

游罢上岸,周谷城穿上衣服,毛泽东只披一件浴衣,又坐到帐棚下,拿起一本大字本线装的《汉书》,翻到第六十九卷《赵充国传》,其中有一段说赵充国"不敢避斧钺之诛,昧死陈愚,唯陛下省察。"又说:"充国奏每上,辄下公卿议臣。初,是充国计者什三;中,什五;最后,什八。有诏诘前言不便者,皆顿首服。"毛泽东指着这两段,对周谷城说:"这个人很能坚持真理,坚持正确的主张。他的主张在开始时,赞成的人不过十分之一二,反对的人达十之八九。但到后来,逐渐被人接受了,赞成的人达十之八九,反对的却只十之一二。"说到这儿,他合上书,又继续说:"真理要人接受,总要有一个过程。无论在过去历史上,或现在。"

毛泽东又说:"知识分子的改造也是有个过程的。"

当周谷城将要走时,毛泽东又对他说:"在学术上要敢于争论,不要怕犯错误。"

不久,毛泽东又在上海召周谷城去谈了一次话。

1958年1月,毛泽东在杭州时,还特意派飞机来上海,将周谷城、谈家桢、赵超构三人接到西子湖畔,共同探讨学术问题,他与周谷城谈的仍然是逻辑问题,希望他继续写文章。

周谷城得此鼓励,于是同年又在《人民日报》上发表了论述形式逻辑与辩证法的文章,毛泽东见了很高兴,立刻派人打长途电话给上海市委,叫周谷城去中南海。

周谷城坐飞机去北京,到了中南海,见到毛泽东才说了几句话,毛泽东又把话题转到逻辑问题上来了。他说:"问题移到《人民日报》上来了,讨论可能展开。"

周谷城说："我把形式逻辑与辩证法联在一块讲，却又把它们严格划分，恐怕不易有人信。"

毛泽东夹用英语说："formal logic 本来就是 formal 的，要把它同辩证法混同，甚至改成辩证法，是不可能的。它是一门独立学问，大家都要学一点。"

"中学高年级、大学初年级学一点是很好的。只怕教不好，学不到手。"

毛泽东说，学了一点，自己在生活实践中应用，入了门，总会搞通的。

一次，毛泽东又到了上海，陈毅在锦江饭店设便宴招待他，并把周谷城和陈望道找去作陪。吃了晚饭，一起去锦江小礼堂看文娱节目，其中有个戏是有关李自成的一段历史。

舞台前放着两张大沙发，那是特意给毛泽东和陈毅留着的。但毛泽东却不去坐，而是与周谷城、陈望道等坐在中间一排小椅子上，并笑着说："我们就甘居中游。"

"这里中游好，能看得清楚些。"周谷城随即补充道。

关于李自成的戏快开演了，周谷城随意说道："有人说，洪承畴之投降清朝具有善意，目的是减少汉人的大遭屠杀。"

毛泽东带着微笑说："有此一说，不可不信，但亦不可全信。事情不甚简单，怕还要有些调查研究。"

在上海期间，毛泽东还对周谷城说："最好把西方哲学史上哲学家所讲的逻辑，每一个人的，都给写一篇或几篇说明介绍的文章，从古到今，来它个系统的叙述。"

"是。"

"另外，"毛泽东又说："最好把所有的逻辑书，不论是新的或旧的，过去的或现在的，一律搜齐，印成大部丛书，在前面写几句按语式的话，作为导言。"

"好的。"

周谷城非常赞成毛泽东的建议,很想把这套书搞出来,遗憾的是,出于种种原因而未能如愿。

除了历史与哲学,周谷城与毛泽东还有一段文学上的佳话。

1961年5月1日,毛泽东在上海与各界人士共度劳动节。那天晚上同座的除周谷城外,还有陈望道、沈体兰、沈克非、周信芳、金仲华、曹荻秋等。大家所谈的都是生活琐事,但毛泽东却很感兴趣,听得很起劲。他一会儿问周信芳的年龄,一会儿又问沈体兰的年龄。互相之间都很自然,毫不拘束。

当周谷城辞别毛泽东回到家里,夜已深了。大约在11点钟左右,他正睡在床上,电话铃响了。一问,才知是《解放日报》社的记者打来的。

"有什么事吗?"

"我们想请您就今天见毛主席一事,写一首诗或一首词,准备发表在明天的《解放日报》上,以作为对主席的欢迎。"

"不行,不行,我写不好。"他一听,连忙推谢。

"不要紧,要求不高,就写一首好了。"

"主席是内行,要求不能不高。"

"求您,就写一首。"记者强求了。

周谷城看看推辞不了,只好答应了。当晚写了一首题为《五一节进见毛主席》的词:

是此身多幸,早沐春风。蠲旧染,若新生。又这回倾听,指点重重:为学术,凡有理,要争鸣。情未已,兴偏浓,夜阑犹在诲谆谆。况正逢佳节,大地欢腾。人意泰,都奋进,莫因循。

第二天的《解放日报》把这首词登了出来。毛泽东见后,又打电话叫他去。

5月3日下午3时,当周谷城来到毛泽东的客厅时,他正在看报,一见到周谷城,便站起来说:"词一首,看到了,怕不止一首吧!"

"只有一首,"周谷城忙分辩:"我从来没有在报上发表过诗词,这确是第一首。"

"总怕不止一首。"

"主席是内行,要求不能不高。"周谷城说:"平时,我也偶然写几句,那是附庸风雅。"

"附庸风雅有什么坏处?"毛泽东说。

"附庸风雅的人,无非是发发牢骚而已。"

"发牢骚有什么不好?"毛泽东又说。

讲到牢骚,周谷城忽然想起了有人对《离骚》的解释,便说:"据说,屈原的《离骚》就是牢骚,说是'离''牢'同声。"

"可能是这样,但也未必一定。"

周谷城于是进一步解除顾虑,以说笑话的方式说:"离骚可能就是牢骚,牢骚可能就是啰唆。牢、罗同声,骚、唆也是同声。念啰唆,可能就是发牢骚。"

毛泽东微笑地听着,没有吭声。

周谷城又笑着说:"主席教我们说话要风趣,真该好好注意。"

"是呀!老是干巴巴,有什么味。"

"我近来替'风趣'找出了一种解释:智慧超过需要时,可能有风趣;智慧赶不上需要时,不仅不能有风趣,可能要丢丑。"

毛泽东仍然微笑着,对他的见解不加评判。

那天,吃罢晚饭,周谷城告辞回家,毛泽东一直把他送到汽车上。

1965年,毛泽东来上海时,又一次召见了周谷城。当时陈丕显也在座。这次谈话的范围十分广泛,但主要还都是古今中外的文、史、哲方面的内容。

在谈到中国的哲学史时,毛泽东说:"胡适之的《中国哲学史》只写了一半,就没有下文了。"

周谷城也跟着说："胡的白话文学史，也只写了一半，就没有下文。"

在谈到佛教的时候，毛泽东又说："中国佛教史没有人写，也是一个问题。"

随后他们又谈到了旧体诗，在谈到李商隐时，周谷城情不自禁，就用湖南腔调哼起了《马嵬》一诗，当哼完五六两句时，最末二句一下记不起来了，五六两句连哼了几遍，还是想不起下文。于是毛泽东代哼道："如何四纪为天子，不及卢家有莫愁。"

周谷城这时才陡然想起，于是又跟着他哼了一遍。

就在这次见面后的第二年，毛泽东发动了"文化大革命"，周谷城被上海的造反派作为反动学术权威揪出来批斗，关进"牛棚"。在此危难之时，传来了毛泽东的声音，当他听到毛泽东说，"周谷城的世界通史还没有写完，书还是要让他写下去"时很感动。

1976年9月，毛泽东去世，周谷城闻讯后，作《哀悼毛主席》七律一首，诗云：

秋深日午朔风号，领袖惊传别我曹。抢地吁天呼不应，伤心惨目泪如潮。五洲魑魅魔还在，百国工农恨未消。且化悲哀为力量，继承遗志夺高标。

记毛泽东与张元济的交往

张人凤

祖父张元济与毛主席第一次晤面是在 1949 年 9 月第一次全国政协大会期间，但以毛主席为首的党中央对他的信任和关心却远早于此。1949 年 5 月 25 日，上海解放前夕，中共中央致电中共华东局和上海市委，告以已决定聘请黄炎培、陈叔通、张元济、颜惠庆等 14 人为上海市政府顾问，冀望他们在以后新上海的政权建设和统一战线工作中发挥作用。8 月间，陈毅、潘汉年来信对祖父说："昨接我党中央来电，人民政协筹委请先生作为邀请单位代表出席会议，并望于 9 月 10 日前抵平。"祖父这时已 83 岁高龄，全国解放时，他是唯一健在的戊戌老人。戊戌变法以后，他长期远离政治舞台，倾全力创办、经营商务印书馆，把它办成当时全国最大的出版单位，在世界上也有一定的影响。30 年代，他对当局在日本侵略者面前步步退让的态度表示了不满，抗战胜利后，他看清了国民党政府发动内战，致使经济崩溃、民不聊生的现实，走上了争取民主、反对内战的道路，支持爱国学生运动，发表反内战的公开演说。上海解放以后，他积极投入政治活动，为新上海的建设献计出力。9 月上旬他到达北平之后，参加了政协繁忙的准备工作，出席各项预备会议，对《共同纲领》的制订，提出了自己的看法，有好几条建议最终被采纳。例如他建议在国民经济部分中增加

"发展海运事业"一项，还建议将讨论稿中"废止肉刑"一语删去，因唐宋以来早已废止，民国以来鞭笞亦已禁止，所以写入《共同纲领》反而不好。

在全国政协第一届全体会议召开期间，他除了在大会场内见到毛主席，与毛主席一同当选为主席团成员并登上主席台之外，使他不能忘怀的是有机会几次和这位领袖单独交谈和书信往来。

9月19日下午，午休时间刚过，陈毅来到祖父下榻的六国饭店，说主席邀他同游天坛，主席已在天坛等候了。祖父到达天坛时，毛主席在祈年门外与祖父握手，先寒暄了几句，接着陈毅介绍了同游的刘伯承、程潜、李明灏、陈明仁等。他们一同游览了祈年殿，参观了东厢房陈列的古乐器等文物。在皇穹宇外侧的松柏林内休息饮茶时，毛主席对祖父说，我们领导的这次革命不只是共产党的革命，而实际是人民革命。毛主席还问祖父关于戊戌变法时的情形，询问了光绪皇帝召见时的礼节，以及当京官时的俸禄几何，祖父一一作答。主席又说到他读过商务印书馆出版的书，如科学大全，从中得到不少新知识，他认为商务出的书有益于民众。主席和老人第一次晤谈，说古论今，亲切而又自然。

9月30日，政协大会选举了国家领导人，计票期间，祖父与主席一同前往天安门广场，为人民英雄纪念碑奠基。10月1日下午，登上了天安门城楼，聆听了毛主席宣布中华人民共和国中央人民政府成立的庄严宣言，看到了毛主席亲手按动电钮升起了第一面五星红旗。以后，他与家人谈起了当时的激动的心情。这一夜他思绪万千，不能入寐。他想起了1840年以来中国外侮不断的苦难历史；1894年当他刚踏上社会不久，还是一名年轻官吏的时候，中国蒙受了甲午战争的失败；1898年他与一批接受了新思想的官员变法维新，以他熟识的六君子惨遭杀害而告终；辛亥革命虽然推翻了清王朝，但国家仍处于四分五裂之中；三四十年代日本侵略军的铁蹄蹂躏了大半个中国，商务印书馆数次受到日寇的轰炸和掠夺，陷入几乎无法支撑的地步，而当时的政府却无力保护自己的人民和民族工商业、民族文化事业。这一天，他确信中国有了新的政府，有了他本人寄予无限信任和希望的领导人，中国可以从此走出黑暗，进入光明的未来。他披衣而起，给毛主席写了一封信。短短数行，概括了他此时此刻的心境。他写道：

> 昨日会推元首，我公荣膺之选，为吾国得人庆也。英伦三岛昔以鸦片强迫售我。林文忠焚毁，乃愿辄于半途，酿成辛丑条约之惨。桎梏百千，贫弱日甚，后虽设禁，终多粉饰。我公发愤为雄，力图自强，必能继前贤，铲此烟毒，一雪此奇耻。

他托商务印书馆北京分馆买了一部版本最好的林则徐著作《林文忠政书》，一并送呈毛主席。毛主席收到之后，10月5日即有复信：

> 大示并惠书两函均已收到，谨谢厚意。敬祝兴居佳胜，并候树年世兄健进。

10月11日晚上，毛主席邀请周善培老先生和祖父一同在他中南海寓所晚餐。这次又是陈毅来邀，我的父亲张树年亦陪同前往。粟裕同志在座。菜肴简朴，餐桌上不乏适合湖南人、四川人口味的红辣椒。席间宾主作了一次深谈。祖父谈到应设法使下情上达，报纸宜酌登来稿，以广言路，但作者必须有确实的姓名、地址。主席说可以在报上专辟一栏登载。祖父又说到新中国的建设事，最重要的是交通。毛主席谈到了鞍钢和纺织业。还谈到了汉字拼音化问题、读经问题等。直到十时三刻，两位老人才告辞。

后来，祖父回忆在北京会见毛主席和其他中央领导人的情况，对家人说过这么一段话：他见过光绪皇帝，光绪想把国家弄好，但是过于软弱；他见过袁世凯，那只是一个奸雄；他见过孙中山和蒋介石；到了今天，他见到了毛泽东，才看到中国有了希望。

1949年12月，祖父在商务印书馆工会成立大会上致辞时，突患脑血栓，当场不省人事，被急送医院抢救。以毛主席为首的党中央对他的健康十分关心，当时主持上海工作的陈毅同志以及华东局统战部的同志，多次去医院探望。住院治疗半年，虽留下了难以治愈的半身不遂后遗症，不能下床行走，但脑神经基本得到恢复，记忆力大为好转，并恢复了几十年来天天仔细读报的习惯。遇阴雨天光线不足时，但挑出几段新闻，叫我朗读，这样既可节省目力，又让我从小培养读报的习惯和能力。记得1950年时，令他最为感兴趣的新闻之一是人民解放军逐渐向西藏的挺进。到了这一年年底，他自感身体健康已大致复元，不胜欣喜，写了两首七绝诗，请商务印刷厂用红色排印，分寄给亲友，表示感谢病中他们所给予的关心。其中第二首为：

积雪西陲今渐化　　怒涛东海证难平
祈天我欲须臾缓　　扶杖来观告武成

这首诗他当然没有忘记给毛主席寄去。毛主席收到以后，为老人的健康有了恢复而高兴，即嘱秘书写了回信，表示对老人的慰问，这使祖父十分感动。四五月间，他的著作《涵芬楼烬余书录》由商务印书馆出版，就马上给毛主席寄去一部，并附信报告了身体状况和一首诗作《久病渐起聆医言有感》。

7月，毛主席在百忙中给祖父写了回信。主席的亲笔信，用的是中国人民革命军事委员会的直式大信封，从信封上那有力的毛笔草书，一看就知道这是毛主席的亲笔信。毛主席来信了！顿时家中上下兴奋不已。信中说，惠书并附大作及书一函均收到了，"积雪西陲"一诗甚好。并告知中国人民解放军即将进入西藏。

看来，主席对老人的心情是十分了解的，否则他怎么会把信的重点着意于"积雪西陲"一诗并传达了我军即将到达拉萨的信息呢？老人读信之后，备受鼓舞，他不顾炎夏卧病在床之苦，将数月前构思、撰写的一首古诗《西藏解放歌》润色，又费了很大劲用正楷誊清，同时写了一封长信，就西藏和平解放以后发展文化教育问题，于8月29

日一并寄呈毛主席。

《西藏解放歌》是一首采用长短句的古体诗，共49句，309字。从西藏地理环境讲到民族历史，最后对西藏的未来，表示出无限希望："人定胜天，以先知觉后知；兢兢业业，终能博进于天涯。谓予不信，试于十年二十年后，攀登万古积雪不化之峰巅，俯瞰前后两部满地灿烂自由之花。"

由于祖父一生致力于文化、出版、教育事业，他关心的重点，也就在这些方面。8月29日给毛主席的信中，他很具体地提出了经过深思熟虑的四项建议，今摘录部分如下：

一、首都宜特设西藏语文专校。……今宜特别设施，优其廪饩，令藏胞选迭聪颖子弟入学。邻近各省亦宜酌设分校，以植一道同风之基。

一、首都及邻近各省大学宜特设西藏语文专科。北京大学有东方语文学系。元济前为东方图书馆购得藏文《甘珠尔论藏》全部，凡百余函，后为北京大学东方语文学系借去，度必供研习藏文之用。未知生徒究有多少？亟宜推广名额，以备异日派入西藏参加军政各项工作之须。

一、宜编辑藏文常识之书，先就人民所需之知识，用极浅近之文义，以藏文编成小册图片，配以汉文，精美装印，运入西藏，广为分送，务使其家喻户晓。

一、凡有藏胞聚集之处，宜由当地政府领导人民常与集会，加意联络，使有宾至如归之乐。又国内大都市著名报纸及专科杂志，尤宜多载西藏近事，及其地理、史绩，物产、民俗等等。俾国内人民熟知藏中情况，养成休戚相关之谊。

毛主席于9月5日就亲笔写了回信。单从这么快就写回信这一点，就可以说明他重视老人建议的程度！回信说，《解放歌》具见热忱慷慨。建议各事都好，编藏文小册子尤为急需，已告知有关机构加力办理。我入藏先遣支队日内可到拉萨,沿途得藏人热烈欢迎。

此后不久,我们家就有了一份藏文版的《人民画报》,持续送了好几年。这显然是毛主席知道祖父关心藏文的书刊出版,而吩咐有关部门送来给他看的(实际上祖父并不认识藏文)。

1953年初,祖父收到了毛主席签署的中央人民政府任命他为华东行政委员会委员的通知书。同一年,上海文史研究馆成立,他被任命为馆长。文史研究馆是在毛主席创导下,于北京、上海等地先后设立的统一战线和文化学术机构。当时我国有不少从旧中国过来的知识分子,由于连年战乱、经济凋敝,不少人处于年迈贫病的困难境地。50年代初国民经济稍有起色时,毛主席就考虑到这批老知识分子,创设文史研究馆,使他们生活既有保障,又能发挥专长,从事文史研究工作。祖父一开始得悉让他当馆长的消息时,坚辞不就,原因是自己半身不遂,无法进行工作。推辞了好几次以后,他的好友陈叔通先生从北京给他透露了一个"内部消息",说上海文史研究馆馆长一职的人选是毛主席提的名。这才使祖父打消了辞意,接受了任命。后来的事实证明,文史研究馆的设立和工作的展开,体现了党关心和尊重知识分子的政策,受到社会各界的高度赞扬。

1956年,国民经济已经历了几年连续稳步的发展,建设成就不断涌现,使祖父在晚年看到了他一辈子所向往的太平盛世。同时,他也希望看到台湾的回归祖国的统一。一天,他说"我忽发奇想",打算给蒋介石写一封信。他在信中从与蒋同为浙江人,又曾在庐山见过一面说起,举了历史上浙江钱武肃王的例子,劝蒋以大局为重,实现祖国的统一。可见老人盼望祖国统一的急切心情。

此后,陈叔通曾来信,转达了毛主席对他的致念。

1957年以后,祖父病情加重,住入华东医院,在那里度过了最后的两年。1958年春,周总理来上海,他代表毛主席去华东医院探望。这时祖父体力已见衰竭,说话困难,但他能认出周总理,勉强说出一句话:"毛主席好。"

　　这些往事已过去三四十年了。革命领袖与一位老知识分子,在人民共和国最初十年间的一段交往与友谊,是很值得记述下来,并使之流传下去的。今以此文,作为对毛泽东诞辰一百周年的纪念。

毛泽东与张维的友情

魏耀华

在纪念伟大领袖毛泽东诞生100周年之际，回忆毛泽东同志关心知识分子、老朋友的深情厚谊，回忆他亲切会见和多次函（电）张维，关怀我们全家的情景，使我们再次受到教育和激励。

张维，字楚珩，1898年生于湖南浏阳，是毛泽东的老朋友。他年轻时就读于湖南湘雅医学院，留学于美国哈佛大学，获硕士学位后，回国长期从事公共卫生工作。

张维学生时代，就同毛泽东相识了。经常与毛泽东、杨开慧在清水塘见面，谈论时局和学生运动。五四运动蓬勃开展，张维以满腔热情，投入这一伟大运动，担任了湘雅学生会会长，并被推选为由湖南中等以上学校派代表组成的湖南学生联合会首任会长。当时，毛泽东在湖南领导发动学生罢课，反对军阀张敬尧，开展声势浩大的驱张运动。湖南学生在毛泽东领导下，向当时的北平政府发电报，要求撤销张敬尧之职，组织了赴京驱张请愿团。张维和他的同学李振翩，作为湘雅的学生代表，同其他各校代表在武汉集中时，一致推选毛泽东为驱张请愿团的团长。在学生运动期间，湖南办起了《新湖南》杂志，张维是创办人之一。但是他和几位朋友对杂志办不太好，就写信给毛泽东，邀请他来担任主编。后来在毛泽东主持下，《新湖南》办得很有声色，对湖南学生运动起了很好的指导作用。以后，这份杂志改名为《湘江评论》，在毛泽东主编下，成了一份闻名全国的杂志。

张维自湘雅毕业后留学美国，在哈佛大学攻得硕士学位回国时，正值我党同孙中山领导的国民党实行第一次国共合作，毛泽东当时在国民党内担任一定领导职务。张维与毛泽东重逢后，结合专长从事公共卫生医疗工作。中国共产党为发展统一战线，毛泽东介绍张维加入孙中山领导的中国国民党。

此后便是一别多年。

1945年，毛泽东为了人民的利益，不顾个人安危，亲赴重庆与蒋介石谈判。当时张维在重庆。毛泽东在国共谈判紧张、繁忙的间隙，挤出时间在中共驻重庆办事处邀见阔别了近20年的张维。他们老朋友久别重逢，格外高兴。他们回忆过去，互道别后思念，展望祖国的未来，交谈近一个小时。在谈话中，毛泽东曾征询张维，是否一起去延安？张维说："这次恐难成行，但我会为着中国人民的卫生事业努力做自己的贡献的。我盼望着与你再重逢。"毛泽东说："好！我们一定会再次重逢。你现在不能去，但同样可以为人民的卫生事业做些工作。"果然，在张维转赴上海担任联合国善后救济总署卫生业务委员会主任期间，以该总署章程中可利用的条款，组织了一批美国援华药品，装上几艘民船，亲自护送到新四军所在的江阴地区，解决当地军民所需药品燃眉之急。以后张维担任上海市卫生局局长。旧中国的公共卫生工作极难开展，他对当局的腐败和不支持公共卫生工作很不满。经多次提出辞呈，终得离任。而后拟绕道去解放区。就在这时，在张维身边工作了多年的几个同事，向张维转达信息："毛泽东要张维和赵祖康留在上海。"上海解放后，才知道这同事中有两位原来是工作在张维身边的中共地下党员。赵祖康与张维是朋友。张维担任上海市卫生局局长期间，他是上海工务局局长。他们两人一起留了下来。

上海刚解放不久，华东军事管制委员会的干部崔义田是上海解放后第一任卫生局局长，后升任卫生部副部长。他向张维自我介绍后，讲了来意。他说："我是遵照毛泽东同志的指示来看望、问候您的，毛泽东同志邀请您出来工作，并让我先听听您的意见。"张维见到毛泽东派来的代表，很感动，说，"我很高兴接受毛主席的邀请，也很愿意在有生之年为人民的卫生事业贡献自己的力量。至于做什么工作，我想主要为培养新一代公共卫生人才出力。本来我准备回自己的母校——湘雅医学院，但也可以留在上海。请你转告毛泽东同志，由他定夺好了。"不久，张维接到中央军委有关部门通知，请他出任上海第二军医大学军队卫生系主任，并明确为一级教授。

"毛主席非常关心老朋友，他是很念旧的。"这是张维经常讲的一句话。在新中国诞生将近一周年之际，张维收到了毛泽东9月19日写给他的第一封信。信中说：来信收读，甚以为慰。令堂大人八十寿辰，无以为赠，写了几个字，以致庆贺之忱。在另一张信笺上，毛泽东为张维母亲的八十寿辰题词："王福庆老夫人八旬致庆，如日之升，如月之恒"。我们全家都为之欣幸，尤其张维母亲，收到毛泽东的贺信后，特别高兴和激动。她对张维和我说，"毛主席国家大事那么忙，还写信给我祝寿。你们要告诉孙辈，时时都要记住毛主席的恩情，永远跟着毛主席、共产党"。张维母亲还说，"今天又使我回想起过去毛主席在湖南时，冒着生命危险为革命、为救国四处奔忙的情景。"

蒋、汪背叛革命后，追捕、屠杀革命者。一次，毛泽东处于危险境地，张维的母亲巧妙地将毛泽东掩护了起来，保护了他的安全。

毛泽东对张维无比关怀。1957年，张维突患高血压中风。我是张维的妻子，毛泽东得悉后即于4月15日给我发来电报，说：来信收到，深为系念。病情虽重，可能痊愈。尚望安心休养，争取好转。家属诸同志努力上进各节，自当遵嘱帮助，以尽故人应尽之责。请张夫人随时以情况见告。在毛泽东亲自过问下，上海市、虹口区、长春街道党、政领导，第二军医大学各级领导，对张维做了更周详的关心、照顾。华东医院对他作了积极、有效的治疗，张维病情很快得到稳定并逐步好转。张维病后半身偏瘫，右手不能写字，他就练习用左手写。以后每年都用左手给毛泽东写一至二封信，感谢他的关怀。以后左手写字比较灵活了，信也写得长了一些。信中还时常向毛泽东提出有关改进公共卫生工作的建议，并向毛泽东提出自我养生之法等。毛泽东也在百忙中回信表示感谢。

1961年5月7日，是张维及全家最难忘的日子。继1945年毛泽东与张维在重庆阔别15年后，他们又一次重逢了！

5月7日下午，上海市委给张维打来电话："高兴地通知您，毛主席将于今天下午会见您及您的夫人。我们即派车来接，请准备。"张维和我来到锦江饭店会客厅门口，毛主席正缓步朝门口迎来。张维虽行动不便，但在市委领导和我的搀扶下，使劲快步向前，边走边喊着："毛主席、毛主席！"张维右手不便，毛泽东伸出左手，与老朋友紧紧相握，亲切问候。坐定以后，两人用湖南家乡话拉起了家常。他们一起回忆了青年学生运动及在第一次国内革命战争时期共事的情景，回忆了张维母亲当时对他的掩护，回忆在重庆分别后共同的思念。毛泽东赞扬张维过去为抗日活动积极奔走，……毛泽东对张维说："你是一位爱国的民主人士。"毛泽东还对张维解放后不辞辛劳地培养新一代公共卫生人才，终致积劳成疾，再次表示亲切慰问。毛泽东看到张维身体状况已有好转，深为欣慰。他对张维说，"你要继续好好休养，身体可能康复。"并转向我说："张夫人今后主要应以照顾张维早日恢复健康为主要任务，有什么困难，向我提出来。"张维连声地说："上海各级组织对我安排、照顾得很好，我非常感谢。"会见中，毛泽东还向张维询问了各个子女的姓名及所在单位。张维很关心地向毛泽东询问健康状况。毛泽东幽默地说："你看，我每天还要抽一包香烟，身体不是很好吗！"并说，"我一直坚持着打乒乓球、游泳、步行等体育活动。"张维听后，非常高兴，但还是向毛泽东提出了一些健康长寿的建议。毛泽东微笑地听着，不断点头。张维希望得到毛泽东的照片留念，毛泽东答应说过一段时间送来。亲切的会见，历时一个半小时。毛泽东亲自把我们送到门口，频频挥手，目送张维远去。

1960年6月的一天，我的工作单位——上海第一制药厂领导来叫我，说市里一位同志来访。原来是市委统战部的吴尊为同志，他说，"陈丕显书记已在你家里看望张维，让我马上接你回去。"陈丕显见我回来，对张维和我说，"市委主要领导同志现在等着会见一下张夫人，请立即就去。"并对张维说，"以后我们会再来看望你。"张维对陈丕显的探望表示感谢，并请转达他对市委主要领导的感谢。

我到了锦江饭店，陈丕显这才告诉我说，"今天要见你的，不是市委主要领导，而是毛主席。毛主席很想会见张维，但考虑若突然会见，他一下子太兴奋、激动，对于一个患了高血压中风病的人，恐反而不好，故要先向你了解一下有关情况。"毛主席如此细致地关怀张维，我非常感动。我马上要幸福地见到敬爱的领袖，心情特别激动。见到毛主席，我讲些什么？思想又很紧张。我见到毛主席后，见他和蔼、平易近人，虽是领袖，又同普通人一样的待人，紧张的心情很快平静了下来。我一一回答了毛泽东有关张维情况的询问，并说，"张维很想念您，希望再次与您相见、重逢。"毛泽东听后稍作考虑说："那我现在就去看他，好吗？"我听毛泽东这么一讲，倒又犹豫起来。我们家住弄堂房屋，不便接待主席兼且张维还无思想准备。我便说："我想先给张维打个招呼，让他有点思想准备。"毛泽东说，对嘛，要先让他有点思想准备啊。我下次来上海时，再会见他。我回到家里，向张维全面介绍了毛泽东刚才会见的情况，他非常兴奋，盼望着毛泽东下次早来上海。

事隔一个多月，张维收到毛泽东于1960年9月写来的信，说收到张维的信很高兴，下次赴沪当图良晤。要张维好好养病，不要忧虑。如有困难，率直告他。并向我问候。

在毛泽东会见张维以后才两个月，一位女同志登门来访。原来是毛泽东请她给张维送函件、照片、款项来的。送来的信是毛泽东1961年7月9日写的。信中说，送上照片三张及薄物一份，尚祈哂收为幸。顺祝贵体早日康复，并问夫人安好！张维读信后，高兴地从来人手里接过上有毛泽东亲笔签名的三张照片，长时间地反复端详。一张是毛泽东半身像，一张是毛泽东握手迎接张维，一张是亲切会见中愉快交谈的情景。来人还将5000元款交给张维说："毛主席让我转达，这是他个人稿费中的钱，是表示对您养好病的心意。"对于这笔赠款，张维很犹豫，觉得受之有愧，又感却之不恭。反复考虑，这是毛泽东对老朋友的深情厚谊，决定收了下来，并存入银行。张维写信给当时全部在外地工作的各个子女，"你们要把毛主席的关怀当作前进的动力，更好地学习和工作。毛主席的赠款，给世世代代留作纪念，都不能去花它，永久存在银行里，支援社会主义建设。"

以后，张维每年都要写信给毛泽东，毛泽东在百忙中，又于1963年给张维回了两封信。1963年3月31日写的信中说，前后数信都已收到，甚为感谢。身体好一些吗？甚为悬念。顺问魏夫人康吉。1963年12月14日写的信中写道，多次来信并附件都收到了。深情厚谊，关心政治、卫生工作和我个人养生之情，极为感激！久未函复，尚乞原谅。敬祝病体逐渐康复。并问魏夫人好。毛主席致张维的六封函（电）原件，我们已呈交中央办公厅保存，中央已选印了两封，刊登于《毛泽东书信选集》中。

张维自1957年患重病偏瘫后，未能继续从事教学工作，但其一切关系仍在第二军医大学。"文化大革命"初期两年，他还没有受到什么冲击、干扰。但到1968年至1969年期间，先是突然来了一批人到张维家查抄，后又来了几个人办"专案学习班"。说在他们手里有一份潜伏特务名单，逼供张维承认是被派潜留下来的。对于这种无中生有的捏造，张维当然不可能承认。他理直气壮地回答专案人员，"是毛主席叫我留下来的。上海解放后，我做的工作也是毛主席安排的。我患重病后，十几年中的养病，更是直接得到毛主席的关怀。毛主席最了解我，你们干什么不去问毛主席，却在这里要我交代没有的事呀！"虽然当时第二军医大学已从上海远迁至西安，帮不了张维什么忙，但这个专案班也没有什么"收获"，过一段时间，这几个人也不来了。事后我们才知道，"专案班"的不了了之，是因为被毛泽东知晓而制止了，是毛泽东亲自保护了处于困境的张维。

事隔几年，毛泽东再一次对张维的亲切问候，被他们共同的老朋友带来了。那是1973年8月，毛泽东和张维在青年时代的朋友、美籍华人李振翩教授，应毛泽东之邀，从美国来华访问。8月2日，毛泽东在中南海书房接待了李振翩教授及夫人。他们在交谈中，毛泽东向李振翩谈到张维在上海养病，请李教授访问上海看望张维时，代为问候。李振翩在上海见到张维时转达了毛泽东"务必代我向张维问候"的口讯。张维已有几年没有收到毛泽东的来信，在思念中听到了这个口讯，兴奋异常。他当即给毛泽东写信，表示要积极养好病，并争取再干十年。还不时向毛泽东提供改进我国公共卫生事业的建议。张维也写信给在各地工作的六个子女，要他们牢记毛主席的关怀和恩情，并向毛主席写信。不久，张维的子女们心情激昂地联名向毛主席写了发自肺腑的感激信，表达了要更加努力地学习和工作的决心。张维各个子女，在党的领导和毛泽东思想哺育下，健康地成长。他们先后都加入了中国共产党，有的在一定领导岗位上，有的是高级专业技术人员，为社会主义建设贡献力量。

张维于1975年去世。粉碎"四人帮"不久，他的骨灰被安置在上海龙华烈士陵园革命干部骨灰存放室。每当我及子女去探望张维骨灰时，便自然地缅怀着伟大领袖毛泽东。

没有毛泽东，就没有新中国。没有毛泽东，就没有我们全家的幸福。伟大领袖毛泽东，永远活在我们心中。

毛泽东和中国共产党的创立

华幸

1921年7月，中国共产党第一次全国代表大会召开，毛泽东和何叔衡代表长沙共产党早期组织出席了大会。这是毛泽东第四次来到上海。

探寻革命真理

青年时期的毛泽东在湖南发起组织新民学会，从一个学术团体，逐步发展成为革命团体。开始时，开展以"革新学术，砥砺品行，改良人心风俗"为宗旨的爱国学术活动。为了探寻革命真理，组织湖南青年赴法勤工俭学，领导了湖南的五四爱国运动，并把五四运动发展成驱逐军阀张敬尧运动、湖南自治运动，为此他曾两度赴京，三次来沪。

1918年8月15日，为了寻求革命真理，以新民学会为中心发动和组织湖南青年赴法勤工俭学，毛泽东与张昆弟、罗学瓒、李维汉、罗章龙等24人从长沙出发北上，19日到达北京。这是他第一次到北京。到京后他会同蔡和森等人以主要精力从事赴法勤工俭学的组织工作，为湖南青年筹集赴法旅费，创造赴法求学的条件作了大量工作，大家一致公认，毛泽东"出力甚多，才智学业均为同学所佩服"①。杨昌济老师对毛泽东、蔡和森也十分称赞，杨给章士钊介绍他们时说："二人是海内的人才，前程远大。请兄务必尽其可能帮助。"还说："君不言救国则已，救国必先重二子。"②

在北京期间，毛泽东为了生活的需要和去北京大学听课的便利，9月底，经杨昌济老师的介绍，到李大钊任主任的北京大学图书馆当助理员。在工作中阅读各种报纸杂志，吸收了许多新鲜有益的知识，并结识了许多名流学者，特别是结识李大钊使他受益匪浅。毛泽东在北京大学图书馆工作期间，不仅潜心研读了李大钊发表的许多介绍马克思主义学说的文章，而且有机会直接向李求教，并一起讨论了许多马克思主义的问题。在李大钊真诚的帮助下，使他对马克思主义产生了日益浓厚的兴趣，思想越来越激进，开始"朝着马克思主义的方向发展"③。

1919年3月12日，毛泽东偕同一批准备赴法勤工俭学的湖南青年离开北京，14日抵达上海。这也是毛泽东生平第一次来到上海。第二天就和吴玉章等在上海静安寺路（今南京西路）51号参加环球中国学生会等组织的欢送第一批赴法勤工俭学青年的活动，会后还摄影留念。在沪期间，他经常去南市斜桥湖南会馆看望在那里候船赴法的湖南青年，他语重心长地勉励大家：勤工之余要多多研究进步的思想学说，了解各国革命情况，有选择地加以吸收，将来回到祖国为革命作出贡献④。3月17日上午，第一批赴法勤工俭学的同学89人，其中湖南青年43人乘坐因幡丸轮从杨树浦黄浦码头启航，毛泽东和吴玉章等来到

---

① 《罗学瓒给祖父、叔祖父的信》（1918年10月16日）。
② 《蔡和森烈士传略》，《新湘评论》1979年第10期。
③ 斯诺：《西行漫记》，新华出版社1984年版，第132页。
④ 张国基：《回忆五四运动前后的毛泽东同志》，载《五四运动回忆录》。

码头为大家送行，久久才离去。

毛泽东组织大批青年出国留学，自己却留在国内。他认为："我们要有人到国外去看些新东西，学些新道理，研究些有用的学问，拿回来改造我们的国家。同时也要有人留在本国，研究本国问题。我觉得关于自己的国家，我所知道的还太少，假使我把时间花费在本国，则对本国更为有利。"[①]他确实也是这样去做，在这段时间里，他专心研究了"各种学问纲要"[②]和大量中国革命问题，他不仅为新民学会国内发展创造了良好的条件，而且为探寻革命真理打下了坚实的基础。

1919年12月，湖南人民驱逐军阀张敬尧运动进入高潮，毛泽东率领一个驱张代表团前往北京，争取全国舆论的支持，以造成全国范围内声讨张敬尧的声势。当月由长沙赴北京路过上海。适逢挚友蔡和森、向警予、蔡畅等在沪候轮赴法勤工俭学，他在沪稍事停留，与挚友们亲切话别后，未及蔡和森等启程，就率团北上了。

毛泽东到达北京后就与旅京的湖南学生和各界人士研究驱张的办法，并组织了旅京湖南公民驱张请愿团，他担任请愿团的负责人。为了揭露张敬尧的罪恶和传播驱张消息，争取舆论和各界的援助，代表团抵京后即组织了一个平民通信社，毛泽东担任社长。平民通信社除向京、津、沪、汉各报发稿外还直接向上海《天问》周刊发送了大量驱张运动的稿件。扩大了驱张运动的影响。

正当军阀张敬尧即将被驱逐出湖南时，毛泽东为了进一步研究新民学会的工作和欢送赴法勤工俭学的湖南青年，1920年4月11日离京来沪，于5月5日抵达上海。毛泽东等寓居在哈同花园边上一条小街——民厚南里29号（今安义路63号）。

毛泽东来到上海后连续在《时事新报》《申报》上发表了《湘人为人格而战》《湖南人再进一步》《湖南人民的自决》《湖南改造促成会复

---

① 周世钊：《湘江的怒吼》，载《光辉的五四》。
② 《毛泽东致周世钊信》（1920年3月14日），《新民学会资料》，人民出版社1980年版。

曾毅书》等文章，《天问》周刊上发表《湖南人民自决会宣言》，大力宣传在军阀张敬尧被逐出湖南后实行湖南自治，主张"湖南的事，应由全体湖南人民自决之。"认为湖南自治运动"最重要者，废督裁兵，钱不浪用，教育力图普及，三千万人都有言论、出版、集会、结社之自由"。年底上海泰东图书局出版《湖南自治运动史（上编）》一书中收入了毛泽东《再说"促进的运动"》《"湖南自治运动"应该发起了》等文章，这是上海最早收入毛泽东文章的一本论文集。

1920年下半年，毛泽东花了较大的精力从事湖南自治运动最终是失败了，尽管湖南自治运动含有某些空想社会主义的东西，但其主要方面是马克思主义的，他宣传了人民群众是历史的创造者，实行劳动人民当家作主。这一马克思主义唯物史观，是毛泽东把当时所理解的马克思主义原理运用来改造中国的一种尝试，因而在某种程度上是含有新式民主革命性质萌芽的东西。

5月8日，毛泽东和在沪的新民学会会员熊光楚、陈绍休、萧子暲、彭璜等12人来到上海南市半淞园聚会，欢送即将赴法勤工俭学的会友。毛泽东主持了这次会议。会友们情绪十分高涨，把送别会变成讨论会，对新民学会的任务，活动的方法，会员条件和入会手续，作了详尽的讨论，并作出决议。规定新民学会应采取"潜在切实，不务虚荣，不出风头"的态度，并规定新会友入会条件为："（一）纯洁、（二）诚恳、（三）奋斗、（四）服从真理。"① 半淞园会议这些规定对加强新民学会的思想建设和组织建设有着重要意义。5月9日②，毛泽东、彭璜等在沪会友来到黄浦江畔洋泾浜法国码头与赴法勤工俭学的会友陈绍休、萧子暲等6人"握手挥巾"告别。

---

① 《新民学会会务报告》《新民学会资料》。
② 《新民学会会务报告》与《毛泽东年谱》（1893—1949）上卷均记载为"5月11日"，现查考当时《时事新报》《时报》《晨报》均为"5月9日"。经考证，此处采用"5月9日"说法为宜。

这时，陈独秀、李达、李汉俊、陈望道等人正在着手筹建上海共产党早期组织，并创办上海马克思主义研究会。毛泽东两次赴京时就与陈独秀有过交往，对陈在五四新文化运动中有较高的评价，认为陈在倡导"科学"和"民主"上具有"至坚至高的精神"，是"思想界的明星"[①]。因而他曾多次赴霞飞路（今淮海中路）老渔阳里2号陈独秀寓所登门拜访求教，同陈讨论关于马克思主义的一些问题，商讨"改造湖南联盟"的计划以及在湖南建党等问题。毛泽东在后来回忆这段经历时说："他（指独秀）对我的影响也许超过其他任何人"，"和陈独秀讨论我读过的马克思主义书籍"，他"对于我这方面的兴趣也是很有帮助的"。"陈独秀谈他自己的信仰的那些话，在我的一生中可能是关键性的这个时期，对我产生了深刻的印象。"[②] 就在这个关键性的时期中，他通过各种途径，研读了各种马克思主义译本，获得了空前多的马克思主义理论，从而为他确立"对马克思主义的信仰"奠定了思想理论基础。可以这样说，毛泽东对马克思主义发生兴趣，迅速地朝着马克思主义的方向发展，确立了对马克思主义的信仰是与李大钊和陈独秀的影响、帮助分不开的。

长沙共产党早期组织的建立和活动

毛泽东第三次来上海，在与陈独秀的交往中不仅受到陈的启发教育，而且在建党问题上受陈的委托在长沙建立共产党早期组织。当时陈独秀"预备在一年之中，于北平、汉口、长沙、广州等地成立预备性的组织，然后于第二年夏天，开各地代表大会，正式成立'中国共

[①] 《陈独秀之被捕及营救》，《毛泽东早期文稿》，湖南出版社1990年版，第305—306页。
[②] 斯诺：《西行漫记》，新华出版社1984年版，第130—133页。

产党'"①。并确定长沙共产党早期组织"在湖南由毛泽东同志负责"②。毛泽东回到长沙后首先致力于与建党直接有关的宣传新文化、传播马克思主义与俄国十月革命经验的文化书社和俄罗斯研究会工作。

为创办文化书社,毛泽东在湖南《大公报》上发表了《文化书社缘起》一文,对为什么要创办文化书社时指出:过去"没有新文化由于没有新思想,没有新思想由于没有新研究,没有新研究由于没有新材料"。现在为要有新文化我们就"设立这个文化书社"。并指出:"湖南人现在脑子饥荒实在过于肚子饥荒,青年人尤其嗷嗷待哺。""文化书社愿用最迅速、最简便的方法,介绍中外各种新书报杂志,以充青年及全体湖南人新研究的材料。"并郑重地向广大读者推荐"一枝新文化小花,发现在北冰洋岸的俄罗斯"。这"新文化小花"无疑是指马克思列宁主义。

文化书社的成立得到陈独秀、李大钊和恽代英的大力支持。文化书社聘请他们担任书社的"信用介绍"。在上海,由于陈独秀的帮助,新青年社、泰东图书局、亚东图书馆、中华书局、群益书社、时事新报社都免去押金,优先卖书报给文化书社。在北京,由于李大钊的协助,北京大学出版社、新潮社、学术讲演会和晨报社等也免去押金供应书报杂志。特别是武昌的利群书社在恽代英的安排下,供应了大量书报杂志并及时提供办好书社的经验。文化书社为了扩大它的业务,在湖南各地开设了七个分社,并在长沙市内设立了许多销售点,使新文化的宣传和马克思主义的传播在湖南开创了一个新局面。

在创办文化书社的同时,毛泽东和何叔衡、彭璜等人联络社会各界发起组织了俄罗斯研究会,毛泽东任书记干事,公开研究和宣传马

---

① 周佛海:《扶桑笈影溯当年》,《共产主义小组》(下),中共党史资料出版社1987年版,第471页。
② 李达:《中国共产党的发起和第一次、第二次代表大会经过的回忆》,《共产主义小组》(下),中共党史资料出版社1987年版,第472页。

克思主义与俄国十月革命。俄罗斯研究会"以研究俄罗斯一切思想为宗旨。会务包括：一、研究所得后，发行俄罗斯丛刊；二、派人赴俄实地调查；三、提倡留俄勤工俭学"①。俄罗斯研究会在报纸上发表了不少宣传俄国十月革命的文章。毛泽东把《共产党》月刊上登载的《俄国共产党历史》《列宁的历史》和《劳农制度研究》等在湖南报纸上转载。这些文章对湖南进步青年产生了很大影响。湖南许多青年都向往着俄国，很想到俄国去。俄罗斯研究会第一批选送了任弼时、萧劲光等6人赴俄勤工俭学，在毛泽东的精心安排下，他们来到上海共产党早期组织为赴俄学习的青年办的"外国语学社"学习俄语和无产阶级革命理论，为去俄国学习做好准备。

长沙共产党早期组织在筹建过程中得到了上海、北京共产党早期组织的支持和帮助。毛泽东从上海先后收到陈独秀、李达和李中等人有关上海建党、上海机器工会成立和《中国共产党宣言》起草等情况的来信，并收到社会主义青年团章程和《共产党》月刊等。特别是蔡和森探讨建党思想的来信加速了长沙共产党早期组织的诞生。长沙共产党早期组织于1920年冬正式成立，小组成员除毛泽东、何叔衡外，还有彭璜等人。组织成立后，常以群众团体或个人名义领导宣传、组织、工运等项革命活动。在宣传马克思主义方面，首先扩大文化书社，增设分社，积极推销新书、新报，把宣传新文化，传播马克思主义搞得轰轰烈烈。把新民学会会员讨论建党的通讯编入《新民学会会员通信集》和《新民学会会务报告》中，由文化书社发行。在新民学会年会上讨论改造中国与世界的道路，使马克思主义无产阶级革命思想开始深入人心。在组织方面组织了社会主义青年团和"中韩互助社"，并从青年团中吸收优秀分子入党等。毛泽东收到从上海寄来的第一个团章后，于10月份开始在长沙进行建团活动，刘少奇、张文亮、彭平元

---

① 《湖南之俄罗斯研究会》，上海《民国日报》1920年9月23日。

等首批加入社会主义青年团。在工运方面，除了开办民众夜校、青年补习班和工人夜校对青年工人进行马克思主义的启蒙教育以外，还以极大的精力争取和帮助黄爱、庞人铨为首的湖南劳工会摆脱无政府主义的影响，不久黄、庞加入了社会主义青年团，湖南劳工运动有了正确的方向。

长沙共产党早期组织的成立和活动为湖南党组织的发展奠定了坚实可靠的基础。从当时各地共产党早期组织情况来看"长沙的组织是比较统一而整齐的"[1]，因而它的成立和活动也为中国共产党的建立作出了自己应有的贡献。

马列主义建党思想的确立

关于建立政党问题，毛泽东早在筹建新民学会初期就有过详细论述，随着他在国内革命实践中对马克思主义的认识不断深化，对建立无产阶级政党的思想有了较完整的理解。在新民学会筹建初期他写了一封谈学会组织及会务如何开展的长信给蔡和森，蔡复信中说："兄对于会务，本有经纶天下之大经，立天下之大本的意趣，弟实极其同情，且犹不讳嫌疑于政党社会党及诸清流所不敢为者之间。"[2] 就是说，为了挽救民族的危亡，他们并不忌讳当时社会上对所谓"政党"所抱鄙视态度，准备开辟一条新的，别人"不敢为"的道路，经纶天下之大经，立天下之大本，建立一个崭新的政党，将学会的前途与中国的命运紧密地联结在一起，将改造中国的责任放在学会的肩上。蔡还大胆地提出"三年之内，必使我辈团体，成为中国之重心"的计划[3]。

---

[1] 李达：《"七·一"回忆》，《七·一》创刊号，1958年7月1日出版。
[2] 《蔡和森文集》，人民出版社1980年版，第13—14页。
[3] 《蔡和森文集》，人民出版社1980年版，第14页。

1920年7月，新民学会留法的13名会员在蒙达尼举行了为期5天的会议，提出"改造中国与世界"为学会的方针，但是对用什么方法达到"改造中国与世界"的目的，会员中发生意见分歧。蔡和森主张组织共产党，走俄国式的革命道路；另一部分会员主张"温和的革命"，用教育作工具，主张教育救国。8月13日，蔡和森写信给毛泽东详细地阐明了自己的观点。12月1日，毛泽东给蔡和森等复信中首先表示同意"改造中国与世界"为学会方针共同目的，并说"正与我平日的主张相合，并且我料到是与多数会友的主张相合的"。对"改造中国与世界"的方法问题，他明确表示"深切赞同"蔡和森走俄国人的道路，组织共产党，经过阶级斗争，实现无产阶级专政，以达到改造中国社会的目的。而不同意所谓"温和革命"，"用教育的方法"。他说："教育一要有钱，二要有人，三要有机关，现在世界，钱尽在资本家的手；主持教育的人尽是一些资本家，或资本家的奴隶；现在世界的学校及报馆两种最重的教育机关，又尽在资本家的掌握中。""所以我觉得教育的方法是不行的。我看俄国式的革命，是无可如何的山穷水尽诸路皆走不通了的一个变计。"因此，"俄国的革命，和各国急进派共产党人数日见其多，组织日见其密，只是自然的结果。"[①] 毛泽东这封长信对中国革命必须走俄国革命的道路，建立共产党，经过阶级战争，实现无产阶级专政的认识达到了一个新的高度。

1921年元旦，新民学会在长沙召开新年会议，毛泽东向会员们介绍巴黎蒙达尼会议讨论的情况，并进一步阐明自己的观点。在讨论革命的方法时，他把世界解决社会问题归纳成五种方法："一、社会政策；二、社会民主主义；三、激烈方法的共产主义（列宁的主义）；四、温和方法的共产主义（罗素主义）；五、无政府主义。"并逐一进行分析："社会政策，是补苴罅漏的政策，不成办法。社会民主主义，借议会

[①]《致蔡和森等》（一九二〇年十二月一日），《毛泽东书信选集》，中央文献出版社2003年版，第4—5页。

为改造工具，但事实上议会的立法总是保护有产阶级的。无政府主义，否认权力，这种主义，恐怕永世都做不到。温和方法的共产主义，如罗素所主张的极端的自由，放任资本家，亦是永世做不到的。激烈方法的共产主义，即所谓劳农主义，用阶级专政的方法，是可以预计效果的，故最宜采用。"① 毛泽东再次阐明激烈的共产主义，通过无产阶级革命和无产阶级专政的方法是"改造中国与世界"的唯一方法。

1920年底，新民学会留法会员萧子升由巴黎回国带回蔡和森9月16日给毛泽东的信。蔡根据马克思主义唯物史观的基本原理对组建中国共产党的必然性、重要性和紧迫性等问题作了详细的论述，指出："凡社会上发生了种种问题，而现社会制度不能解决，那末革命是一定不能免的。你看中国今日所发生的问题，那一种能在现社会制度之下解决？所以中国的社会革命，一定不能免的。不趁此时加一番彻底的组织，将来流血恐怖自然比有组织要狠些。有了强有力的组织，或者可以免掉。所以我认为党的组织是很重要的。"蔡在信中介绍各国共产党的情况，特别俄国共产党的入党条件、党的纪律、党的组织和党的工作情况后，主张"正式成立一个中国共产党"，建议毛泽东和他自己分别在国内、国外从事调查研究积极为组建中国共产党做好准备②。

1921年1月21日毛泽东给蔡和森的复信中高度评价蔡关于组建中国共产党的见解，十分恳切地表示："你这一封信见地极当，我没有一个字不赞成。"并从无产阶级世界观的高度明确地提出"唯物史观是吾党哲学根据"，确立了唯物史观在党的指导思想的理论基础地位，无疑毛泽东这一论断对筹建中的中国共产党在理论上是一大贡献。

湖南自治运动的失败使毛泽东认识上发生了新的飞跃。他在致向警予信中说：湖南"政治界暮气已深，腐败已甚，政治改良一途，可

---

① 《新民学会会务报告》（第二号），《新民学会资料》。
② 《蔡林彬给毛泽东》（一九二〇年九月十六日），《新民学会资料》。

谓绝无希望。吾人惟有不理一切，另辟道路，另造环境一法"①。在致罗章龙信中提出：对于国事"我不赞成没有主义头痛医头脚痛医脚的解决"办法，"主义譬如一面旗子，旗子立起了，大家才有所指望。"②他还指出：从现在起要注意基础工作，"确立一个改造的基础，如蔡和森所主张的共产党。"③他在国内革命实践中不断加深对马克思列宁主义关于党的建设，无产阶级革命和无产阶级专政理论的认识，加上他与正在法国勤工俭学的蔡和森关于建党理论探讨中取得了共识，因而得出了"唯物史观是吾党哲学的根据"和"俄式革命"为中国革命所要走的唯一的"一条新路"的科学结论。毛泽东的马克思列宁主义建党思想的确立，标志着毛泽东由激进民主主义者向马克思列宁主义者的根本转变。

参加中共一大的建党活动

1921年6月，毛泽东接到上海共产党早期组织发来关于召开中国共产党第一次全国代表大会的通知，29日他和何叔衡一起由长沙乘船赴上海参加会议。7月上旬，他们经武汉到达上海，与陆续到达的武汉代表董必武、陈潭秋，济南代表王尽美、邓恩铭，北京代表刘仁静，旅日代表周佛海等人以北大师生暑假旅行团名义，临时借宿在法租界白尔路（今太仓路）博文女校内，该校离一大会址比较近，当时适逢暑假期间全校师生员工都离校回家。代表们生活比较俭朴，一日三餐伙食均由该校厨工代劳，他们从不擅自外出，抓紧时间相互了解各地

---

① 《致向警予信》（一九二〇年十一月二十五日），《毛泽东早期文稿》，湖南出版社1990年版。
② 《致罗璈阶信》（一九二〇年十一月二十五日），《毛泽东早期文稿》，湖南出版社1990年版。
③ 《毛泽东在易礼容1920年6月30日来信上加的按语》，《新民学会资料》。

建党情况，交流工作经验。

7月23日，中国共产党第一次全国代表大会在法租界望志路106号（今兴业路76号）召开，这是一座典型的石库门建筑，是上海代表李汉俊与其兄李书城的寓所。出席会议的人员，还有北京代表张国焘、广州代表陈公博、上海代表李达、李汉俊以及共产国际代表马林和尼科尔斯基。大会第二天，各地代表分别报告工作情况，毛泽东代表长沙共产党早期组织作了工作汇报，同时他和周佛海两人被指定担任会议记录，因此，在会上他除了汇报湖南情况以外，"很少发言，但十分注意听取别人的发言。"[①] 各地代表报告工作情况都着重在对马克思列宁主义的传播和工人运动的开展两个方面，据李达回忆："长沙小组，宣传和工运都有了初步成绩，看当时各地小组的情况，长沙的组织是比较统一而整齐的。"[②] 当大会讨论劳动运动时，从事实际工作和注重国际工运理论研究的同志对在工人群众中组织职业组合还是组织产业组合发生了争论。毛泽东和包惠僧等认为，"我们劳动运动的总方针应该把整个工人阶级团结起来，组织起来。"[③] 大会进行到7月30日晚上遭到帝国主义暗探和外国巡捕的骚扰，最后一天的会议转移到浙江嘉兴南湖的一艘游船上继续进行。大会通过了第一个中国共产党党纲和决议，选举了中央领导机构。

中国共产党的创立是中国革命史上开天辟地的大事，是中国一批具有共产主义觉悟的革命知识分子对近代中国社会历史和革命发展规律认识和把马克思主义同中国工人运动结合的结果，从此，中国有了一个以马克思列宁主义理论为指导，完全新型的工人阶级革命政党，因而也是近代中国革命由失败走向胜利的转折点，使中国革命面貌焕

---

① 刘仁静：《回忆党的"一大"》，《"一大"前后》（二），人民出版社1980年版。
② 李达：《中国共产党的发起和第一次、第二次代表大会经过的回忆》，《"一大"前后》（二），人民出版社1980年版。
③ 包惠僧：《共产党第一次全国代表大会前后的回忆》，《"一大"前后》（二），人民出版社1980年版。

然一新。中国共产党最早的发起人是陈独秀和李大钊,他们是在共产国际的帮助下进行创建党的活动,得到"南陈北李"的佳称。毛泽东虽然不是中国共产党的主要发起人,但他创建新民学会,探寻救国真理、学习马克思主义基本原理,努力与中国革命实践相结合,无不具有独创精神,特别是新民学会"存在的三年中,在中国革命动荡转变的年代里,逐渐由民主主义接近了马克思主义,在思想上和组织上为建立中国共产党作出了它应有的贡献"[①]。

---

① 李维汉:《回忆与研究》(上),中共党史资料出版社1986年版。

在上海开展驱张宣传促进湖南自治运动

沈瑞康

1920年5月5日，毛泽东由北京第三次来上海，居住在上海哈同花园附近，哈同路民厚南里29号（今安义路63号）。同住该处的有湖南学生代表李思安、李凤池等人。这里是一幢坐南朝北沿街的两层楼里弄房子。楼下为会客和吃饭间，有一只方桌，几只方凳，老式煤炉一只；楼上前间靠长窗的是毛泽东的卧室，床头旁放着一只茶几，一张桌子，桌上摆的是粗瓷茶壶、茶杯及笔砚等文具用品。

毛泽东和湖南学生代表在这里的生活十分简朴，每人每月伙食费只有3元钱，大家轮流烧饭做菜，经常吃些蚕豆煮饭。然而就在这幢房子里，毛泽东常和新民学会会员彭璜等学习科学知识，追求革命真理，憧憬未来湖南的新生，探索湖南人民自治，指望依靠民众的力量来改造湖南，进而实现改造中国的远大理想。

这里还是《天问》周刊编辑部。1919年年底，当毛泽东率代表团赴北京开展驱逐张敬尧运动时，新民学会还派彭璜来上海，成立湖南旅沪各界联合会，南北呼应，共同驱张。为扩大宣传，彭璜于1920年2月29日创办《天问》周刊。不仅发行全国各地，还流传至法国、日本、南洋等地。远在北京的毛泽东，通过平民通讯社，为该刊送来了大量稿件，自己也时常撰文投稿。到上海后，在《天问》周刊第16

期发表《湖南人民自决会宣言》。提出"湖南的事应由全体湖南人民自决之"。

就在毛泽东来上海之前，随着驱张目的接近实现，毛泽东已开始转而考虑"赶走张敬尧后，湖南怎么办？"的事情。他一面邀集黎锦熙先生和在京关心湖南问题的人士座谈；一面致信上海的彭璜，商讨湖南改造问题。

毛泽东到达上海后经与彭璜等人商量，很快组织了湖南改造促成会，它是由新民学会会员发起，由湖南旅沪的一些新闻界、教育界人士组成，专以促成湖南改造为宗旨的群众性政治团体。会址设在民厚南里29号，对外进行联系。毛泽东与彭璜等人共同起草了《湖南改造促成会发起宣言》，6月14日在《申报》上发表，宣言指出：此次驱张运动虽可望成功，然而"一张敬尧去，百张敬尧方环伺欲来"，还是"换汤不换药"。"'督军'恶制，为之祸根。督军一日不除，湖南乱象一日不止。"湖南改造促成会"以'推倒武力'及'实行民治'为两大纲领。以废督、裁兵，达到推倒武力，之目的；以银行民办、教育独立、自治建设及保障人民权利、便利交通，达到'实行民治'之目的。"宣言号召湖南三千万人民"不顾一切阻碍，持其所信，向前奋斗"。宣言和附件《湖南建设问题条件商榷》发表后引起各方人士的重视，有的来函询问改造事宜，有的直奔民厚南里29号索取有关宣传材料。

在宣言发表的前后，毛泽东又以个人名义在《时事新报》上发表了《湘人为人格而战》《湖南人再进一步》《湖南人民的自决》等文章，制造大量湖南自治的舆论。《湘人为人格而战》一文要求全体湖南人民为争取驱除张敬尧的最后胜利，为湖南人民的人格作最后的决战。《湖南人再进一步》一文为驱张运动的胜利欢呼，并指出，驱张运动的胜利创造了湖南建设的大好机会，湖南人必须立即行动起来，"废去督军、建设民治"，并提出20年内，中国的改造和建设先从各省的自治做起，20年后，各省"合起来得到全国的总解决了"的设想。《湖南人民的自决》一文指出，国家的改造是"全国人民的责任，不是少数官僚政客武人的责任"；"湖南的事，应由全体湖南人民自决之。赞助此自决者，湖南人之友。障碍此自决者，湖南人之仇。"毛泽东这些文章在全国人民面前提出张敬尧被逐出湖南后，湖南改造的初步方案。

1920年6月23日，毛泽东又写了《湖南改造促成会复曾毅书》，以公开信的形式答复上海报人曾毅来信询问有关湖南自治诸问题，不久分别在《申报》和《民国日报》发表。复信全面阐述"对于'湖南改造'之主张"。"废督裁兵""建设民治"是湖南改造的要义，并对打着"湘事湘人自决"旗号的谭延闿、赵恒惕政府提出要求："第一能遵守自决主义，不引虎入室；已入室将入室之虎又能正式拒而去之。第二能遵守民治主义，自认为平民之一，干净洗脱其丘八气、官僚气、绅士气；往后举措，一以三千万平民之公意为从违。最重要者，废督裁兵，钱不浪用，教育力图普及，三千万人都有言论、出版、集会、结社之自由。"公开信发表后，在各方面引起极大的反响，长沙各报纷纷发表"湖南自治"的文章，进一步推动湖南自治运动的开展。

毛泽东这次从北京来到上海后，对开展湖南自治运动制造了大量舆论，并做了充分准备。他曾去环龙路（今南昌路）老渔里2号拜访了当时正与共产国际代表酝酿建党的陈独秀，商讨组织"改造湖南联盟"的计划。他认真地听取了陈独秀关于"改造湖南联盟"计划的详细意见。

与此同时，毛泽东还在民厚南里寓所组织了一个自修学社，邀集十余位旅沪青年在这里共同做工，共同学习，有饭同吃，有衣同穿。他们在自修学习中阅读各种进步书刊，了解世界各国的学术思想，寻求救国真理，并学习英语，为出国深造和实地考察做好准备。

1920年6月，在全国人民一致声讨下，军阀张敬尧被逐出湖南。继之而来的统治湖南的是湘军系军阀谭延闿和赵恒惕。他们图谋利用

"湖南自治"作幌子来达到其封建割据的目的。

1920年7月7日,毛泽东从上海返回长沙,继续从事开展湖南自治运动。

毛泽东开展驱张运动和组织湖南自治运动就是他在探求革命真理的过程中把自己当时所理解的马克思主义运用来改造中国的一种尝试,作为寻求中国改造的"实际可循途径",在湖南自治运动中他强调人民群众当家作主,湖南的事要由湖南人民自己来决定。当湖南军阀谭延闿镇压湖南人民自治运动,毛泽东从总结这个运动的经验教训中,得出"唯物史观是吾党哲学的根据"和"俄式革命"为中国革命所要走的唯一的"一条新路"的科学结论。毛泽东第三次来上海促成他由激进民主主义者向共产主义者的根本转变。

毛泽东在中央局和国民党上海执行部

任武雄

在上海繁华的淮海中路的南面，有一条南昌路（原环龙路），这是一条上海市民所熟悉的马路，因为科学会堂就在这条马路的中段——南昌路180号（原环龙路44号，近思南路口），现在是一个立碑纪念的革命遗址，这就是第一次国共合作时期的国民党中央执行委员会上海执行部的所在地。1924年，毛泽东在这里工作近一年，领导统一战线工作。

三曾里中央局 亲如一家人

1923年6月，中国共产党第三次全国代表大会在广州举行，这是一次重要的大会，正式通过了国共合作的决议，从此实现了历史上具有伟大意义的首次国共合作的壮举。出席大会的有30多位代表，毛泽东代表湖南出席了这次大会。

大会选出陈独秀、李大钊、毛泽东、罗章龙、王荷波、蔡和森、谭平山、项英、朱少连9人为中央执行委员会委员，邓中夏、徐梅坤等5人为候补委员。选出陈独秀、毛泽东、罗章龙、蔡和森、谭平山5

人为中央局成员，陈独秀为委员长，毛泽东为中央局秘书，罗章龙为会计。

毛泽东作为中央局秘书，与主持中央工作的委员长共同签署一切公文函件。负责党内外文书、通信、会议记录、管理党内文件，以及人事调动、党员训练等工作。并担任蔡和森主编的中共中央机关刊物《向导》的编委。

党的三大选出的中央委员会原在广州，但广州毕竟地处一隅，交通不便，粤汉铁路也尚未全部通车，于是中共中央就决定迁回全国产业工人最集中的大城市——上海。由日后参加中央局工人运动工作的王荷波在上海华界闸北租了三曾里3号的房子作为中央局的所在地①。

三曾里3号位于香山路（今象山路）公兴路口。这是一座普通的两层楼房。中央局机关设址于此。因为这里交通方便，靠近北火车站，附近有一些缫丝厂和手工业厂，十分便于开展与工人的联系。同时又处在华界边缘，万一发生紧急状况，还可向租界转移。

毛泽东、蔡和森、向警予、罗章龙都住在这里，后来杨开慧带了两个孩子从长沙来上海，和毛泽东住在一起（后来搬到茂名路附近居住）。中央局的其他两个成员陈独秀和王荷波不在这里居住。

三曾里实际上是毛、杨一家，蔡、向一家，罗一人，他们自称为"三户楼"，由向警予当"户主"。毛、蔡、向、罗四人都是湖南人，早年都是新民学会会员，早已熟识，现住一起，更亲如一家，亲密无间，同甘共苦，共同战斗。此外有一个叫王熙春的女共青团员掌管事务工作。还请了一个娘姨，料理"一家人"的生活。这个"家庭"对外以"报关行"作掩护，即代客户填写外文表格到海关去申报进出口业务。除了有关的几个人之外，其他的人非经准许，不得随便前来这个机关。外地来的人必须先经中央接头处报到接洽后才可以前来。

---

① 三曾里建筑已毁，现旧址上为高层建筑。

为了及时了解国内外的政治形势和时事，他们订了很多中外文的报刊。罗章龙等看外文报刊。毛泽东每天早晨利用吃早饭的时间阅读各种报刊，把重要的内容加以记录或剪贴。他特别关心全国的政治形势和各阶层的政治动态。陈独秀和其他人来时，他们就经常一起谈论政治时事问题。

罗章龙回忆说："三户楼诸人，平日生活十分紧张，如草拟文件、决议，为《向导》及党报撰文，经常静思澄虑直至深夜，但大家以革命为信仰，经常开展批评与自我批评，改进工作，生活又十分有朝气。'同心若金，攻错若石'，'团结一致，同舟共济'是我们遵守的信条"。当时，罗章龙有诗记述三户楼：

> 黄浦激浪雪山倾，淮海风云会郡城。
> 东楚山川多壮丽，西方瘴疠荡神京。
> 亡秦主力依三户，驱虏全凭子弟兵。
> 谊结同心金石固，会当一举靖夷氛！①

"早年就注意共产党掌握枪杆子的问题"

党的三大以后，全党重视与国民党建立联合战线的问题。会后不久，陈独秀、李大钊、毛泽东、徐梅坤等一起两次拜访过廖仲恺，商谈国共合作问题②。

毛泽东在上海期间，号召建立全国各阶层的联合战线，开展反帝反封建的国民革命。7月11日《向导》周报第31、32期合刊发表毛泽东的《北京政变与商人》一文，提出："中国现在的政治问题，不是别

---

① 罗章龙：《椿园载记》，生活·读书·新知三联书店1984年版。
② 李成华：《九旬老人的心愿——访出席中共"三大"代表徐梅坤》，《人民日报》1983年7月12日。

的问题，是简单一个国民革命问题；用国民的力打倒军阀，并打倒和军阀狼狈为奸的外国帝国主义，这是中国国民历史的使命。"他号召商人应和全国的工人、农民、学生、教职员以及一切受压迫的国民"建立严密的联合战线，这个革命才可以成功"。毛泽东还在《向导》上发表了《"省宪经"和赵恒惕》《英国人与梁如浩》和《纸烟税》等文章，揭露帝国主义与军阀的罪行。

根据中共中央的规定，毛泽东曾代表中央出席过中共上海地委以及团中央的会议。现在中央档案馆还保存了一封珍贵的1923年9月6日毛泽东为中共中央起草复青年团中央的信，从信的内容可以看出毛泽东对青年团工作的重视。

特别值得注意的是，1923年8月5日，中共上海地委兼区委召开的会议。出席这次会议的有地委委员长邓中夏和地委其他成员沈雁冰、徐梅坤（徐行之）、王振一等。毛泽东代表中央出席指导。沈雁冰回忆说：这是他第一次见到毛泽东。会议就以下问题作出决议：（一）救援在狱同志，决定派沈雁冰联系上海工商界知名人士设法保释。（二）江、浙军事问题，决议：上海、杭州两地同时发动反对军阀内战的运动，以"反对军阀内战，武装民众"为口号，该事由国民运动委员会负责。（三）密令金佛庄（浙江东阳人，中共党员，保定军官学校出身，当时在杭州夏超的警备团任营长，夏超是地方军事力量的首领，任浙江省警务处长。）相机作反战宣传，如果他带的一营要上阵，打仗时应设法保存实力。沈雁冰说："这是根据毛泽东的提议而作出的决议。由此可见毛泽东早年就注意共产党掌握枪杆子的问题了。"[①]

1923年下半年国民党致力整顿、进行改组，颇有振作之希望。而中共三大以后，许多共产党员以个人身份加入国民党，帮助国民党

---

① 茅盾：《我走过的道路》，人民文学出版社1981年版，第239页。

改组和发展组织，使国民党获得新鲜血液。为筹建国民党湖南总支部，并为开展反对湖南军阀赵恒惕的斗争，1923年9月，毛泽东返回湖南长沙。中共中央9月10日特在通告第5号中说："中局组迁沪后略有更动，即派平山同志（谭平山）驻粤，而加入荷波同志（王荷波）入中局，又润之因事赴湘，秘书职务由会计章龙同志兼代，特此通告。"

毛泽东9月16日到长沙，9月28日致上海国民党本部的林伯渠[①]、彭素民[②]的信中，谈及他与夏曦商议，拟陆续组织长沙、常德等地的国民党支部和支分部，以后再组织湖南总支部。信中还说："在沪时请本部委我以筹备员名义（夏希[③]为筹备主任）以便与各方面接头，请早日寄到为荷！"[④]

1924年1月，毛泽东和夏曦等人到了广州，代表湖南省出席国民党第一次全国代表大会。

为推动国共合作奔走操劳

国民党在1924年1月召开第一次全国代表大会，正式实现了国共两党的合作，从此国民党成为四个民主阶级的联盟，以新的面貌活跃在政治舞台上。毛泽东在国民党一大上当选为候补中央执行委员。

1924年1月31日，孙中山主持召开的国民党一届一中全会，为了

---

① 林伯渠（1886—1960），湖南临澧人。1914年加入中华革命党（1919年改组为中国国民党）。1921年加入中国共产党。1923年任国民党本部总务部副部长，并参加改组国民党的工作。
② 彭素民（1885—1924），江西人。同盟会会员，曾参加辛亥革命。历任南京临时大总统府秘书、江西《晨钟报》主撰等。1923年时任国民党本部总务长。1924年任国民党候补中央执行委员兼农民部长。1924年8月3日病殁于广州。
③ 夏希即夏曦，共产党员，曾参加湖南国民党组织的建立工作。
④ 《毛泽东书信选集》，人民出版社1983年版。

加强各地党务工作，便于中央就近指挥，决定派中央委员在上海、北京、汉口、哈尔滨、四川五地设立执行部，代行中央职权，直接指挥各省省党部。但事后，只有北京、上海、汉口三地成立了执行部。

国民党一大结束后，中委和候补中委胡汉民、于右任、叶楚伧、茅祖权、瞿秋白、毛泽东等相继到沪，他们于2月25日举行上海执行部执行委员会第一次会议，正式成立执行部，管辖江苏、浙江、安徽、江西和上海党务，并决定于3月1日起正式办公。执行部设于环龙路44号，不久又将其邻屋46号租下，供扩充之用。

中共中央特别重视国共合作与联合战线的工作，中共中央局派中央局成员毛泽东、罗章龙、王荷波三人参加国民党上海执行部，协助国民党进行改组事宜。中委李大钊、谭平山等协助国民党在北方及广东的改组工作，各省市也都有共产党员参加当地国民党的改组工作及军队改建工作。

上海执行部常务委员是国民党中委胡汉民、叶楚伧、汪精卫。毛泽东作为执行部委员，担任组织部秘书、文书科代理主任，由于原定的文书科主任邵元冲始终未到任，毛泽东成了实际负责人，这与毛泽东党内中共中央局秘书兼管组织工作是密切相应的。执行部是国共合作机构，每个部都有国民党人和共产党人共同工作，如组织部秘书为毛泽东、部长是胡汉民，宣传部部长汪精卫、秘书恽代英，工人农民部部长于右任、秘书邵力子（时为共产党员），青年妇女部部长叶楚伧、助理向警予。除此之外，在执行部工作的共产党人还有罗章龙、邓中夏、王荷波、李立三、施存统、沈泽民、杨之华、张佐臣、孙良惠、刘重民等许多人，他们在各个领域中起了重要作用。

胡汉民等人起初对执行部中的共产党员不甚重视，时有轻蔑之意，认为他们可能是二七惨案以后从铁路中出来的文化粗浅的人，后来了解到他们有的是在北京大学工作过的，有的是北大校长蔡孑民先生的高足，就逐渐改变态度。胡汉民常对人言："执行部中共党员各有长处，不可小觑。至于中共群众组织势力更不可侮"。

国民党一大前，其组织非常松懈涣散，不少党员只是挂名，有的人不无嘲讽地说："只要交一元钱，其他不问，就能领到一张党证。"为了改变这种不良状况，国民党决定改组后，首先进行旧党员的重新登记工作。毛泽东在执行部组织部负责此项工作，并指导各区各基层建立国民党区党部和区分部。当时国民党中的一些右派不仅反对国民党一大制定的三大政策精神，也反对组织纪律的约束，对党员登记工作百般阻挠。经常出席执行部会议的国民党元老中央监委谢持，自恃辛亥革命后当过四川军政府总政局长、四川政务处副理等重要职务，对登记工作不满，有一次冲着毛泽东问："我是谢持，谁管填表工作？我不登记！"并带动一批人无理取闹，有些人气焰嚣张地说："我们不来填表，年纪轻轻的共产党人倒来问我们的履历！"毛泽东义正词严地回答：不来登记，就丧失国民党党籍。必须维护革命纪律，没有纪律就无法革命。邪不胜正，这些人终于不得不重新登记。

毛泽东十分重视推动革命的青年学生加入国民党，建立新的国民党区党部和区分部。当复旦大学、同济大学、中国公学等几个区分部成立国民党江湾区党部时，毛泽东等曾莅临指导。毛泽东、罗章龙、恽代英等还曾去松江县指导建党建团和建立国民党组织。早在1923年9月，侯绍裘、朱季恂等就在松江组织"三五社"，拥护孙中山的主张。在执行部毛泽东等人的影响下，侯绍裘筹建了国民党江苏省临时党部，后来在五卅运动中发挥了相当作用。正如刘重民后来总结时所说，从1924年1月到6月，是上海执行部的"播种子的时期"，由于毛泽东等上述活动，"上海的一般青年、工人，甚而一般市民，对于本党（指改组后的国民党）的言论，因注意而讨论而认识而信仰，所以不久在各学校各工厂便先后成立了不少区分部。"[①] 在区分部的基础上再成立区

[①] 刘重民：《上海党务报告》，原载《中国国民党第二次全国代表大会各省区党务报告》，1926年。

党部。

1924年3月9日，毛泽东和邓中夏、赵醒侬、邵力子、胡汉民等参加了由执行部和全市80多个团体共同发起筹备的追悼列宁大会。会上散发了《追悼列宁大会特刊》和《愿国民谨记列宁之遗言》的传单。

执行部为了打开青年学生运动的局面，也为了使知识分子能和工人相结合，提高工人群众的革命意识和文化，建立了平民教育运动委员会，组织国民党员为进步青年在各区各学校建立平民学校，吸收工人上学。并且决定和黄炎培领导的上宝平民教育促进会（"上宝"指上海与宝山）联合，共同开展平民教育工作。杨开慧在上海时也曾到平民学校去教书，和工人群众打成一片。

1924年3月，黄埔军校招生，由毛泽东负责上海地区考生的复试工作。郭一予回忆说：他和陈作为、赵自选等从湖南来到上海，将湖南初试录取的军校一期学生的公函和名单交给毛泽东，并请他照顾。毛泽东当面告诉他们：这次复试，考生人数很多，很认真，全凭考试成绩录取，叫他们赶快准备功课复试。他们在3月底参加了毛泽东主持的长江流域和以北各省考生的秘密复试。复试合格的一百多名学生兴高采烈地登轮奔赴广州。

毛泽东十分重视宣传工作，并继续关怀他所创办的长沙文化书社的业务。1924年3月16日，他为文化书社配书之事给国民党上海民智书局职员写信说："昨日承允替长沙文化书社所配的书，应该扎成大包，面上写明'松兴公[①]寄至汉口顺丰转运公司转交长沙贡院西街十一号文化书社易礼容'字样，因松兴公不能直寄长沙，请注意免失误为荷！"

1924年5月5日，毛泽东与邓中夏、罗章龙、恽代英、王荷波、向警予、沈泽民等出席上海执行部在莫利哀路（今香山路）孙中山寓

[①] 当时一私营民信局，设在法大马路（今金陵东路）。它将客户的邮包通过海轮或内河轮上的船员负责递送，取费虽较邮局略贵，但可避免当局的检查和扣留，所以党组织通过它大量地将革命书刊运往外地。

所举行的纪念孙中山就任非常大总统三周年庆祝集会。会场在寓所草坪上，有执行部和各区党部代表三百余人出席，毛泽东是会议的组织者之一。会后摄影留念。这张照片是当年国共合作的真实写照。

与国民党右派开展斗争　坚持反帝反封建的民主革命

孙中山倡导的三大革命政策，不断遭到国民党右派的反对和干扰。共产党、国民党左派与右派之间的斗争便始终绵延不断，这种斗争也一定程度上反映到执行部内部。毛泽东为维护国共合作，贯彻孙中山的三大政策，也为坚持反帝反封建的民主革命，付出了艰辛的努力。

1924年6月，胡汉民、汪精卫相继离上海赴广州工作，国民党右派戴季陶于7月初抵达上海，代汪精卫任上海执行部常务委员及宣传部长。执行部遂为叶楚伧、戴季陶所把持。由于右派的排挤和打击，7月中，毛泽东不得不辞去组织部秘书一职，专任文书科主任一职。由共产党员张廷灏接任组织部秘书，他原是复旦大学学生，曾受教于胡汉民、叶楚伧等，他担任该职，为国共两党所同意，实际上是起"缓冲"作用。但国民党右派和共产党人、国民党左派之间的斗争并未停息，也不可能停息。

1924年8月1日，国民党右派喻育之、曾贯五等在南方大学召开的上海市各区党部代表会议上，无中生有地制造共产党员破坏国民党的所谓"事实"，故意挑起事端。参加会议的共产党人和国民党左派挺身而出，反击国民党右派的造谣诬陷，国民党右派却制造殴打事件。翌日，喻育之等人赴执行部要叶楚伧致电国民党中央"排除共党分子"，并行凶殴打了邵力子。此事引起共产党人和国民党左派的强烈愤慨。当天，毛泽东、恽代英、邓中夏、施存统、沈泽民、韩觉民、王基永、杨之华、李成（李立三）、刘伯伦等联名上书孙中山，指责叶楚伧"主持不力，迹近纵容"，要求严惩凶手，严肃党纪。

1924年9月，上海南洋兄弟烟草公司工人罢工，数千工人失业，生活极为困苦。中共发动各界组织南洋失业工人救济委员会，募款救济失业工人，并广泛发动群众进行声援。而当时，国民党的机关报上海《民国日报》在主笔叶楚伧的控制下，对工人的消息一概不登，相反却登了许多侮辱工人和造谣的广告。毛泽东对此深为不满。后来，1925年毛泽东在广州的《政治周报》上发表《上海〈民国日报〉反动的原因及国民党中央对该报的处置》，对上海《民国日报》在南洋烟厂罢工期间的反动行径和历来的错误予以谴责。

1924年秋，直系军阀江苏督军齐燮元和皖系军阀浙江督军卢永祥之间，爆发了江浙战争，互争地盘。不久，与皖系联盟的奉系军阀张作霖出兵攻直，第二次直奉战争又告爆发，广大人民陷于战火兵燹之中。9月10日，由委员长陈独秀、秘书毛泽东联名签署发出中共中央第17号通告，鲜明地表达了反对江浙战争的立场，指出："对任何军阀战争不能存丝毫希望，可希望解救中国的唯有国民革命。"

10月10日，上海各团体召开国民大会时，国民党右派童理璋等却公然阻止上海大学学生发表反帝反军阀的演说，并唆使流氓工贼行凶，将上海大学学生黄仁（共产党员，公开身份是国民党员）从高台上推下摔死，制造了震动全市的"黄仁惨案"。广大革命群众极为愤慨，纷起抗议。上海执行部发表宣言，认为："此次吾党党员有因反对帝国主义及军阀而致死者，本执行部敢以此勉励一切同志……至于阻止宣传主义及参加或指使凶殴之人，则不论为党员与否，本执行部敢以国民党名义，正式宣告其为国民之公敌。"并将此事报告广州国民党中央。执行部开会决议，抚恤黄仁烈士，并决定开除肇事者童理璋、喻育之的国民党党籍，从而打击了国民党右派的反动气焰。在抗议"黄仁惨案"的斗争中，毛泽东始终尽心尽力参与和支持。

中国人民反对帝国主义斗争的怒潮一浪高过一浪。帝国主义者十分恐慌，制造种种谎言，诬蔑和威吓中国人民的反帝运动，胡说中国的反帝运动是"排外运动"。毛泽东在上海期间写了《反帝国主义是排外吗？》①针锋相对地加以驳斥。文章认为，反帝国主义运动绝非"排外运动"。因为：一、反帝国主义运动，是被压迫民族对于压迫民族的反抗运动。二、反帝国主义运动的最终目的，是实现世界民族平等。三、世界愈往前走，一切生活愈国际化，"闭关主义"是反帝国主义运动所排斥的。四、反帝国主义，是被压迫民族反对压迫民族中的压迫阶级，而不是反对其全体。五、反帝国主义最终的目的，既在民族独立，民族平等，则自身绝不容有自建帝国主义的野心。

毛泽东的文章，言简意赅，鲜明地阐明了中国人民反帝运动的性质，所采取的正义的立场，反帝的原则，既驳斥了帝国主义的谬论，又教育了广大的群众。这篇文章既有深远的历史意义，也有重要的现实意义。

为争取国家的和平统一，争取全国形势朝有利于革命的方向发展，扩大革命的影响，在中国共产党的支持下，1924年11月孙中山为参加北方和谈带病北上。11月1日，陈独秀与毛泽东联名签署发出中央通告第21号，希望孙中山先生北上谈判时"在和会中本着国民党的党纲、政纲及北伐宣言说话，揭破帝国主义者和军阀在和会中勾结宰割中国的阴谋"。

1924年末和1925年初，为了配合孙中山北上谈判，在党的领导下，全国掀起了国民会议促成会运动，坚持开展反帝反封建和争取人民民主权利的运动，取得了很大的宣传效果。执行部中的共产党人和国民党左派都积极支持和推动这个运动的开展。

由于国民党右派的阻挠和干扰，执行部陷入无人负责，几乎停滞的状态。执行部的经费也无着落。在孙中山北上途经上海期间，毛泽

---

① 刊于长沙《新民》周报第23期，1924年9月18日。

东、恽代英等执行部工作人员十四人联名致书孙中山说："上海执行部自八月起经费即未能照发，近来内部更无负责之人，一切事务几乎停滞，职员等薪金积压四月之久，拮据困苦不言可知。务乞总理迅派负责专员进行部务，并设法筹款，清理欠薪，实为公便。"

1924年末，由于积劳成疾，也由于国民党右派的排挤，毛泽东离开上海回湖南领导工农运动，以后又赴广州担任国民党中央代理宣传部长，开始了新的革命征程。

毛泽东在执行部工作近一年，由于毛泽东等广大共产党人和国民党人士携手合作，共同努力，这一时期的革命形势欣欣向荣，国民革命思想逐渐深入人心。正如毛泽东在《新民主主义论》中总结那时的情况说："由于国共两党的合作，由于两党革命党员的努力，这种新三民主义便被推广到了全中国，推广到了一部分教育界、学术界和广大青年学生之中。"

上海执行部是统一战线旗帜下国共两党共同战斗的一个重要阵地，它存在约两年的时间证明：坚持孙中山的三大政策，坚持国共合作，革命形势就生气勃勃；国民党右派反对、破坏国共合作，执行部也就停止了自己的生命，最终不得不解体，革命也遭到严重挫折。执行部的经历，正是第一次国共合作的一个历史缩影。

毛泽东一家在上海

陈振国

1924年1月毛泽东在广州参加国民党第一次全国代表大会以后，受中共中央的委派回上海参加国民党上海执行部工作，协助国民党进行改组事宜。2月中旬，抵达上海，仍与蔡和森、罗章龙等住在闸北香山路（今象山路）公兴路三曾里中共中央机关内。当时他在国民党上海执行部担任代理文书科主任及组织部秘书等职。他在工作初步安排就绪后，就写信给杨开慧，要她到上海来。这时，杨开慧在板仓生了第二个孩子毛岸青，正在清水塘休养。1924年夏天，端午节前夕，杨开慧和母亲向振熙携毛岸英、毛岸青从湖南来到上海。开始时，仍住在闸北三曾里中央机关内，不久，为了工作方便，毛泽东从三曾里搬到慕尔鸣路甲秀里318号（今茂名北路120弄7号）。这是一幢老式的两层楼砖木结构的石库门房屋。毛泽东一家住在楼下厢房里，靠墙放着一张木板床，上面罩着一顶白细布蚊帐，床边安置着一张给岸青睡的宁波式小摇篮。临天井的窗前是一张简便的三屉书桌，毛泽东经常在这只书桌上伏案工作至深夜。房间中间还有一张方桌和几只凳子，杨开慧除了照顾两个幼小的孩子，操理日常家务外，常在这张方桌上协助毛泽东收集整理资料，誊抄文稿和进行校对等工作。

在甲秀里期间，毛泽东每天到环龙路（今南昌路）国民党上海执行部工作，很晚才能回家。回来后，还要起草大量的文件和文稿，经常工作到深夜，有时甚至通宵达旦，因而加重了毛泽东患有的神经衰弱症。

初次来到上海，23岁的杨开慧除了料理家务、配合毛泽东工作外，也积极投身于上海的革命活动。她与向警予一起，以半工半读女子职业学校为掩护，积极参加妇女运动。她还经常到小沙渡（今西康路）纱厂区的工人夜校进行调查研究，发现上海纱厂工人比湖南第一纱厂工人受的苦更厉害，生活更悲惨。她怀着深厚的阶级感情，每周两个晚上定期去夜校上课，风雨无阻，向工人宣传革命道理。为了提高上课的效果，她刻苦地学习上海话，受到工人群众的欢迎。

1924年冬，毛泽东因工作过度劳累，积劳成疾，需要有一个恢复时间，经组织批准，毛泽东从上海回湖南韶山养病。

1927年大革命失败后，国民党实行"清党"，革命处于低潮，大批共产党员被捕牺牲。1930年11月，杨开慧在长沙浏阳门外识字岭被国民党杀害，年仅29岁。

面对众多的烈士后代需要抚养和教育，党决定创办自己的幼稚园。1930年党组织以革命互济会的名义出面建立第一所党的幼稚园，园址设在上海戈登路（今江宁路）武定路转角处的一幢石库门弄堂房子内。年底，革命互济会领导人陪同国际友人参观大同幼稚园时，认为园址周围环境太差，附近没有花园可供孩子游玩，建议另觅新址。

1931年春，大同幼稚园迁至法租界陶尔斐斯路341号（今南昌路48号）。这是一幢坐北朝南的二层楼房子，阳光充足，附近有法国公园（今复兴公园）可供孩子们户外活动。

幼稚园取名"大同幼稚园"，寓意世界大同，向往共产主义。为了掩护其政治背景，幼稚园创办人董健吾托人请国民党元老于右任题了匾额，挂在大门口。

1931年初春，毛岸英、毛岸青、毛岸龙在舅母李崇德的护送下，经过几天漂泊，从湖南板仓坐船抵达上海。在辣斐德路（今复兴中路）417号天生祥酒行，党的地下党联络处找到了叔叔毛泽民和婶婶钱希均。当晚，毛泽民安排他们4人住进了附近的太安旅馆。几天后，毛泽民就把岸英、岸青和岸龙三兄弟送进大同幼稚园。这一年，岸英9岁，岸青7岁，岸龙4岁。

为了抚养好这些孩子，幼稚园的每一个工作人员都是兢兢业业，倾注了全部的爱心和精力。天气晴朗的时候，保育员就带孩子们到法国公园去做游戏和搞室外活动。

毛岸英从长相到性格酷似其父毛泽东，胆大不怕事，有着湘南人那种不信邪的精神气质。有一次，岸英爬树，将衣裤扯破了，皮肤也划开了口子，保育员发现后，连忙给他换洗，涂抹红药水，并关心地对他说："你下次可不要这样，从树上跌下来怎么办？"岸英自信地回答道："下次我小心些，相信不会跌下来。"

岸青长得也像父亲，但不很结实，性格也不及哥哥刚强。

岸龙入园时就有病，一天突然发高烧，保育主任陈凤仙即把他送广慈医院（今瑞金医院）急诊室，诊断为噤口痢。这是一种传染病，患者进食即吐，来势很凶，结果抢救无效，当晚夭亡。

幼稚园还安排给几个较大的孩子授课。其中，毛岸英最聪明，学习成绩也最好。保育员提问时，岸英不但对答如流，而且有所发挥。一天，保育员叫岸英去拿粉笔，岸英立即走出教室，很快拿了一盒粉笔。保育员取了一支，叫岸英把剩下的送回去。正在此时，毛泽东的战友何叔衡来看望孩子们，详细地了解孩子的学习与生活情况。他看到了整盒粉笔放在桌子上，恳切地提醒保育员要注意节约、不可浪费，岸英马上插话说："粉笔是我刚才拿来的。陶姑姑（保育员）只取了一支，其余叫我送回去，还没等送你就来了。"何叔衡看岸英讲话干脆利落，口齿清楚，很有道理，十分高兴，并勉励他，要像父母一样，为我们民族、为天下劳苦大众去冲锋。

1931年冬天，形势变得严峻起来，国民党和法租界当局开始注意大同幼稚园了。一天，董健吾收到一封恐吓信，警告他不得收留来历不明的孩子。法租界捕房又派出探捕来调查该园的经济来源、职员们的履历和孩子家长的情况。1932年3月，保育员管荷英外出办事失踪。面对日益险恶的形势，党组织决定，立刻解散大同幼稚园，并将孩子们安全转移。毛岸英、毛岸青兄弟俩根据地下党负责人欧阳钦的安排，由董健吾带回家抚养，以后被护送至苏联学习。

"黄庞惨案"与毛泽东上海之行

陈绍康

1922年初，毛泽东为湖南工人领袖黄爱、庞人铨遭军阀残害一事再次来到上海。

黄爱、庞人铨于1920年11月创建湖南第一个劳工团体——劳工会，拥有会员几千人。起初受无政府工团主义的影响，劳工会宣扬"人是平等的，绝对打破领袖和男女的界限"，在组织上采用"合议制"等无政府主义思想。毛泽东与湖南的党组织对此深为关注，他们通过青年团组织，以同乐会形式与劳工会会员交朋友，找会员骨干谈心，组织会员去安源煤矿进行调查研究，并撰写文章，一方面肯定他们办工人夜校、工人读书会，反抗资本家与军阀赵恒惕的成绩；另一方面又指出他们只作经济斗争，组织不严密，缺乏远大政治目标等问题。争取劳工会组织向马克思主义方向转变。

在毛泽东等耐心热情的指引和帮助下，黄、庞及劳工会组织开始逐步摆脱无政府主义的影响。他们按毛泽东《所希望于劳工会的》一文的建议，确立劳工会以谋全阶级根本利益为宗旨，用委员制代替合议制，及时将该会原有八部改为书记、宣传、组织三部，聘请毛泽东助理会务。黄爱曾向人称道："润芝（即毛泽东）是将才。"1921年年底，黄爱、庞人铨及劳工会另一领导人张理全加入了社会主义青年团，张理全还参加中国劳动组合书记部湖南分部的工作。

同年12月，劳工会受中共湖南支部委托，发动长沙万余名工人、学生、市民示威游行，反对帝国主义宰割中国的太平洋会议。1922年1月，劳工会又发动湖南第一纱厂工人为改善待遇罢工。

1月13日，湖南第一纱厂劳工会员邹觉悟、萧石月等向厂方交涉，要求以沪汉纱厂为例给工人发年终双薪，在遭厂方拒绝后，全厂2000多工人奋起罢工。14日，接受华实公司5万元贿赂的赵恒惕，派出大批武装人员进驻纱厂，军方拘捕了数十名工人。15日，工人们在危急中发出《纺纱厂全体工人二千二百余人万急启事》，呼吁社会支援，并要求赵恒惕撤军。16日，华实公司以"与工人协商调解"为借口，诱逼黄、庞前去谈判，赵恒惕趁机派兵将黄、庞二人拘捕，未经审讯即于17日晨4时将黄、庞秘密押往浏阳门外斩首，制造了震惊中外的"黄庞惨案"。随即，赵恒惕又将劳工会和《劳工周刊》一并查封，禁止舆论界报道黄、庞被杀的真相。中国共产党主要创始人之一李大钊在3月间撰写的《黄庞流血记序》中指出："中国社会运动史的首页，已由黄、庞两先生用他们的血为我们大书特书了一个新纪元！"

毛泽东从劳工会员张剑白处获悉此惨讯后，极为悲愤，即为此起草了一个启事交张送《湖南日报》（后未能刊出）。并要张剑白（他是常德人）去常德接黄爱父亲到广州向孙中山大总统请愿。他又在船山学社主持召开黄、庞追悼会，并以此进一步推动反对军阀赵恒惕的运动。

1922年初，毛泽东正担任中共湖南支部负责人、长沙社会主义青年团书记、中国劳动组合书记部湖南分部主任。为了揭露赵恒惕控制湖南报纸掩盖惨杀黄、庞的罪行，向全国人民公布黄、庞横遭惨杀的真相，动员社会各界声讨赵恒惕，组织上决定派毛泽东专程前赴上海，向党中央汇报。毛泽东30年代与美国记者斯诺谈话时说："湖南省长赵恒惕下令处决两个湖南工人——黄爱和庞人铨，这引起了广泛的反对赵恒惕的宣传运动。……我被派到上海去帮助组织反对赵恒惕的运动。"①

毛泽东于 3 月到上海。1922 年 3 月 26 日，由社会主义青年团、劳动组合书记部、湖南劳工会驻沪办事处联合举办的黄庞追悼会在上海尚贤堂举行，全市工人和各界代表 1200 余人出席。李启汉担任大会主席，陈独秀到会演说。谌小岑代表湖南劳工会驻沪办事处报告了黄、庞的个人经历和被害经过。会上还散发了毛泽东起草的《中国社会主义青年团中央委员会为黄庞牺牲告工人书》，该文 1922 年 4 月以《中国社会主义青年团为黄庞被害事对中国无产阶级宣言》为题，在广东社会主义青年团主办的《青年周刊》第 6 号发表。陈独秀于 1922 年 6 月给共产国际的报告也提到黄庞追悼会发传单两种，每种一千张，其中就包括毛泽东起草的一种。

自从毛泽东 3 月间在上海的多方联络后，反赵活动旋即出现新局面。在上海的党中央局、上海地方党组织、团组织、中国劳动组合书记部全力以赴，有计划地从内到外开展了反赵宣传，支持湖南党的工作。

陈独秀先在团内开会追悼黄、庞，接着通过《民国日报》（当时共产党员邵力子任该报社经理兼编辑）、《申报》连续发表报道。2 月 4 日，两报分别以《湘督虐杀工人之不平鸣》《为赵恒惕惨杀事旅沪湖南劳工之呼吁》，转发湖南劳工会旅沪会员联名声讨赵恒惕的宣言。并以《湖南劳工运动之血痕》为题发表黄、庞被害惨照四张，增强反赵宣传声势。陈独秀还以"只眼"笔名发表短评《工人们勿忘了马克思底教训》，直接揭露"湖南赵总司令承华实公司旨意杀害了劳工会职员黄爱、庞人铨"。陈独秀还与知名人士邵力子、李书城等联名致电责问赵恒惕。团中央负责人施存统以"光亮"署名在团刊《先驱》撰文，称黄、庞"是我们社会主义青年团底好团员，中国无产阶级最能奋斗的

---

① 埃德加·斯诺：《西行漫记》，生活·读书·新知三联书店 1979 年版，第 134 页。

指导者"。李大钊在北京也为《晨文》撰文,沉痛写道"黄(爱)、庞(人铨)两位先生的死","是为救助他的劳动界的同胞脱离资本阶级的压制而死,为他所信仰的主义而死"。

追悼黄、庞,声讨赵恒惕的活动在国内外引起很大反响。北京《工人周刊》当时描述"为黄、庞抱义愤者如云而起"。全国一些大城市纷纷召开追悼会,3月间天津数百名工人、学生在高等工业学校开会追悼黄、庞两烈士。5月,广州团组织与广东总工会召开五百多人的追悼会,林伯渠送去书有"看举世方以金钱造罪恶,唯二君能将颈血洗乾坤"的挽联。在日本的中国留学生田汉等人,也于4月和日本进步人士在东京召开黄、庞追悼会。黄爱曾是周恩来主持的天津觉悟社的社友,旅法的周恩来在德国时从友人信中得知黄、庞殉难,他挥笔写下《生别死离》一诗,讴歌黄、庞是把"种子散在人间,血儿滴在地上"。1922年5月1日在广州召开的第一次全国劳动大会,高度评价黄、庞的革命活动和纪念黄、庞烈士对推动全国工人运动的重大意义。大会议决每年1月17日黄、庞殉难纪念日作为"中国劳动节"。

毛泽东在上海进行反赵宣传运动,时间虽短,成效很大,对反对湖南军阀赵恒惕的斗争和推动全国工人运动的发展方面起了很大的作用。1926年湖南党组织签发的一份文件对这次斗争作了充分的肯定,"黄庞惨杀以后,湖南的工人认清了阶级的利益及组织的重要,于是产业组合、职业组合的工会日益加多,先后成立了各种手工业工会、铁路总工会及伟大的安源路矿工人俱乐部,做了很多次数的经济的政治的斗争,取得了几次的胜利后,便成立了工团联合会,统一了湖南的工人运动。"[①] 毛泽东于1922年11月被选为全省工团联合会总干事。

---

① 中共湖南区执委会:《湖南工人代表大会、湖南农民第一次全省代表大会宣传纲要》(1926年11月18日),《中国工运史料》1981年第3期。

毛泽东与上海郊区早期的农民运动

孙根宝　王伟雄

毛泽东是大革命时期中国农民运动的主要发动者和倡导者之一，是中国共产党农民问题上正确路线的代表，在从事农民运动的革命实践和理论研究方面发挥了巨大作用。毛泽东在广州举办第六届农民运动讲习所对农运骨干的培训，在上海担任中共中央农民委员会书记期间对《目前农运计划》的制定，特别是在《向导》周报上《江浙农民的痛苦及其反抗运动》一文的发表，对于上海郊区早期农民运动的蓬勃发展有着直接的、深远的影响。

对农民运动的重视与领导

毛泽东开始是从事工人运动的，在召开中共三大时，他感到农民问题的重要性，就向大会提出：湖南工人数量不多，国民党员和共产党员更少，可是满山遍野都是农民，因而农民问题是最重要的。由于毛泽东对农民问题的重视，大会委托毛泽东与谭平山起草了《农民问题议决案》。从此，中国共产党开始把农民提高到无产阶级同盟军的战略地位，逐步引起全党对农民问题的重视。

1924年冬，毛泽东从上海回到湖南家乡韶山，一面养病，一面开展农民运动，创办平民学校，建立农会，培养了一批党员，建立了韶山第一个中共党支部，领导韶山人民开展了政治、经济、教育等一系列斗争。毛泽东的革命活动，引起了地主豪绅的恐怖与仇恨，他们串通军阀赵恒惕，企图加以谋害。毛泽东得悉后，即离开湖南到广东，继续从事农民运动。1926年3月，他以国民党宣传部代部长和农委委员的身份，被委任为广州第六届农民运动讲习所所长。这届农讲所学员条件比较严格，共吸收全国20个省市学员327人，其中江苏籍10人，上海郊区有陆铁强、俞甫才、翁明哲、李新民等人参加。从5月3日正式开学至9月11日结业。共开课程25门，集中讲授革命理论和方法，尤以农民运动理论和方法为重点。为了把革命理论与实践紧密结合，还组织学员赴韶关、海丰等地实习，学习农民运动的实际经验。同时也注重学员军事素质的提高，对学员进行射击、刺杀和各种战术动作的训练。

为了使学员深刻认识中国农村状况，提高阶级分析能力，也为了进一步了解各地农村及农民的现状，毛泽东把学员分成13个农民问题研究会，要求学员按细目把各自家乡的情况整理出来。通过调查研究，毛泽东获得了带有全国性的农运资料，并经修改，选编成《农民问题丛刊》一书，以指导全国农民运动。1926年11月，毛泽东在《向导》周报上发表的《江浙农民的痛苦及其反抗运动》一文，也是在此基础上形成的。

9月11日，在农讲所举行的毕业典礼上，毛泽东作了长篇讲话，要求学员回到各地后，要拜农民为师，同农民做朋友，要敢于同反动势力作斗争，不怕艰苦，不怕牺牲，为农民谋利益，求解放。10月5日农讲所学员均回原籍从事农运工作，他们在大革命后期轰轰烈烈的农民运动中发挥了领导和骨干作用。

1926年11月，毛泽东由广州来上海主持中共中央农民运动委员会工作，任农委书记，在沪期间，他主持制定了《目前农运计划》，规定了农运发展重点、原则、方法，以及与国民党左派的配合关系等问题，成为大革命时期中共具体指导农民运动的明确主张。

对上海郊区早期农民运动的影响与推动

1926年11月25日毛泽东以润之的署名，在中共中央机关刊物《向导》周报第179期发表《江浙农民的痛苦及其反抗运动》一文，道出了广大农民的心声与愿望。文章详细分析江浙农民运动现状，包括上海的崇明、青浦等县在内地主豪绅对于广大农民严重的剥削与压迫及其反抗斗争活动的事实，指出要重视江浙农民运动的地位，要加强对这些地区农民运动的领导。

文章首先对崇明县作了详尽的介绍，指出："崇明，长江口之一岛，岛的全域为崇明县，为长江泥沙沉淀冲积而成，岛之四周年涨新沙，因此沙田甚多，佃农甚多。今举上沙一地为例，此地地主剥削佃农非常厉害，每千步田要纳保证金50元，这种田完全是新涨的沙田，农民逐渐替地主们经营成熟。成熟后，地主管田底所有权，农民管田面的权。每年耕种所用人工、肥料、农具、种子等，均归农民自备。秋收后，每千步田要纳租谷500斤，甚者500斤以上。地主到农民家里的时候，农民要请他吃好酒饭，不然便难免加租。收租的秤，大概都在20两（注：指16两制）以上。农民如稍反抗，马上送县究办。农民若今年欠了5元租，明年就要你还10元，20元，又不得不还。于是农民之破产者年年有之。此地农民曾在民国十一年（注：应是民国十年）起了一个暴动，并没有什么赤党过激党煽动他们，他们自己成群起来打毁警察局，割去地主陶某的耳朵，并大闹县署要求减租。后因团结不固，首领被捕，以致失败。今年江苏遭了普遍的旱灾，田亩减收，上沙地方每千步田农民只收谷三、四百斤,而地主缴租仍坚持要照旧例缴500斤。地主且以佃业维持会议决以欺农民。(佃业维持会系11年地主组织以欺农民的)于是农民恨地主益深,暴动又将发生了。"文章在介绍青浦县时说:"青浦,沪杭路侧之青浦县,上月内发生农民反对重价卖荒之事,本县荒地,逐民缴价买荒,历来定价每亩3元,此次劳绅串通县长林贞一,组织一公司,每亩3元缴得荒地,而以12元卖与农民。农民组织垦务联合会反抗。劣绅官厅则多方恐吓,现仍在争持中。"毛泽东文章高度赞扬上海郊区农民的革命要求与反抗精神,并指明农民运动的方向,它像一股强劲的春风,唤醒了浦江两岸千家万户受苦受难的农民群众,引导他们组织起来,向军阀政府、地主豪绅进行斗争,争取生存的权利。

中共上海区委(即江浙区委)非常重视毛泽东的文章,以此进一步分析当时农民运动状况,并发出《江浙农民运动报告》,从政治、经济、文化等方面分析了农村形势及农民面临的状况,进一步指出江浙农民在地租、高利贷、苛捐杂税的盘剥下,生活非常困苦,反对军阀、地主的情绪十分高涨。

上海区委书记罗亦农,在区委主席团会议上提出,区委要立即组成农民运动委员会开展农运工作。

同年11月中国共产党中央局批准了毛泽东主持下制定的《目前农运计划》,要求各地党的组织迅速开展农民运动,并规定了几条标准,指出了如何开展农运工作的方法。

中共上海区委采取相应措施,因势利导,要求各地恢复和建立农民协会,决定将第六期广州农民运动讲习所毕业归来的10名江苏籍学员分别派回原籍,并要求各级党组织亦派同志下去。广州农民运动讲习所的学员像种子一样在群众中生根、开花、结果。农运工作在上海郊区轰轰烈烈地开展起来。

从广州农讲所毕业的陆铁强和俞甫才,由中共上海区委派遣,以特派员身份回到崇明后，即与农民代表一起发动当地农民向土豪劣绅开展减租斗争。发展积极分子入党，先后成立5个党支部。不久又成立崇明县农民协会，向广大农民宣传党的农运主张。1926年冬，又发动组织西沙7000余农民示威游行，提出"打倒恶业户，打倒土豪劣绅，实行对折交租"等口号。四乡农民群起响应，使减租斗争取得了胜利，崇明的农运也因此更趋高涨。

毛泽东在文章中对"青浦荡田案"①的揭露，进一步推动了青浦的农民运动。中共上海区委指派高尔松、高尔柏、黄麟书等人以国民党第五区党部名义组织农民进行斗争。他们采用散发传单、读书念报等形式进行宣传，还到茶馆酒楼等处宣传党对荡田案之主张，揭露山蒸、练塘劣绅利用"利青公司"承买清丈荡田的阴谋，更广泛地发动农民起来反抗劣绅进行清丈。次年2月14日，青浦农民协会，利用北伐军宣传队到达青浦山小蒸乡之机，乘势进攻地主政权——小蒸乡乡议会，收缴了团防局的6支枪，组成农民自卫军，一时间农运斗争声势浩大。

上海金山县参加广州农民运动讲习所学习的翁明哲、李新民回去后，即与共产党员李一谔等一起在浦南地区建立起农民协会，并在沿海一带发动盐民建立盐民协会。1926年12月漕泾、柘林等地又成立农民自救会，会员达2000多人，提出"沙田是我们的"的口号，反对盘剥农民的"惠农公司"，并组织农民500余人，步行60多里，到松江县署请愿，要求当局实现"从垦熟的涨滩开始，实行耕者有其田"的主张。松江各团体群起而支援，声势大振，使金山农民运动有了党的领导。

当北伐军节节胜利进军上海郊区时，各地农民协会又开展了迎接北伐军的斗争，积极配合上海工人的第三次武装起义。枫泾地区沿沪杭铁路沿线农民在党的领导下，夜间撬铁路设路障，阻止军阀孙传芳

---

① 即1923年青浦县劣绅趁清丈荡田之机，勾结官府，组织"利青公司"以低价强买农民开垦的荡田，再以高价卖给农民耕种，遭到农民的反抗。斗争连续数年之久。

部队和军事物资的调运。许多郊县在北伐军到达时都召开了工农群众欢迎大会，庆祝北伐军胜利。青浦、奉贤、川沙、嘉定等县，还成立了临时人民政权，实行减租减息，惩办土豪劣绅。1927年，中共江苏省委成立后曾对此作了评价："在北伐军初到江苏时，各县都有打土豪劣绅，没收财产之举。"

在毛泽东农运思想的指引下，经过上海党组织的及时具体领导，浦江两岸广大乡村农民运动风起云涌，一浪高过一浪，配合了北伐军的节节胜利，有力地支援了上海工人第三次武装起义和上海市民临时政府的成立，革命形势曾一度达到高潮。实践证明：农民是工人阶级的可靠同盟军，没有广大农民的参加，中国革命的胜利是不可能的。

毛泽东在大革命时期从事农民运动的理论和实践，对于促进全国农民运动的蓬勃发展，对于推进北伐战争的胜利，都作出了杰出的贡献，是我党农民运动正确路线的代表。

20世纪30年代中期毛泽东与上海的统战工作

张义渔

土地革命战争后期，随着中日民族矛盾上升，人民抗日情绪高涨，党的统战工作显现了特殊的必要性和向纵深发展的可能性。1935年12月，瓦窑堡会议提出建立最广泛的抗日民族统一战线政策。会后，毛泽东根据会议精神向党内活动分子作《论反对日本帝国主义的策略》的报告，进一步阐明抗日民族统一战线的内容和思想，以科学的论证奠定了抗日民族统一战线的理论基础。

上海历来是人文荟萃之地，统战工作在这里往往具有非同一般的意义。20世纪30年代中期，毛泽东虽然不曾亲临上海，但他深知上海的统战工作对建立广泛的抗日民族统一战线，推动全国抗日救亡运动的发展，有着重要的影响。因此，始终对上海的统战工作投以极大的关注，并以书信往来的形式参与其中，为团结更多的爱国民主人士，实现第二次国共合作，作出了杰出贡献。

热切支持救国会运动

1931年日本帝国主义侵占中国东北后，接着向华北发动了新的侵略。1935年12月9日，在党的领导下，北平（今北京）学生6000余人，举行游行示威，高呼"停止内战，一致抗日""打倒日本帝国主义"等口号。这个运动在上海的直接反映，就是各界救国会组织的迅速建立。救国会中有中共党员，不少人是和中共长期合作革命进步人士，也不乏上层统战对象。当时，中共中央有关建立抗日民族统一战线的精神通过各种渠道传到上海，并派人陆续到上海和救国会主席沈钧儒等取得联系，向他们传达毛泽东和中共中央的抗日民族统一战线的方针，并同他们建立关系。1936年5月，成立了全国各界救国联合会（简称"全救会"），这表明毛泽东主张的人民救国阵线开始建立了。

毛泽东十分关心救国会运动，他对救国会统战工作，不仅在总体战略步骤上给以正确的指导，而且对各项重要活动也给以卓有成效的帮助。

当他读到章乃器、陶行知、沈钧儒、邹韬奋在报上发表的《团结御侮的几个基本条件与最低要求》、全国救国联合会的宣言和纲领后，特在1936年8月10日复信给他们四位。信中对他们爱国行动表示了极大的同情和满意，并对他们给予鼓励，表示敬意。中共在具体行动上对他们提出要求，表现出联合各党各派抗日救国的意见。毛泽东真诚地答复："我们应当这样做，而且是已经这样做"了。并表示我们决不敌视民族中反日的阶级，不干涉友军（指国民党抗日军队）区域的地方行政。信中要求中共党员参加救国组织和各种形式的救国活动，组织统一战线，号召"各政党各阶级在抗日救国旗帜下团结起来"。毛泽东明确指出："今天中国只有一个出路，就是一切党派，在平等基础上团结起来，实行抗日，并服从全国人民的民主政治。"如果不是这条道路，而想用武力统一，那就永远不会有中国人民的统一，只有更加使中国分裂和破坏。信中他还批驳诬蔑中共、反对团结抗日的种种谬论，以及国民党政府借准备之名，行不抵抗之实等错误论调。最后，毛泽东代表中国共产党表示："我们诚意在全国救国联合会的纲领上加入签名",并愿意与一切抗日组织合作,共同进行抗日救国斗争。

9月18日,毛泽东再次致函四位。信中又一次热烈称颂他们的"抗日救国的言论和英勇的行动",已经得到全国人民和红军的同情与敬意。他还为救国会提出任务,希望他们和中国共产党更亲密的合作,做更大的努力,以达到停止内战一致抗日。指出中国共产党最近提出的民主共和国口号,是团结一切民主分子实行真正抗日救国的最好方策。并随信附寄了中共中央8月25日发出的关于建立抗日民族统一战线和准备重新实行国共合作政策的致国民党书,"请求诸位先生予以审案,并以高见惠示"。为了打破国民党隔离中国共产党和救国会的措施,毛泽东在信末特意告知"委派潘汉年同志与诸位先生经常交换意见和转达我们对诸位先生的热烈希望"。

这两封信对救国会来说有着重要意义,它使救国会明确在今后斗争中的团结各种爱国力量,组织救国阵线的战略步骤和任务,同时,鼓舞和支持了救国会的抗日救国的活动;还使救国会加深理解了中共抗战的决心和与群众有着血肉联系的红军所具有的巨大潜在力量;有力地帮助了救国会等领导人克服"左"的影响。救国会开始时往往只团结民族资产阶级左派,对中间派则不那么热心,因此统战工作的圈子还较狭小。通过这两封信和毛泽东亲自委派潘汉年到上海与救国会联系,救国会运动得到进一步发展。当沈钧儒等七君子[①]被国民党逮捕以后,救国会能够把社会名流请出来为"七君子"辩护,把各阶层人们动员起来营救"七君子",甚至连杜威、爱因斯坦等国际著名人士都表示同情和支持救国会运动。因此,这两封信所阐明的思想与救国会运动发展壮大有着密切关联。

全救会成立后,为了迅速扩大包括民族资产阶级、海外侨胞以及国民党内爱国人士在内的全国统一的联合救国阵线,曾派人同各地实

---

① 七君子:沈钧儒、邹韬奋、李公朴、章乃器、王造时、沙千里、史良。

力派接触，打电报给李宗仁、张学良、杨虎城、傅作义等。并派杨东莼和他们联系商谈，希望他们以国家民族利益为重，"内争不容再有，御侮不能再迟。"有力地配合了中国共产党对国民党上层人士的统战工作。

毛泽东不仅对救国会给予大力的支持，对于救国会之外的社会著名人士，也同样以书信的形式，积极开展统战工作。其中以与蔡元培的通信最具代表意义。蔡元培乃著名民主革命家、教育家、科学家，国民党元老，早年为孙中山领导的同盟会会员，后曾任北京大学校长，提倡新文化新思想，在国内颇具声望。1936年9月22日，毛泽东与蔡元培通信。信中以诚挚慷慨的言辞讲到，日寇入侵"河山将非复我之河山，人民将非复我之人民，城郭将非复我之城郭，所谓亡国灭种者，旷古旷世无与伦比，先生将何以处此耶？"激发蔡元培爱国热忱。信中称颂蔡元培同情抗日救国事业，为中共和全民族所欢迎。并且期望蔡元培以他的声望，不只是言，而且有行，不但同情，而且倡导，痛责南京当局，要他们立即停止内战，放弃他们对外退让、对内苛求的政策，撤废爱国有罪、卖国有赏的方针，发动全国海陆空军实行真正的抗战，恢复孙中山革命的三民主义与三大政策的精神，拯救四万万五千万同胞。并请蔡元培把此意见告知一切党国故人、学术师友、社会朋旧。这对蔡元培以后积极投入抗日救亡，参与创立上海文化界救亡协会，拥护中共倡导的第二次国共合作等都有直接的关系。

努力实现第二次国共合作

为了实现第二次国共合作，一致抗日的目的，以毛泽东为代表的中国共产党人做了大量周密细致的前期工作。1936年9月，中共中央派潘汉年赴上海，作为与国民党谈判的代表，并由他带来毛泽东致宋庆龄的信和党中央拟定的《关于两党抗日救国协定草案》。毛泽东给宋庆龄的信中提出"要唤醒国民党中枢诸负责人","尚有赖于先生利用国民党中委之资格作具体实际之活动。"宋庆龄积极贯彻这个精神。1937年2月,她出席国民党在南京召开的五届三中全会。会上,宋庆龄发表演说,严厉批评国民党政府对日妥协,对内发动内战。她还和何香凝、冯玉祥等14名国民党中央执行委员和中央监察委员向全会提出"恢复孙中山先生手订联俄、联共、扶助农工三大政策等"。有力地推动了第二次国共合作的实现。宋庆龄还接受毛泽东的委托,帮助潘汉年组织统一战线,开展国共合作等工作。

毛泽东30年代中期在上海知名人士中间,以通信形式进行的统战工作,成为这一时期整个统战工作的一个典范。它对推动抗日形势的发展,实现第二次国共合作开创团结御侮的新局面起到了积极有效的作用,更为抗日战争取得最后全面胜利奠定了重要基础。

毛泽东与抗战前后的上海地下党

翁三新

抗日战争前后是党的城市工作路线实行根本转变，党的白区工作方针形成、发展、成熟的重要时期。

毛泽东根据中国革命必须走农村包围城市、武装夺取政权的道路，从建立广泛的抗日民族统一战线，实行全面抗战的中心任务出发，总结土地革命战争时期白区城市工作遭受严重挫折的教训，从理论上批判了"左"倾教条主义脱离中国国情的"城市中心论"，阐明城市工作必须配合农村武装斗争的观点，确定了城市工作正确的指导思想，开创了国统区和敌占区城市工作的新局面。

正是在毛泽东制定的城市工作路线正确指导下，上海地下党组织在抗战初期恢复重建，并在敌占区严重白色恐怖的环境中坚持长期斗争，尤其在党的建设、群众工作和支援敌后抗日游击战争等各方面取得卓著成绩，为夺取抗战最后胜利发挥了重要的作用。

（一）

1935年12月，在土地革命战争向全民族抗日战争转变的关键时刻，党中央在瓦窑堡召开政治局扩大会议，批判了党内长期存在的"左"倾关门主义错误，确定抗日民族统一战线的政治路线后，党中央就着手端正白区城市工作指导方针，采取切实措施加强白区党的组织和领导，其中，恢复重建上海地下党就是重要举措之一。

1935年四五月间，党中央设在上海负责领导全国白区工作的中共中央上海局，以及上海地下党领导机关中共江苏省委相继遭到国民党当局连续的大规模搜捕，被破坏殆尽。使正在长征途中的党中央与白区各级党组织失去了联系。党中央十分关注上海地下党的情况，曾派中央白区工作部部长陈云和潘汉年到上海了解近况，恢复党的白区领导机构，终因上海恶劣的环境而未能如愿。瓦窑堡会议期间，毛泽东获悉毛齐华曾长期在上海从事工人运动，就单独与他谈话，详细询问上海工作情况，探讨白区工作如何肃清王明"左"倾教条主义影响和如何深入基层工厂开展群众工作的具体方式方法等问题。

1936年4月，党中央决定派冯雪峰去上海开展救国会上层的统战工作，同时了解上海地下党组织状况，为重建上海党的领导机构做准备。毛泽东对此十分重视，亲自找冯雪峰深夜长谈，详细阐述了瓦窑堡会议精神，强调做好上海党的工作对全国革命具有重要作用，上海党应担负起联合各党各派共同抗日的使命。

冯雪峰到上海后，在积极开展救国会上层著名人士的联络统战工作的同时，还通过鲁迅与尚在上海坚持斗争的中央文委、江苏省临委、中央特科的主要领导人取得了联系。上海各系统党组织终于又听到了党中央的声音，遵义会议和瓦窑堡会议的精神、毛泽东《论反对日本帝国主义的策略》的报告、刘少奇《肃清关门主义与冒险主义》等重要文章和指示，在党团员和救国会积极分子中广为传诵，进一步激励和启发他们摒弃"左"倾教条主义影响，以救国会为群众工作阵地，掀起抗日救亡新热潮。1936年底，根据中央指示，在冯雪峰领导下，成立上海党的临时工作委员会，为重建上海地方党组织做准备。

为迎接即将到来的国共合作抗日的新形势，党中央于1937年5月至6月在延安召开党的全国代表会议和全国白区工作会议，通过了毛泽东作的《中国共产党在抗日时期的任务》的报告，提出争取千百万群众进入抗日民族统一战线的方针。白区代表认真总结与王明"左"倾教条主义路线斗争的经验教训，讨论了新形势下白区工作的基本任务和策略。

会后，党中央决定抽调一批有城市工作经验的高级干部到白区各省市加强领导。二三十年代曾在上海领导工人、农民运动的刘晓奉命再赴上海，全面主持上海和江浙地区党组织的重建恢复工作。临行前夕，毛泽东在枣园为刘晓饯行并就白区工作的策略方针作了具体指示，指出：中国革命是长期的，地下工作也要作长期打算，不在一时一事和敌人计较短长。地下工作要善于积蓄力量，要学会做群众工作，和群众运动密切结合。群众运动要有真正的群众参加，不能只有左派参加。党的秘密工作不是关在房子里，关在机关里，而是要隐蔽在群众里面。他还特别强调：具体工作怎么做，一定要根据具体情况作出决定。毛泽东的重要指示和白区工作会议精神，成为刘晓主持上海工作的指导思想。

1937年6月下旬，刘晓肩负着党中央的重任抵达上海。不久，震惊中外的七七事变、八一三上海抗战相继爆发。群众自发而起的抗日救亡热潮，使处于恢复初期的上海党组织的力量远远不能适应。为此，刘晓、冯雪峰等组成的上海党的领导机构，决定调整工作重点，按照中央要求地方党组织应"成为各地救亡运动与救亡组织之发起人、宣传者、组织者"[①]的指示精神，把党的重建工作和领导蓬勃掀起的群众运动结合起来。同时，决定将原有的以左翼激进群众为主体的各界救国会扩大建立更具广泛群众性的上海各界救亡协会。在组织上采取国

---

① 《中央关于组织抗日统一战线扩大救亡运动给各地党部的指示》（1937年7月15日）。

共合作的形式，邀请国民党上层分子、工商界名流和著名爱国民主人士参加团体理事会，使救亡协会成为公开的社会团体，从而打破国民党片面抗战路线的种种限制，把群众最大限度地组织起来。上海文化界、妇女界、教育界、职业界、工人界、学生界救亡协会，在八一三抗战的隆隆炮声中先后成立。

毛泽东对上海党组织把救国会改组为救亡协会的决定，给予充分的肯定。认为改组救国会，"组织各种有群众的合法团体的决定是正确的"，还指示上海党组织要"加强各种救亡协会与救亡团体的群众工作，扩大这些团体的群众基础与独立民主的救亡活动"。在领导群众团体的工作方法上"必须彻底改变命令主义和包办主义的工作方式，尽量吸收无数的积极分子参加工作，发挥他们最大的积极性与创造性"[1]。并强调在与国民党的合作中"不应处处迁就"，"只有同国民党包而不办的政策作严重斗争，民族统一战线与国共两党的合作，才能有进一步的成功与发展"[2]。在毛泽东指示的正确指引下，上海各界救亡协会成为上海地下党领导群众抗日的公开合法阵地，各协会高举抗日民族统一战线的旗帜，把各界抗日力量汇合成一支浩浩荡荡的抗日大军。数以百计的战地服务团、慰劳队、救护队、宣传募捐队活跃在前线和后方，整个上海沉浸在"有钱出钱，有力出力"，"军民同仇敌忾，誓死抗战到底"的激奋悲壮的气氛中，中国共产党全民族抗战的号召深入人心，党的政治影响不断扩大。

如火如荼的群众抗日运动为上海地下党的恢复重建创造了良好的政治环境和群众基础。上海党组织按照"积极谨慎"的建党原则对原有的党团员逐个审查，恢复了130余名党员的组织关系，党的基层组织在新的基础上建立健全，并在抗日斗争中发挥了战斗堡垒作用。

---

[1] 《关于对取消"全救"的认识及其取消后上海救亡工作方针的指示》（1937年10月18日）。
[2] 《中央关于开展全国救亡运动的指示草案》（1937年10月17日）。

1937 年 11 月初经党中央批准，中共江苏省委正式成立。

上海地下党的恢复和重建，是以毛泽东同志为主要代表的中国共产党人彻底纠正王明"左"倾教条主义错误，实行党的白区工作根本转变的成功范例，也是上海共产党人正确领会和贯彻毛泽东倡导的建立广泛的抗日民族统一战线，坚持秘密工作与公开工作相结合取得的硕果。从此，上海地下斗争和运动有了最坚强的领导核心。进一步推动了上海人民抗日救亡运动的蓬勃开展。

（二）

"隐蔽精干，长期埋伏，积蓄力量，以待时机"的白区工作方针，是毛泽东从中国革命必须以农村武装斗争为主，城市工作为辅，通过农村包围城市，最后夺取城市的特点出发，总结土地革命战争时期和全民族抗战初期城市工作的经验教训提出的正确方针，成为全民族抗战时期国统区和敌占区各级党组织坚持八年地下斗争能立于不败之地的行动指南。中共江苏省委成立后，在党中央和毛泽东直接领导下，坚决地创造性地贯彻执行了白区工作方针，开创了上海党的工作和群众工作的新局面。

1937 年 11 月 12 日，国民政府军队全线撤离上海，上海除租界以外沦为敌占区。毛泽东和张闻天（洛甫）在当天晚上就致电刘晓："上海失守后，救亡运动必将更为困难，公开救亡团体应准备必要时转入秘密状态，党的秘密工作亦有新的布置，严防敌人的突然袭击，工作方式亦应有必要的转变。"① 继后，中央书记处明确指示上海地下党："在敌人占领的中心城市中，应以长期积蓄力量，保存力量，准备将来

---

① 洛甫、毛泽东：《关于上海失守后救亡运动的方针问题指示》（1937 年 11 月 12 日）。

的决战为主"①。

省委遵照中央指示，认真分析了上海的形势，确定"抓紧租界尚未沦陷的特殊环境，充分利用英美法与日本的矛盾，充分利用社会的合法性，及时转变组织形式和领导方式，扩大群众基层，发展党的力量"的工作方针。在坚持孤岛斗争的四年中，上海党组织根据形势的不断变化，正确地运用公开工作与秘密工作相结合，合法斗争与非法斗争相结合，上层统战工作与基层群众工作相结合等工作方式和斗争策略，创造了不少成功的经验，曾受到毛泽东的褒奖。

在组织群众的形式上，江苏省委充分利用租界当局一切可以利用的法律命令和社会习惯许可的公开合法形式，根据不同层次群众的切身要求和觉悟程度，及时把战时服务性质的抗日团体改组为群众性联谊团体。并通过传授文化知识、职业技能，开展文体娱乐、生活福利等活动，将群众广泛组织起来。各社团还在党的领导下积极开展上层统战工作。争取社会名流、工商实业家和爱国民主人士参与和支持，以保证群众联谊团体的合法地位，打消中间落后群众的顾虑，扩大团结面。如工委系统通过基督教青年会、工部局华人教育处等上层社会关系，在工厂集中区先后创办了近300所工人夜校，吸收6000多工人参加。职业界的银钱业联谊会会员遍及全市368家银行钱庄。保险业联谊会会员占全行业职工70%。学生界则通过学生自治会、基督教青年会、团契等公开传统组织开展群众工作。各种社团坚持寓抗日救亡宣传教育于文化娱乐、生活互助活动之中，引导群众运动向深度和广度发展，扩大党的影响，积蓄革命力量。

全民族抗战爆发后，近70万遭战火洗劫的难民涌入租界，各社会慈善团体为安置流离失所的难民创办200余所难民收容所。省委成立了难民运动委员会（简称"难委"）并派一大批党员、积极分子到各难

---

① 《中央关于目前时局与党的任务给刘晓的指示》（1938年3月21日）。

民收容所工作，使难民收容所从单纯救济安置难民生活的场所成为党对难民群众开展抗日救亡宣传，进行阶级启蒙教育，为抗日斗争培养输送人力的一个基地。到1938年初，20多所收容所建立了秘密党支部，发展党员300多人，一大批积极分子在难委帮助下，先后奔赴抗日斗争的各条战线。

1939年底，江苏省委副书记刘长胜随周恩来去延安汇报工作，毛泽东对上海党充分利用公开合法的形式，把群众最大限度地团结起来的做法十分赞同，认为在敌伪统治区办一所工人夜校就等于办了一个工会，而且具有广泛群众性的职业联谊团体对于开展上层统战工作，广泛发动群众具有重大意义，还赞扬上海的难民工作阵地是上海地下党的创举。并指示江苏省委"应该把已有的职工学校、团体工作经验、合法斗争方式详细研究，以便发扬上海工作中这一正确的工作方针，供全党参考"①。

1938年5月，日伪南京维新政府成立后，公然宣称要接收设在上海租界内的中国海关、邮政、法院和教育等部门，激起孤岛人民强烈义愤。为保持和发扬上海人民的抗日热情，江苏省委发动领导全市5000名海关、邮政职工和百余所大中学校师生，为维护国家主权尊严、反对日伪接管，开展护关、护邮、护校斗争，受到全市人民的热烈响应和广泛支持。但由于对敌占区中心城市敌强我弱的形势缺乏全面的分析，这些斗争尚未根本改变旧的斗争形式。毛泽东对上海人民反对日伪接收的斗争十分关注，尤其对斗争中存在的问题而造成的无谓损失特别重视。护关斗争爆发第七天他致电刘晓，指示"立刻设法结束斗争，以避免遭到敌人的极大摧残"，还告诫上海党"不要因为群众中抗敌情绪的高涨，拿无望的冒险行动来代替对于当前环境的具体分析"②。省委正确领会了毛泽东的指示精神及时调整斗争策略，充分利用

---

① 《对江苏省委今后工作的指示》（1940年3月8日）。
② 《毛泽东、洛甫致上海刘晓电》（1938年5月14日）。

英美法租界当局与日伪的矛盾，开展对社会上层人士的统战工作，争取他们的支持，共同抵制日伪接收，同时采取速战速决的灵活战术，当斗争取得一定胜利就主动结束罢工罢课斗争。这样既打击了日伪嚣张气焰，鼓舞了群众抗日信心，又避免因硬打硬拼的过激行动而受到损失，脱离群众，为坚持长期抗战保存和积蓄了力量。

群众工作的公开合法化为党组织的发展奠定了基础。各系统党组织在群众团体的群众斗争中教育、培养和考察积极分子，成熟一个发展一个，到1939年底，江苏省委所属党员从成立时的130人发展到2310人，其中职工占三分之一。在上海重要的生产单位和一些要害部门均建立了党的基层组织。

1940年4月，刘长胜从延安返回上海，向各系统党组织带来了毛泽东对上海两年来工作的肯定和勉励，完整地传达了毛泽东对党的白区城市工作"隐蔽精干，长期埋伏，积蓄力量，以待时机"方针，还传达了毛泽东对全民族抗战进入相持阶段后国际国内形势逆变的分析，以及对上海党组织今后工作必须时刻警惕和估计到租界环境有特大逆转的可能，必须采取必要的措置，以达到长期坚持的目的等一系列重要指示。

江苏省委根据党中央和毛泽东的指示，实行更加精干隐蔽的组织措施，要求各系统党组织转移已暴露的党员、积极分子去敌后根据地；把党的主要力量集中到重点工厂、学校中建立短小精干的堡垒支部，或彼此不相联系的平行支部，以备在遭受敌人破坏后，继续开展工作；指示群众联谊团体，逐步从利用租界的合法过渡到利用汪伪的合法，增加团体保护色；在团体活动形式上，收缩政治性强的文化宣传活动，扩大以帮助群众解决生活疾苦为主的生活福利事业，使团体能继续存在，成为党联系群众，团结群众的纽带。由于省委坚决贯彻党的白区工作方针，为应付突然事变采取了严密的应变措施。因此，1941年12月8日太平洋战争爆发，日军进驻上海租界时，上海地下党已从思想上、组织上做了充分的准备，所以临危不惧。在险恶的环境中继续团结群众，坚持长期隐蔽、分散的斗争，为夺取抗战最后胜利，作出了贡献。

上海地下党在毛泽东确定的白区工作十六字方针指引下，摆脱了旧的不适当的斗争公式，在实践中积累了适合敌占区中心城市的工作方式和斗争策略，并有所创造有所发展。

（三）

"放手发动群众，独立自主地开展敌后抗日游击战争，开辟敌后战场，建立抗日根据地"的决策，是毛泽东关于走农村包围城市道路的理论，在全民族抗日战争中的发展运用。上海地下党在毛泽东这一伟大战略思想的指引下，为开辟敌后抗日武装斗争，巩固敌后抗日根据地作出了特殊贡献。

上海地下党对敌后抗日游击战争的重大贡献表现在两个方面。一方面是充分发挥上海中心城市的政治、经济、文化优势，从人力物力上全面支援新四军和华中、浙东敌后抗日根据地。江苏省委始终把支援新四军的政治任务与开展群众性抗日救亡运动密切结合起来。据不完全统计，上海人民为新四军募集了相当于15个月的军饷130万元和不计其数的各类物资，向新四军根据地输送了工人、职员、学生、技术人员、医务工作者、教师、专家等各类人才2万多人。上海地下党为发动和巩固敌后抗日根据地倾注了最大的政治热情。

另一方面就是放手发动群众直接在苏南和上海市郊开辟抗日武装斗争，配合新四军开辟了华中抗日根据地。

七七事变后，党中央决定由张爱萍率4名师级军事干部到上海，建立江苏省委军事工作委员会，负责江浙两省敌后游击战争的开辟工作。毛泽东亲自找张爱萍谈话，分析抗日战争爆发后，日军必将进攻上海，再图夺取南京宁沪杭沿线和长江三角洲地区。他指示张爱萍抵沪后与刘晓共同研究开展上海周围地区抗日游击战的工作。张爱萍一行抵沪后，上海抗战已爆发，省委根据毛泽东的指示，决定由军委举办军事训练班，抽调40余名学生、工人党员，分三期接受游击战术理论和军事技术训练后，随军委分别奔赴苏南农村，着手组建武装游击队。不久，上海和沪宁铁路沿线相继沦陷，江苏省委决定建立外县工作委员会，抓紧江南农村日军统治秩序未稳的机会，继续派遣干部到上海四郊和苏南敌后农村恢复、重建地下党组织，开展日寇直接统治地区的工作。

1938年5月，根据毛泽东关于创建以茅山为中心的苏南抗日根据地，再准备分兵一部进入苏州、镇江、吴淞三角地区，一路进入江北，依据河湖港汊发展游击战争[①]的战略决策，新四军一支队奉命挺进苏南。5月14日，中央书记处致电刘晓，明确指示江苏省委"当前的中心任务是加强农村游击战争的领导，创立游击根据地"[②]，并强调指出"敌占区中心城市的工作应服从广大农村的游击战争，要不断有计划地派优秀的干部，特别是工人干部到农村去加强领导"[③]，等等。

江苏省委认真学习了党中央和毛泽东的指示，结合市郊和苏南广大农村的工作形势，作出了《加速敌人占领区内乡村工作的决定》，号召全体党员要为开拓农村工作发展游击战争而努力，各系统党组织抽调一大批党员骨干奔赴农村恢复党组织，组建敌后抗日武装，到1939年初，先后开辟了青浦、浦东、嘉定、崇明、苏常太、澄锡虞等抗日

---

① 中央档案馆编：《中共中央文件选集》（第11册），中共中央党校出版社1991年版，第511页。
② 中央档案馆编：《中共中央文件选集》（第11册），中共中央党校出版社1991年版，第516—517页。
③ 中央档案馆编：《中共中央文件选集》（第11册），中共中央党校出版社1991年版，第516—517页。

游击区、为新四军东进创建和扩大苏南抗日根据地奠定了基础。1939年5月，新四军一支队六团出师东进，在江苏省委外县工委各级农村党组织和地方游击队积极配合下，节节胜利，一路挺进，直抵上海市郊嘉定、青浦和虹桥机场附近。

上海周围地区人民游击武装斗争的迅猛发展，牵制了日伪军兵力，给华中地区的日军以严重的威胁和打击。新四军东进威震江南，极大鼓舞了江南民众的抗日斗志，也使陷于沦陷区的上海人民看到了抗日胜利的曙光。1939年底，刘长胜在延安时，毛泽东曾询问他："江南是河湖港汊地带，又靠近大城市，能否坚持抗日游击战？"刘长胜用上海周围地区开展抗日武装斗争的三年实践，作出了肯定的回答，得到毛泽东的赞同和重视。

上海党的城市工作，对农村抗日游击战争提供了有效支持和积极配合，形成了大都市和敌后根据地互为依托、相互支持的抗日局面，为夺取中华民族反侵略战争的最后胜利作出了积极的贡献。

全民族抗日战争时期党中央、毛泽东对上海党组织的一系列指示，始终以抗战总局势的变化发展为主导，充分发挥上海的地域特色和群众斗争特点，这是上海地下党能在错综复杂、变化多端的环境中，立于不败的支柱。上海地下党在抗战期间卓有成效的工作，也进一步证明了毛泽东关于中国革命道路理论的正确，它是夺取革命彻底胜利的根本保证。

毛泽东与解放战争时期上海人民的革命斗争

李三星

解放战争时期,毛泽东作为中国共产党的主要领导人,肩负着运筹帷幄、部署指挥决定中国命运大决战的重大历史使命。从抗日战争胜利到全国解放这一整个历史时期中,毛泽东没有到过上海。然而,他自始至终关注着上海人民的革命斗争和上海的解放,将上海视作战后与国民党争夺的最重要的阵地之一;将上海人民的斗争看作国民党统治区人民革命的缩影,是与国民党作战的一条重要战线;将上海的解放视作中国人民解放事业中具有特殊意义的大事。因此,在日理万机的岁月里,毛泽东仍将指导上海人民的革命斗争作为一件大事来抓,并亲自领导、部署了解放上海战役。

(一)

1945年8月15日,日本政府宣布无条件投降,中国人民长达十四年之久的抗日战争胜利结束。就在日本乞降而未正式投降,抗战胜利已成定局之际,毛泽东于8月13日,在延安干部会议上作了题为《抗日战争胜利后的时局和我们的方针》的演讲。他深刻地分析了抗日战争胜利后中国政治的基本形势和时局发展的方向，指出：一方面要尽力争取和平、反对内战，另一方面必须对蒋介石发动全国规模内战的阴谋有充分准备。胜利的果实应该属于人民，但蒋介石要"摘桃子"，并预言："一批大桃子，例如上海、南京、杭州等大城市，那是要被蒋介石抢去的。"尽管如此，"我们的方针是针锋相对，寸土必争"。为此，8月10日，中共中央曾向华中局发出《准备夺取大城市、交通要道的指示》。根据中央指示，新四军准备占领上海，军部宣布刘长胜为上海特别市市长，张执一为副市长。8月20日，中共中央批准上海发动武装起义，配合新四军解放上海。

国民党蒋介石为了抢夺上海，一方面借助美国军用飞机将远在西南的国民党部队运到上海。在军队抵沪之前，蒋介石于1945年8月16日，即日本政府正式宣布投降的第二天，电令汪伪上海市市长周佛海"全面负责维持上海市及沪杭一带治安"，并委任其为"上海行动指挥部"总司令。陈公博、周佛海受宠若惊，当即致电蒋介石，表示"愿以30万军队保卫京沪杭三角地带，阻止八路军、新四军接收"①。另一方面，蒋介石又于8月17日任命钱大钧为上海市市长。在这种情况下，中共中央认为若实施上海武装起义，变为反对蒋介石，必遭蒋伪合流镇压，遂决定改变占领上海的计划。8月21日下午与深夜，中共中央向华中局发出两份急电，指示停止上海武装起义。第一份急电就是毛泽东亲自起草的，电文称："日本投降条约即将签字，蒋介石已委任上海官吏，在新形势下，上海起义变为反对蒋介石，必被镇压下去，宜改为群众组织各种团体，发动清查汉奸斗争……"②

8月24日，毛泽东就战后我党方针及华中战略任务致电饶漱石、

---

① 中共上海市委党史研究室编：《中国共产党在上海》，上海人民出版社1991年版，第258页。
② 上海市总工会编：《解放战争时期上海工人运动史》，上海远东出版社1992年版，第6页。

张云逸等,指出:"抗日阶段结束,和平建设阶段开始,大城市进行和平、民主、团结的工作,争取我党的地位,不取军事占领政策。"① 同日,毛泽东复蒋介石电,表示:"愿与先生会见共商和平建国之大计。"8月28日,他与周恩来、王若飞同赴重庆,跟国民党谈判。

从积极准备武装起义、里应外合占领上海,改为暂时放弃军事占领,是以毛泽东同志为核心的中共中央根据当时国内外错综复杂、瞬息万变的局势,经过十分仔细地考虑、郑重研究而决定的。党中央、毛泽东电示华中局取消上海起义宜改为群众组织各种团体;保存我们在工人及其他人民群众中的组织基础,以便将来能够进行民主运动;党组织尽可能保持秘密状态等,这些显然都是从跟国民党作长期斗争的需要来考虑的。毛泽东8月24日的电报指示中扼要地概括为"一切作持久打算"。

为贯彻执行党中央、毛泽东的指示,上海地下党继续坚持"隐蔽精干、长期埋伏、积蓄力量、以待时机"的十六字方针,积极组织各界群众,开展了检举汉奸、反对"甄审",要求复工等一系列保护广大人民生活权利的斗争;开展了争取和平民主运动,反对国民党的内战独裁政策。

与国民党作长期的斗争,舆论宣传是重要的阵地。党中央和毛泽东对于战后在上海开辟我方的舆论宣传阵地十分重视。1945年8月下旬,抗战刚结束,在中共上海地下组织的领导下,借苏南时代社名义出版了中文版的《新生活报》,并在创刊号上刊登了毛泽东的相片。9月1日,《新生活报》改为《时代日报》,由姜椿芳负责,成为抗战胜利后上海第一份由共产党领导的报纸。8月底,以毛泽东、周恩来为首的谈判代表团到达重庆后,我方即向国民党提出要在上海出版《新华日报》。9月14日,正在与国民党紧张谈判中的毛泽东与周恩来又联名

---

① 彭明主编:《中国现代史资料选辑》第六册,中国人民大学出版社1989年版,第3页。

致电中央，指示："上海《新华日报》及南京、武汉、香港等地以群众面目出版的日报，必须尽速出版，早出一天好一天，愈晚愈吃亏"。强调"华中可去上海等地公开活动的……要多去、快去"①。为此，中央派了一大批负责干部和文化人赶到上海创办各种进步报刊。9月21日，我党领导的《联合日报》，以民间报纸的面貌创刊，日销量达20万份。10月9日，在党的推动下，由大后方来沪的新闻工作者主办的《文萃》创刊。10月10日，《救亡日报》改名为《建国日报》出版发行，由郭沫若任社长，夏衍任总编辑，继续以民间报纸的面目出现。《建国日报》被查封后，夏衍率原班人马，将新华社的电讯，编译成中、英文的《新华社通讯稿》（每周三期），油印后向各界民主人士和上海的进步团体和报刊发送。《联合日报》被迫停刊后，党又着手筹办《联合晚报》并于1946年4月创刊。

为了跟国民党当局交涉出版《新华日报》沪版的有关事宜，中共中央宣传部部长陆定一、新华社社长潘梓年、《新华日报》总编辑章汉夫等人也先后赶到上海。由于国民党当局的百般阻挠，《新华日报》未能在上海出版，在这种情况下，由中共中央南京局领导，在上海出版了英文版的《新华周刊》，宣传我党的政治主张，介绍解放区的情况，并且于1946年6月，又将中共在国民党统治区重庆公开出版的机关刊物《群众》迁至上海，把半月刊改为周刊。

除前面提到的报刊外，战后我党在上海创办与领导了多种杂志，如《消息》《经济周报》《新文化》《时代》《文摘》《现代妇女》《世界知识》《真理与自由》《中国建设》等。地下党各个系统也分别在本系统内办起了刊物，如工委领导下的《生活知识》、职委领导下的《人人周刊》、学委领导下的《新生代》《时代学生》、教委领导下的《教师生活》等。对于新闻出版界爱国民主人士创办或主编的报刊，我党也尽

---

① 《毛泽东新闻工作文选》，新华出版社1983年版，第131页。

力给予帮助与支持。如柯灵、唐弢主编的《周报》、郑振铎主编的《民主》创办以后，梅益、夏衍、胡绳、姚溱等党在文化方面的负责人，均为它们撰写了不少文章。1946年初，地下党趁《文汇报》调整阵容之机，派中共党员陈虞孙等入内参加编辑部工作，发展党的舆论宣传阵地。同时，包括毛泽东的《新民主主义论》《论联合政府》等许多进步书籍也先后在上海秘密出版发行。

整个解放战争时期，我党在上海的舆论宣传阵地工作从未间断过。这对于动员和组织上海人民广泛深入地开展和平民主运动，反对国民党反动派的独裁统治，以致黎明前迎接上海的解放都起了十分重要的作用。

（二）

对于上海人民的革命斗争，无论是全面内战爆发之前，或是内战爆发之后，毛泽东都十分重视，给予高度的评价，及时地予以指导。

抗战刚胜利，根据毛泽东提出的"大城市进行和平、民主、团结的工作，争取我党的地位"和上海起义"宜改为群众组织各种团体、发动清查汉奸的斗争"等指示的精神，中共上海地下党组织趁着日伪统治土崩瓦解，国民党统治尚未及建立和稳定的有利时机，放手发动各界群众，壮大自己的力量。在工人和店职员中组织工会，掌握工会领导权打下了群众基础，并且广泛地开展了要求发放生活维持费、复工、调整底薪实行生活费指数、改善生活待遇等一系列的斗争，保卫了广大职工的切身利益。教育界、学生界也纷纷成立自己的群众性组织。针对国民党政府要对高等学校学生，中等以上学校教师、公务人员、银行职员等进行所谓的"甄审"，而对汉奸却百般庇护，地下党领导各界群众进行了检举汉奸、反对甄审的斗争。文化界清算敌伪的斗争也广泛开展。学生界还开展了大规模的助学运动和敬师运动，通过斗争建立了全市性的学生团体联合会。在各界群众纷纷发动和组织起来的基础上，成立了上海市人民团体联合会。

国民党政府自恃有优势的兵力及美国政府的支持，积极准备发动全面内战，党领导上海各界群众开展了广泛的争取和平、反对内战的斗争。被称为抗战胜利以后上海人民革命力量第一次大汇合、大检阅的六二三运动是这场斗争的高潮。1946年五六月间，国民党组织数十万军队围攻我中原解放区，全面内战迫在眉睫。中共中央南京局上海工作委员会书记华岗向周恩来建议并获得同意，由上海人民选派代表组成请愿团赴南京呼吁和平、反对内战。经各方协商，和平请愿团组成后，上海地下党发动组织工人、店职员、学生、教育、文化等各界群众5万余人于6月23日集合在北火车站欢送代表赴南京。会后，举行了声势浩大的反内战示威游行。当晚，代表抵达南京下关车站时，遭到特务与暴徒的毒打。毛泽东在延安获悉发生下关惨案后，即与朱德联名致电上海人民和平请愿团代表马叙伦等，电称："先生等代表上海人民奔走和平，竟遭法西斯暴徒包围殴打，可见好战分子不惜自绝于人民。中共一贯坚持和平方针，誓与全国人民一致为阻止内战，争取和平奋斗。"并对受伤代表表示深切的慰问[①]。

1946年6月底，全面内战终于爆发。国民党为了筹集全面内战所需要的大量钱财，加紧了对广大人民的掠夺和搜刮。官僚资本的发展与大批美货的倾销使上海许多民族工商企业倒闭，失业人员激增。为维持生计，失业者纷纷在路边设摊贩卖各种日用物品。以此为生的多达10万人以上。国民党上海当局不顾人民死活，以路边设摊"有碍市容""妨碍交通"为由，先是于1946年8月公布《取缔摊贩规则》，紧接着出动大批军警，捕捉摊贩，没收货物。至11月中旬，黄浦、老闸两区警察局就拘捕了近千名摊贩。广大摊贩及被捕者的家属群情激昂，

---

① 《统一战线大事记》（解放战争时期），第189页。

上海地下党警察运动委员会因势利导，予以发动组织，反抗政府暴行。11月30日，3000多摊贩及被关押者的家属包围黄浦警察局，要求释放在押摊贩，发还没收货物。当局调来大批警察、宪兵进行镇压，群众奋起抵抗。次日，示威群众增至5000人以上，分头包围黄浦、老闸警察分局，与全副武装的军警相对峙。摊贩争生存、反迫害的斗争震动了整个上海。以后接连几天，全市公交车辆停驶，大部分商店停业。国民党上海市政府不得不释放被捕摊贩，发还没收货物，并允许摊贩继续营业。

上海的摊贩斗争刚刚平息，北平学生开始了抗暴斗争，并很快波及全国。1946年12月24日，北平发生了美国兵强奸北大一个女学生的严重事件，激起了广大学生的民族义愤。12月30日，北平3万余学生上街游行抗议美军暴行。上海学生的抗议活动随之也迅猛地发动起来。1947年元旦，数十所大中学校的1万多学生，冲破国民党的阻挠，在外滩集合，举行抗议美军暴行的示威游行。"美国兵滚出去"的口号声响彻上空。学生的爱国行动得到各界的热情支持。上海工人协会发表《告工友职员书》；大学教授联谊会联合百余教授发表《声援书》；社会知名人士也纷纷在报上发表谈话，谴责美军野蛮行径，支持学生的正义呼声。全市学生又于1月6日至12日开展了"抗议美军暴行，要求美军撤退周"的宣传抗议活动。

毛泽东将摊贩事件和抗暴斗争视作蒋管区人民斗争高涨的标志，他在1947年2月为中共中央起草的对党内指示《迎接中国革命的新高潮》中，分析了军事形势的发展后，指出："蒋介石区域的伟大的人民运动发展起来了。去年11月30日，因国民党压迫摊贩而引起的上海市民骚动和去年12月30日因美军强奸中国女学生而引起的北平学生运动，标志着蒋管区人民斗争的新高涨"，并预言"解放区人民解放军的胜利和蒋管区人民运动的发展，预示着中国新的反帝反封建斗争的人民大革命毫无疑义地将要到来，并可能取得胜利"。同时，他又谆谆告诫:"中国反帝反封建斗争的长期性,中外反动派将继续用全力反对中国人民,蒋管区的法西斯统治将更加紧……必须充分地估计到,并准备用百折不回的毅力,有计划地克服所有的困难。"

当革命斗争遭到挫折,人民群众受到镇压时,毛泽东对敌人表达了无比的愤慨,而对人民群众,则以"誓与一致奋斗"予以支持与鼓励。当人民的革命斗争获得成功时,毛泽东在及时地作出高度评价,予以勉励的同时,又指出斗争的长期性与艰巨性。这既反映了这位无产阶级革命家与人民群众息息相关,休戚与共的感情,也体现他在政治上极其敏锐与高瞻远瞩。

诚如毛泽东所预料的,蒋管区的国民党更加紧其法西斯的统治,在上海很快就有了表现。就在中共中央发出这一指示还不到10天,1947年2月9日,国民党特务在地处上海闹市中心的劝工大楼(今南京东路334号)制造二九惨案,打伤参加"爱用国货,抵制美货"筹备委员会成立大会的群众数十人,永安公司职工梁仁达因被打重伤不治身亡。事情发生后,在上海地下党领导下,迅速成立了二九惨案后援会,广泛揭露惨案真相,抗议特务暴行。还组织职工捐款,慰问烈士家属。上海学生团体联合会、上海学生抗议美军暴行联合会、上海人民团体联合会、上海工人协会等先后发表了声援的声明和宣言。

1947年5月,包括上海在内的国民党统治区的各种危机进一步加剧,广大群众对反动当局的不满与日俱增,各种分散的、小规模的群众斗争逐步集中,新的人民革命斗争的浪潮逐步高涨。5月4日,上海各校学生到社会上进行纪念"五四"、反内战、反卖国的宣传,有7人被捕。紧接着全市各校大中学生纷纷上街示威,迫使上海市市长吴国桢接受学生的要求,释放了被捕的学生。上海学生迎接红五月,反内战、反压迫、反卖国的斗争起了先锋带头作用。其后,成千上万职工上街示威、到国民党市政府请愿的斗争接二连三,此起彼伏。中共中央上海局审时度势,全面斗争向国民党首都大集中,上海、北平、天津、杭州、武汉等地同时兴起、呼应。5月19日，上海暨大、复旦、同济、交大等10余所大学的7000余学生到北火车站欢送赴南京请愿代表并游行。次日，5月20日，上海、南京、杭州、苏州等专科以上学生5000余人在南京联合大游行，向国民党政府请愿，提出增加学生公费、提高教职员待遇及教育经费等要求。当局派出军警进行镇压，当场被殴伤流血104人，重伤19人，被捕28人，制造了震惊全国的五二〇惨案，从而激起了全国各地、各个阶层人民群众的义愤，以"反饥饿、反内战、反迫害"为口号的学生罢课、教员罢教、工人罢工的斗争遍及上海、北平、天津、杭州、苏州、沈阳、青岛、武汉、重庆、昆明、广州等60多个大中城市，汇合成一股反对国民党反动统治的巨大洪流。从22日至25日，上海80余所学校学生纷纷罢课，成千上万的学生涌向街头，愤怒控诉当局残酷镇压学生运动的暴行。许多学校的教授也先后罢教以示抗议。

5月30日，新华社发出了毛泽东撰写的重要评论文章《蒋介石政府已处在全民的包围中》，对这场以学生为先锋的爱国民主运动作了充分的肯定和高度的评论。文章指出："中国境内已有了两条战线。蒋介石进犯军和人民解放军的战争，这是第一条战线。现在又出现了第二条战线，这就是伟大的正义的学生运动和蒋介石反动政府之间的尖锐斗争。学生运动的口号是要饭吃，要和平，要自由，亦即反饥饿，反内战，反迫害。……学生运动的高涨，不可避免地要促进整个人民运动的高涨。"他充满信心地断言："中国事态的发展，比人们预料的要快些。一方面是人民解放军的胜利，一方面是蒋管区人民斗争的前进，其速度都是很快的。"并号召人民为中国革命在全国的胜利迅速地准备一切必要的条件。

差不多与学生开展红五月活动的同时，作为主力军的工人的斗争也如火如荼般地开展起来，上海地下党根据国民党政府1947年2月抛出的《经济紧急措施方案》和当时物价飞涨在广大职工中引起的强烈不满，以及中共中央的指示，在上海迅速领导开展了解冻生活费指数的斗争。5月1日，工委发动3万工人参加国民党市政府在跑马厅（今人民广场）召开的"五一"节纪念会。当国民党官员在台上作反共宣传时，台下工人高呼："肃清贪官污吏"，"要求解冻生活费指数"等口号。会后，工人们还分路游行。2日，京沪铁路员工罢工；8日，1万余纺织工人游行；9日，2000余法电职工游行……在群众斗争的强大压力下，国民党市政府被迫宣布有条件解冻生活费指数。

敌人对人民的退让是权宜之计，当缓过气来的时候，紧跟上来的便是残酷的镇压。5月底6月初，大逮捕首先从各个大学开始，先后被列上黑名单被捕的学生达2000余人。7月，在公布《勘平共匪叛乱总动员令》的当天，国民党军警宪特一起动手扼杀了已经转入地下的《文萃》杂志，逮捕了40余人，其中主编陈子涛和负责印刷、发行的骆何民、吴承德被分别枪杀、活埋。9月，富通印刷厂因承印上海工人协会、工会等进步团体的刊物、宣传品遭国民党特务破坏。前往联系业务的6名上海电力公司工会干部和1名三区纺织工会干部，以及小教联、学联等团体的工作人员均遭逮捕。上电工会即派请愿团向国民党当局请愿，又发动2000余职工包围社会局请愿，未获结果。国民党市政府和淞沪警备司令部登报通缉列入黑名单的工会干部，并准备向市政、机器、百货、纺织业等工会进攻，特务机关还专门设立了策划和行动小组。紧接着国民党又下令整理上电工会。以后又武装接收三区百货业工会，逮捕10名工会领导人。

上海市地下党迅速组织阻击战，阻止和反击国民党对全市工人运动的大规模镇压。法南水电公司工会揭露国民党特务胁迫工会负责人开黑名单并通过罢工决议，国民党社会局下令解散法电工会，通缉16名工会负责人，法电工人罢工抗议。10月初，南京路各大百货公司职工举行联合罢工。丝织、毛纺、机器等业的职工也先后进行局部罢工和怠工。上海60个工会200余名理、监事联名发表宣言，反对国民党解散工会和逮捕工人。由于工人们联合行动、英勇斗争，国民党镇压工人运动的计划遭到很大挫折，还不得不释放了被捕职工。在此期间，为了保存力量，党组织安排大批工运骨干逐步撤离上海。

1947年12月，毛泽东作《目前形势和我们的任务》的报告，指出：由于我党坚决保护群众利益，因而获得了蒋管区广大群众的同情，"反人民的内战夺去了人民的一切活路，他们就不断地掀起了反对美帝国主义和蒋介石反对政府的斗争，他们的基本口号是反饥饿，反迫害，反内战和反对美国干涉中国内政。"党中央用密电把这个报告发给上海局。上海党组织进行了认真的学习，结合上海的情况研究了贯彻措施，针对国民党镇压政策开展反迫害斗争，根据群众迫切要求解决生活问题开展经济斗争，把求生存的斗争与政治斗争结合起来。上海颐中烟厂等13家工厂2万工人，为要求发放年奖举行大罢工；海关职员举行"饿工"斗争；80余所大中学校发起"救饥救寒"运动，两周内募得15万件寒衣和10亿法币。直至1948年初发生申新九厂7000多工人大罢工，以及同时发生震动全市的学潮、舞潮、工潮，都反映了上海人民斗争的进一步深入发展。

国民党统治区人民反对蒋介石政权的第二条战线，以学生运动为先锋，与工人，职员及文化、教育各界的爱国民主人士等结成广泛的反对美蒋的爱国民主统一战线。它的形成和发展紧密地配合了人民解放军的军事行动，动摇了国民党军队的后方基地，加速了国民党政权的崩溃、垮台。同时，也为上海等大城市完整地归还到人民的手中创造了有利条件。

（三）

1949年4月，毛泽东亲自起草了《向全国进军的命令》，以中国人民革命军事委员会主席毛泽东和中国人民解放军总司令朱德的名义颁布。根据这一命令，人民解放军百万雄师胜利渡过长江。在解放了国民党政府的首都南京之后，紧接着就具体部署组织解放上海的战役。

上海是中国经济文化的中心，也是首屈一指的大都市，当时就有500万人口。它既是中国共产党的诞生地之一，是近代中国革命的摇篮；又是帝国主义侵略、掠夺中国的一个基地，是冒险家的乐园。因此，无论在国内还是国际上都有很大的影响。

蒋介石将上海定为重点防卫的城市，南京被我军攻克以后，蒋介石从浙江专程来上海部署，检查防卫措施的落实，企图凭借集结在上海的8个军20余万人，凭借大上海的物质资源和濒海临江的有利地理条件以及城市周围数千个钢筋水泥碉堡和市内的高楼大厦，负隅顽抗。蒋对其部下称："成败在此一举，必须用全力来应付危难。"同时，还作了大规模破坏上海的秘密策划。

面对着准备决一死战的顽敌，中共中央、毛泽东对解放上海战役的重要性和艰难性作了充分的估计。毛泽东说：我们进上海，是中国革命过一难关，它带全党全世界性质[①]，早在人民解放军渡江之前的4月3日，毛泽东就亲自批准了总前委《京沪杭战役实施方案》。以后就上海战役的发起与组织，中央军委和毛泽东向总前委发出了一系列重要指示，强调：单纯军事上占领城市是小胜，只有完整地把上海交给人民才是大胜、全胜。第三野战军司令陈毅和华东局的领导根据中央军委和毛泽东的指示在军事上作了具体的部署。同时，从老解放区抽调大批干部和大量物资，从思想上、组织上、物资上为接管上海做准备。4月下旬，中央电示上海局及香港工委，调潘汉年、夏衍、许涤新参加接管上海工作。潘等于5月初抵北平后，毛泽东与周恩来、刘少奇、朱德一起向他们面授了接管上海的方针。中共上海市委根据党

[①] 中国人民解放军上海警备区、中共上海市委党史资料征集委员会编：《上海战役》，学林出版社1989年版，第206页。

中央和毛泽东里应外合解放上海,争取完整地把上海交给人民的指示,首先在组织上调整全市的组织系统,由原来按产业划分改为按地区划分,全市设6个区委,统一领导本地区各条战线党的工作和群众斗争。同时,大量吸收在历次斗争中经受考验的积极分子入党,解放前夕,上海地下党员共有8000余人。还广泛发动群众,建立了有10万人参加的人民保安队和人民宣传队,开展了护厂、护校、反搬迁、反破坏斗争,并利用各种关系对敌情调查研究,进行情报、劝降、策反等工作,以配合人民解放军的军事行动。

毛泽东获悉各方面接收上海的准备工作基本上已经完成后,于1949年5月20日,又亲自起草了给粟裕(当时任第三野战军副司令员)、张震(当时任第三野战军参谋长)的指示电,下达了对上海发起总攻击的命令。在不到200字的电文中,毛泽东对于解放上海战役从总攻的条件到时间的选择,从总攻的步骤到攻击前战役战术上的准备,都指示得极其明确、具体。21日,粟裕、张震向中央军委报告关于攻击上海的具体部署。22日,毛泽东又为中央军委起草了致粟、张的复电,批准了攻沪部署。

在党中央与毛泽东的正确领导下,由于人民革命力量各个方面的密切配合,保证了上海完整地归还到人民的手中。

5月27日,上海解放了,第三天(即5月29日)新华社就发表了由毛泽东亲自修改并批准的社论《祝上海解放》。社论指出:"上海的解放表示中国人民无论在军事上、政治上和经济上都已经打倒了自己的敌人国民党反动派","表示中国人民已经确立了民族独立的基础","上海的解放在中国人民解放事业中具有特殊的意义","上海是一个世界性的城市,所以上海的解放不但是中国人民的胜利,而且是国际和平民主阵营的世界性的胜利。"[①]

[①] 中共上海市委党史资料征集委员会主编:《中共上海党史大事记1919～1949》,知识出版社1988年版,第777—778页。

5月30日，中共中央又特地为上海解放发出贺电，向上海前线人民解放军，上海的中共地方组织，向全市人民表示热烈的祝贺，并表示相信有长久革命传统和高度政治觉悟的上海人民，在全国人民的援助下，一定能够完成恢复生产、恢复城乡联系和内外贸易的光荣任务①。

上海战役的胜利是人民解放军广大指战员艰苦奋斗、英勇作战的胜利，是中共上海地下市委发动全市各阶层人民积极行动，密切配合解放军作战的胜利，同时也是以毛泽东同志为核心的党中央、中央军委的一系列英明决策的胜利。江泽民在为《上海战役》一书所撰写的序中曾引用当年一位军首长的话："象上海这样有几万人里应外合，配合人民解放军取得胜利的战例，在古今中外的兵书战策上，是找不到的！"又写道："在炮火连天、硝烟弥漫的剧烈战斗中，城市没有遭到大的毁坏，完整地回到了人民手中，市民们保持了安稳的正常生活。这在古今中外的战争史上，是极为罕见的"，还称之为"城市攻坚战中的奇迹"②。应该说，古今中外罕见的奇迹的出现，是与战役决策者毛泽东这样一位具有古今中外罕见的雄才大略的政治家、军事家高超卓越的指挥艺术分不开的。

通过上述三个方面的阐述，可以看到：在解放战争时期的各个阶段，毛泽东对于上海人民的革命斗争都给予了特别的关注，每当斗争的关键时刻，又给予及时的指导，上海的解放凝结着毛泽东大量的心血。对此，上海人民将世世代代铭记！

---

① 中共上海市委党史资料征集委员会主编：《中共上海党史大事记1919～1949》，知识出版社1988年版，第777—778页。
② 中国人民解放军上海警备区、中共上海市委党史资料征集委员会编：《上海战役》，学林出版社1989年版，序。

毛泽东与上海战役

王致冰　庄培昌

今年是毛泽东同志诞生100周年。我们将毛泽东当年运筹帷幄，为夺取和接管上海而作出一系列英明决策，整理成文，颂扬毛泽东的丰功伟绩，以寄托我们的深切怀念，激励我们为建设有中国特色的社会主义而奋发向前。

（一）

当淮海战役即将结束之际，毛泽东所考虑的已不光是渡江作战的问题，而是解放全中国，建设新中国的大事。因此，对如何夺取和接管好上海这座大城市，就更为关注。

解放前的上海，是座有500多万人口，1.2万多家工厂，6万多家商店，工业总产值和贸易额分别占全国一半的世界闻名的大城市。怎样才能使这座大城市不因夺取她而遭战火毁坏，怎样防止国民党反动派破坏，搞"焦土政策"，解放以后，又怎样使其很快恢复和发展生产，毛泽东为此而呕心沥血，他集中了全党智慧，适时而果断地作出了许多有预见的战略决策。

为了迎接上海的解放，党中央早就在作组织准备工作了。1948年12月，党中央就致电上海局选派30—50名干部，去东北解放区学习城市管理。1949年2月3日，党中央又致电各地要抽调干部随军南下，并具体要求华东和华中抽调1.5万名干部加以培训，于2月底前"在徐州集中待命"。被抽调参加上海接管工作的干部中，许多人对上海情况较为熟悉，有的是有真才实学的专家和技术人才。毛泽东和周恩来还亲自点名原在上海作地下工作的潘汉年、夏衍、许涤新从香港迅速赶回北平接受任务，准备参加接管上海的工作。当他们到达北平后，周恩来、朱德、刘少奇等领导同志分别接见了他们，对接管上海的许多准备工作，都作了具体交代。5月14日晚，毛泽东在双清别墅接见了他们，听取了潘汉年对香港情况的汇报。毛泽东很注意港英当局对我们的态度，潘汉年等人回答了毛泽东的一些询问。当潘汉年请毛泽东对接管上海工作作指示时，毛泽东说：总的方针中央已经给陈毅、饶漱石发了电报，重要的一点是尽可能完好地保存这个工业城市，不要让国民党实行焦土政策。至于具体做法，可以按恩来给你们的指示办理。那天接见时毛泽东的情绪很好，在潘汉年作汇报时，他几次很风趣地插话，他把潘汉年叫作"小开"。这位长期在敌占区做情报工作的干部毛泽东对他是有很深刻印象的。

对于谁去主持解放后的上海的工作，毛泽东早在七届二中全会前夕召见刘伯承、陈毅时，就说，党中央的意思要陈担任未来的上海市市长，想听听陈毅本人的意见。七届二中全会期间，毛泽东召集华东局的领导同志讨论进占上海的问题时，又提出了"慎重、缓进"的方针，他甚至把进入上海看作是中国革命的"一大难关"。难在何处？陈毅后来解释说，当时中央担心两大危险：一是我们打上海，美国出兵干涉；二是我们接管搞不好，进城后停工停电，大混乱，上海变成一座"死城"。党中央、毛泽东后来领导上海军民闯过了这个难关。

为了统一指挥百万大军渡江作战，统筹华东和中原战略区对军队的支援，搞好对上海等江南城市的接管，1949年2月，党中央决定将淮海战役期间由第二和第三野战军的主要负责人刘伯承、陈毅、邓小平、粟裕、谭震林五人组成的总前委，继续行使职权；并决定增补刘伯承、邓小平、张际春、陈赓四同志为华东局委员。3月14日，党中央又决定邓小平为华东局第一书记，饶漱石、陈毅为第二和第三书记。与此同时，对夺取和接管上海批准组建了两套班子，即以陈毅等为主，有5000多名干部组成的接管上海的工作班子；以粟裕为主的三野前委，统率第九和第十2个兵团、8个军（后增至10个军），准备以军事手段，强行夺取上海的战斗部队。1949年5月20日，党中央致电华东局，同意陈毅、粟裕为上海市军管会正副主任，下设财经、文教、军政三个接管委员会。电文中除同意财经接管委员会以曾山为主任，许涤新、刘少文为副主任外，"必须吸收一部分产业界民主人士及职工中有威望的领袖参加"；中共华东局上报的文教接管委员会由范长江任主任，中央在审批时，毛泽东提出上海市的文教系统"规模太大"，主任"应由陈毅兼"，最后，中央批复中，陈毅为主任，夏衍、钱俊瑞、范长江、唐守愚、戴伯韬为副主任，"亦须吸收一部分党外文化工作者参加……"可以说，参加接管上海的许多主要成员和上海解放后准备担任主要领导工作的干部，都是经过毛泽东逐个审定的。这些重要的决策，为更加有效地夺取和接管好上海，从组织上提供了胜利的保证。

在制订接管上海的重要政策时，毛泽东除了亲自查阅资料，召开座谈会，了解上海的情况外，在双清别墅还几次召见中共上海地下组织负责人刘晓听取上海情况的汇报，弄清上海有多少工人阶级，有多少资产阶级，有多少小资产阶级，有多少失业工人，并对上海的几百万市民作了阶级分析。毛泽东除了审查修改中央下发的许多政策文件外，还亲自起草了《中国人民解放军布告》即《约法八章》，对党在新解放区的政策和全党全军全民必须遵循的章法，作了深入浅出、通俗易懂的条文规定。华东局、华东军区和三野领导机关，根据党中央和毛泽东有关指示精神，也都先后制定和下发了《接管江南城市的指示》《入城守则和纪律》和《入城三大公约、十项守则》等有关具体的政策纪律规定，这些规定，对统一全党全军行动，稳定新区人心，团结人民、分化敌人，都起了积极的作用。

（二）

毛泽东在精心运筹解放和接管上海的过程中，十分重视党的统一战线工作。1949年2月14日，党中央致电在北平的叶剑英，告其对由李宗仁组织知名人士颜惠庆、章士钊、江庸、邵力子参加的上海和平代表团的方针是"招待要热情，谈话要恳切"。

1949年春，党中央在北平六国饭店召开了上海工作问题座谈会，每周举行一次。邀请了沙千里、施复亮、盛丕华、章乃器、罗叔章、胡子婴、朱学范、王昆仑等二三十位各民主党派负责人和著名人士参加，听取他们对接管上海和搞好上海工作的意见。

毛泽东在广泛调查研究的基础上，为党制定了正确的城市政策。2月22日，毛泽东在西柏坡又会见了颜惠庆等人，亲自做工作，最后，双方确认"谈判以中共14日声明及所提八条为基础，一经成立协议即开始执行"。

毛泽东和黄炎培等民主人士有深厚的情谊。1945年8月，毛泽东赴重庆与国民党谈判时，在留渝的43天中，就与黄炎培有上十次的会晤和聚宴。1949年2月，黄在中共地下组织帮助下，逃脱了国民党特务的监视，潜离上海经香港于3月25日安全到达了解放后的北平。当天的下午，他就和沈钧儒等民主人士一起赴机场迎接毛泽东等中共中央领导人进入北平。当毛泽东和黄炎培等在解放后的北平机场再次相见，都极其欢乐和欣慰。当晚，毛泽东就设宴与黄炎培、沈钧儒等20

多位民主人士会面欢叙。随后，毛泽东又几次邀请黄炎培等民主建国会领导人商谈民建会工作，希望黄炎培多在民族工商业中做工作，为解放上海出力。黄随即在中央人民广播电台向上海人民广播，要求上海人民行动起来，迎接上海的解放。

有关陈毅担任解放后的上海市市长之事，毛泽东还专门征求了黄炎培、陈叔通、柳亚子等民主人士的意见，得到他们一致的赞同。

1949年4月7日，党中央专门致电华东局，要他们"争取资产阶级代表人物协助接管上海"，并提出"是否有必要在没有占领上海以前，即吸收他们参加某些工作"。

1949年5月6日，毛泽东亲自代中央军委起草了给粟裕、张震并告陈（毅）、饶（漱石）、刘（伯承）、邓（小平）的电报，电文中指出："在占领奉化时，要告诫部队不要破坏蒋介石的住宅、祠堂及其他建筑物。在占领绍兴、宁波等处时，要注意保护宁波帮大中小资本家的房屋、财产，以利我们拉住这些资本家在上海和我们合作……"这份电文中还"请刘（伯承）、张（际春）、李（达）注意保护南京中山陵墓，对守陵人员给予照顾"。为了充分发挥民主人士的作用，上海解放以后，党中央又专门致电华东局转上海市委，具体提出了"对已由平赴沪的黄炎培诸人，再加已在沪的颜惠庆、江庸、张元济、俞寰澄、施复亮和将由香港到沪的章士钊，一律聘为顾问"，目的"在动员上海资本家恢复生产，打通航运，打击帝国主义分子的阴谋活动"。

为了减少夺取和接管上海的阻力，毛泽东还亲自对上海的帮会头目杜月笙等人做了争取工作。1949年2月13日，杜月笙、魏文翰来电称愿以面粉交换煤炭事，毛泽东和周恩来联名复电杜、魏："恢复华北、上海航运，以利生产之发展，极为必要"。对他们派"大上海""唐山"两轮北驶，并派员到华北接洽"极表欢迎"，并辟谣，"所谓华中、华南中国船舶开往华北口岸，将不许驶返原地，纯系报纸造谣，流言止于智者，先生等不应置信"。2月17日，党中央又致电叶剑英、李克农：

"对杜月笙的方针，就是要他努力使上海不乱"，保护上海的工厂、银行、公司、商店、船只、飞机"不受损失，不使南迁，等待人民解放军前往接收"，"杜果能这样做，不仅中共可以与之合作，上海人民亦将宽恕他的既往。杜这次主张通航，就是为人民办了一件有利的事"。

毛泽东对统一战线工作的重视，和亲自做上层民主人士的团结工作，多方进行化消极因素为积极因素，这对引导全党与民主人士团结共事，分化瓦解敌人阵营，搞好上海的接管工作，是个有力的推动。为了保全上海，争取和平解放上海，还通过几条渠道对汤恩伯进行了策反工作，汤的妻子也找地下党联系过。最后，虽然策反未能成功，但我党是做了大量工作的。使大批国民党军队分化瓦解，有的战场起义，有的集体投诚，有的驾机飞往解放区，有的开着军舰投奔解放军，从而大大加速了国民党军队在上海的溃败。

中共上海地下组织，根据毛泽东要保全上海的指示精神，在大力开展护厂、护校斗争的同时，通过各种方式，争取和团结了一大批爱国民主人士、有影响的工商业家、文化科技界的著名人士和专家，以及敌人营垒里的重要成员，如国民党上海市代市长赵祖康、资源委员会负责人孙越崎、海关负责人丁贵堂等留了下来，不去台湾，有的还积极参加反搬迁、反破坏，护厂、护校和保护物资的斗争，使国民党当局抢运物资、破坏上海的阴谋未能得逞。从而，使上海从解放的第一天起，就照常运转。

陈毅等领导同志根据党中央、毛泽东有关接管上海的指示精神，还将国民党资源委员会的有关人员从南京请到丹阳，了解情况，做团结工作。上海解放后，陈毅等领导同志更是广泛接触各阶层知名人士和许多科技界专家，向他们宣传党的方针政策，听取他们对搞好上海工作的意见，有的亲自登门拜访，争取他们出来参加工作。他们从陈毅等共产党干部的言行上，认识了共产党不谋私利的崇高品质，看到了新中国的希望。正如邓小平在《从渡江到占领上海》一文中所说：

"进入一个地区，遵循了毛主席'四面八方'的政策，与各方联系，开了许多会议，虽不完全周到……但是主观上是遵循着这个方向来与各界人士通力合作的。在上海，陈毅同志几乎每天参加一个会，甚至两个会，来说明我们的态度和政策，要求通力合作。像这样的态度，这样的工作，更增加了各方面的支持，这是接管工作做得好的原因之一。"

（三）

为了达到既歼灭敌人，又比较完整地保全上海这个大城市的目的，毛泽东精心运筹，英明决策，在上海战役这个战场上导演了一幕有声有色、威武雄壮的活剧。

首先，毛泽东把做好接管上海的准备工作放在首位。在攻城的时机上，不以攻城部队是否准备就绪为准，而是以接管上海的准备工作情况而定。当时，如果单从寻找战机的角度看，当人民解放军突破长江天堑后，4月29日又在郎溪、广德地区围歼了国民党军5个军8万余人之后，即可趁敌四散溃逃，上海敌军又立足未稳之际，乘胜夺取上海。但是，为了有条不紊地接管好上海，4月30日，毛泽东代中央军委起草的电文中，要求总前委"迅速抓紧完成占领上海的准备工作，以便一周后，如汤恩伯从海上逃跑时，你们能主动地有秩序地接收上海。"同日，中央军委又电告总前委并告粟裕、张震："上海在5月10日以前确定不要去占，以便有10天时间作准备工作。"5月6日，毛泽东又以中央军委名义致电粟裕、张震并告陈、饶、刘、邓："……何时占领上海，仍须依照我方准备工作完成的程度作决定。"后来，在华东局向党中央报告了接管上海的准备工作基本就绪之后，5月20日，中央军委和毛泽东才下达了对上海总攻击的命令。由于事先从组织上、政策上和物质上充分做好了接管的准备工作，从而使对上海各行各业的军事接管有条不紊，秩序井然。

第二，为了做好争取和平解放与武力夺取上海的两手准备，毛泽东确定要先稳住汤恩伯。毛泽东对上海的情况作出了正确判断，认为国民党守军有迅速撤走的可能，加之，上海的资产阶级不赞成在市区打仗，上海和平解决的可能性甚大。但是，由于我们接管上海的准备工作来不及，故决定要先稳住汤恩伯，不使其过早地逃离上海。为此，4月27日，中央军委就电告三野"不要过于迫近上海"。28日，毛泽东又以中央军委名义更为明确地电告粟裕、张震："为使汤恩伯在上海稳住一个时期"，"暂时不要去占苏州、昆山、太仓、吴江、嘉兴诸点，以利我们有准备地夺取上海"，"让上述各点由汤恩伯守起来，使他在上海尚不感觉到直接的威胁"。同时要求部队要有多种设想，如果汤恩伯从海上逃走，上海成了无政府状态，迫使我们不得不去占领。所以，部队的准备工作主要地要放在这点上。4月30日，毛泽东在起草给粟裕、张震的电文中，还要求派一个军进占浏河、威胁吴淞，使上海国民党守军不敢从海上逃走。5月5日，毛泽东根据吴文义的几次报告，说敌人正从海上搬运上海的物资，又致电陈、饶、粟并告刘、邓，要三野"先行占领吴淞、嘉兴两点，断敌人从吴淞及乍浦两处逃路，然后从容布置，待你们准备好的时候，再去占领上海"。为了稳住汤恩伯，不使其过早逃走，5月6日，毛泽东以中央军委名义致粟、张并告陈、饶、刘、邓的电文中，更为具体地提出："为着占领吴淞，对于昆山、太仓、宝山三城恐不能不去占领。但嘉定城及昆山城以东之陆家浜、安亭等处，如果可以不占，则暂时不要去占领"，"在占领嘉兴以后，应继续占领嘉善、金山、平湖、乍浦、金山卫诸点，但青浦、松江、奉贤等地，暂时不要去占"。中央军委明确规定："何时进驻上海，需得我们批准"。华东局根据毛泽东的指示精神，5月3日就专门致电在上海坚持地下斗争的刘长胜、吴克坚，告诉他们"人民解放军不几天即将进入上海，你们要集中力量保护城市，防止破坏"。并同意他们提出的争取颜惠庆等人组织维持会，维持社会秩序。同时指出，为使维持会有效地进行工作，还可以考虑吸收一些有力人物参加，"不论其愿否出面，均请其为维持地方效力"。

第三，集中全党智慧，拟制了歼敌的最佳方案。粟裕、张震等三野领导人，根据党中央和毛泽东要完整保全上海城市的指示精神，先后拟制了夺取上海的三种作战方案：第一种方案，是长围久困迫敌投降或使敌逃走。但经过仔细分析，认为这一方案不行。因为上海500多万人民所需的粮、煤、油等生活资料和工厂企业开工的生产资料，全靠外地运入，如长围久困，势必使上海人民陷入困境。第二种方案，是避强攻弱，选择国民党守军防卫比较薄弱的苏州河南实施突击。这一方案，虽然可使我攻城部队减少伤亡，但在上海市区作战，城市势必遭战火毁坏。这一方案也不行。第三种方案，是把攻击重点放在吴淞口周围地区，以两路大军钳击吴淞口，把敌人引向郊区歼灭。这个方案，因直接威胁到敌人唯一的海上退路，必将迫使敌军不断地把主力部队调至吴淞地区与我"拼命"。这样，可以保全上海城市的完整。但是，我军要付出较大伤亡的代价。粟裕、张震等领导人经过认真分析，一致认为人民的军队要将人民的利益放在首位。为了保全上海这座工商业大城市，保护上海人民的生命财产，付出一定的代价是必要的、值得的。党中央和毛泽东及时地批准了三野攻击上海的第三种作战方案，从而，获得了全党全军和全国人民所期望的最佳结果。

第四，随着敌情的变化，及时果断地调整作战部署。原来，中央军委和毛泽东对上海的作战部署，都是主张先占吴淞，后占市区，即先断敌海上退路，歼敌于吴淞地区，然后解放全市。当担负攻击市区的4个军在扫清上海外围之敌后，即在敌阵前隐蔽待命。这时，敌军已完成收缩，正拼命顽抗，以保住吴淞地区和海上退路。5月18日，粟裕、张震根据这一变化了的情况，提出了可以从四面八方同时攻击上海的作战设想。5月19日，中央军委即复电："攻城时似应照粟、张意见先歼苏州河南及南市之敌，再歼苏州河北及吴淞之敌"。5月20日，毛泽东代中央军委起草给粟裕、张震的电文中，更为明确地提出，由于敌之主力已被陆续引至吴淞周围地区，"攻击步骤以先解决上海，后解决吴淞为宜"，为了保全上海，减少战火对城市的毁坏，毛泽东在这份电文中更为具体的交代："如吴淞阵地不利攻击，亦可采取攻其可歼之部分，放弃一部不攻，让其从海上逃走"。根据毛泽东这一及时而正确的决策，攻城部队迅速地调整了部署，从四面八方同时发起攻击，很快地解放了上海市区。接着，又集中主力围歼了集结在吴淞周围地区之敌，进而解放了全上海，取得了上海战役的全面胜利。

1949年5月29日，新华社发表的《祝上海解放》的社论中提到，在前进的道路上必然要遇到各种意料之内和意料之外的困难。毛泽东特别加上："我们决不可轻视这些困难，谁要是轻视这些困难，因而不去采取认真想法克服这些困难的步骤，我们就会要犯极大的错误"。毛泽东及时的提醒，这对上海党政军民保持清醒头脑，正视困难，兢兢业业地搞好上海工作，意义是非常深远的。

（四）

在运筹上海战役的过程中，毛泽东把外事问题作为重要因素加以考虑，从而，有力地保证了上海战役的全面胜利。1949年1月8日，毛泽东在中央政治局会议上就如何对付帝国主义武装干涉这个重大问题明确地告诉全党："我们从来就是将美国直接出兵占领中国沿海若干城市并和我们作战这样一种可能性，计算在我们的作战计划之内的。"当人民解放军横渡长江后，中央军委和毛泽东命令二野主力集结于浙赣线，作战略预备队，随时准备参加反击帝国主义的武装干涉。这一重要决策，使帝国主义不敢轻举妄动，解除了三野部队夺取上海的后顾之忧，使他们专心致志地围歼敌人，保全城市。

毛泽东把握住千变万化的情况，审时度势，抓住一切时机，搞好外事斗争。当南京解放后，美国驻国民党政府大使司徒雷登，没有随国民党政府去广州而留在南京，并通过关系传出信息，要与我接触。毛泽东当即批准派人与其见了面，谈了我们的对外政策。4月28日，毛泽东代中央军委起草给总前委的电文中就指出："美国军舰及一营陆战队，已于26日由上海撤至吴淞口外，英国的军舰……亦和美舰一起往吴淞口外……英美采取此种态度对我有利"。毛泽东在电文中还指出："现在美国方面托人请求和我方建立外交关系，英国亦竭力想和我做生意……如果美国（及英国）能断绝和国民党的关系，我们可以考虑和他们建立外交关系的问题"。电文中并要求邓小平、饶漱石、陈毅、刘伯承等人加以注意此事。

在人民解放军渡过长江，江南一些大中城市相继解放后，毛泽东又及时地对一些外事问题和外事纪律作出了明确指示和具体规定。诸如对侵犯我国主权、违犯我国法律的，要进行针锋相对的斗争。但是，对侨居我国的一切外国侨民，包括那些原来国民党政府承认的外国大使、领事等外交人员，只要他们遵守我们政府的政策法令，我们就要保护他们的生命和财产的安全。党中央和毛泽东在外交政策上作出的许多重大决策，有力地保证了我党我军在外事斗争中掌握主动，立于不败之地。

5月1日，粟裕、张震根据毛泽东和中央军委有关外事工作指示精神，在调整攻击上海部署时，要求部队抓紧战斗间隙，深入学习党的外事政策和纪律，并购置和下发了"万国旗"，让部队加以识别，避免不必要的外事纠纷。5月6日，毛泽东代为起草的电文中，要求粟裕、张震"预先告诫部队，在占领吴淞时，要极力避免和外国兵舰发生冲突"。5月12日，上海战役发起后，三野领导机关曾多次要求部队，不要发生炮击外舰事件，并要求有负责干部亲自掌握这方面的情况。5月

20日,当粟裕、张震将外舰配合国民党军舰向我吴淞口两侧部队猛烈轰击,使我指战员遭受伤亡的情况上报后,毛泽东当即代中央军委起草复电,明确指出:"黄浦江是中国内河,任何外国兵舰,不许进入,有敢进入并自由行动者,均得攻击之,有向我发炮者,必须还击,直至击沉、击伤或驱逐出境为止。但如有外国军舰在上海停泊未动,并未向我开炮者,则不要射击。"毛泽东在复电中,还对在沪的中外轮船的不同情况,作了区别对待:"为敌军装载军队及物资出入黄浦江者,亦应攻击之","在上海停泊未动者,或得我方同意开行者,准其停泊或开行并予以保护"。

正是由于毛泽东和中央军委亲自过问和直接慎重的领导处理了重大涉外事件,并明确规定了军事行动中涉外事件的处理办法,使斗争做到有理有利有节。从而,保证了上海战役的军政全胜,并迫使国民党当局乞求帝国主义武装干涉的阴谋破产,使一直游弋在吴淞口外的帝国主义军舰无机可乘,只好悄然离去。帝国主义对中国人民惯用的炮舰政策,在中国共产党人面前彻底破产了。

上海战役,以其辉煌的胜利载入史册,创造了战争史上罕见的奇迹,充分体现了毛泽东的英明决策和军事指挥家运筹帷幄的智慧与政治家高瞻远瞩的雄才大略。

两位伟人的革命友谊

——毛泽东和宋庆龄

张义渔

在上海淮海中路宋庆龄故居的大厅里,挂着一幅毛泽东与宋庆龄亲切握手的大幅照片,两位伟人这次会见就在这大客厅里。那是1961年5月11日,毛泽东亲临上海淮海中路宋庆龄寓所拜访宋庆龄。魁梧的毛泽东进到客厅,宋庆龄笑容可掬地迎上去同他握手。宋庆龄边握手,边说:"主席!您这么忙还来看我!"毛泽东关切地问候宋庆龄:"身体好吗?……"真挚、热烈的场面,在场的同志都无不为之动容。新中国成立后,毛泽东很少亲自拜访亲朋故友,但对宋庆龄,他"破例"了。在场的摄影师抓住了这一动人的瞬间,摄下这珍贵的历史镜头。这张照片反映了两位伟人长期来革命战斗所凝结的革命友谊。

毛泽东1893年12月26日诞生于湖南,宋庆龄1893年1月27日诞生于上海。宋庆龄长毛泽东11个月,毛泽东尊称宋庆龄为"亲爱的大姐"。宋庆龄和全国人民一样把毛泽东视作革命的领袖,国家的领导人和导师。长期的战斗岁月,培养了他们的革命友谊。他们互相访问、通信、关心、问候和馈赠礼物,更多的是共同商议革命和国家大事。

毛泽东是中国共产党、中国人民解放军、中华人民共和国的主要缔造者和领导人,在领导中国人民取得新民主主义革命的胜利和我国社主义事业的发展中，建立了不可磨灭的功勋。宋庆龄则以国民党左派人士的身份，一直为声援、配合以毛泽东为代表的中国共产党领导的革命事业而进行了不懈的斗争。这样的合作，可以说是长期而多方面的。

追溯两人的交往，早在第一次国内革命战争期间，就有合作的记载。孙中山逝世后，宋庆龄坚持孙中山先生联俄联共扶助农工三大政策，1926年在国民党第二次全国代表大会上，发表义正词严的讲话，谴责国民党右派的言论，说出了出席国民党二大的共产党人毛泽东、吴玉章、林伯渠等人的心声。在国民党第二次全国代表大会上，毛泽东当选为候补中央委员，宋庆龄当选为中央执行委员。1927年4月12日，蒋介石在上海叛变革命，激起了广大共产党人和国民党左派人士的极大愤慨。4月20日中共中央为蒋介石屠杀民众发表宣言，揭露"蒋介石业已变为国民革命公开的敌人"，号召革命人民为"推翻新军阀"而奋斗。4月22日，毛泽东和宋庆龄与董必武、吴玉章、林伯渠、恽代英、邓演达、何香凝、陈友仁等人以国民党中央执监委员和候补执监委员等名义联名发表《讨蒋通电》，声讨蒋介石另立"中央"、反共反人民的叛逆罪行。号召革命军民"依照中央命令，去此总理之叛徒，本党之败类，民众之蟊贼"。7月，汪精卫在武汉背叛革命。8月，毛泽东、宋庆龄等22人又以国民党中央委员名义发表《中央委员会宣言》，痛斥蒋、汪集团"皆已成为新军阀之工具，曲解三民主义，毁弃三大政策，为总理之罪人"；号召预备实力，以扫除国民党新军阀和帝国主义、北洋军阀等的一切势力。这些宣言充分揭露了蒋汪之流的反革命本质。同时，告诉人民，革命力量并没有因此被吓倒而消沉，相反，正继续高举革命大旗，投入斗争。这是毛泽东、宋庆龄在道义上的合作战斗。

自此以后，直到1936年1月，毛泽东和宋庆龄之间虽然没有直接会面和通信，但是，由于他们有着共同的目标，正如1939年9月，毛泽东致函宋庆龄说的："1927年后，真能继续孙中山革命救国之精神的，只有先生与我们的同志们。"

1931年九一八事变后，日本帝国主义对我国的侵略日益加剧，民族矛盾上升。1935年，中共中央发布了《八一宣言》。在陕北，中央政治局又召开了瓦窑堡会议，会后，毛泽东作了《论反对日本帝国主义的策略》的报告。中共建立抗日民族统一战线，实现第二次国共合作的主张，越来越深入人心。全国人民的抗日救亡运动一浪高过一浪。蒋介石迫于形势，派人与共产党联系。1936年1月，宋子文把国民党愿意与共产党谈判的信件请宋庆龄转交中共当局。宋庆龄认为实现第二次国共合作与中共的《八一宣言》、瓦窑堡会议精神是一致的，也就欣然接受。并委托董健吾设法到延安，把信交给毛泽东、周恩来，并要求把复信带回。毛泽东和宋庆龄为敲开国共谈判的大门作出了贡献。

嗣后，中共中央委派潘汉年为正式代表和国民党谈判。为此，毛泽东特地致函宋庆龄，信中说："目前停止内战联合抗日之呼声虽已普及全国，然而统率大兵之蒋氏及国民党中央迄今尚无彻底悔祸之心。"指出这种违反孙中山三民主义与三大政策的行为，是为国民党大多数党员所不容许，应立即纠正。希望她利用国民党中委资格作具体实际活动。唤醒国民党中枢负责人迅速改变错误政策。并要求对潘汉年工作能给予支持。宋庆龄接受毛泽东委托，热忱地帮助潘汉年工作，积极贯彻抗日民族统一战线的方针。1936年西安事变和平解决，使内战停止下来，国共关系取得迅速发展。宋庆龄遵照毛泽东的意见，改变以往不参与国民党任何工作的态度，以国民党中委资格参加了国民党五届三中全会。她与何香凝、冯玉祥、孙科等13人，联名提出恢复孙中山联俄、联共、扶助农工三大政策案。会上，她还发表演说，说："内战必须不再发生。和平统一必须实现。"呼吁赶快建立我国国防。由于会上国民党亲日派和顽固分子的阻挠，恢复三大政策的提案没有通过，但是，停止内战、共同抗日已为众多人拥护，中共提出的抗日民族统一战线政策，被国民党五届三中全会原则上接受，第二次国共合作出现了可喜的局面，并终于正式形成。

第二次国共合作，对坚持十四年抗战，打败日本法西斯，取得近百年民族解放战争的胜利有着重要意义，是我国近现代史上的重大事件。而在第二次国共合作的辉煌成就中，则浸透着毛泽东的心血和宋庆龄的辛劳。

1937年7月7日，日本帝国主义全面侵华战争爆发，8月13日，日军侵犯上海，局势十分严峻。站在反对日本帝国主义前哨的宋庆龄，当时在上海，安全问题为国人所瞩目，国民党政府对宋庆龄的安全没有作什么安排。而中国共产党领导人却为宋庆龄的安危担忧，毛泽东、周恩来代表中共中央发出电报，请她撤离上海去香港。宋庆龄收到电报后，非常感动，复电表示："感谢毛先生和周先生的关心"，说明因工作关系，只能稍缓些时候再走。11月下旬，国民党军仓皇败退，上海沦陷，形势更为紧张，毛泽东、周恩来又发来第二个电报，而且由上海地下党安排专人陪同宋庆龄赴香港。宋庆龄接受毛泽东、周恩来的建议，撤离上海去香港，并以激动的心情再次复电表示深切的谢意。

为抵御日本帝国主义的侵略，党中央、毛泽东提出全面抗战的路线和持久战的军事战略方针，开辟敌后战场，建立敌后抗日根据地，从战略上配合国民党军队正面战场作战，大量歼灭敌人。宋庆龄对中国共产党领导的敌后游击战争十分关怀，她邀请中外著名人士发起的保卫中国同盟，把医药用品等救援物资的重点放在游击区，因为"他们牵制了并且仍在牵制着日本在中国几乎一半的兵力"，"已经有三年没有得到过任何武器和金钱的援助，以及与我们的工作特别有关的医药援助。"[①] 随后，把大批医药用品、通讯设备、捐款送往新四军医院、西北国际和平医院和延安。

1945年8月，日本无条件投降，抗日战争取得了胜利，毛泽东、

---

① 宋庆龄：《给中国在海外的朋友的公开信》(1943年9月18日)。

宋庆龄和全国人民都沉浸在胜利的喜悦中。不久，毛泽东、周恩来等为抗战胜利后和平建国等问题到重庆和蒋介石谈判。在重庆期间，毛泽东和宋庆龄多次晤面，尤其是1945年9月8日，宋庆龄出席毛泽东、周恩来召开的桂园茶话会，毛泽东亲自到门口迎接宋庆龄，共庆抗日胜利，畅谈胜利来之不易。毛泽东赞扬宋庆龄坚守孙中山先生的三大政策，对她同蒋介石法西斯统治的不懈斗争，对她不计个人安危，献身国家民族的高贵的革命气节，表示了由衷的敬意。对包括宋庆龄在内的各方人士对革命根据地的援助表示深切的感谢。茶话会结束后，宋庆龄离开桂园时，毛泽东一直送到大门口，目送宋庆龄走远后，才返回。宋庆龄对这次会见印象极深，全国解放后，回忆这次会见时，她说毛泽东不但是一党的领袖，并且是全国人民的导师，他思想敏锐，识见远大，令人钦佩。从而更坚定了她在中国共产党领导下，为支持中国人民解放事业而斗争到底的信心。

1949年1月，全国胜利在即，上海极为混乱。国民党对一切反蒋人士实行屠杀政策。同时，国民党为挽回败局，玩弄"和谈"骗局，同月，李宗仁出任代理总统，亲笔致函宋庆龄，希望"夫人出为领导，共策进行"。并且派人专程来沪，促使宋庆龄"命驾莅京"。宋庆龄拒绝了这个要求。当时社会上还有扬言，国民党要挟持她到台湾。在这混乱之际，毛泽东、周恩来担心宋庆龄发生危险，于19日致电宋庆龄，电文中说：中国革命胜利的形势已使反动派濒临死亡末日，沪上环境如何，至所系念。新的政协会议将在华北召开，"中山先生遗嘱迄今始告实现"，"望命驾北来，参加此一人民历史伟大事业"。并通过中共地下组织，妥善安排，由廖梦醒、金仲华等人落实措施，指示中特别强调"安全为第一"，充分体现了毛泽东、周恩来等中共领导人对宋庆龄的尊重、关怀和深挚的感情。宋庆龄接到电报后，深为感动，立刻复信，真挚地说："亲爱的朋友们：请接受我对你们极友善的来信的深厚感谢。"还表示深信在你们英勇、智慧的领导下，革命的历史任务将于最近将来光荣的完成。这封信充分体现了宋庆龄对以毛泽东同志为主要代表的中国共产党人的信任和他们之间的革命友谊。

5月27日上海解放。上海市市长陈毅立即代表党中央、毛泽东拜会宋庆龄，并咨询对上海接管工作的意见。6月19日，毛泽东致函宋庆龄："重庆违教，忽近四年。仰望之诚，与日俱积，兹者全国革命胜利在即，建设大计，亟待商筹，特派邓颖超同志趋前致候，专诚欢迎先生北上。敬希命驾莅平，以便就近请教，至祈勿却为盼。"连同6月21日周恩来致宋庆龄的信，由邓颖超、廖梦醒自北平专程到上海呈送给宋庆龄。8月28日，由邓颖超、廖梦醒陪同宋庆龄到北平。毛泽东率领朱德、周恩来、林伯渠、董必武等50余人，亲自到火车站迎接宋庆龄。两位伟人在推翻"三座大山"的斗争中凝结了革命友谊，现在又继续为新中国的建设而共同努力奋斗。

9月21日至30日，中国人民政治协商会议第一届全体会议举行。会上，毛泽东当选为中华人民共和国中央人民政府主席。朱德、刘少奇和宋庆龄等当选为副主席。毛泽东在会上以激动的心情宣布，我们的工作将写在历史上，一百年来，我们先人为之而不屈不挠斗争的事业终于实现了。宋庆龄也写了一篇热情洋溢的充满诗意的祝词。她说："这是中国人民最伟大的时期。"这个伟大时期"是中国人民革命斗争的里程碑。我们解脱了帝国主义和殖民统治的束缚。我们铲除封建制度。人民正在走向新的、更光辉的高峰"。

10月1日下午3时，北京举行了开国大典，普天同庆的日子到来了。毛泽东、周恩来、朱德、刘少奇、任弼时、宋庆龄、张澜等党和国家领导人登上了天安门城楼。毛泽东庄严宣布："中华人民共和国中央人民政府成立了！"毛泽东亲自将中华人民共和国第一面五星红旗升了起来。宋庆龄在雄壮的国歌声中，凝视着冉冉升起的国旗。她说，这是她一生中最快活的一天。因为中华儿女多少代人为此而奋斗的，终于在他们这一代人中实现了。

新中国成立后，以毛泽东同志为核心的党中央领导全国各族人民进行社会主义革命和社会主义建设，宋庆龄则积极配合，努力工作，他们互相关心、互祝康吉、互赠礼物，这不仅仅出于礼节，而是发自他们肺腑的关怀。宋庆龄知道毛泽东平时有躺靠床栏办公的习惯，她曾特制了一个又大又软的大靠枕送给毛泽东。宋庆龄每年都要给毛泽东寄贺年片。1956年，毛泽东收到宋庆龄的贺年片后曾写了一封生动有趣又热情洋溢的回信。信中，毛泽东亲切地称宋庆龄为"亲爱的大姐"，对她送来贺年片深表感谢。对她的问安他以幽默而关心的口气写道："你好吗？睡眠尚好吧。我仍如旧，十分能吃，七分能睡。最近几年大概还不至于见上帝，然而甚矣吾衰矣。望你好生保养身体。"这封信既表达了毛泽东的革命乐观主义精神，又体现了与宋庆龄的真挚友情。毛泽东和党的其他领导人在政治上对宋庆龄十分信任。宋庆龄曾多次提出入党要求，党认为她在党外工作更为合适，没有立即同意，直到她逝世前才吸收她入党，但是毛泽东等早就把她当作共产党员看待了。在50年代，党中央和毛泽东就决定专门送中央文件和外交文件给宋庆龄看。除了请她参加重要会议外，有重大事情，常由周恩来、彭真、邓颖超等当面通知她并征求她的意见。1956年，她被邀请列席中共八大。1957年，她和郭沫若、沈雁冰参加以毛泽东为首的中共代表团赴莫斯科出席各国共产党代表会议。毛泽东向苏共领导人介绍说，他们现在虽然不是党员，但我们把他们当成党的同志一样看待。

1976年9月，毛泽东逝世。平时沉着、冷静、轻易不动感情的宋庆龄，听到这个噩耗时，不禁喟然叹气、流泪。她参加了为毛泽东守灵的活动，她写了《追念毛主席》的文章，说毛泽东是一位目光远大、举世无双的领袖和导师，表达了对毛泽东的无限崇敬。

毛泽东和宋庆龄为中国人民的革命事业作出了不朽的贡献，他们的光辉业绩将世世代代为人民所纪念和歌颂。

毛泽东肯定松江县各界人民代表会议经验

杨明辉

中华人民共和国成立不久,毛泽东对松江县创造召开全县各界人民代表会议的经验,给予充分肯定,推广全国,明确指出:"这是一件大事"。

召开各界人民代表会议,是新解放区在我党领导下实行民主建政的重大举动,也是新中国成立初期民主政治建设的主要内容。松江县于1949年9月30日至10月4日,召开了全县各界人民代表会议,为华东新解放区第一次全县各界人民代表会议。这次会议,由于全体代表的团结一致,开诚商讨,开得成功,结果良好,为松江人民翻身作主参与国家管理开创了新的开端。10月11日,当时的中共中央华东局第一书记饶漱石,将松江会议电报党中央、毛泽东。10月13日,毛泽东阅悉电报,感到"松江会议成功,极为欣慰"。他即亲拟发各中央局负责同志的《转发松江县召开各界人民代表会议经验的电报》,指示新华总社将松江会议经过和经验的4个文件①,即广播各地:要求各中央局"看了松江县的经验后,请即通令所属一律仿照办理"。

毛泽东对新解放区召开各界人民代表会议这件事,十分关心,抓

---

① 4个文件,即饶漱石在松江会议上的报告、松江会议的报道、松江县委书记《今后工作方针与任务的报告》、介绍松江会议经验的《解放日报》社论。

得很紧。在《电报》中，他明确指出："这是一件大事。如果一千几百个县都能开起全县代表大会来，并能开得好，那就会对于我党联系数万万人民的工作，对于使党内外广大干部获得教育，都是极重要的。务望仿照办理，抓紧去做。并请你们（各中央局负责同志——注）选择一个县，亲自出席，取得经验，指导所属。"新华社于毛泽东发出《电报》的第二天，即10月14日向全国发表松江县各界人民代表会议的消息和在会议上饶漱石的讲话全文、中共松江县委书记余克的报告摘要，以及上海《解放日报》关于介绍这次会议经验的社论，并在16日还发表了《学习松江的榜样，普遍召开市县人民代表会议》的社论。社论指出：松江县召开各界人民代表会议，"是值得全国人民注意的一件大事"，"所有这些，我们都希望各地的读者特别是各级人民政府的负责人员加以注意"，"松江县的会议，给我们一个新的经验，就是在新解放区的县份，也同样可以和应当召集各界人民代表会议"，"这对于完成人民解放战争，建立和巩固人民民主专政，克服各地当前工作中的困难和缺点，都有伟大的作用"①。

松江县各界人民代表会议，是在松江市、县合并后，即松江解放后4个月召开的。这是松江县历史上空前的全县性盛会。出席这次会议的286名代表，代表着全县各市镇农村的职工、农民、青年界（含学生）、教育界、自由职业界、工商界、妇女界、开明士绅和党政军的领导机关。华东局第一书记饶漱石参加这次会议，并在会上作了关于减租减息、合理负担与工商业政策问题的讲话；中共松江县委书记余克报告松江县今后工作方针与任务；县长陆恂如报告松江县解放以来4个月施政工作。在5天的会议中，讨论和决定了松江县工作的方针与任务，讨论和决定了关系人民切身利益的税收办法和减租减息办法，讨论和拥护上海军管会公布的《关于私营企业劳资争议调处程序暂行

---

① 见《解放日报》1949年10月17日。

办法》和《关于复工复业纠纷处理暂行办法》，讨论和通过了成立"生产救灾""文化教育""复工复业与劳资关系""税务整理"等研究委员会。这使得全县各界人民得到了发表意见并听取政府报告的机会；使得政府充分听取采纳代表意见，在今后进行工作时得到了极大帮助；使得党内外广大干部受到了生动的群众路线、民主集中制的教育，扫除了一些认识偏见。华东局通过上海《解放日报》发表了题为《从松江各界人民代表会议得到些什么经验？》的社论。社论指出：这次松江县各界人民代表会议，提供了不少好的经验，第一，代表的产生比较审慎认真，并特别注意到各个代表的代表性的掌握；第二，产生代表与准备提案密切结合；第三，会议中民主精神得到了充分的发挥；第四，这次会议因为是一个全县性的会议，他们紧紧掌握了以农村为重点兼顾城市的工作方针；第五，这次会议还做了较好的结束与交代。

毛泽东对新解放区的民主建政思想，是在实践中不断总结，不断发展的，直至找到召开地方各界人民代表会议这个形式。这是在还不具备召开人民代表大会的条件下地方性的人民政治协商会议，是人民代表大会的雏形，是政府与人民群众联系的重要的工作方法。早在新中国成立前的1948年11月30日，中共中央发出《关于在新解放城市中成立各界代表会办法的规定》，该规定指出，根据石家庄、洛阳等城市解放后的经验，党在城市工作中的弱点，是与广大群众联系不够，虽然已经掌握了政权，但是还没有找到与广大群众联系的最适当的组织形式和工作方法。各界人民代表会是党联系群众的一种形式，它是人民代表会议的雏形。1949年7月31日，中共中央发出了《关于迅速召开各界代表会议和人民代表会议的指示》，指出了召开各界人民代表会议的重要性，它是党和政府密切联系群众的重要组织形式和工作方法，提出："凡三万人口以上的城市，在解放两个月迟至三个月后，即应召开各界代表会议"。根据党中央、毛泽东的指示，1949年夏季开始，许多大城市，例如华东地区的上海、南京、杭州、青岛、济南、徐州、无锡等相继召开各界人民代表会议,都取得很好的效果。松江县各界人民代表会议正是贯彻中央指示的结果。

新解放区的城市可以召开各界人民代表会议,县怎么办? 1949年9月,华东局选择上海附近的松江县,创造召开全县各界人民代表会议的经验。松江会议证明,在新解放区的县份召开各界人民代表会议,不但有迫切需要,而且有充分可能。这样,不仅城市能开,县也能开,而且都能开得好、开得成功。因此,毛泽东就高度评价松江县会议经验,抓住不放,大力推广。这为新中国成立初期有步骤、渐进地推进新解放区的民主政治建设,巩固人民民主政权,指明了前进方向。

毛泽东在向各中央局负责同志推荐了松江县会议的经验后,又于是年11月27日,在他起草的《中央关于召开各界人民代表会议给华南分局等的电报》中再次强调"必须将这种市的县的各界人民代表会议看成是团结各界人民,动员群众完成剿匪反霸,肃清特务,减租减息,征税征粮,恢复与发展生产,恢复与发展文化教育直至完成土地改革的极重要的工具,一律每三个月召开一次"。在这个电报中,毛泽东还特别指出:"县各界人民代表会议之前必须召开县的农民代表会议,由这个会议选举出席县各界代表会议的农民代表"。松江县正是这样做的,即于1949年9月26日至29日,召开了县农民代表大会,选举产生了县农民协会临时委员会,选举产生了出席县各界人民代表会议的135名农民代表。

在党中央和毛泽东的不断指示下,随着革命战争在全国的胜利,各级人民民主政权相继建立,各级各界人民代表会议也在全国普遍召开。松江县到1953年4月,即实行普选之前,共召开过两届8次县各界人民代表会议,其中,自1951年11月召开的县第二届第一次各界人民代表会议起,代行县人民代表大会的职权,民主选举县长、副县长,为1954年6月顺利召开普选的县首次人民代表大会准备了充分条件。

支持上海度过"四月危机"

马福龙　孙锡鸿　孙强

1950年春,上海私营工商业发生了被毛泽东称之为"四月危机"的困难。工厂停工,商店歇业,工人失业增加,公私关系紧张,劳资纠纷迭起,资本家怨声载道。中共上海市委、市人民政府及时调整政策,从各方面采取措施,战胜了困难,使经济重又获得了恢复和发展。上海调整工商业的工作得到了毛泽东的支持,胜利是在毛泽东的亲切关怀下取得的。

"四月危机"

上海是全国的经济中心,又是我国工商业最集中的城市。解放初期,私营工商业在上海经济中的比重很大。1949年,工业总产值中,私营工业占83.1%;商品零售总额中,私营商业占91.6%。因此,正确贯彻党对资本主义经济成分的利用、限制政策和各项城市政策,发挥私营经济有利于国计民生的积极作用,不仅对上海,而且对全国经济的恢复和发展都有极为重要的作用。

毛泽东十分关心上海的工作。上海解放前夕,他同准备接管上海的同志们谈话，语重心长地说：华东同志如果能够把上海搞好，上海和全世界的人民永远不会忘记你们。全中国和全世界的人民，甚至我们的敌人都将以上海工作的好坏来考验我们党有无管理大城市及全国的能力。

上海解放后，市人民政府一方面组织力量打击投机资本，同少数投机倒把分子、不法资本家作斗争；另一方面根据毛泽东的指示精神，认真做团结教育正当工商业者的工作。上海解放不久，市人民政府就召开产业界人士座谈会，由中共上海市委第一书记、市长陈毅出面，详细阐明了党的"公私兼顾，劳资两利，城乡兼顾，内外交流"和"发展生产，繁荣经济"的方针和政策。后来，又通过各种会议、报刊、电台，反复宣传党的政策。这些工作使心怀疑虑的资本家们初步安下心来，纷纷表示愿意在党和政府的领导下，努力经营，为新中国的建设贡献自己的力量。

然而，把国民经济从半殖民地半封建的轨道转上新民主主义的轨道毕竟是一种根本性的转变，在转变的过程中不可能没有破坏，没有痛苦。而我们的干部又是刚进入城市，情况了解不够，缺乏经济工作的经验，少数人还有"左"的情绪，再加上敌人的封锁、破坏，工作中就不可避免地会发生一些困难。据统计，1950年1月至4月，在14个城市中有2945家工厂关门，在16个城市中9347家商店歇业。困难的程度是大城市重于小城市，上海重于其他城市。陈毅在给毛泽东的一份报告中说："三、四月份，上海社会秩序比较混乱，敌特活动表面化，税收、公债政策受到攻击，劳资关系紧张，人心浮动。这些情况以四月上旬为最紧张。"

造成这种情况的主要原因是1950年3月初统一全国财政经济工作后，国家财政收支接近平衡，通货膨胀停止，物价不再上涨，由囤积居奇、投机倒把而产生的虚假购买力消失，从而导致商品滞销，生产难于继续。就上海来说，造成私营工商业生产经营困难的原因还有敌人2月6日的轰炸，发电厂遭到破坏后被迫停工，加上有些干部对上海资本家的情况不摸底，认为他们底子厚，油水足，因而规定的公债、税收任务重了些，引起一些资本家的不满。号称"火柴大王""煤炭大王""水泥大王"的刘鸿生曾致信陈毅，提出将刘家全部企业上交国家，因为"企业实在维持不下去了"。陈毅接信后特邀他面谈。刘鸿生说："我只有一点钱，公债买了十几万分，要缴款，还要纳税、补税，还要发工资，现在存货销不出去，资金周转不动。"荣毅仁当时也因公债款一时交不出，只能由国家收购他仓库中久存的机器设备和开旅馆的全套家具才解决。在这种情况下，不少资本家逃往香港或在外躲避。有的资本家说："我的钱全都交税买公债了。"有的甚至在店门口写着："关店大拍卖，为了交公债。"更有一些资本家怀疑政府已改变政策，要提前消灭资本主义，实行社会主义。4月4日，陈毅向中共中央报告：上海已有300个厂长、经理逃去香港，失业职工可能增至20万，连同家属要救济的将要超过50万人；资产阶级埋怨人民政府"与民争利"，把私营工商业的困难完全归咎于国家的税收与公债；帝国主义和台湾国民党反动派唯恐天下不乱，造谣说共产党的税和公债压垮了上海，挑拨民族资产阶级与政府的关系。

严峻的形势要求党和政府及时采取措施，合理调整工商业。

"我们是支持你们的"

毛泽东密切注视着上海的形势，支持上海调整工商业的工作。

陈毅在上述4月4日给中共中央的报告中，除反映实际情况外，还提出了一些解决问题的办法：动员党、政和人民团体积极做好解释工作；对工作方法税目方面的毛病加以改善；召集财经工作干部开会，考虑一些必要的松动和辅助步骤，维持私营工商业的生产和经营；设法帮助失业、失学人员。毛泽东在收到陈毅报告的第二天就回电说："所采取的方针和中央的方针是一致的，望妥慎去做"，并说："我们是支持你们的。"

私营工商业生产和经营发生困难是一个全国性的问题，毛泽东非常重视。4月13日，他在中央人民政府委员会第七次会议上讲话时，把合理调整工商业作为国家财政经济状况根本好转的条件之一提了出来，并说："今后几个月内政府财经领导机关的工作重点，应当放在调整公营企业与私营企业以及公私企业各个部门的相互关系方面，《共同纲领》关于各种经济成分在国营经济领导下，分工合作，各得其所的规定，必须充分实现。现在已经发生的在这方面的某些混乱思想，必须澄清。"在此期间，毛泽东还严肃批评了在第一次全国统战工作会议上暴露出来的"今天的主要斗争对象，主要是资产阶级"，"大资本家要停工，我们就让他停工"等错误思想，他指出，今天的斗争对象主要是帝国主义、封建主义和国民党反动派，而不是民族资产阶级，对民族资产阶级是采用既团结又斗争的政策，以达团结它共同发展经济之目的，对正当工商业有困难时应给以扶助，使之发展。

针对各大城市，尤其是上海私营工商业发生的情况，三四月间，中央先后召开有各大区负责同志参加的工作会议和政治局会议，了解各地情况，进一步讨论对私营工商业的政策。毛泽东在会上说：和资产阶级合作是肯定了的，不然《共同纲领》就成了一纸空文，政治上不利，经济上也吃亏。"不看僧面看佛面"，维持了私营工商业，第一维持了生产；第二维持了工人；第三工人还得到些福利，当然中间也给资本家一定的利润。但比较而言，目前，发展私营工商业，与其说对资本家有利，不如说对工人有利，对人民有利。

根据毛泽东指示的精神，上海市委决定召开上海市各界人民代表会议第一届第三次会议，总结前一时期的经验部署，进一步做好调整工商业的工作。毛泽东对这次会议十分关心，致电陈毅说："会议情形望随时电告。"

上海市一届三次各界人民代表会议于4月15日至23日举行。会上陈毅作报告,对上海2月份以来发生困难的原因与性质作了说明,进一步动员包括私营工商业者在内的全市人民"克服困难,维持生产",并提出了克服困难的具体步骤与方法。陈毅在讲话中特别指出:对于目前出现的困难,中央已开始调整部署,对上海给予极大的关心与支持,市委、市政府也开始采取一系列的措施,暂时的困难一定可以克服。

会上,劳资双方也各自作了检讨,消除了误会。刘鸿生发言说:"陈市长明白的指出上海正处在严重的困难中,并没有粉饰太平,同时正确地分析了困难的原因,而且指出了光明的前途,这些看法与我们完全一致。……因此我们大多数工商业家挺起胸膛来积极克服困难争取好转的到来。"荣毅仁发言强调私营工商业者要改变不适时的管理与经营方法,并对克服困难提出了建议。经叔平说:我们不讳言,税务工作人员确有缺点,"然而税务工作人员们执行任务的认真,与廉洁奉公的精神,我们应该表示钦佩"。他表示:"我们应该对于合理的国家税制,采取逃税的可耻行为者加以检举、批评和教育。"会议在听取代表们的发言后,制定了调整公私关系,改善劳资关系,减轻负担,救济失业等克服困难的具体措施。

遵照毛泽东指示,4月21日,上海市委、市政府致电毛泽东,汇报各界人民代表会议的情况。4月23日,毛泽东复电陈毅,肯定了会议对困难情况的分析及采取的对策,说:"方针是正确的,目前确实应当用大力来做调整公私关系、劳资关系、维持生产和救济失业的艰巨工作。"

上海市一届三次各界人民代表会议之后,市委、市政府为帮助私营工商业克服困难做了大量工作。通过全市人民共同努力,到5月份,上海的紧张形势开始得到缓解。对此,陈毅于5月10日将上海的情况向党中央、毛泽东作了汇报，并在电报中将上海的经验概括为："调整公私关系，实行公私兼顾；改善劳资关系，照顾双方利益；适当减少税收，救济失业工人；开展自我批评；纠正工作中的缺点等。" 5月13日，毛泽东对上海的做法与经验作了重要批示："上海打退四月危机的经验及目前采取的各项政策是各地大城市党委值得注意的，请将此项报告转发各主要城市党委研究。"第二天，毛泽东又致电陈毅并告饶漱石："5月10日报告收到，甚好，甚慰。所取方针是正确的。"

毛泽东在肯定上海工作的同时，还亲自过问、关心上海遇到的一些具体困难，责成有关方面照顾解决。陈毅在5月10日给党中央、毛泽东的电报中提出："税收问题在上海目前来说，暂时表现出政策与任务不协调现象。3、4、5三个月的4000亿（每月）比较重了些，以致走到超过实际利润去征税……如果6月份上海能从4000亿降到3000亿左右，在稳定情绪，减少商店关门即起大作用。" 5月17日，在毛泽东的关心下，陈云、薄一波电告陈毅："如你认为上海6月税收，须从4000亿减为3000亿左右，我们同意。具体减多少，如何减，请与华东财委商量。"之后，经协商，减税问题很快得到妥善解决。申请开业、复业的户数开始增加，停工、歇业明显减少。

此外，经党中央与毛泽东同意，中财委还决定增购棉花，扩大委托上海私营纱厂代纺数量，既增加了国营掌握的纱布数量，又帮助私营纱厂度过困难，减少失业，对克服困难起了很好的作用。

毛泽东一方面指导、支持上海调整工商业的工作；另一方面又从上海的实践经验中吸取智慧，制定方针政策。5月13日，他致电陈毅："我们决定6月中旬召开政协全国委员会通过土改法令并讨论调整工商业问题。你不是全国委员会委员，但有些问题须事先和你商量，请于6月1日来中央一次，留两三天，即可回去，如果你觉得马上来为好，亦可马上就来。" 6月6日，在全国政协一届二次会议召开之前，中共中央举行了七届三中全会。会上，毛泽东作了《为争取国家财政经济状况的基本好转而斗争》的书面报告和《不要四面出击》的讲话。这个报告和讲话中所阐明的合理调整工商业的政策和对待资产阶级的策略思想，显然是吸取了上海调整工商业的经验的。

党的七届三中全会后，调整工商业的工作在全国开展，对恢复和发展国民经济起了巨大作用。陈云高度评价调整工商业工作的意义，他在总结1950年的工作时说："去年我们做了很多工作，只有两个重点，一是统一，二是调整。统一是统一财经管理，调整是调整工商业。……6月以前是统一，6月以后是调整。只此两事，天下大定。"上海的工商业调整在毛泽东的指导、支持下，先走了一步，所创造的经验，对全国的工商业调整工作是个有益的贡献。

毛泽东与上海工人

张金平

"建立工人监督制度"

1949年3月,毛泽东在中共七届二中全会上首次提出,在工作重点由农村转入城市之后,必须全心全意地依靠工人阶级的方针。当年5月,上海解放。上海作为我国最大的工业城市,解放时仅接管了150余家官僚资本的工厂,对占全市83%的私营企业则采取保护、扶植的方针。华东局、上海市委坚定不移地贯彻七届二中全会关于"全心全意依靠工人阶级"的方针,在接管上海、反封锁、反轰炸、维持与恢复生产诸方面,充分发挥了上海工人阶级的主力军作用,使上海的国民经济得以逐步恢复和发展。

在我国经济恢复的进程中,随着私营企业获利的增加(1951年全市私营企业获利5亿元),一些资本家片面追逐利润的愿望日益强烈,少数资本家的"五毒"行为日益加剧,他们采用种种非法手段去牟取暴利,激起广大工人的强烈不满。1952年初,中共中央号召在大中城市的私营企业开展"五反"运动。当年3月,毛泽东指示:"要使资本家废除'后帐',实行经济公开,并逐步建立工人店员监督生产和经营的制度。"同时,中共中央宣传部主办的《学习》杂志也登载了关于私营企业实行工人监督的文章,并介绍了十月革命期间列宁倡导的工人监督的经验。当年3月25日,上海全面开展"五反"运动。4月3日,上海总工会(简称上总)召开72家厂、店工人代表会议,上总主席刘长胜在会上提出:要主动团结资本家,使他们"在工人阶级的监督下搞好生产"。毛泽东关于建立工人监督制度的指示在上海迅速得以贯彻实施。4月13日,派往上海指导"五反"运动的中央财政经济委员会副主任薄一波向中央写了汇报,毛泽东15日批转周恩来复电并作了重要批示:"必须在此次'五反'后实行工人店员监督大中厂店的生产和经营,此事一定要实行,并不能延缓。望各大中城市党委迅速研究具体办法,电告中央为要。"次日,周恩来拟就复电,毛泽东阅后又专门加了一段:"工人监督生产一事极为重要,而各地反映甚少,似未认真研究,望立即研究具体办法电告为要。"这样,在私营工商业实施工人监督成为党全心全意依靠工人阶级的一项重要决策。

根据中共中央和毛泽东的指示,上总立即进一步落实。1952年4月初,上总选择了五金、纺织、轻工等行业中有代表性的六厂一店(大隆机器厂、启新纱厂、协大祥布店等),下旬向这些单位派出了工作组。工作组在上总私营企业部具体指导下依靠各厂、店的党组织、工会,广泛发动群众,就工人监督的方法、内容、工作程序等进行了探讨。5月上旬,上总召集各试点单位党、团、工作组负责人进行专题研究,并邀市财委、市人民银行、市工商局、市劳动局等负责人出席。随即上总党组向市委作了汇报。5月下旬,市委决定成立由上总、市财委、市财政局、市劳动局负责人及驻厂工作组组长等15人组成的监督生产委员会,上总第一副主席钟民任书记。6月,刘长胜将上海实施工人监督的试点情况及时向全总和华东局作了专题汇报。全总在汲取苏联经验和听取各地工会的意见后,草拟了《私营企业工人监督条例

（草案）》。上总将全总的《条例》分送市有关方面征求意见。市人民银行根据专款专用的原则，拟订了《工人监督生产试行办法》发各厂试行。1953年，在毛泽东提出把资本主义企业逐步变为"在人民政府管理下的、用各种方式和国营社会主义经济联系和合作的、受工人监督的资本主义企业"之后，上海私营工商业的工人监督全面展开。

上海在实施工人监督时，主要是通过劳资协商会议来进行。1953年过渡时期总路线提出后，在大中型企业主要通过增产节约委员会来实施。工人监督，最初以防止不法资本家重犯"五毒"为主，随着工人监督的深入，企业的生产、经营等活动也逐步列入监督范围（但不侵犯资方的"三权"）。私营工商业的工人监督在国民经济发展中起了积极作用，制止了加工订货中偷工减料，以次充好等非法牟利手段，加强了企业管理，节约了原材料、工时，降低了生产成本，使企业的面貌发生了显著的变化。上海工人阶级在贯彻毛泽东关于实施工人监督的决策中取得了较好的成绩，上总在1954年8月召开了私营企业工会工作会议，制定了《关于工会组织如何领导和监督签订、履行公私合同的意见》等4份有关工人监督的文件，经市委转发各私营单位执行。1955年上半年，全总主办的《中国工运》分两次向各地介绍了上海实施工人监督的经验。

青年"是工人阶级的新生力量"

上海解放时全市职工约100万人，随着国民经济的恢复和第一个五年计划的实施，工人阶级队伍迅速壮大。1956年底，全市职工已达150万人。在公私合营高潮的一年间，产业工人就增加了14万余人，主要是学生、待业青年。在新的形势下，关心、教育和培养青年工人成为各方面普遍重视的问题，毛主席在来沪视察时对此给予了极大的关注。

1957年7月8日，位于上海沪东的上海机床厂打扫的格外清爽。盛夏午时，三辆黑色小汽车驰进厂区，停在宽敞的中央大道上。"是毛主席！""毛主席来了！"这令人振奋的消息很快传遍全厂。毛主席冒着高温酷暑，视察了3个车间。在液压车间，毛主席详细地察看了液压筒的加工过程，当看到车间里有不少女工在操纵机床时，他非常高兴地走过去与女工们握手。青工小唐刚要把手伸过去，一看自己那双沾有污油的手，马上缩回来，连回纱也不拿就使劲往工作服上擦。可是，还没等她擦干净，毛主席已经走到她跟前，向她伸出了扭转乾坤的大手。小唐握着毛主席的手，激动得热泪盈眶，高兴得一句话也说不出来。毛主席一边和女工握手，一边对陪同的厂长、书记说，"妇女解放了，也能开机床，男同志能干的事，女同志也能干了。"毛主席还特别叮嘱，女同志的困难要比男同志多，各级领导要多关心女工。走进大件车间，职工们正在开展增产节约劳动竞赛。毛主席看到车间里大多是青年工人，便欣喜地对厂领导说，"你们厂的青年很多嘛！这是工人阶级的新生力量，你们要很好培养。""要全面关心工人政治、思想、文化的进步。"毛主席在离厂前满怀期望地对厂领导说："你们有那么多年轻人，你们能把厂办得更好！"

30多年过去了，上海机床厂的领导换了一批又一批。但是，毛主席关于关心、培养青年工人的指示，历任领导都认真贯彻落实。20世纪50年代，厂里办起了工人技术学校、半工半读专科学校、红专大学、业余大学等；60年代，成立了由著名劳动模范盛利等老工人参加的老工人传授队，向青年工人传授工人阶级思想、先进技术、文明生产等，还举办业余青年车工理论知识训练班等，为青年工人的成长创造了良好的条件。进入改革开放的80年代，他们又率先对青工进行全脱产政治轮训。1982年12月，该厂在上海首创的青工轮训班开学。经过一个月的学习（政治常识、历史知识、青年修养三门学科），效果令人欣喜。1982年8月,《人民日报》《工人日报》等刊登了该厂对青工进行政治轮训的报道,向全国推广了该厂的经验。1983年1月,厂党委书记在全国职工思想政治工作会议上作了《从根本上提高青工共产主义思想觉悟》的发言。上海机床厂脱产轮训青年工人,为全国的青工政治轮训积累了经验。

1960年3月19日,毛主席在上海市文化俱乐部,宴请上海工人代表,听了工人代表开展技术革新的汇报,鼓励他们"要永远保持不断革命的精神,团结群众一同前进"。毛主席关切地问工人代表,"你们中间有没有大学生?""有没有工程师?"当得知没有时,毛主席当即对在场的市委领导说,要从工人中培养大学生、工程师,还要培养作家。宴会结束后,当工人得知毛主席宴请工人代表、对工人无比关怀的消息时无不欢欣鼓舞。不久,市政府便从工人中选拔一批有技术的优秀工人为工程师。接着办起了业余大学,并推荐一批青年工人进高等学府深造。

毛主席重视对青年工人的培养,也重视对青年工人的教育。1957年9月17日,毛主席再次来沪视察。当晚,他在住处接见了上海锅炉厂厂长、党委书记等人。厂长在汇报中讲到厂里有一名青年工人,1950年进厂当学徒时只有17岁,由于勤奋好学、积极上进,在领导的培养和老师傅们的帮助下进步很快,入了团又入党,并从学徒升到7级工,工资从7元津贴升到104元,婚后过着富裕美满的生活。可是,这位青工受到资产阶级思想的侵蚀,滋长了贪图享受的思想,不安心工作,一次没有完成生产定额而扣发了奖金,于是就大为不满。毛主席听了关切地说:"像他这样的人,主要是忘本,对他要尽力挽救。""青年,即使是青年工人,因为没有受过旧社会的苦,更应该加强阶级教育,提高他们的思想觉悟。"同时,毛主席还感慨地说:"青年工人仅仅在短短的五六年中,就从学徒升到七级工,是否升得快了些?"厂长、党委书记表示准备参照湖北省黄冈县刘介梅事件的教训,用今昔对比的方式，把这位迷路的青年工人挽救过来。毛主席听了高兴地问："你们能做到吗？"他俩齐声答道："通过做工作，是完全有可能的。"毛主席连连点头说："这样做很好，很好。"临别时，毛主席再次叮嘱："对青年人主要是教育，提高他们的阶级觉悟，叫他们向优秀的老工人学习。"毛主席还对一起汇报工作的黄浦区委第一书记陆文才、电力工业部上海动力学校校长仇启琴说："上海锅炉厂的例子很好，你们机关、学校对青年人进行思想教育时，也可以作为参考。"

上海锅炉厂厂长、党委书记回厂后，亲自做那位青工的思想工作，并讲述了毛主席对他无微不至的关怀，希望他正视错误、提高觉悟。当年10月上旬，厂里征得那位青工及其家属的同意后，举办了一个今昔对比展览会。展览会以图片、文字、新旧社会青工家庭的实物对比，控诉了旧社会的黑暗、歌颂了新社会的光明。《解放日报》《人民日报》等均对此作了报道。那位青工在首次展出时担任讲解员，今昔对比展览会不仅教育了那位青工，而且教育了广大青年工人。那位青工在工作、学习等方面有了很大转变，在毛主席的关怀和党、政领导的培养下，他很快被提拔为党的基层干部，在60年代奔赴江西支援三线建设，曾担任某钢厂的党委书记，为发展社会主义的钢铁建设作出了贡献。

"送走瘟神　迎来新生"

孙根宝　王伟雄

值此毛泽东同志诞辰一百周年的纪念日，我们以十分崇敬的心情，怀念他老人家领导全国人民取得了新民主主义革命、社会主义革命与建设的一系列伟大胜利，建立了不朽的功勋。消灭血吸虫病的伟大斗争，也是其中一个重要的组成部分。毛主席的高度重视和"要消灭血吸虫病"的号召，给全国血吸虫病流行区人民带来了最大的关怀和爱护。

血吸虫病是严重危害人民健康的一种寄生虫病。上海也是全国血吸虫病严重流行区之一，郊区十个县除崇明县外，九个县都有血吸虫病流行，解放后累计查出患者75.9万多人，约占流行疫区总人口的24%。其中晚期病人20541人，还查出患血吸虫病的耕牛2.7万多头，疫区300多万人民受到了血吸虫病的严重威胁。一些严重流行区人亡户绝，田地荒芜，真如毛主席著名的《送瘟神》诗中所描述："千村薜荔人遗矢，万户萧疏鬼唱歌"。地处上海西郊的青浦县，坐落在淀山湖畔，河港纵横，水流缓慢，由于钉螺孳生条件较好和群众接触疫水频繁，所以血吸虫病流行严重。全县24个乡镇有23个流行血吸虫病，重灾地区莲盛乡的任屯村，1929年有275户，960人，到1949年解放时，全村只剩154户，461人，死绝户121户，死剩1人户28户。民谣唱出了"东邻白发叹凄凉,西舍儿童失爹娘,田荒地白房空闲,全村片片哭声嚷"的凄凉景象。1950年冬,任屯村农民联名写信给毛主席,要求尽快治好血吸虫病,参加社会主义建设。信发出不久,毛主席派出的医疗队就来到村里,带来了党的温暖。他们走村串户宣传防治血吸虫病的卫生知识,不分昼夜查病治病,送药上门,将不少濒临死亡的人抢救了回来。经过数年努力,全村健康水平大提高,环境卫生大改善,农业生产大发展。以后任屯村农民代表还被请进京,参加国庆观礼,见到了敬爱的毛主席。

血吸虫病的肆虐,长期以来给疫区人民的生命、生产、生育、生活带来了极大的灾难。1955年,毛主席向全国发出了"要消灭血吸虫病"的号召。同年11月,毛主席出巡南方,专列特意在松江火车站停留,会见了松江地委和专员公署两位负责同志,了解农村情况。在听取汇报过程中,毛主席详细询问了地区内防治血吸虫病的问题,并嘱咐说:"南方血吸虫病流行严重,你们要很好重视。"毛主席对疫区人民的关怀,鞭策着全党上下要及早消灭血吸虫病,解除疫区人民的痛苦,保护农民身体健康。

全国第二次防治血吸虫病会议原定1956年3月在上海召开。毛主席为此于3月3日、5日、7日,连续3次批示,询问血防会是否按期召开,准备情形如何?要当时中办主任电话告知上海和中央卫生部,应邀请福建、广东、广西、四川等有血吸虫病和钩虫病的省区派出代表到上海参加会议。并具体提出会议研讨的范围:"除讨论血吸虫病为主要任务以外,钩虫病及其他最严重的疾病也宜加以讨论",并建议这样的会每年要开两次。这些指示无不体现了毛主席对消灭血吸虫病的决心和高度重视。4月18日,中央卫生部副部长徐运北总结第二次血防会会议精神,向中共中央汇报《关于消灭血吸虫病问题的报告》。4月20日,毛主席就批示给当时中共中央秘书长、国务院副总理邓小平:"此件请印发五百份或更多些,分发党内外高级干部及25日到京的各省委书记。"在批发这个报告时，毛主席还加了题目和题下注，再次呼吁党内外对消灭血吸虫病的重视。

毛主席对疫区人民的关怀，还体现在他不失时机地向专家学者请教，改进具体步骤。1957年7月7日，毛主席在上海接见各界代表时，向上海第一医学院教授苏德隆详细询问了有关血吸虫病的防治情况。毛主席还问："订了个七年之内消灭血吸虫病的计划，你的意见怎么样？"苏教授认真思索后，觉得时间过于短促，大概要有十二年时间。毛主席便果断地说："那么，农业发展纲要上就改为十二年吧！"他还要苏教授好好研究黄浦江钉螺问题。苏教授深受鼓舞，和其他科研人员深入浦江进行调查研究，制订出一些灭螺原则，在全国血吸虫病流行地区推广，取得了良好效果。

党中央、毛主席对消灭血吸虫病的一系列指示，表明了除害务尽的决心，引起了党内外的高度重视。在各有关部门和中国人民解放军驻沪部队的密切配合下，经过了长期的、反复的、艰苦的和卓有成效的工作，上海市防治血吸虫病的工作取得了巨大成就。30多年来还治疗病人186万多人次，为1.5万余晚期病人进行了手术治疗。1979年以来基本上没有发现新感染病人。血吸虫病在上海大地上被消灭了！广大疫区人民送走瘟神，迎来了新生。过去杂草丛生、钉螺密布的荒野，如今变为高产稳产的良田；过去是贫穷落后、举目凄凉的村庄，如今是欣欣向荣，人寿年丰；过去因血吸虫病出不了兵的重疫区，如今征兵体检时挂起了血吸虫病免检的牌子。全市人民特别是郊县人民对此无限欢欣，感恩不尽，要将这一伟大业绩代代相传，永志不忘。

毛泽东与上海的资本主义工商业的社会主义改造

吴祥华

我国对资本主义工商业的社会主义改造，取得了举世瞩目的成就。在改造过程中，毛泽东依据马克思列宁主义的基本原理，结合中国革命具体实践，采取和平赎买政策，创造性地开辟了一条具有中国特色的资本主义工商业社会主义改造道路，丰富和发展了马克思列宁主义理论。

上海是我国资本主义工商业最集中的城市，上海的对资改造是我国对资改造的重要组成部分。毛泽东对上海资本主义工商业社会主义改造极其关怀，精心指导。他曾多次接见上海工商界人士，多次对上海资本主义工商业问题作出指示，还视察了上海公私合营企业。上海贯彻执行了党和毛泽东制定的对资本主义企业实行利用、限制、改造的政策；对资本家实行团结、教育、改造的政策。本文试图从上海对资改造实践中的几个侧面作一回顾和研究。

一、联营设厂，鼓励发展

　　1953年初，全国政协在北京开会。会议期间，毛泽东约见了上海工商界代表人士荣毅仁、郭棣活等。荣、郭两人向毛泽东汇报了所经营的申新、永安厂的情况，并表示希望早日参加公私合营。毛泽东风趣地说："你们不必忙于公私合营，先在内地，生个'儿子'，行不行？"荣、郭两人认为，毛泽东的谈话体现了党对资本主义工商业的政策；解放后人民政府对私营纺织厂大力扶持，克服了种种困难，生产年年上升，盈利年年增加，工商界理应为祖国建设贡献力量。他们决定从企业中拿出资金，调剂技术人员与管理人员和国营企业合作，在安徽省新建一家拥有5万纱锭和1700台织布机的纺织厂。该厂预算投资3000万元，其中申新厂投资30%，永安厂投资20%，国家投资25%，其余25%由上海国际贸易界的沈元来投资。郭棣活等亲自赴安徽选择厂址，经过反复勘察比较，最后选定厂址为合肥市东郊和平路，定名为安徽第一棉纺织厂。该厂于1956年2月25日破土动工，1957年6月5日正式投产，《安徽日报》发表短评说："这是安徽人民经济生活中的一件大事"。

　　毛泽东鼓励上海资本主义工商企业到内地联营设分厂，生"儿子"的思想，上海市市长陈毅1953年10月5日在部分党员干部会议上作过传达。他说，毛主席指出，私营企业还有广阔的发展前途。第一，可发挥潜力，提高产量，减低成本，提高质量，可多赚钱；第二，可扩大设备，增加机器，多雇工人；第三，可生"儿子"，到各地去设分厂，国家可撑腰；第四，可修厂房（也可修洋房……），按照毛泽东联营设厂、生"儿子"，鼓励私营企业发展的讲话精神，上海工商界除荣、郭两家以外，其他企业也有所发展。

新中国成立初期，毛泽东鼓励上海私营企业发展，不仅本厂本土扩大再生产，而且希望到各地联营设分厂，其根本目的是发展生产力。这与他发展民族资本的一贯主张是一脉相承的。早在 1945 年 4 月，毛泽东在《论联合政府》一文中就指出：共产党人不但不怕资本主义，反而在一定条件下提倡它的发展。"拿资本主义的某种发展去代替外国帝国主义和本国封建主义的压迫，不但是一个进步，而且是一个不可避免的过程。它不但有利于资产阶级，同时也有利于无产阶级，或者说更有利于无产阶级。"毛泽东认为：中国的"资本主义是太少了"。1949 年 3 月，毛泽东在党的七届二中全会上指出，在革命胜利以后一个相当长的时期内，还需要尽可能地利用城乡私人资本主义的积极性，一切"于国民经济有利的城乡资本主义成分，都应容许其存在和发展"，只是在活动范围、税收政策、市场价格、劳动条件等方面，要给予"恰如其分的有伸缩性的限制"。全会决定对私人资本主义采取利用和限制的政策。

上海解放后，市委、市政府贯彻了中央"发展生产、繁荣经济，公私兼顾、劳资两利"的政策，在工作中得到了毛泽东的亲切关怀和大力支持。1950 年 3 月至 5 月，上海私营企业的生产和经营遇到了困难，劳资关系紧张，人心浮动。陈毅市长先后 6 次向毛泽东、党中央报告。毛泽东曾 4 次复电："目前几个月确实应当用大力来做调整公私关系，劳资关系，维持生产与救济失业的艰巨工作"。1950 年 6 月在党的七届三中全会上，毛泽东批评了有些人认为可以提早消灭资本主义实行社会主义的错误观点。提出"不要四面出击"的策略方针，对上海调整工商业工作和发展资本主义工商业是一个强有力的支持。

毛泽东根据中国的国情，鼓励上海民族工商业联营设厂，"生儿"发展，是完全符合当时的实际需要的。它促进了上海民族工商业恢复和发展，也促进了上海国民经济的恢复和发展，有利于民族资产阶级思想稳定和上海新生政权的巩固，为随后有计划有步骤地进行社会主义改造打下了基础。

二、提出"改造","和平赎买"

在恢复国民经济时期,党对资本主义工商业实行的政策是利用和限制,当时还没有提出改造。新中国成立前后,特别是在调整工商业工作中,国家对许多私营企业实行加工订货、统购包销、公私合营等形式,帮助私营企业克服困难。尽管这一系列国家资本主义形式不但是对私营企业的利用、限制,而且加强了它们同国营经济的联系,引起了它们在生产关系上的不同程度的变化,从而也就在不同程度上开始了对它们的初步的社会主义改造;但在主观认识上,党还没有充分认识到这一点,没有明确提出对资本主义工商业进行社会主义改造的问题,也没有把实践中已有的这些国家资本主义形式看成是对资本主义工商业进行社会主义改造的必由之路。随着国民经济的恢复,如何实现新民主主义到社会主义的转变,摆到党的议事日程上来了。1952年9月,毛泽东提出了要向社会主义过渡的问题。对经过"三反""五反"后的上海工商业给予了极大的关注。

1953年3—4月间,党中央指派中央统战部部长李维汉带领有国家计委和工商管理局的同志参加的调查组到上海以及南京、武汉等地进行调查。他们深入考察了解放后头三年私人资本主义的发展变化,系统分析了公私关系、劳资关系状况,考察了加工订货中存在的问题。李维汉在上海等地调查后,5月27日,将《资本主义工业的公私关系问题》的报告呈送给毛泽东,还写信给毛泽东、党中央。报告总结了上海等地几年来资本主义工业实行国家资本主义的情况和经验,指出了国家资本主义是利用、限制、改造资本主义工业,将其纳入国家计划轨道,使资本主义工业逐步过渡到社会主义的主要形式;公私合营是国家资本主义的高级形式，最有利于将私有企业改造成社会主义企业。报告还指出，随着企业改造，这些企业中的资产阶级分子也可以得到改造。提出了改造企业结合改造人的问题。

毛泽东非常重视李维汉对上海等地的这一调查报告，亲自打电话给李维汉说："这个报告将提交政治局讨论"。毛泽东还在这一报告上批示："党的任务是在 10 年至 15 年或者更多一些时间内，基本上完成国家工业化和社会主义改造。所谓社会主义改造的部分：（一）农业；（二）手工业；（三）资本主义企业。"[①]6 月 14 日，周恩来也审阅了李维汉这一报告，并将标题和正文中使用的"利用、限制、改组"改为"利用、限制、改造"[②]。6 月中旬，党中央两次讨论对资改造问题，并吸收了全国十大城市市委书记参加。6 月 15 日，毛泽东在中央政治局扩大会议上提出了党在过渡时期的总路线和总任务，是要在 10 年到 15 年或者更多一些时间内，基本上完成工业化和对农业、手工业、资本主义工商业的社会主义改造。这次会议，明确了党在过渡时期的总路线和总任务，提出了对资本主义工商业要实行利用、限制、改造的方针，对资产阶级分子改造的道路也明确和具体化了。

从 1949 年 3 月党的七届二中全会提出利用、限制资本主义的方针，到 1953 年 6 月中央政治局扩大会议提出过渡时期总路线，明确利用、限制、改造方针，对民族资产阶级实行和平赎买的具体道路，这是毛泽东在探索一条中国特色的社会主义改造道路在思想认识上的一个飞跃，从此，我国找到了新民主主义向社会主义过渡的"船"和"桥"，形成了具有中国特色的社会主义改造道路。

---

① 《凯歌行进的时期》，河南人民出版社 1989 年版，第 306 页。
② 庞松、王东：《滑轨与嬗变——新民主主义社会备忘录》，河南人民出版社 1990 年版，第 112 页。

三、培养先进，建立核心

过渡时期总路线确定以后，毛泽东非常关心上海对私营企业和对资产阶级的改造工作。他把企业的改造与人的改造相结合，注重团结、教育、改造民族资产阶级分子，把重点放在培养先进，建立核心，从而促进和带动大多数民族资产阶级分子接受改造。上海聚集了一批全国著名的民族资本家。毛泽东历来注意与他们的接触、交往，团结争取他们，并在他们中间物色对象，培养先进，逐步建立核心。早在1945年八九月间，毛泽东赴重庆谈判期间，曾先后三次接见工商界代表人士，其中上海赴重庆的火柴、毛纺等业的刘鸿生、化工业的吴蕴初、制笔业的吴羹美、机器制造业的胡厥文等著名的民族资本家占了一半以上。毛泽东的接见和谈话给他们留下了深刻的印象，也使他们了解了中国共产党对民族工商业者的态度和政策。1949年4月7日，上海解放前，党中央下达了要争取民族资产阶级代表人物协助接管的指示。上海解放后，1949年6月25日，党中央又下达了要聘请工商界和民主人士为上海市顾问的电报。1949年12月，毛泽东还亲自签发了任工商界代表人士盛丕华为上海市副市长的任命书。

1953年9月7日，毛泽东与盛丕华等一些全国著名的民主党派、工商界代表谈话时指出：需要继续在资本家中间进行爱国主义教育，为此需要有计划地培养一部分眼光远大的、愿意和共产党和人民政府靠近的、先进的资本家，以便经过他们去说服大部分资本家。1953年10月5日，上海市市长陈毅召集部分党员干部传达贯彻毛泽东这一谈话精神。陈毅说：毛主席指示，要培养先进的资本家。其中有部分人与政府有距离，要进行工作。主要是培养先进的资本家。先进资本家的条件：（1）眼光远大，知道社会主义是抗不住的；（2）愿与政府靠近；（3）真正是爱国的，认为作为一个中国人是光荣的。陈毅还结合上海对资改造的实际的状况，就如何把改造企业与改造人相结合的问题作了部署。

1953年10月，全国工商联在北京召开会员代表大会。大会通过决议，拥护党和国家过渡时期的总路线。会前，毛泽东召集全国工商界著名人士座谈，上海荣毅仁、郭棣活、刘靖基等也应邀参加。毛泽东亲切鼓励荣毅仁说：希望你们把厂办得更好。毛泽东又鼓励刘靖基说："刘先生，你回去要带带头啊！"刘靖基深受鼓舞，他在大会上就表示愿意早日争取公私合营。参加会议的上海代表回沪传达后，在全市工商界掀起了学习总路线的热潮，一些工商界人士表示要"积极经营，争取利用；不犯'五毒'，接受限制；加紧学习，欢迎改造。"1953年12月，刘靖基较早地提出了安达、大丰、大隆三个厂要求公私合营的申请报告。中共上海市委书记陈丕显审核并同意了他的要求，有关部门也相应作出了安排。从而促进和推动了其他私营企业的公私合营申请。参加全国工商联这次会议的上海著名工商界代表刘鸿生回上海后，立即召开家庭会议，刘氏所有企业都提出了公私合营申请，"以实际行动拥护中国共产党。"

1955年10月29日，毛泽东在私营工商业社会主义改造问题座谈会上讲话指出：进行社会主义改造"要有比较少数的核心人物。这次召集会议，我们有这样一个基本的要求，希望每一个大城市有几十个、几百个核心人物。在工商界里面，这些人比其他的人要觉悟一些。要进步一些，经过他们来教育其他的人。这点是不是可能呢？我们看，过去这几年，工商界已经有一些人觉悟程度是比较高的，他们懂得国家的政策、方针。因此，我们觉得完全可以设想：经过工商联、民建会、各民主党派的工作，壮大这么一个队伍，全国有几千人。改变资本主义私有制,要有几年的准备工作"①。

按照毛泽东在社会主义改造中需要培养先进、建立核心的思想,中共上海市委和市人民政府联系上海的实际认真贯彻执行,对一些资本家给予了多方面的培养和帮助:对担任各级政府领导职务和实际工作的资本家加强政治领导,同时放手让他们工作,使他们有职、有责、有权;在经济上,当这些资本家的企业发生困难时,给予优先安排照顾的政策;与这些资本家建立经常的联系制度,有时邀请他们参加市里召开的有关会议;像对待党内的同志一样,督促他们开展批评和自我批评。同时,上海市妇联积极配合开展了团结教育资本家家属走社会主义道路的工作;共青团上海市委对资本家的子女也加强思想教育。通过各方面的工作,在本市逐步培养了一批资本家先进分子组成的核心,他们协助党和政府贯彻社会主义改造的方针政策,推动广大私营工商业者积极参加社会主义建设和接受社会主义改造。多年来,这些资本家在遵守国家政策法令,协助党和政府进行对私营工商业的社会主义改造等方面起了带头作用;另一方面又代表资本家的合法利益,向党和政府反映意见和要求,在党、政府和广大私营工商业者之间起了桥梁作用。

四、摸索规律,加速改造

国民经济恢复时期,上海对私营工商业主要采取收购、加工订货、统购包销等为主的国家资本主义初级形式。1953年12月,经毛泽东同意,党中央批复上海扩展大同铁工厂等14个工厂进行公私合营试点,作出榜样,引导私营企业走公私合营这一国家资本主义高级形式的道路。1954年上海有计划有步骤地扩大了197个企业的公私合营。合营

---

① 《党的文献》1989年第3期。

以后，工人积极性高涨，1954年劳动生产率比1952年增长22.66％，生产发展推动工人福利得到改善，资本家分得红利甚丰。1955年起，上海开始了全行业的公私合营。下半年，毛泽东主张加快农业合作化步伐，促进和推动了私营工商业的改造。

毛泽东曾亲自做上海资产阶级代表人物的思想工作。1955年10月，毛泽东连续两次在北京同前来参加会议的全国工商联执委代表座谈，上海有20多人参加。其中10月27日一次，毛泽东召集工商界代表6人座谈，上海有胡厥文、胡子婴、刘靖基、郭棣活4人出席。毛泽东阐述社会发展规律，要求工商业者掌握自己的命运，接受社会主义改造。返沪后，这些代表广泛进行宣传，起了推动作用。

1955年12月25日，毛泽东又亲自来上海，接见上海工商界知名人士。陈毅市长将上海制笔公司副经理汤蒂因介绍给毛泽东。"啊！你就是'金笔汤'！"毛泽东边说边和汤握手，"你要做好社会主义企业的经理啊！"不久，汤去北京开会，毛泽东又关切地问："你们制笔行业公私合营有没有强迫命令？目前还有什么问题？"汤答："我们学习了主席认清社会发展规律，掌握自己命运的教导，要求合营是完全自愿的。"汤也谈了合营中一些新问题，家厂不分的小厂，生活与生产资料难以划分，老板娘要求带进合营厂。毛泽东听后说："老板娘可以带进合营厂；生活资料划起来要从宽，不要影响他们原来的生活。"

1956年1月10日，毛泽东再次来上海，由荣毅仁等陪同，视察了公私合营申新棉纺织九厂等企业。毛泽东了解企业合营后的生产、工人生活及劳资关系情况等。当晚又邀请部分工商业者以及民主人士进行座谈。参加座谈的工商界人士大多是以前没有参加过毛泽东接见的。毛泽东指出，要过好社会主义改造这一关。会后，郭琳爽、吴志超、陈铭珊等工商界人士谈道：毛主席在对资改造高潮时来上海，胜过了十万大军！

历次受到接见的工商界代表先后向全市25万工商业者和家属传达

毛泽东的讲话。谈掌握命运、谈和平改造，成了当时工商界的中心话题。1956年1月10日，北京全部实现公私合营的消息传到上海，上海震动了！工商界召开临时代表大会，各业代表排队争着发言，要求加快速度，6天完成全市公私合营。1956年1月20日，上海完成了全市资本主义工商业的社会主义改造。在党的赎买政策和团结教育下，上海资本家中的大多数人接受了改造。但是，其中有的是迫于形势，个别是白天敲锣打鼓，晚上抱头痛哭。当上海工商界把全市完成对资改造的喜讯电传给毛泽东。毛泽东对上海以及全国对资改造完成得如此之快，既高兴又感到太快了。毛泽东说："公私合营走得很快，这是没有预料的，谁预料得到？现在又没有孔明，意料不到那么快。去年李烛老（注：全国工商联副主委李烛尘）在怀仁堂讲高潮，我那时还泼了一点冷水。我说，你那样搞太厉害，你要求太急了。又对他讲，要瓜熟蒂落、水到渠成，要有秩序、有步骤地来，不要搞乱了。"①

上海对资改造的快速完成是当时社会发展的一股合力造成的。改造高潮中，尽管存在要求过急、改变过快、对于一部分原工商业者的使用和处理不很恰当，对一些有较丰富的经营管理经验的人弃置不用等不足，但总体来说，如此顺利地完成了这一深刻的变化，确实是一个伟大的胜利。生产资料所有制的变革促进了生产力的发展。1956年全市公私合营工业总产值，比1954年增长30.95%，比1952年增长74.68%。

五、社会有需要，"地下"变"地上"

在1956年公私合营高潮前后，对原有工商业进行了裁并改合。由

---

① 《凯歌行进的时期》，河南人民出版社1989年版，第602页。

于在这一次工商业改组中存在着某些盲目合并的缺点,把许多传统产品特色搞掉了,特别是商业、手工业撤并网点,造成流通不畅,人民生活不便。在经济发展的客观规律作用下,上海某些市场需求日益增长,某些商品供应不足,社会上的一些劳动力便自发地组织起一些私营和个体企业,地下工厂、地下商店开始在本市各个角落里活动起来。据上海市税务局1956年11月份调查统计:全市有私营企业和个体户5070家,16760人,其中私人企业占20％左右,个别雇工50人至60人。它们的产品涉及90多个行业,主要是日用五金、皮件、文教、小百货、服装及竹木器等。11月份营业总额420万元。

1956年12月7日,毛泽东知道了上海以及全国出现地下工厂、地下商店的情况后,毛泽东约民建、工商联负责人黄炎培、陈叔通、荣毅仁等谈话时,他指出:"……上海地下工厂同合营企业也是对立物。因为社会有需要,就发展起来。要使它成为地上,合法化,可以雇工。现在做衣服要三个月,合作工厂做的衣服一长一短,扣子没眼,质量差。最好开私营工厂,同地上的作对,还可以开夫妻店,请工也可以。"毛泽东还指出:"只要社会需要,地下工厂还可以增加。可以开私营大厂,订条约,十年、二十年不没收。华侨投资的二十年、一百年不要没收。可以开投资公司,还本付息。可以搞国营,也可以搞私营。可以消灭了资本主义,又搞资本主义。当然要看条件,只要有原料,有销路,就可以搞。现在国营、合营企业不能满足社会需要。如果有原料,国家投资有困难,社会有需要,私人可以开厂。这样定息也有出路。""定息时间要相当长,急于国有化,不利于生产。"[①] 根据毛泽东的这一讲话精神,刘少奇在1956年12月29日全国人大常委会第52次会议的讲话中指出:上海有100多家私营工厂,"我们国家有百分之九十几的社会主义,有百分之几的资本主义,我看也不怕,它是社

[①] 《党的文献》1988年第6期。

会主义经济的一个补充嘛！"① 周恩来也在1957年4月6日国务院全体会议上的讲话时指出："在社会主义建设中，搞一点私营的，活一点有好处。"②

社会有需要，私人可开厂，地下工厂可以变"地上"，合法化；"可以消灭资本主义，又搞资本主义"。这些谈话精神，反映了毛泽东、刘少奇、周恩来等在对资改造完成以后继续探索中国社会主义建设的道路。当然，他们的这些主张并不是说要大力发展资本主义，而是说在保证公有制的主体地位的前提下，适当保留、发展一些私营经济和个体经济，使我国的经济结构更符合生产力发展的水平。正是根据这些讲话精神，1957年1月，上海召开的第二届人民代表大会第一次会议上，曹荻秋副市长所作的工作报告中提出了对这些地下工厂、地下商店"一定要管起来，并根据不同情况分别对待"。根据市政府的意见，上海市工商行政管理局进行了调查研究，1957年3月26日作出了《关于本市自发工业户的概况和加强管理的意见》。这一年，市工商局等对私营企业采取了只要产品质量合乎要求，原料供应可以解决，为市场需要的，就给予登记并发给执照，加强领导；对其中质量不合要求，原料供应有问题，销路不稳的，登记后不发给执照，加强对他们供销环节的管理，限制其发展。然而，由于多种原因，这种探索停止了，上海私营经济没有能够发展，直至党的十一届三中全会以后才有了变化。

通过以上对毛泽东与上海资本主义工商业社会主义改造的回顾，可以看出：毛泽东在对资改造前期，鼓励上海私营企业联营设厂、"生儿"发展，对资改造后期，只要社会需要，允许地下工厂变"地上"，把对私营企业的限制、改造与利用有机地结合起来；把对资本家人的改造与培养先进，建立核心，团结、教育广大多数有机地结合起来；

---

① 《党的文献》1988年第6期。
② 《党的文献》1988年第6期。

把企业改造与人的改造有机地结合起来。上海贯彻执行了毛泽东和平赎买的方针政策,胜利实现了对资本主义工商业的社会主义改造,进入了社会主义。社会主义改造为上海经济发展奠定了基础。

　　中国对资本主义工商业社会主义改造的顺利完成,是国际共产主义运动史上的一个创举。毛泽东根据中国社会生产力不发达的国情和中国民族资产阶级两面性的特点,并且总结了新中国成立后头三年对民族工商业工作的实践经验,创造性地开辟了一条中国特色的社会主义改造道路。按照党中央和毛泽东开辟的这条道路,1956年基本完成了对资本主义工商业的改造,在这个对生产资料私有制的根本变革中,社会生产力不仅没有受到破坏,相反得到迅速发展,这确实是伟大的成功实践。

遵循经济规律　重提实事求是

孙强　裴建国

1958年底，党中央和毛泽东发觉了"大跃进"与人民公社化运动中出现的问题，并着手进行纠正。从此时到1960年下半年党中央提出调整国民经济的方针，毛泽东曾多次来到上海，参加党中央在上海召开的重要会议，与读书小组一道学习苏联《政治经济学教科书》，接见地方干部进行调查研究。在沪期间，毛泽东所作重要讲话及批示，对纠正当时的"左"倾错误，顺利进行60年代国民经济调整，具有重要意义。

"旧账一般要算"，要退赔

1958年8月北戴河会议后，各地农村在人民公社化运动中普遍发生"一平二调"的错误，违背了社会主义经济规律。对此，党中央与毛泽东很快有所觉察。在1958年11月召开的第一次郑州会议上，要求予以纠正。但是，当时对错误的危害性认识不足。1959年2月底3月初，毛泽东在第二次郑州会议上虽然继续批评了"共产风"，指出"一平二调"引起了广大农民的很大恐慌，这是我们目前同农民关系中的一个"最根本的问题",但仍然提出不算"旧账"的意见,说在人民公社化和大炼钢铁中平调生产队和农民的物资、劳力等"旧账一般地不应当算"。

1959年3月24日,毛泽东来到上海,主持于3月25日至4月5日举行的中央政治局扩大会议及中共八届七中全会。

毛泽东从党内干部的发言以及各地的情况汇报中了解到:由于在"算账"问题上规定"旧账一般不算",各地在贯彻第二次郑州会议精神,进行整社过程中出现了一些新问题,尤其是"一平二调"的"共产风"得不到纠正,按劳分配原则无法正确贯彻执行,因而影响与挫伤了农民的生产积极性。而有的地方采取赔退措施,将从生产队平调来的劳力和现金退还给农民后,就极大地调动了农民的积极性。由此,毛泽东感到,必须妥善解决"算账"问题。在上海期间,毛泽东改变了他在第二次郑州会议上的主张,提出"旧账一般要算",要退赔。

3月29日,陶鲁笳向中央与毛泽东呈送了关于山西省各县五级干部会议情况报告,其中提到公社的基层干部和社员群众迫切要求解决各种实际问题,其中就有经济账问题。报告说:运城县宣布将过去一个时期公社一级扣用原高级社464万元现金收入退回原高级社,社员听后高兴得跳了起来。3月30日,毛泽东肯定了这种向农民赔退的做法。他在这一报告上作了如下批注:"旧账一般不算这句话,是写到了郑州讲话里面去了的,不对,应改为旧账一般要算。算账才能实行那个客观存在的价值法则。这个法则是一个伟大的学校,只有利用它,才有可能教会我们的几千万干部和几万万人民,才有可能建设我们的社会主义和共产主义。否则一切都不可能。对群众不能解怨气。对干部,他们将被我们毁坏掉。有百害而无一利。"毛泽东又写道:"不要'善财难舍'。须知这是劫财,不是善财。无偿占有别人劳动是不许可的"①。

---

① 中共中央党史和文献研究院编:《建国以来毛泽东文稿》(第13册),中央文献出版社2023年版,第525页。

1959年4月3日，中共中央书记处书记谭震林给毛泽东写信，报告一些省的省六级干部会议和县五级干部会议情况。毛泽东在回信中，要求各县准备在5月召开的县五级干部会彻底解决权力下放、算清账目、包产指标三个问题。关于算账，毛泽东写道：这个问题的大规模解决，"是最近几天才提出来的，才进入我们的认识领域。这是一个以贪污形式无偿占有别人劳动的问题，是一个普遍的问题，也是一个历史的问题，并非最近才发生，但只有在1959年才能解决，只有在现在才能建立真正的群众监督"①。

　　有关旧账要不要算的问题，浙江、湖北的情况报告给毛泽东影响最大。湖北的报告中对湖北省麻城县大规模解决旧账的情况作了汇报。4月3日，毛泽东对王任重关于湖北省麻城县五级干部会议的情况报告作了批注。指出："此件极好，每一个县、社都应这样做。算帐才能团结；算帐才能帮助干部从贪污浪费的海洋中拔出身来，一身清净；算帐才能教会干部学会经营管理方法；算帐才能教会五亿农民自己管理自己的公社，监督公社的各级干部只许办好事，不许办坏事，实现群众的监督，实现真正的民主集中制。"② 在这里，毛泽东对算账的意义作了较为全面的表述。1960年6月，毛泽东在上海召开的中央政治局扩大会议上对上述认识过程做了回顾："1959年3月在第二次郑州会议上，主张对'一平二调'问题的帐可以不算，到4月，因受浙江同志和湖北同志的启发，才坚决主张一定要算帐。"

　　1959年4月5日，毛泽东在八届七中全会上作工作方法问题的讲话，在讲"多谋善断"时再次指出："我也有武断，如郑州会议说一般不算旧帐，恰恰相反，一般要算旧帐。这些错误，我们也常犯的，要

---

① 中共中央党史和文献研究院编：《建国以来毛泽东文稿》（第14册），中央文献出版社2023年版，第8页。
② 中共中央党史和文献研究院编：《建国以来毛泽东文稿》（第14册），中央文献出版社2023年版，第4页。

善于观察形势,要当机立断,及时改过来。"①

根据毛泽东的提议,1959年4月中共中央政治局上海会议确定了整顿和建设人民公社的方针和方法。《会议纪要》(即《关于人民公社的十八个问题》)对"旧账"的清算和处理作了规定:"原则上,过去的帐都要结算,有些不易算清或者无法处理的,算一算也有好处,对群众有个交代。对于干部来说,算帐,一方面可以使广大干部学会经营管理方法,另一方面又可以把干部中占小便宜、超支工资、挪用公款、铺张浪费甚至贪污的情况揭露出来,可以挽救一批干部。算帐还可以教会农民管理自己的公社,实现群众的监督,实现真正的民主集中制。"②

党中央与毛泽东在上海重新认识算账问题并妥善解决,有力地纠正了各地普遍存在的"共产风",极大地调动了广大农民的生产积极性。

重提实事求是,认识客观规律

1960年6月,毛泽东在上海主持召开的中共中央政治局扩大会议,是党的历史上一次重要会议。毛泽东在这次会上要求各级干部注意思想方法,重新倡导实事求是原则。

尽管从1958年冬季开始,党中央、毛泽东已对"大跃进"和人民公社化运动中的高指标、浮夸风开始进行纠正。譬如在1959年4月2日至5日于上海召开的八届七中全会上,毛泽东就曾谈到指标问题,他说:要说服坚持高指标的同志,不能每天高潮,要波浪式前进,

---

① 中共中央党史研究室编:《中共党史资料》(第48辑),中共党史出版社1993年版,第192页。
② 中共中央文献研究室编:《建国以来重要文献选编》(第12册),中央文献出版社1996年版,第166—167页。

1957年不搞"马鞍形"是不行的,"马鞍形"将来还会有的,做计划要留有余地。全会并根据毛泽东谈话的精神对工农业生产的主要指标作了讨论。但是,由于没有从根本上认识经济发展的规律和解决"左"的指导思想。因此,高指标未能得到切实纠正,全会后仍继续动员实现"大跃进"。到1959年9月,当彭德怀等同志在庐山会议上对"大跃进"与人民公社化运动中出现的追求高速度、浮夸风等问题提出批评时,毛泽东错误地认为是向他"下战书",从而发起对彭德怀的批判,在全党错误地开展"反右倾"斗争,进一步掀起了"大跃进"的浪潮。

到1960年上半年,不仅未能实现毛泽东期望的生产的飞跃发展,相反各种矛盾日益激化,大大加剧了国民经济的危机。粮食供应首先告急。5月28日,中共中央发出《关于调运粮食的紧急指示》。指出:如不突击赶运,北京、天津、上海和辽宁省粮食有脱销的危险。6月6日,中央再次发出《关于为京、津、沪和辽宁调运粮食的紧急通知》。与此同时,棉布以及其他农副产品和日用工业品也告急。工业生产上,由于指标过高,即使突击生产,也难以完成计划。由于片面强调"以钢为纲",造成工业生产内部矛盾严重,能源、原材料供应紧张,轻工业被挤占,日用工业品生产下降,许多商品库存减少,物资短缺十分严重,供应也很紧张。

在这种情况下,毛泽东在6月8日至18日在上海召开的中共中央政治局扩大会议上,对几年来的工作作了初步的总结,重新倡导实事求是原则,18日,毛泽东作了《十年总结》的重要发言。

毛泽东在会上强调:要取得工作的主动,就一定要修改过高的指标,使它符合实际。他告诫大家:"主动权是一个极端重要的事情。主动权,就是'高屋建瓴'、'势如破竹'。这件事来自实事求是,来自客观情况对于人们头脑的真实的反映,即人们对于客观外界的辩证法的认识过程。"毛泽东指出:"管农业的同志,和管工业的同志、管商业的同志，在这一段时间内，思想方法有一些不对头，忘记了实事求是的原则，有一些片面思想，形而上学思想"①，应当改正。他要求降低生产指标，使计划更切实可行，留有余地。

"大跃进"运动是我们党对如何建设社会主义所作的初步尝试与探索，毛泽东在会上要求各级干部提高认识，克服盲目性，努力探索，他说："我们对于社会主义时期的革命和建设，还有一个很大的盲目性，还有一个很大的未被认识的必然王国。我们还不深刻地认识它。我们要以第二个十年时间去调查它，去研究它，从其中找出它的固有的规律，以便利用这些规律为社会主义的革命和建设服务。"②毛泽东还指出：错误不可能不犯，郑重的党在于重视错误，找出错误的原因，分析所以犯错误的主观和客观的原因，公开改正。

毛泽东在上海召开的中央政治局扩大会议上强调调查研究，找出规律，重新倡导实事求是原则，这在当时意义重大。当时党内"左"的思想影响仍相当严重地存在，对工业、基建、财政等方面的严重困难缺乏客观的分析。毛泽东的这些指示推动了各级干部的思想路线向实事求是的转变，为以后大兴调查研究之风，顺利地进行经济调整创造了条件。

1961年1月，中共中央召开八届九中全会，毛泽东在会上说：最近几年调查做的少了，不大摸底了，大概是官做大了。他希望党的干部大兴调查研究之风，一切从实际出发。他还说：搞社会主义建设不能那么急，可能要搞半个世纪，今后搞几年慢腾腾，指标不要那么高，不要务虚名而招实祸。全会正式决定了对国民经济实行"调整、巩固、充实、提高"方针。此后不久，党中央又发出《关于认真进行调查工

---

① 中共中央党史和文献研究院编：《建国以来毛泽东文稿》（第15册），中央文献出版社2023年版，第248—249页。
② 中共中央党史和文献研究院编：《建国以来毛泽东文稿》（第15册），中央文献出版社2023年版，第249—250页。

作问题给各中央局，各省、市、区党委的一封信》，并附有毛泽东1930年写的《关于调查工作》（后来公开发表时题改为《反对本本主义》）一文，要求县以上各级领导机关联系实际深入学习。信中要求"一切从实际出发，不调查没有发言权，必须成为全党干部的思想和行动的首要准则"[①]。

毛泽东的这些讲话是针对当时的情况说的，但有普遍意义。他所强调的在经济工作中要遵守价值法则，要实事求是，我们今天仍然是必须时刻牢记的。

---

① 中共中央文献研究室编：《建国以来重要文献选编》（第14册），中央文献出版社1997年版，第226页。

毛泽东与上海大事记

1919 年

3 月 14 日 26 岁的毛泽东和一批准备赴法勤工俭学的湖南青年由北京抵达上海。这是毛泽东生平第一次来上海。

3 月 15 日 毛泽东在上海参加环球中国学生会等组织在静安寺路 51 号（今南京西路大光明电影院附近）召开的赴法留学学生欢送会。17 日，送别湖南青年赴法。29 日，参加又一批赴法留学学生欢送会，31 日送别。

4 月 6 日 毛泽东因母亲病重由上海回到长沙。

8 月 13 日 上海《时事新报》副刊《学灯》转载毛泽东在《湘江评论》发表的《民众的大联合》一文的部分内容。文章宣传民众大联合对改造国家和社会的重大意义和俄国社会革命是民众大联合的榜样等。

12 月中旬 毛泽东为开展驱除军阀张敬尧的运动赴北京途经上海，住环球中国学生会会所。毛泽东看望即将赴法勤工俭学的蔡和森、向警予、蔡畅、蔡母（葛健豪）等人，向他们告别并讨论湖南政局等问题。由于蔡和森等启程时间推迟，不能久待，毛泽东离开上海去北京。

1920 年

1 月 6 日 《申报》刊登毛泽东和彭璜等联名发表的《湘人对张敬尧运烟种之公愤》一文。

1月19日 上海《民国日报》刊登毛泽东和彭璜等联名发表的《湘人控张敬尧十大罪》一文。

1月24日 上海《民国日报》刊登毛泽东和罗教铎等联名发表的《湘教职员请撤惩张敬尧》呈文。

3月5日 毛泽东和陈独秀等联名的《上海工读互助团募捐启》在上海《申报》发表，主张通过半工半读、互助协助的办法开展工读运动。

4月11日 毛泽东离京来上海，"在天津、济南、泰山、曲阜、南京等处游览一趟，二十五天"。

5月5日 毛泽东到达上海，住哈同路民厚南里29号（今安义路63号）。

5月8日 毛泽东和萧三、彭璜等在沪的新民学会会员在上海半淞园聚会，欢送即将赴法勤工俭学的陈赞周等6位会员，并讨论新民学会会务。

5月9日 毛泽东等在洋泾浜法国码头，同陈赞周等6位赴法勤工俭学的会友握手告别。

5月 毛泽东应彭璜之邀，与湖南省第一师范学校同学张文亮等一起试验工读生活，在上海民厚南里租几间房子，"共同做工，共同读书，有饭同吃，有衣同穿"，过着一种俭朴的生活。

6月7日 毛泽东写信给北京的黎锦熙老师，说"工读团殊无把握，决将发起者停止，另立自修学社，从事半工半读"。信中还谈及南下见闻和热烈追求革命真理的精神，准备浏览在沪"新出的报、杂志、丛书及各译本，寻获东方及世界学术思想之大纲要目，以为出国研究的基本"。

6月9日 毛泽东在《时事新报》上发表《湘人为人格而战》，继续开展驱张运动。

6月11日 毛泽东针对谭延闿、赵恒惕打着"湘人自治"的招牌进入长沙，于当天在《时事新报》发表《湖南人再进一步》的文章，提出要开展"废督运动"即"废去督军，建设民治"。

6月14日　毛泽东与彭璜共同起草《湘南改造促成会发起宣言》，在《申报》上发表。促成会专以促成湖南改造为宗旨，以"推倒武力"及"实行民治"为纲领，号召湖南人民"持其所信，向前奋斗"。

6月18日　毛泽东在《时事新报》上发表《湖南人民的自决》一文。指出："湖南的事，应由湖南人民自决之。"

6月28日　毛泽东以公开信的形式在《申报》上发表《湖南改造促成会复曾毅书》，全面阐述对于湖南改造的主张。要求让湖南三千万人民都有言论、出版、集会、结社的自由。

6月30日　毛泽东写信给罗章龙，告以在上海的见闻。信中谈到要将湖南的事情办好，搞自决自治。罗章龙在7月25日复信说："读过之后，非常喜慰"。

6月　在上海期间，毛泽东同陈独秀讨论过组织湖南改造促成会的计划和自己读过的马克思主义书籍。这时，陈独秀正在上海筹备组建共产党早期组织。毛泽东为组织革命活动以及一部分同志去欧洲勤工俭学，急需一笔数额较大的款项，在上海找章士钊帮助。章士钊当即热情相助，发动社会各界名流捐款，共筹集两万银元全部交给毛泽东。

7月初　军阀张敬尧倒台，湖南革命出现新局面，毛泽东从上海返回长沙。

9月15日　毛泽东在长沙出席俄罗斯研究会成立会。他介绍刘少奇、任弼时、萧劲光等一批湖南青年到上海外国语学社学习俄语，后被送往苏俄学习。

10月10日　毛泽东在《时事新报》副刊《学灯》的双十节增刊发表《反对统一》的文章。文章反对南北议和，反对段祺瑞的统一论，提出"各省自决自治，为改建真中国唯一的法子"。

11月19日　毛泽东接到陈独秀从上海寄来的社会主义青年团章

程，开始在湖南建团。据张文亮日记上记载，张收到毛泽东来信，托他"代觅同志"随信寄去青年团章程10份。

12月20日 上海泰东图书局编印出版《湖南自治运动史》（上编）。书中收入毛泽东撰写的《再说"促进的运动"》《"湖南自治运动"应该发起了》等4篇文章，这是上海最早收入毛泽东文章的论文集。

1921年

6月29日 毛泽东和何叔衡作为长沙共产党早期组织的代表离开长沙前来上海参加中国共产党第一次全国代表大会。

7月初 毛泽东和何叔衡到达上海，与各地陆续到达的7名代表以北京大学暑期旅行团名义借住在法租界白尔路（今太仓路）博文女校内。

7月23日 毛泽东出席在望志路106号（今兴业路76号）召开的中国共产党第一次全国代表大会。毛泽东向大会报告了长沙的工作。30日晚，会场突遭法租界巡捕搜查，最后一天的会议转移到浙江嘉兴南湖的一艘游船上举行。会议选举产生了以陈独秀为书记的中央局。

8月上旬 毛泽东从嘉兴南湖出发，游历杭州后，再次来到上海。在沪期间，毛泽东拜访上海泰东图书局老板赵南公，探望在上海女青年会学习法文的新民学会会员杨润余，参加中国劳动组合书记部成立会议，任书记部湖南分部主任。

8月中旬 毛泽东离开上海，经南京回到长沙。

1922 年

2 月 毛泽东为湖南劳工会领袖黄爱和庞人铨两人被军阀赵恒惕杀害一事，赴上海组织反对赵恒惕的运动。

3 月 毛泽东到达上海。参与筹备并出席 3 月 26 日召开的追悼黄爱、庞人铨大会。由他亲自起草的《中国社会主义青年团为黄、庞被害事对中国无产阶级宣言》在会上广为散发。这时，全国各地掀起追悼黄、庞浪潮，天津、北京、广州等地相继召开追悼会，抗议赵恒惕摧残工运的罪行。

4 月中旬 毛泽东回到长沙。

7 月 16 日至 23 日 中国共产党第二次全国代表大会在上海召开。毛泽东代表湖南组织由长沙来沪参加会议，因未找到会址，没有能出席会议。

1923 年

3 月 25 日 上海《东方杂志》第 20 卷第 6 号转载毛泽东 1921 年 8 月撰写的《湖南自修大学创立宣言》。宣言指出：过去的书院和学校使"好些青年，没有得到求学的机会"，"酿成一种知识阶级奴使平民阶级的怪剧"，现创办自修大学就是为"力矫这些弊病"，使它走上"不须多钱可以求学的路上去"。

4 月 毛泽东离开长沙来上海，到中共中央工作。

6 月上旬 毛泽东离开上海到广州。在 12 日至 20 日召开的中共三大上，毛泽东当选中共中央执行委员、中央局成员兼秘书，协助委员长陈独秀处理中央日常工作。

7月1日 中共中央机关刊物《前锋》月刊在上海创刊。毛泽东以"石山"笔名在《前锋》第一期发表《省宪下之湖南》一文,揭露赵恒惕打着省宪旗号,对湖南的政治、经济、文化、教育以及劳工运动等实施独裁统治。

7月2日 中共中央局委员长陈独秀、秘书毛泽东致信共产国际,报告中共三大及其以后的活动情况,说:"目前党内存在的一些困难已经在这次会议上获得解决。""此次会议后,我们决定把中央执行委员会的机关搬到上海工作,这不仅因为上海是工业最发展的中心区,而且也便于对全国工作进行指导和传达。"

7月11日 毛泽东在《向导》周刊第31、32期合刊上发表《北京政变与商人》一文。提出:中国现在的政治问题,是国民革命问题;打倒军阀,打倒帝国主义,是中国国民的历史使命。号召全国商人、工人、农民、学生等"建立严密的联合战线"。

7月下旬 毛泽东离开广州来上海。

8月3日 毛泽东作为中共中央代表参加中国社会主义青年团中央执行委员会在上海召开的会议,讨论青年团第二次全国代表大会的经费问题。

8月5日 毛泽东代表中共中央出席中共上海地委兼区委第六次会议。会议通过武装民众,反对军阀内战运动和密令杭州警备团营长金佛庄相机作反战宣传并设法保存实力等决议。沈雁冰回忆:"这是根据毛泽东的提议而作出的决议。"

8月12日 毛泽东作为中共中央代表参加青年团中央执委会在上海召开的会议,会议决定团二大召开的日期(8月20日)和地点(南京)不变。

8月15日、29日 毛泽东在《向导》上发表《"省宪经"与赵恒惕》《英国人与梁如浩》《纸烟税》等文章,揭露帝国主义掠夺中国资源，反动军阀妥协投降出让主权的种种罪行，唤起民众开展反帝反封建的国民革命运动。

8月20日至25日 中国社会主义青年团第二次全国代表大会在南京召开。毛泽东作为中共中央代表从上海赴南京参会，出席20日召开的预备会议；在21日召开的第一次会议上代表中共中央致辞；在23日召开的第四次会议上作报告，传达和解释中国共产党关于国共合作的方针政策，明确共产党和青年团的关系；在25日晚的闭会式上发表演说。团二大后，毛泽东离开南京到上海。

9月6日 毛泽东为中共中央起草复青年团中央执行委员会的信，告知党中央决定，出席青年团中央执委会会议的代表为中共中央局委员长或秘书，并告《向导》《前锋》《新青年》等刊物每期赠送一二份给团中央执委会。

9月10日 毛泽东受中共中央的派遣和国民党本部的委托回湖南筹建国民党地方组织及开展反对军阀赵恒惕的斗争。中共中央发出通告："中局组（织）自迁沪后略有更动，即派平山同志驻粤，而加入荷波同志入中局。又润之同志因事赴湘，秘书职务由会计章龙同志兼代。"

9月上旬 中共中央机关由广州迁到上海，中央局机关设在闸北香山路（今临山路）三曾里3号。毛泽东同蔡和森、向警予、罗章龙等在此办公和居住。

9月16日 遵照中共中央的决定并受国民党本部总务部副部长林伯渠的委托，毛泽东回到长沙，在湖南筹建国民党组织。

9月28日 毛泽东致上海国民党本部总务部副部长林伯渠、部长彭素民函，告知与夏曦商议，拟陆续组织长沙、常德等地的国民党支部和支分部，以后再组织湖南总支部。10月初，国民党长沙支部成立。毛泽东在长沙、宁乡、安源等地建立了国民党分支部和湖南总支部。后来，湖南成为国民党组织最发达的省份之一。

11月24日、25日 中国共产党在上海召开三届一中全会。中央局向全会作第三次全国代表大会以来的工作报告。报告谈到湖南正在进行组建国民党的工作，新起的农民运动在衡山有万余人参加。会议通过国民运动、劳动运动和教育宣传等项决议案，决定进一步促进国民党改组。强调在国民党内的共产党员，"一切政治的言论行动，须受本党之指挥"，"我们须努力站在国民党中心地位"。

12月底 毛泽东奉中央通知离开长沙来上海，准备赴广州参加国民党第一次全国代表大会。

1924 年

1月中旬 毛泽东同国民党部分代表乘轮船离上海到广州，参加国民党第一次全国代表大会。毛泽东在国民党一大当选为国民党中央执行委员会候补委员。

2月中旬 毛泽东由中共中央委派参加国民党上海执行部工作，从广州回到上海，仍和蔡和森、罗章龙等住在闸北三曾里中共中央局机关内。

2月25日 毛泽东出席国民党上海执行部举行的第一次执行委员会会议，并作记录。毛泽东被推选为秘书处代理文书科主任和组织部秘书，办公地点在环龙路44号（今南昌路180号）。

3月6日 毛泽东出席国民党上海执行部第二次执行委员会会议，并作记录。会议决定组织平民教育运动委员会后，毛泽东等以国民党的名义在小沙渡、杨树浦、吴淞等工人集中的地方开设平民学校、工人夜校。

3月9日 毛泽东在上海小西门少年宣讲团，出席上海各公团追悼列宁大会。到会的有国民党上海执行部、共产党上海区执行委员会、社会主义青年团等30余团体代表300余人。

3月11日 毛泽东出席国民党上海执行部执行委员会会议（因到会人数不多，改为谈话会），作上海执行部自3月1日开始办公以来的工作报告，报告中提到，中央党部组织部曾发出第一号通告，要求旧党员重新登记。

3月13日 毛泽东出席国民党上海执行部第三次执行委员会会议。会议决定广州黄埔陆军军官军校招生事项；并决定印传单、出特刊悼念列宁。

3月14日 毛泽东在环龙路44号国民党上海执行部接待由中共北京区委派遣来沪参加黄埔军校第一期招生考试的中共党员张隐韬、杨其纲等。

3月16日 毛泽东为长沙文化书社邮购图书事，致信上海民智书局，请将配好的书经汉口转交长沙文化书社易礼容。

3月20日 毛泽东出席国民党上海执行部第四次执行委员会会议，并作记录。会议讨论在上海大学设立"现代政治班"问题，召集区党部、区分部执行委员解释国民党宣言及章程问题。会议就祥经丝厂女工被烧死事件，决定通告闸北区党部，以该区党部名义，联合各团体，援助工人，积极争回工人应得的权利。

3月22日至4月1日 中国社会主义青年团中央第二届执行委员会第二次扩大会议在上海召开，毛泽东作为中共中央代表出席会议。

3月 国民党改组后决定进行旧党员的重新登记，由毛泽东负责此项工作。国民党右派对党员登记工作百般阻挠。毛泽东义正词严地指出：不来登记就丧失国民党党籍。必须维护革命纪律，没有纪律就无法革命。

本月 毛泽东负责黄埔军校上海地区考生复试工作，接待了郭一予、陈作为等长江流域及其以北各省的考生。考生在3月底进行数、理、化各科复试，录取者发给旅费和证明书，赴广州参加全国总复试。

4月19日 中央局委员长陈独秀、秘书毛泽东发出中共中央第十三号通告，要求各地党和团的组织开展"五一""五四""五五""五七"纪念和宣传活动。通告指出："五一"纪念，在可能的范围内，召集工人演讲会，向工人讲演"五一"的历史及中国国民革命与集会结社之自由的关系。"五四"纪念，以学生为中心，必须发挥五四运动两个重要的意义：（一）恢复国权运动；（二）新文化运动。"此时国外列强之压迫，国内旧思想之反攻，都日甚一日，因此，五四运动之精神仍有发挥之必要。""五五"纪念，应集合党、团员同志，由在理论上素有研究者讲演。"五七"纪念，务努力联合工商学生做大规模的示威运动，口号是：否认二十一条，取消租界，废弃不平等条约等。

春 毛泽东和罗章龙并邀在上海松江中学教书的侯绍裘一道，由黄浦江边码头乘小艇到松江县，指导当地国民党组织的工作。

5月5日 毛泽东在上海莫利哀路29号孙中山寓所（今香山路7号），出席为纪念孙中山就任非常大总统3周年举行的庆祝集会，有300余人出席，毛泽东、邓中夏、罗章龙等共产党人都出席了这次会议，并合影留念。

5月10日至15日 毛泽东出席在上海召开的扩大的中共中央执行委员会会议。会议作出《共产党在国民党内的工作问题议决案》《工会运动问题议决案》《党内组织和宣传教育问题议决案》等。会议总结了国共合作五个月以来的经验，提出国民党有两派力量，左派和右派。指出，"国民党的左派是孙中山及其一派和我们的同志——我们同志其实是这派的基本队"。会议提出党的组织工作和教育工作的重要性，指出在产业工人中发展党的组织的重要性，说明产业工人是我们党的基础，建立和发展工会组织是"党的最重要的职任"。会议决定设立中央机关报编辑委员会，在工农部内设立工会运动委员会。毛泽东兼任中央组织部部长，罗章龙兼任中央宣传部部长，王荷波任中央工农部部长，向警予任中央妇女部部长。

5月19日 中央局委员长陈独秀、秘书毛泽东发出中共中央第十四号通告，指示各地党组织对军阀吴佩孚、萧耀南逮捕国民党汉口执行部许白昊、刘芬等7人事件迅速表示抗议。

6月初 为协助毛泽东工作，杨开慧携带孩子毛岸英和毛岸青并陪同母亲向振熙从长沙来到上海。开始时寓居三曾里中央局机关。不久迁至慕尔鸣路（今茂名北路）甲秀里318号。杨开慧除担负家务外，还帮助毛泽东整理材料、誊写文稿等，并经常到小沙渡工人夜校去讲课。

7月21日 中央局委员长陈独秀、秘书毛泽东发出中共中央第十五号通告。第一次使用"国民党右派"的名称。指出："为图革命的势力联合计"，"须尽我们的力量忍耐与之合作"。"然为国民党革命的使命计，对于非革命的右倾政策，都不可隐忍不加以纠正。"

7月 由于同国民党上海执行部负责人经常发生分歧，毛泽东辞去组织部秘书职务，只领导文书科工作，另推荐中共党员张廷灏继任组织部秘书。

8月31日 毛泽东签发中共中央给各区委、各地委、各独立组组长的通知。通知说，为准备召开第四次全国大会，要求各地同志对于本党一年来的各种政策、各种实际工作，提出意见，报告中央局。个人有特别意见的，可以写成书面意见，由委员会或组长汇寄中央局。中央拟将各地讨论的意见，在党报上发表，以为第四次大会各项决议讨论的材料。

9月10日 为揭露江浙军阀战争的反动性质、开展宣传运动，中共中央局委员长陈独秀、秘书毛泽东发出中共中央第十七号通告，指出此次江浙战争是军阀争夺地盘和帝国主义操纵中国政治的一种表现，对任何军阀战争不能抱丝毫的幻想，解救中国唯有国民革命。

9月15日 毛泽东签发中共中央关于召开第四次全国代表大会的通知，要求各地同志对通知中所列议案和前次扩大委员会所作各议案，详加讨论，尽量发表意见，将讨论情况和意见于11月1日以前汇交中央局,在党报上发表。

9月25日 为加强党内教育和党外宣传工作,毛泽东签发中共中央关于各地分配及推销中央机关报办法的通知。通知说:凡属本党党员,不但有购阅本党中央机关报的义务,并有努力向党外推销的义务。

10月10日 国民党上海执行部在天后宫召开国民会议,国民党右派阻止上海大学学生发表反帝演说,并雇佣流氓殴打演说者,上海大学学生、中共党员黄仁被毒打致死。事发后,毛泽东等共产党人要求党部对肇事者严肃处理。13日,执行部作出决议,抚恤已故同学黄仁,将肇事者国民党右派童理璋、喻育之开除出党。

11月1日 中央局委员长陈独秀、秘书毛泽东发出中共中央第二十一号通告,重申中国共产党的国共合作的路线、方针、政策,希望孙中山北上谈判时"在和会中本着国民党的党纲及北伐宣言说话,揭破帝国主义者和军阀在和会中勾结宰割中国的阴谋"。

11月13日 孙中山应冯玉祥等共商国是之邀,偕夫人宋庆龄离开广州北上和谈。途经上海时,毛泽东以国民党上海执行部秘书处文书科主任名义领衔同组织部秘书张廷灏、干事罗章龙、宣传部秘书恽代英等14人,联名致信孙中山,反映上海执行部的经费自8月起即未能照发,近来内部更无负责之人,一切事务几乎停滞,要求派员解决。

12月 毛泽东因工作过于劳累患病。经中共中央同意,离沪回湘疗养。年底,偕杨开慧等回到湖南。

1925年

11月 毛泽东以国民党中央宣传部名义向国民党中央提议在上海设立交通局,把广州出版的国民党宣传品通过上海交通局翻印转发全国各地党部。后经国民党中央批准,上海建立了国民党中央宣传部机关交通局，开始由恽代英负责，后由沈雁冰管理。从 1926 年 2 月至 5 月，发送宣传品 41 种，22 万余件。

12 月 20 日　毛泽东在广州出版的《政治周报》第 3 期发表《上海〈民国日报〉反动的原因及国民党中央对该报的处置》一文，揭露"国民党右派叶楚伧等主持的上海民国日报，从十一月十二日起，即从登载北京右派会议通电之日起，已经宣告做了反动派的机关，宣告脱离了革命的国民党，宣告与帝国主义军阀从此妥协，宣告做了帝国主义宣传机关之一种"。

1926 年

3 月 13 日　上海出版的团中央机关刊物《中国青年》第 116、117 期转载毛泽东《中国社会各阶级的分析》一文。

4 月 13 日　毛泽东以国民党中央宣传部的名义向国民党中央常委会提交创办上海《国民日报》提案，并得以通过。确定柳亚子为主笔，沈雁冰为副主笔。

5 月 3 日　第六届农民运动讲习所在广州开学，毛泽东担任农讲所所长。全国 20 个省市派出学员 327 人，其中江苏省 10 人，上海郊区有陆铁强、俞甫才、翁明哲、李新民等人参加。为全国农民运动的开展培养了大批骨干。

5 月 25 日　毛泽东委托离穗回沪的沈雁冰赶紧落实上海《国民日报》出版事宜。后因蒋介石、张静江阻挠，未能办成。

10 月 25 日　毛泽东在《向导》第 179 期发表《江浙农民的痛苦及其反抗运动》一文。文章分析了崇明、江阴、丹阳、无锡、青浦、泰兴、泰县、徐州、慈溪等地农民的状况，指出江浙农民所受的痛苦，不轻于别地，农民的反抗运动，实与其他各省有同样的重要。

11月上旬　毛泽东离开广州来上海，主持中共中央农民运动委员会工作，任中央农委书记。主持制定中共中央关于《目前农运计划》，规定了农运发展的重点、原则及与国民党左派协作配合关系，使中共在北伐战争中指导农民运动有了明确的主张。

11月下旬　毛泽东离沪经南昌赴武汉，同国民党湖北省党部商议举办湘、鄂、赣三省农讲所事宜。

1927 年

3月12日　《向导》周刊第 191 期转载毛泽东《湖南农民运动考察报告》前半部分内容。这是毛泽东对湖南农民运动进行 32 天考察后写就的报告，是中国共产党领导农民运动的极其重要的马克思主义文献。

1933 年

8月14日　中共中央机关刊物《红旗》半月刊第 59 期刊登毛泽东《查田运动是广大区域内的中心重大任务》一文。同年 10 月、1934 年 1 月《红旗》半月刊第 61 期、第 63 期又先后发表毛泽东的《查田运动的初步总结》和《查田运动和群众工作》两篇文章。

9月7日　毛泽东在中共中央机关刊物《斗争》第 54 期发表《新的形势与新的任务》的文章，指出第五次"围剿"不可避免，"我们的任务是要动员一切力量，集中一切力量来粉碎帝国主义国民党的五次'围剿'！"并要求在斗争中既要防止惊慌失措的逃跑主义，也要反对"左"倾空谈主义。对未来的胜利充满信心。

11月20日　《红旗》半月刊第 62 期刊登毛泽东在南部 17 县经

济建设大会上的报告,题为《粉碎五次"围剿"与苏维埃经济建设任务》。报告强调经济建设是粉碎五次"围剿"一个必不可少的物质条件,经济建设必须围绕革命战争这一中心任务进行。

1934 年

5月21日 《斗争》第 73 期刊登《毛泽东同志关于日本声明书的谈话》。指出:日本"明白的确定了中国为日本的保护国,并且直接的提出了日本将以武力保持日本对中国一切军事政治和经济的垄断",这就是"要在日本单独把中国完全殖民地化的过程中,用日本帝国主义自己的力量,来直接镇压中国的革命,并且造成更巩固的后方,来进行反苏联的战争"。同时,还揭露了国民党政府的妥协投降政策。

1936 年

7月26日 毛泽东在保安(今陕西省志丹县)召开的中央政治局常委会议上就上海党组织工作发言。认为"上海工作是有进步的"。"今后工作着重点在建立更广泛的统一战线,对一切可能同情我们的应大大地开门。""对于上海文化界的矛盾,应注意,要好好说服他们。"

8月10日 毛泽东就 7 月 15 日沈钧儒、章乃器、陶行知、邹韬奋在上海各报发表《团结御侮的几个基本条件与最低要求》和全国救国联合会的宣言和纲领,致信沈、章、陶、邹四人,对他们的爱国行动表示极大的同情和满意,愿意在全国救国联合会的纲领上签字,共同进行抗日救国斗争。对他们提出要求中共在具体行动上,表现出联合各党各派抗日救国的意见,认为"我们应当这样做,而且是已经这样做",希望他们为实现抗日民族统一战线而共同奋斗。

8月14日 毛泽东致信主持上海党组织恢复工作的冯雪峰,对上层统一战线工作作了具体指示。信中说:"宋孔欧美派、冯玉祥派、覃振派、特别是黄埔系中之陈诚、胡宗南须多方设法直接间接找人接洽","要把二十九军代表刘子青关系弄得十分好,使他专心为我们奔走华北"。信中还希望能与江浙财团的虞洽卿、穆藕初进行联络。

9月18日 毛泽东致信宋庆龄期望她促成第二次国共合作。信中说:"目前停止内战联合抗日之呼声虽已普及全国,然而统率大兵之蒋氏及国民党中央迄今尚无彻底悔祸之心。这种违反孙中山先生革命三民主义与三大政策之行为,实为国民党大多数党员所不应容许而应立起纠正才是。因此,我想到要唤醒国民党中枢诸负责人员,觉悟于亡国之可怕与民意之不可侮,迅速改变其错误政策,是尚有赖于先生利用国民党中委之资格作具体实际之活动。兹派潘汉年同志前来面申具体组织统一战线之意见,并与先生商酌公开活动之办法。"

同日 毛泽东致信沈钧儒、章乃器、陶行知、邹韬奋,指出:"先生们抗日救国的言论和英勇的行动,已经引起全国广大民众的同情,同样使我们全体红军和苏区人民对先生们发生无限的敬意!但要达到实际的停止国民党军队对红军的进攻,实行停止内战一致抗日,先生们与我们还必须在各方面作更广大的努力与更亲密的合作。"并"委托潘汉年同志与诸位先生经常交换意见和转达我们对诸位先生的热烈希望"。

9月22日 毛泽东致信蔡元培,热情地赞扬他同情抗日救国事业,希望他百尺竿头,更进一步,痛责南京当局,立即停止内战,放弃其对外退让对内苛求之错误政策,撤废其爱国有罪卖国有赏之亡国方针,发动全国海陆空军,实行真正之抗日作战,恢复孙中山先生革命的三民主义与三大政策精神,拯救四万万五千万同胞于水深火热之境。

10月19日 鲁迅在上海病逝,毛泽东担任鲁迅治丧委员会委员。

1937 年

4 月 4 日 毛泽东和洛甫、博古联名致电彭德怀、任弼时，杨尚昆。电文指出：为建立沪方工作决调刘晓、刘少文两同志，请即电调并令即日起身来中央，以便随周（即周恩来）出去。

4 月 毛泽东在枣园接见即将赴沪工作的刘晓并作了长谈。毛泽东指出：中国革命是长期的，地下工作也要有长期打算，不在一时一事和敌计较短长。要善于积蓄力量，要学会做群众工作，要注意秘密工作。要隐蔽在群众里面。具体工作怎么做，一定要根据具体情况作出决定。

本月 毛泽东在延安窑洞接见赴陕北采访的上海《申报周刊》主编俞颂华、《申报》记者孙恩霖。同他们进行了一晚上的谈话。

6 月 25 日 毛泽东致信何香凝，称赞"先生一流人继承孙先生传统，苦斗不屈，为中华民族树立模范，景仰奋斗者有全国民众，不独泽东等少数人而已。"并告知"时事渐有转机，想先生亦为之慰，但光明之域，尚须作甚大努力方能达到。"

8 月 1 日 上海复旦大学文摘社编印的《文摘》第 2 卷第 2 期开始译载斯诺《红星照耀中国》中的《一个共产党员的由来》，改题名为《毛泽东自传》，并配有毛泽东的照片。这是上海第一次公开刊登毛泽东的传记。

10 月 11 日 毛泽东、洛甫就全国各界救国联会取消后上海救亡工作方针致电潘汉年、刘晓。电示指出：上海党目前工作中心是在加强各种救亡协会与救亡团体的群众工作，扩大这些团体的群众基础与独立民主的救亡活动，用具体的事实揭发国民党及抗敌后援会包办政策，同时必须彻底改变在党所领导的救亡团体中命令主义与包办主义的工作方式，吸收无数的积极分子参加工作。

11月12日 毛泽东和洛甫就上海失守后救亡运动的方针和部署致电潘汉年、刘晓等。电文称："公开救亡团体应准备必要时转入秘密状态。党的秘密工作亦应有新的布置，严防敌人的突然袭击。""上海失去后，救亡运动中心将转移到武汉。因此，党的与非党的干部亦应重新分配，一部分应去武汉，一部分去战区，一部分环境较好的仍留下，工作方式应有必要的转变。"

12月9日 上海党组织领导的《译报》创刊号首次译载毛泽东1937年10月25日在延安与英国记者詹姆斯·贝特兰的谈话。

12月 上海大众出版社出版《毛泽东论文集》。文集内收《国共两党统一战线成立后中国革命的迫切任务》《中国抗日民族统一战线在目前阶段的任务》《论反对日本帝国主义进攻的方针、办法与前途》等12篇文章。该书发行不久，遭国民党政府查封。

1938年

2月15日 毛泽东致信上海《大公报》记者范长江，就范提出的一些国内问题作了答复。信中说："解决先生问题的主要一点，我认为即是真实地承认并执行一个共同纲领。""故问题实质不在共产党而在国民党的真实政治态度"，"今后症结不但在于要有一个纲领而且要保证永不许任何一方撕毁这个纲领。""两党党员及领袖以至全国各界一切关心民族前途的人，应为共同促进并实行这个纲领而奋斗。"

5月14日 毛泽东和洛甫就立刻结束上海护关斗争致电刘晓、王尧山。电文指出："不要因为群众中抗敌情绪的高涨，拿无望的冒险行动来代替对于当前环境的具体分析。凡不愿再在海关中工作的先进分子及不能立足的分子，应动员他们到近郊农村中参加武装的抗日游击战争。"

5月23日 毛泽东在延安凤凰山住处就"国防文学"与"民族革命战争的大众文学"两个口号的争论等问题与从上海赴延安的中国左翼作家联盟秘书长徐懋庸谈话。他认为首先应当肯定，这次争论的性质，是革命阵营内部的争论，不是革命与反革命之间的争论。这个争论是在内战到抗日民族统一战线政策转变关头发生的，在这样的转变过程中，由于革命阵营内理论、政策水平的不平衡，认识有分歧，发生争论，这是不可避免的。而且也是有益的，真理越争越明，家认识一致，事情就好办。但不尊重中国无产阶级革命文艺运动的旗手鲁迅，这是错误的。对于他当时处境不自由，不能广泛联系群众应该给予理解。同时，还对徐说，错了不要紧，只要努力学习改正，照正确的道路办事，前途是光明的。

8月23日 上海地下党利用洋商名义公开出版的《每日译报》《导报》分别连载毛泽东《论持久战》全文。同年9月，《每日译报》图书部公开出版该书单行本。

11月10日 《文献》杂志第2卷以《鲁迅论》为题整理发表毛泽东在陕北公学纪念大会上的演讲词。毛泽东称鲁迅是"中国的第一等圣人""现代中国的圣人"。他总结鲁迅的特点为：第一，"是他的政治的远见"；第二，"是他的斗争精神"；第三，"是他的牺牲的精神"。"综合了上述这几个条件，形成了一种伟大的鲁迅精神。""他在艺术上成功了一个了不起的作家，在革命队伍中是一个很老练的先锋分子。我们纪念鲁迅，就要学习鲁迅的精神，把它带到全国各地的抗战队伍中去，为中华民族的解放而奋斗！"

11月 毛泽东著《抗日游击战争的战略问题》由上海美商远东画报社出版。

1939 年

1 月 毛泽东著《论新阶段》由《每日译报》图书部出版。

年底 江苏省委副书记刘长胜去延安汇报工作，毛泽东对上海党组织充分利用公开合法的形式把群众最大限度地团结起来的做法十分赞赏，认为在敌伪统治区办一所工人夜校就等于办了一个工会，还赞誉上海的难民工作阵地是上海党组织的创举。

1941 年

2 月 2 日 毛泽东和朱德、王稼祥就华中战略任务致电刘少奇、陈毅、彭德怀。

4 月 30 日 毛泽东和朱德等联名致电刘少奇和陈毅等要求在吴淞经上海、杭州、宁波直至福州，开展广大的游击战争。指出，上海、杭州线的军事领导有单独成立单位之必要，此区有大发展前途。

1944 年

8 月 3 日 毛泽东和刘少奇、陈毅致电中共中央华中局，要求研究上海周围、杭州周围、沪宁路两侧的游击战争，使沪杭两城市及沪杭路完全在我们游击战争紧紧包围之中，以便加紧进行这些大城市的工作，并准备夺取这些大城市。再则要研究沿海、长江及长江两侧各小河的水手组织问题以便将来配合夺取大城市。

8 月 21 日 毛泽东就沪杭甬地区工作致电张云逸、饶漱石、赖传珠。

1945 年

8月24日 毛泽东就抗战胜利后党的方针及华中战略任务致电饶漱石、张云逸、赖传珠,以及粟裕、叶飞:抗日阶段结束,和平建设阶段开始;大城市进行和平、民主、团结的工作,争取我党的地位,不取军事占领政策。

9月14日 正在重庆参加国共谈判的毛泽东和周恩来就迅速派人去上海办报及开展各界活动致电中共中央。电文指出:上海《新华日报》及南京、武汉、香港等地以群众面目出版的日报,必须尽速出版,根据国民党法令,可先出版后登记,早出一天好一天,愈晚愈吃亏。华中可去上海等地公开活动的,如范长江、钱俊瑞、阿英、梅雨等,要多去、快去。除日报外其他报纸、杂志、通讯社、书店、印刷所、戏剧、电影、学校、工厂等,无不需要,就近请即先到上海工作,在今后和平时期中有第一重大意义。

10月2日 毛泽东《在延安文艺座谈会上的讲话》,以《革命文艺的正确发展》为题在上海《新文化》半月刊创刊号发表,分三期载完,发表时未署名,这是《讲话》第一次在上海发表。1946年2月中国灯塔出版社以《文艺政策》之名出版毛泽东《在延安文艺座谈会上的讲话》。

1946 年

1月28日 毛泽东致信柳亚子,赞扬他在于再①追悼会上的慷慨

---

① 于再,昆明南菁中学教师。1945年在昆明学生反对内战、要求和平的一二·一运动中牺牲。

陈词，希望他继续为中国人民解放事业而努力，同时感谢他与谭平山夫人所赠的印章二方。

6月23日 上海人民为反对内战要求和平，组成赴京请愿代表团，当晚请愿团抵达南京下关车站时，遭国民党特务的毒打，造成下关惨案。毛泽东获悉后，25日与朱德联名致电周恩来转上海人民团体请愿团马叙伦等代表："先生等代表上海人民奔走和平竟遭法西斯暴徒包围殴打，可见好战分子不惜自绝于人民。中共一贯坚持和平方针，誓与全国人民一致为阻止内战争取和平奋斗。"并对受伤代表致以深切的慰问。

7月25日 陶行知因受国民党迫害，患脑溢血在沪逝世。毛泽东和朱德致电陶行知家属，对陶行知于当日逝世表示哀悼："先生为人民教育家，为民族解放与社会改革事业奋斗不息。忽闻逝世，实为中国人民之巨大损失。"8月11日，《解放日报》发表毛泽东题写的挽词："痛悼伟大的人民教育家陶行知先生千古"。

10月4日 李公朴、闻一多追悼会在沪举行。毛泽东和朱德题写"为保卫政协争取和平民主而牺牲的斗士精神不死！"的挽词。

1947 年

2月1日 毛泽东为中共中央起草党内指示《迎接中国革命的新高潮》，其中对上海摊贩反对国民党当局的斗争作了评价，指出："去年十一月三十日因国民党压迫摊贩而引起的上海市民骚动和去年十二月三十日因美军强奸中国女学生而引起的北平学生运动，标志着蒋管区人民斗争的新高涨。"进而又说："解放区人民解放军的胜利和蒋管区人民运动的发展，预示着中国新的反帝反封建斗争的人民大革命毫无疑义地将要到来，并可能取得胜利。"

5月30日 毛泽东为新华社撰写评论《蒋介石政府已处在全民的包围中》。文章对1946年底开始遍及上海、北平、天津、南京等几十个大中城市的学生爱国民主运动给予充分的肯定。指出:"中国境内已有了两条战线。蒋介石进犯军和人民解放军的战争,这是第一条战线。现在又出现了第二条战线,这就是伟大的正义的学生运动和蒋介石反动政府之间的尖锐斗争。"并断言:"学生运动的高涨,不可避免地要促进整个人民运动的高涨。"

1948年

3月4日 毛泽东致信长期在沪从事工人运动的朱学范,对他即将赴哈尔滨参加第六次全国劳动大会"决心与中国共产党合作,为中国人民民主革命的伟大的共同事业而奋斗,极为佩慰"。同时,表示对"其他真正孙中山信徒的同样的行动,表示热烈的欢迎"。

1949年

1月19日 毛泽东和周恩来联名致电在上海的宋庆龄,邀请她北上参加新政治协商会议。电文中说:"中国革命胜利的形势已使反动派濒临死亡的末日,沪上环境如何,至所系念。新的政治协商会议将在华北召开,中国人民革命历尽艰辛,中山先生遗志迄今始告实现。至祈先生命驾北来,参加此一人民历史伟大的事业,并对于如何建设新中国予以指导。"

2月22日 毛泽东和周恩来在河北省平山县西柏坡会见"上海人民和平代表团"的颜惠庆、邵力子、章士钊、江庸,对和平谈判及南北通航、通邮等问题，广泛交换了意见。代表团由颜惠庆、邵力子等16人组成，受李宗仁委托赴北平商谈和平谈判的问题。

4月3日 毛泽东为中共中央军委起草电报，批复同意总前委4月1日上报中央军委的《京沪杭战役实施纲要》。"纲要"提出，以第二、第三野战军歼灭上海至安庆之国民党军，占领苏南、皖南及浙江全省，夺取京沪杭，并拟于4月15日全线渡江。

4月27日 毛泽东为中共中央军委代拟致总前委、粟裕、张震电，指出："为着多有一些准备时间，不使国民党过早退出上海……不要使我军过于迫近上海。同时，争取在数日内完成进驻上海的准备工作"，以便在国民党迅速退出上海时，我军亦不致毫无准备地仓促进去。并明确规定何时进驻上海，须得中央军委批准。

4月28日 毛泽东为中共中央军委起草致总前委、粟裕、张震及二野电，指出："为使汤恩伯在上海稳住一个时期……暂时不要去占苏州、昆山、太仓、吴江、嘉兴诸点，让上述各点由汤恩伯守起来，使他在上海尚不感觉直接的威胁。"

4月30日 毛泽东为中共中央军委代拟答复粟裕、张震和总前委电，指出：29日部署甚妥，如你们能于一星期内完成此项部署并完成对于攻击上海的政治准备工作与军事准备工作，则你们可立于主动地位。

5月6日 就国民党正在上海抢运物资问题，毛泽东为中共中央军委代拟给陈毅、饶漱石等的电报，征询可否在5月10日以后数天内先行占领吴淞、嘉兴，切断敌人从吴淞、乍浦两处逃走的去路，然后再从容布置做好准备，去占领上海。

5月8日 毛泽东以中共中央军委名义复电粟裕、张震等，同意他们关于冻结上海物资、截敌逃路的部署，并指出："和攻占吴淞、嘉兴等处之同时，派足够兵力占领川沙、南汇、奉贤，将敌一切逃路封闭是很必要的。"根据中央军委指示，粟裕、张震于5月10日下达了淞沪战役作战命令，上海外围战于12日开始。

5月14日　毛泽东接见从香港来北平并即将参加接管上海的潘汉年、夏衍、许涤新，听取潘汉年关于香港工作情况的汇报，询问港英当局对中共的态度，要求尽可能完好地保存上海这个工业城市，不要让国民党实行焦土政策。

5月19日　毛泽东为中共中央军委代拟致总前委、粟裕、张震电，征询接收准备工作已做到何种程度，可否于5月25日攻城？

5月20日　毛泽东为中共中央军委代拟致粟裕、张震、总前委电，电文称：1.只要军事条件许可，你们即可总攻上海。2.总攻时间拟择在辰有（5月25日）至辰世（5月31日）之间为宜，亦可推迟至巳东（6月1日）左右。3.攻击步骤，以先解决上海，后解决吴淞为适宜。如吴淞阵地不利攻击，亦可采取攻其可歼之部分，放弃一部不攻，让其从海上逃去。4.攻击兵力必须充分，如觉兵力不足，须调齐兵力然后攻击。5.攻击前必须作战役和战术上的充分准备。5月21日，粟裕、张震向中央军委报告攻击上海部署后，毛泽东又在5月22日为中央军委起草了同意的复电。

5月21日　毛泽东复信柳亚子，就黄绍竑的侄女为摆脱国民党特务迫害仓促离沪去北平，请求给予帮助事，说："黄女士的信已代收，我的秘书并已和黄女士通电话，料可获得居处"。

5月29日　毛泽东审阅修改新华社社论稿《祝上海解放》，加写一段话："这些外国政府如果愿意开始从中国事变中吸取教训，那末，他们就应当着手改变他们干涉中国内政的错误政策，采取和中国人民建立友好关系的政策。"

6月1日　中国民主同盟主席张澜庆贺上海解放致电毛泽东。同日，毛泽东复电在上海的张澜：今后工作重心在于建设，亟盼各方友好共同致力。先生及罗隆基先生准备来平，极表欢迎。

6月7日　中共中央华东局开会研究如何取缔上海银元、外币投机。会议决定查封全市金融投机大本营——证券大楼。陈毅打电话向中央请示。12小时后，毛泽东回电同意。6月10日，上海警备区、市公安局一举突击搜查、查封，狠狠打击了银元贩卖投机活动。

6月19日　毛泽东致函宋庆龄，邀请她赴京，商筹新中国成立后的建设大计。8月26日，在邓颖超、廖梦醒陪同下，宋庆龄乘火车离开上海赴北平。28日，毛泽东、朱德、周恩来、林伯渠等亲自赴北平站迎接。晚上，毛泽东宴请宋庆龄。

6月28日　毛泽东复函复旦大学校务委员会常委、教务长周谷城教授，信中说："得书甚慰，如见故人。革命高涨，大家都是高兴的。前途尚多困难，惟有团结最大多数民众，方能战胜帝国主义的反抗。相期共同努力！"

7月27日至8月15日　党中央、毛泽东授命陈云在上海主持召开财经会议，克服财政经济的严重困难。会上，针对上海受封锁，投机商人捣乱，部署从全国各地调运粮食等急需物资，以保证上海的供应。

7月　毛泽东批准华东局和上海市委制定的反封锁六条方针。

8月7日　收到华东局关于上海市人民政府3日至5日召开代表会议的情况报告后，毛泽东为中共中央起草复电，指出："你们已召开上海各界代表会议，甚好。此种会议有很大用，可以依靠它去联系群众，帮助我们克服困难。华东所属各城市均应举行，并应看重此种会议。"

8月24日至26日　毛泽东两次致函民主建国会主席黄炎培。赞扬民主建国会针对美国国务院的《美国与中国的关系》白皮书撰写的《加强内部团结和警惕、答告美帝好梦做不成》声明写得很好。并且指出：民主建国会的此次声明，不但是针对白皮书的，而且说清了民族资产阶级所以存在发展的道理，建立了民主建国会的主动性，极有利于今后的合作。

9月3日　关于必须维持上海统筹全局问题，致电中共中央华东局第一书记饶漱石：陈云同志已回，9月2日在中央会议上作了报告。中央同意此次上海会议决定的总方针及许多具体办法。我们必须维持上海，统筹全局；反对浪费、节约开支。不轻议迁移，不轻议裁员。着重整理税收，以增加收入。

9月19日 毛泽东邀请在北京出席全国政治协商会议第一届会议的原上海商务印书馆董事长张元济游览天坛。10月11日，又邀请张元济到中南海寓所共进晚餐。饭后，进行了交谈。

10月1日 在开国大典上驻沪空军某部七连，在首都天安门广场受到了毛泽东的检阅。这个连以后又两次受到毛泽东的检阅。

10月10日 毛泽东与朱德联名致电9月19日在上海吴淞口外起义的原国民党海军"长治"舰全体人员。庆祝他们英勇起义成功，并希望他们努力学习，积极参加建设中国人民海军和完成解放全中国的伟大事业。

10月13日 毛泽东就松江县召开全县各界人民代表会议的经验致电各中央局负责人，通令所属一律仿照办理。

同日 毛泽东为上海市纸业革新促进会题词："你们提倡由纸的商业转变为造纸工业，改良土纸及推广土纸使用范围，都是好的。你们用土纸抄写我的几篇文章，我是感谢你们的。现在我给你们写了几句话，但请你们不要用为广告。"

11月4日 毛泽东在阅上海市委11月1日给中央电报中转述的英国侨民致英政府备忘录要点后，批示薄一波，要收集和研究上海税收办法。

12月2日 毛泽东签发任命盛丕华为上海市人民政府副市长的通知书。

12月30日 毛泽东就上海市委关于上海有许多大中型工厂负债甚多，难于维持，要求政府贷款，否则有大批倒闭危险的电报，致电政务院副总理兼财政经济委员会主任陈云，让他调查上海工商业的困难情况和提出解决的办法。

1950 年

4月5日、16日、23日 毛泽东复电同意陈毅关于公债、税收和失业问题的两个报告和关于目前几个月的工作方针的报告。报告中提出了上海解决公债、适当提高税收等办法以及目前几个月用大力来做调整公私关系、劳资关系、维持生产与救济失业的工作。

4月27日 毛泽东应上海南洋模范中学高一乙班学生的请求，为其所办壁报题写报头"青锋"。

5月12日 毛泽东就黄炎培4月关于苏南征粮等项工作出现偏差及补救办法的两封长信致电饶漱石及中共苏南区委书记陈丕显，并要陈丕显调查川沙、奉贤和南汇三县的情况。6月7日，毛泽东致函黄炎培要其与陈丕显交换调查情况与处理意见。

5月13日 毛泽东批转陈毅5月10日的关于上海打退四月危机的报告给中南局、华东局、西南局、西北局、东北局、华北局及北京、天津负责人作为参考。该报告讲了上海在解决三四月份社会混乱、敌特活动表面化、税收、公债受到攻击、劳资关系紧张等情况做了很多工作。主要是调整公私关系、改善劳资关系、适当减少税收、救济失业工人、开展自我批评等。14日，毛泽东又复电陈毅，指出5月10日的报告很好，所采取的方针是正确的。

5月 毛泽东为上海《青年报》题词："前进！前进！进！"

8月20日 毛泽东就上海市委关于党政群机关团体整编后的编余员工处理等问题作批语：各地"省及大市照此办理，成为制度"。

8月 毛泽东在北京中南海怀仁堂观看由上海演员范瑞娟等人排演的越剧《梁祝哀史》。后来，毛泽东多次观看范瑞娟演的越剧。

9月9日 毛泽东批转上海市委8月30日关于上海失业工人救济

工作情况给中央的报告,毛泽东指示劳动部部长李立三将这个报告转发各地参考。并请各地调查解放前失业工人情况,以便考虑救济。

9月14日 毛泽东批示同意上海市委关于以大战略区为单位在沪设立办事处的报告,指示各中央局及各大军区党委依照上海市委的建议在上海设办事处统筹各单位贸易和采购。

9月18日 毛泽东致函湖南故友上海第二军医大学一级教授张维,并为张维的母亲八十寿辰题字:"如日之升,如月之恒"。此后,毛泽东又五次致电(函)张维及其家属,表示关怀。

10月14日 毛泽东致电陈毅,同意宋时轮兵团离开上海、常熟地区到泰安、曲阜区域集结待命。并询问上海人民代表会议何日开幕。

冬 青浦县是血吸虫病严重地区,该县莲盛任屯村农民写信给毛泽东,要求尽快治好血吸虫病病人,参加社会主义建设。信发出后不久,根据毛泽东的指示,政府派出医疗队到血吸虫病流行的地区查病治病,将不少濒临死亡的人抢救回来。以后,任屯村农民代表还被邀请进京,参加国庆观礼,受到毛泽东的接见。

1951年

1月21日、3月24日、5月23日 毛泽东对上海的镇压反革命工作连续作了3次批示。针对上海敌特活动严重的情况,指出:上海是一个600万人口的大城市,对一些罪大恶极的反革命分子应给予有力打击。并要求对此进行周密的侦查、有计划的捕杀一批反革命分子,在控诉会上要严防扩大打击面。

7月30日 毛泽东致函张元济去年12月30日、今年4月15日和5月26日三次来信并附大作及书一函,均收到。9月5日,又致函张元济,赞扬张元济写的诗《西藏解放歌》及西藏和平解放后的文化建设的建议很好。

1952 年

2 月 5 日 中央根据毛泽东的意见决定派政务院政治法律委员会副主任、中央人民政府节约检查委员会副主任彭真去华东帮助"三反"（反贪污、反浪费、反官僚主义）和"五反"（反行贿、反偷税漏税、反盗骗国家财产、反偷工减料、反盗窃国家经济情报）工作，重点放在帮助上海市委开展"五反"斗争。后因彭真有事，中央于 2 月下旬改派政务院财政经济委员会副主任、中央人民政府节约检查委员会主任薄一波来上海。

2 月 12 日 毛泽东致函《人民日报》总编辑邓拓，要他将上海《大公报》总编辑王芸生发表在《大公报》上的《资产阶级有没有猖狂进攻？是我们"制造阶级斗争"吗？》一文在《人民日报》上转载。

2 月 23 日 毛泽东就上海"打虎"较各地落后致电陈毅、谭震林。指出，上海市委应抓紧完成"三反"打虎任务并希望陈毅、谭震林从 2 月 25 日至 3 月 10 日，分为三期，每期 5 天，共 15 天，抓紧检查督促，改进方法，基本上完成上海市各系统内部的"三反"打虎任务，从 3 月 11 日起正式开始上海市工商界的"五反"斗争。

2 月 25 日 毛泽东批转华东局关于上海奸商借公私合营损公肥私的报告，要各地注意处理同类情况。

2 月至 4 月 毛泽东就上海的"三反""五反"策略、部署和经验连续作了 18 次批示。

4 月 3 日 毛泽东批转上海市劳动局干部蒋立的关于私营企业中工人监督生产的建议，指示各有关部门及各省市作为研究该问题的参考资料。

6月9日 中央根据毛泽东的指示，致电上海市委，同意上海市政府党组书记仍由潘汉年担任，方毅任副书记；同意上海市总工会党组书记仍由刘长胜担任，钟民任副书记。

8月15日 毛泽东签署、颁发给李汉俊家属《革命牺牲工作人员家属光荣纪念证》，以资抚恤、纪念。李汉俊，1920年8月参加上海共产党早期组织，1921年7月作为上海地区代表出席了中国共产党第一次全国代表大会，1927年12月16日在武汉壮烈牺牲。

9月29日 毛泽东就黄炎培9月22日来函谈到的上海中小工商业者为税收困扰一事，复函说：先生所提税收、劳资两问题，确是应注意当调整的。据政务院财政经济委员会报告，有些已经调整，有些正在调整，有些尚待研究调整办法。

10月15日 毛泽东就陈云报送的关于青浦县小蒸乡由于三年农作物歉收、征粮比例过高和人多地少，造成农民生活普遍困难的情况材料，致函华东局第三书记谭震林，要他派调查组实地调查，切实减轻农民负担。

12月2日 毛泽东批示同意华东局关于上海国棉二厂团结技术人员解决生产关键问题的经验通报，通报的基本内容是，工厂的领导干部将生产中的关键问题交给技术人员，依靠技术人员经过科学实验加以解决。

1953年

2月4日、9日 针对国民党空军不断对上海等地区进行袭扰，毛泽东指示华东军区：上海空军及防空两方面均须提高警惕，加紧整顿，准备随时可以对敌作战，确保上海一带的安全。

2月15日 毛泽东批转同意薄一波关于私营轮船公司合营问题的

报告。指出：合营是不可避免的，应于再贷款一次后，加紧准备合营的条件，主要是干部。

2月19日至24日　毛泽东先后乘坐驻沪海军"长江""洛阳"舰从武汉到南京，航行了四天三夜，视察海军部队，毛泽东对水兵们说：过去帝国主义侵略我国大都是从海上来的。现在太平洋还不太平。我们应该有一支强大的海军。过去在陆地上，我们要爱山爱土；现在你们是海军，应该爱舰爱岛爱海洋。毛泽东为"长江""洛阳"等舰题写了"为了反对帝国主义的侵略，我们一定要建立强大的海军"。

3月14日　中共中央根据毛泽东的意见批转同意华东局对上海市委一次党代会议关于新"三反"（反对官僚主义、反对命令主义、反对违法乱纪）的报告的批示。指出：以后这种会议半年应开一次，会期可缩短些；今年3月至9月应着重检查各级领导机关的官僚主义和违法乱纪。不要孤立地进行新"三反"，要注意和各项具体工作相结合。

3月21日　毛泽东批转《上海市税务机关征税中违反政策现象严重》一文。指出：上海税务应加强整顿，对严重违法乱纪分子应作适当处置。3月27日，毛泽东对中央财政部关于上海市税务机关征税中严重违反政策的情况报告，批示：此件有教育意义，应由中央财政部（加一报头，说几句话）发给各大区及省市财委及财政管理局。

5月13日　毛泽东复函张澜、黄炎培。张、黄于5月5日写信给毛泽东、周恩来，反映上海民生轮船公司董事长周孝怀的意见，希望政府考虑明令"三反""五反"总结束，安慰受冤，释放无问题被拘者，扭转人心。毛泽东复函中说："已转付有关各部门负责同志阅看。其中有些问题，已请周总理酌处。"并请张、黄将上述处理情况转告周孝怀先生。

10月　全国工商联会员代表大会之前，毛泽东召集6位工商界著名人士座谈。上海荣毅仁、郭棣活、刘靖基、刘鸿生应邀参加。毛泽东鼓励他们把厂办好。

12月27日 晨,毛泽东乘专列到上海。这是毛泽东在中华人民共和国成立后首次来上海。入住瑞金宾馆,随后在此听取陈毅等工作汇报。下午,参观上海市容。晚上,离开上海赴杭州。

1954 年

3月12日 毛泽东看了黄炎培3月1日对上海工商界的讲稿后,致函黄炎培,指出用"无痛分娩法"比喻工商界进入社会主义的过程中没有什么痛苦不妥。"无痛分娩法"一词最好不写在印刷品上,因实际上那些不甚觉悟的人们总会觉得有些痛苦的。

7月25日 毛泽东复函在上海格致中学教书的故友、学生许志行,"知道你仍在做教育工作,甚为高兴。"此后,毛泽东又致函邀请许去北京聚谈,还安排许去韶山乡参观。

1955 年

3月14日 毛泽东就黄炎培信中关于家乡农民吃不饱等问题,复函指出:农村粮食问题已采取措施,下一年度可以缓和下来,目前仍有些紧张。

7月20日 中央根据毛泽东的指示批转同意上海市委7月18日关于肃清暗藏反革命分子的通报。

8月17日 毛泽东批示同意袁希洛①去北京参加观礼。10月12日,毛泽东对袁要求去台湾见蒋介石的信批示:"此人要去见蒋,我说须得

---

① 袁希洛,辛亥革命时的同盟会会员和临时议会代表,20世纪20年代曾任江苏省启东县县长。新中国成立后任上海市人民政府参事室参事,上海文史馆研究馆馆员。

台湾许可才能去，因此他写了一封信，似可听其发去。"

10月27日、29日 毛泽东邀约民主建国会、全国工商联的领导人和出席全国工商联会议的全体执行委员分别在颐年堂、怀仁堂举行座谈，上海的胡厥文、荣毅仁等人参加座谈。毛泽东系统阐明了党的和平改造和赎买政策，殷切希望资产阶级认识社会发展规律，主动掌握自己的命运，进一步接受社会主义改造。

11月4日 下午，毛泽东乘专列到达上海。

11月5日 早晨，毛泽东同柯庆施、许建国及上海市其他领导人谈话。上午，在柯庆施、陈丕显及上海港务局党委书记韩克辛等陪同下，乘坐"港申"轮视察上海港，并听取关于上海港基本情况的汇报。下午，到达松江，同松江地委书记、专员谈话。当晚，毛泽东离开上海去杭州。

12月25日 毛泽东从杭州到达上海。毛泽东在陈毅陪同下，接见上海各界知名人士。陈毅把上海制笔工业副经理汤蒂因介绍给毛泽东。

12月26日 毛泽东离开上海到达杭州。

12月 毛泽东亲自为上海市郊虹南乡、白遗桥蔬菜合作社、泰兴乡、诸翟乡和李子园农业生产合作社的五个报告写按语并收入《中国农村的社会主义高潮》一书。

1956 年

1月10日 早晨，毛泽东乘专列由杭州到达上海。下午3时，在陈毅陪同下视察江南造船厂，参观正在建造中的第一艘03型潜艇和部分车间。接着，视察申新九厂，了解该厂在公私合营后工人的生产、生活及劳资关系等情况。下午6时，在中苏友好大厦同上海市各界人士及党内高级干部共70多人座谈，并共进晚餐。陈毅向毛泽东介绍数学家苏步青，毛泽东说："我们欢迎数学，社会主义需要数学。"与毛泽东同桌进餐的有黄炎培、舒新城、周谷城、盛丕华、荣毅仁等。

1月11日　早晨，在陈毅陪同下，毛泽东离开上海到达南京。

2月28日　毛泽东在中南海怀仁堂接见出席全国工商界青年积极分子大会的上海代表陈铭珊等人。

3月3日、5日、7日　毛泽东就在上海召开的第二次防治血吸虫病会议连续三次批示。询问是否按期召开？毛泽东向上海柯庆施和中央卫生部徐运北指示：召开第二次防治血吸虫病会议时，应当邀请福建、广东、广西、四川等有血吸虫病和钩虫病的省区派出代表到上海参加会议。

4月25日　毛泽东在《论十大关系》的报告中指出：我国轻工业和重工业有70%在上海、辽宁、河北、天津等地，沿海的工业基地必须充分利用。又说，沿海原有轻工业的扩建和改建要大大发展，还可以建立一些新的厂矿，有些可以是大型的。

5月3日　陈云到上海带来了毛泽东的指示，"上海有前途的，要发展"。陈云把毛泽东的指示在市委、市府领导人及工商界上层人士中进行了传达与解释。

9月9日　黄炎培将上海中国画院画师张叔通的一本画册转送给毛泽东。17日，毛泽东复函黄炎培，询问张叔通生活是否有困难，是否愿意接受帮助。同年12月16日，毛泽东拿出自己的稿费托黄炎培转送给张叔通及上海中国画院画师吴湖凡各500元。

10月1日　毛泽东为鲁迅新墓在上海虹口公园落成题写墓碑：鲁迅先生之墓。

12月7日　毛泽东约请民建、工商联负责人黄炎培、陈叔通等人座谈。谈到上海的地下工厂时，毛泽东明确指出：因为社会有需要，就发展起来。要使它成为地上，合法化，可以雇工。"可以消灭了资本主义，又搞资本主义。"

12月21日 毛泽东指示中央宣传部部长陆定一：上海的天主教工作值得加以研究，将那里的有关管理和接触天主教的干部和天主教中的进步分子加以教育，使他们善于做工作。

1957年

3月6日至13日 复旦大学教授、我国著名遗传学家谈家桢作为党外代表出席了在北京中南海怀仁堂召开的中央宣传工作会议。会议期间，谈家桢受到毛泽东的接见。交谈了遗传学研究的问题。

3月20日 下午，毛泽东乘飞机从南京到上海。当晚，毛泽东在上海中苏友好大厦友谊电影院召开的上海市党员干部大会上作关于正确处理人民内部矛盾的宣传报告。

3月21日 下午，约周谷城谈话，鼓励周谷城继续撰写有关逻辑问题的文章，继续辩论。当晚，毛泽东乘专列离开上海去杭州。

4月4日 毛泽东在杭州召集上海局和安徽、江苏、浙江、福建等省委负责人会议，讨论思想工作，就关于解决人民内部矛盾与"百家争鸣"作了一系列指示。

4月11日 上午10时，毛泽东同周谷城谈话。11时半，毛泽东在中南海颐年堂邀集冯友兰、周谷城、费孝通等座谈逻辑学问题。

6月29日 中午，毛泽东在中南海游泳池住处同赵超构、刘述周①谈话。

7月6日 下午，毛泽东乘专列从杭州来到上海。当晚，会见印度尼西亚制宪议会议长韦洛坡。毛泽东说，我们是友好的国家。我们有共同的基础，所以很容易谈得来。

---

① 刘述周，时任中共上海市委统战部部长、上海市副市长、上海市政协副主席。

7月7日 晚上，毛泽东在中苏友好大厦会见上海科学、教育、文学、艺术和工商界的代表人士，毛泽东谈到延安整风、上海反右派斗争、高等教育和消灭血吸虫病等问题。谈话后，毛泽东和出席座谈的人员一起观看越剧《杜十娘》。

7月8日 上午，毛泽东在柯庆施、陈丕显等陪同下视察上海机床厂。中午，毛泽东乘"港申"轮游黄浦江，在船上听取上海市工作汇报。当晚，在中苏友好大厦对上海各界人士发表讲话。

7月9日 下午，毛泽东乘专列离开上海去南京。

9月17日 下午，毛泽东乘专列从杭州到达上海。晚上7时，毛泽东同新民报社社长赵超构、出版界人士舒新城、华东师范大学教授束世澂谈话。晚上9时，毛泽东同中共黄浦区委第一书记陆文才、上海动力学校校长仇启琴、上海锅炉厂党委书记刘东海和厂长王伟光座谈，了解机关、学校、工厂的鸣放等情况。

9月18日 上午，毛泽东在柯庆施等人陪同下到上海国棉一厂视察。下午，毛泽东乘专机离开上海回到北京。

1958 年

1月3日 中共中央根据毛泽东的指示批转《上海市开展冬季爱国卫生运动的情况》指出：今冬除四害布置，城市一定要到达每一条街道，每一个工厂、商店、机关、学校和每一户人家，乡村一定要到每一个合作社、每一个耕作队和每一户人家。

1月5日 凌晨，毛泽东在杭州刘庄邀请从上海前来的周谷城、谈家桢、赵超构谈话，话题广泛，内容涉及遗传学、逻辑学、新闻学等领域。

3月4日 毛泽东批示同意国务院副总理、外交部长陈毅辞去上海市市长职务的请求。

3月15日 毛泽东对《上海新闻出版和文学艺术部门党内负责干部的一些意见》批示："此件可一看，然后谈一下。为什么知识分子不敢讲、不敢写呢？我们人民的自由已被压死了吗？"该《意见》说，新闻界、出版、文艺界、电影界、都有些同志谨小慎微，不敢说话，不愿写信、不敢创作。毛泽东的批语和这个情况反映，作为中共中央在成都召开的工作会议文件在会上印发。

5月22日 煤炭工业部副部长、机械专家沈鸿在中共八大二次会议上向毛泽东写信建议我国自己制造万吨水压机。当天，毛泽东就把信批给了邓小平，"此件，请即刻付印，发给各同志阅。"在毛泽东的重视下，决定自力更生制造万吨水压机，并把此任务落实在上海。经过三年多的艰苦努力，1962年4月，我国最大的锻压设备12000吨压力的水压机在上海制造成功。

7月28日 周谷城请毛泽东为《形式逻辑与辩证法问题》一书作序。同日，毛泽东函复周谷城。

9月21日 晚上，毛泽东到达上海。毛泽东由柯庆施陪同在中苏友好大厦友谊电影院观看文艺演出。

9月22日 早晨，毛泽东离开上海到达杭州。

9月27日 晚上，毛泽东乘专列从杭州到达上海。

9月28日 凌晨，毛泽东在上海文化俱乐部与上海文艺界代表共度中秋节。参加的文艺界代表有丁是娥、黄宗英、范瑞娟等人。随后，毛泽东在市委柯庆施、陈丕显等领导陪同下，视察上海第一钢铁厂。毛泽东登上了用47天时间自力更生建设起来的5米高的炼钢炉台，参观炼钢生产。毛泽东握着炼钢工人的手，勉励他们要好好干，大有可为。晨3点，毛泽东乘专列离开上海回北京。

1959 年

3月24日 晚上，毛泽东从杭州到达上海。

3月25日 上午，毛泽东在兴国路招待所主持召开中共中央政治局常委扩大会议，研究西藏上层反动集团叛乱、政治局扩大会议的议程以及国家机构领导人的人选问题（即国家主席、副主席，总理、副总理，各部部长的人选）。

3月25日至4月1日 毛泽东在上海锦江饭店礼堂主持召开中共中央政治局扩大会议。会议的主要议题是：工业问题、人民公社问题、国家机构领导人的人选问题。这一次会议为中共八届七中全会的召开作准备。

3月30日 毛泽东在沪对董必武辞去现职后换工作批语：3月29日中央常委交换意见提出，中央建议董必武同志当人民共和国副主席，刘少奇同志当主席，朱德同志当人民代表大会常务委员会委员长，提到中央全会讨论后做出决定。

同日 毛泽东在沪批转陶鲁笳关于山西省各县人民公社问题五级干部会议情况的报告，指出：此件很好，很容易看。旧账一般要算。算账才能实行那个客观存在的价值法则。这个法则是一个伟大的学校，只有利用它，才有可能教会我们的几千万干部和几万万人民，才有可能建设我们的社会主义和共产主义。

4月2日至5日 毛泽东在上海主持召开中共八届七中全会。全会讨论和通过一九五九年国民经济计划草案，检查农村人民公社的整顿工作，讨论和决定国家机构领导人员候选人的提名。毛泽东在会上作关于工作方法问题的讲话。

4月3日 毛泽东在沪对麻城县万人大会第二次报告批示，指出：

此件极好，每个县、社都应这样做，算账才能团结；算账才能帮助干部从贪污浪费的海洋中拔出身来，一身清净；算账才能教会干部学会经营管理方法；算账才能教会五亿农民自己管理自己的公社，监督公社的各级干部只许办好事，不许办坏事，实现群众的监督，实现真正的民主集中制。

同日 毛泽东在上海致函谭震林，建议5月上、中旬各县召开社、队代表大会，彻底解决3月会议没有彻底解决的权力下放清算账目、包产指标三个问题，以及生产队干部与生产小队干部、全体社员群众间的矛盾，小集体与社员的矛盾。

4月5日 晚上，毛泽东离开上海到达杭州。

6月11日 毛泽东批示充分肯定《上海市委关于副食品、日用工业品问题的报告》。上海市委的报告主要反映在"大跃进"后出现副食品及日用工业品紧张的情况，为克服这种状况，市委决定采取自力更生为主，力争外援为辅的方针；大力发展日用工业品的生产；认真贯彻执行勤俭建国，勤俭办企业，勤俭办一切事业的方针；切实加强党对财贸工作的领导等措施。

8月24日 下午，毛泽东从杭州到达上海。

8月25日 晚上，毛泽东到达徐州。

9月14日 上海电梯厂与20多个单位协作，为北京新火车站试制第一台自动扶梯成功。15日凌晨，毛泽东检阅了这台自动扶梯运转情况。

10月30日 晚上，毛泽东到达上海。在专列上同上海市委负责人柯庆施、陈丕显及一同到上海的曾希圣、刘顺元谈话，谈及《1960年国民经济计划大纲草案》、防治血吸虫病、除四害等问题。

10月31日 下午，毛泽东离开上海到达杭州。

12月20日 毛泽东批示肯定《上海市养猪工作大会情况报告》。

1960 年

1月4日 晚上，毛泽东乘专列从杭州到达上海。

1月5日 晨，毛泽东在停靠上海的专列上同柯庆施、李富春谈话。

同日 下午5点至晚上9点，在专列上同胡绳、邓力群、田家英等读苏联《政治经济学教科书》第三十三章《社会主义制度下的国家预算、信用和货币流通》。

同日 晚上，在上海住处同杨尚昆谈中共中央政治局扩大会议安排问题。

1月6日 下午，在上海文化俱乐部主持召开中共中央政治局常委扩大会议，谈政治局扩大会议的日程安排，决定从7日起开会。

1月7日至17日 毛泽东在上海文化俱乐部主持召开中共中央政治局扩大会议。会议确定了1960年国民经济计划，讨论了今后三年和八年的设想。会议认为1960年还将是一个"大跃进"年。

1月16日 毛泽东在上海接见德国统一社会党中央政治局委员、德意志民主共和国副总理兼对外与东西德贸易部长海因里希·劳和他的夫人以及他所率领的东德政府代表团。

1月18日 晚上，毛泽东离开上海到达杭州。

3月19日 晨，毛泽东从杭州到达上海。晚上，毛泽东在上海文化俱乐部接见联华带钢厂党支部书记兼厂长孔令熙、上海工具厂革新能手朱富林、全国先进生产者上联电工器材厂工程师杨新富等人，并共进晚餐。毛泽东说，这一次，上海工人在党的领导下，技术革命搞得很好，我请大家吃顿便饭，感谢上海的工人阶级。革命不是一件容易的事情，尤其在大搞技术革命的时候，要记住这条真理。不试验，不失败，不会成功，凡事都要经过试验，在失败中取得经验，然后才会成功。饭后，毛泽东同他们到锦江饭店小礼堂观看京剧。

3月21日 毛泽东离沪北上。

5月25日 晚上，毛泽东从杭州到达上海。

5月26日 下午，毛泽东在专列上同柯庆施、康生、杨尚昆谈话。随后，下车看附近的庄稼生长情况。

5月27日 晚上，毛泽东在上海文化俱乐部会见来我国访问的英国陆军元帅蒙哥马利。双方就国际局势等问题进行广泛交谈。

5月28日 下午，毛泽东在停靠在上海的专列上会见丹麦共产党中央主席耶斯佩森和夫人。

同日 晚上，毛泽东在上海文艺会堂参观上海科学技术成果展览，观看了我国1960年2月19日在上海发射成功的第一枚小型探空火箭的模型。得知这枚火箭的射程高度为八公里时，毛泽东说"不算太低，亦不算高"，鼓励科研人员要从八公里到二十公里、二百公里地搞上去。

5月29日 下午，毛泽东在停靠上海的专列上同柯庆施、陈丕显、赵尔陆、陈正人谈话，主要谈赫鲁晓夫和苏联等问题。

同日 晚上，毛泽东到上海中苏友好大厦参观全国机械工业技术革新展览会。

5月30日 毛泽东从上海到达杭州。

6月7日 晚上，毛泽东从杭州到达上海。

6月8日至18日 毛泽东在上海主持召开中共中央政治局扩大会议。会议主要讨论第二个五年计划后三年（1960年到1962年）的补充计划，并讨论国际形势。会议强调作计划必须留有余地，要坚持以农业为基础的方针，加快发展农业。会议对后三年补充计划的十四项指标，作了较大幅度的降低。

6月21日 晚上，毛泽东在上海文化俱乐部会见以野间宏为团长的日本文学家代表团。

6月23日至27日 毛泽东同刘少奇、周恩来、陈云等开会讨论苏共中央6月21日致中共中央的信和布加勒斯特会议公报等。

6月28日 下午，毛泽东乘专列离开上海。

1961 年

4月28日 毛泽东从杭州到达上海。

5月1日 下午，毛泽东在柯庆施等陪同下，到上海电机厂同该厂和上海汽轮机厂等工厂的职工群众及全市各大工厂的290多名先进生产者、老工人和技术人员一起欢度五一国际劳动节。毛泽东指出，工人要有革命骨气，要坚持独立自主、自力更生的方针，战胜困难，勇往直前。晚上，出席上海市举行的庆祝五一国际劳动节联欢晚会，和上海各界人民的代表一起观看戏曲演出。晚会前，毛泽东同各民主党派上海市地方组织的负责人和教育、文化、科学界的代表座谈。座谈中，毛泽东对谈家桢说：你的研究在搞吧，现在还有没有人压迫你？应该发展学派，学派总要有代表人物的，你好好干吧！

5月3日 下午，毛泽东同周谷城谈话，就文学、说唱艺术等方面问题交换看法。

5月7日 毛泽东在上海锦江饭店会见湖南故友、上海第二军医大学一级教授张维及其夫人。

5月11日 毛泽东到淮海路宋庆龄寓所看望宋庆龄。

同日 毛泽东乘专列离开上海回北京。

7月10日 毛泽东到达上海。

7月11日 毛泽东离开上海到达杭州。

12月2日 毛泽东到达上海。

12月3日 晚上，毛泽东离开上海到达杭州。

12月8日 毛泽东从杭州到达上海。

12月13日 毛泽东离开上海到达无锡。

1962 年

2月10日 上午，毛泽东到达上海。

2月11日 毛泽东在上海审阅《中共中央关于改变农村人民公社基本核算单位问题的指示（草案）》。毛泽东秘书田家英2月8日报送毛泽东审阅这个草案时写了一个报告，报告中说：关于基本核算单位下放后不变的时间，有一种意见主张写"二十年"。究竟写"四十年"还是写"至少二十年"，请主席决定。毛泽东就此写了批语："以改为：至少三十年为宜。苏联现在四十三年了，农业还未过关，我国也可能需要几十年，才能过关。"毛泽东要田家英将此批示告刘少奇、周恩来和邓小平。

2月13日 下午，毛泽东在上海锦江饭店同毛华初①谈话，询问湖南群众的生产积极性、去年全省粮食产量等情况。

2月23日 下午，毛泽东离开上海到达杭州。

3月4日 毛泽东阅上海工人金祥根2月12日的来信。来信反映最近物价不断上涨，人民币贬值，很多人不愿意储蓄，并提出两项建议：一、请政府尽最大努力稳定物价，使人民对币值有充分的信心；二、每月公布物价总指数，对存款采取保本保值办法。毛泽东批示："先念同志：请你找几个内行同志在一起，研究一下，看这个文内所提两项办法是否可能做到，怎样做到，何时做到。如有结果，请告

---

① 毛华初，毛泽东弟媳王淑兰的养子，时任中共湖南省委政策研究室副主任。

我。"

5月5日　下午，毛泽东离开无锡到达上海。

5月上旬　毛泽东在上海同周兴、杨得志、许世友等谈话，了解夏季作物长势及预计收成等情况。

5月18日　毛泽东在上海文化俱乐部召集罗瑞卿、汪东兴、田家英、雷英夫等开会，决定成立一个小组，负责修改中共中央军委《关于战略方针的建议（草案）》。

5月30日　晚上，毛泽东离开上海到达杭州。

12月16日　毛泽东到达上海。

12月21日　毛泽东召集华东各省市委第一书记谈话，了解传达贯彻中共八届十中全会的情况和农业情况。

12月22日　毛泽东批示柯庆施将10月14日编印的《宣教动态》刊载的中共中央政治研究室1960年8月整理的《列宁在第二国际反对机会主义的斗争》材料，印发华东局会议各同志。批示说："此件很重要，请你印发会议各同志。大家读一、二遍，并讨论两天。"

1963 年

1月2日　毛泽东离开上海到达杭州。

4月13日　毛泽东到达上海。

4月15日　毛泽东离开上海到达杭州。

4月23日　毛泽东到达上海。

4月24日　下午，毛泽东在上海文化俱乐部会见阿联（今埃及）部长执行会议主席萨布里一行。

同日　晚上，毛泽东在上海文化俱乐部会见印度尼西亚军事友好代表团。

4月25日 上午，毛泽东召集周恩来、邓小平等开会，研究中共中央给苏共中央的复信。

同日 晚上，毛泽东在上海文化俱乐部分别会见古巴保卫革命委员会全国委员会主席何塞·马塔和以总编辑郑浚基为团长的朝鲜《劳动新闻》代表团。

4月26日 上午，毛泽东在上海文化俱乐部再次会见朝鲜《劳动新闻》代表团。

同日 毛泽东离开上海到达杭州。

5月3日 毛泽东到达上海。

同日 下午，毛泽东在上海文化俱乐部会见几内亚政府经济代表团和几内亚妇女代表团。

5月4日 下午，毛泽东在上海文化俱乐部会见阿尔巴尼亚新闻工作者代表团、劳动青年联盟代表团、工会代表团和档案工作者代表团。

5月5日 晚上，毛泽东在上海文化俱乐部分别会见朝鲜法律工作者代表团和马里文化代表团。

5月6日 下午，毛泽东离开上海到达杭州。

8月1日 毛泽东为"南京路上好八连"①作《杂言诗·八连颂》。

11月1日 毛泽东到上海。

同日 下午，毛泽东在上海召开会议，讨论中法建交问题。

11月2日 下午，毛泽东在周恩来、陈毅陪同下，会见法国总统特使富尔和夫人。

同日 晚上，毛泽东会见尼泊尔王国全国评议会议长塔帕和夫人，以及由塔帕率领的尼泊尔王国全国评议会代表团全体成员。

11月3日 下午，毛泽东会见阿联（今埃及）教育代表团。

---

① 指1949年5月起进驻上海市南京路的中国人民解放军某部八连。该连身居闹市14年，一尘不染，勤俭节约，克己奉公，热爱人民，助人为乐。1963年4月25日，国防部批准授予"南京路上好八连"的光荣称号。

同日 毛泽东离开上海到达杭州。

11月9日 毛泽东到达上海。

11月11日 毛泽东离开上海。

同年 毛泽东应上海《青年报》的请求，为其报头题字。毛泽东的题字后由曹荻秋带回上海。

1964 年

1月 毛泽东与吴冷西在谈论关于报刊工作问题时，表扬上海《解放日报》说："《解放日报》比较注意抓思想，抓思想工作，值得一看。"

5月2日 毛泽东从杭州到达上海。

5月7日 下午，毛泽东会见由议长塔德·西里乌尤蒙西率领的布隆迪王国国民议会代表团。

5月8日 毛泽东会见以姆库贾·苏莱曼为首的桑给巴尔和奔巴非洲—设拉子青年联盟代表团。

5月9日 下午，毛泽东会见由内政部部长奥廷加率领的肯尼亚政府代表团。

同日 毛泽东离开上海。

7月17日 晚上，毛泽东和周恩来、彭真等党和国家领导人在北京观看由上海京剧一团演出的现代京剧《智取威虎山》，接见了全体演员和工作人员，还对该剧的修改作了重要指示。

9月15日 毛泽东从杭州到达上海。

同日 毛泽东在上海文化俱乐部听取上海青年京昆剧团赴西欧演出情况的汇报。

9月18日 下午，毛泽东乘专列离开上海。

同年 毛泽东在北京同李书城①等人亲切交谈。毛泽东向辛亥耆宿李书城先生问好："李先生，您好！您的公馆里诞生了伟大的党，您的私宅就是中共的产床，我代表几千万党员，向您这位革命的'保姆'问好！祝您龟鹤遐年，永远年轻不老！"

1965 年

6 月 16 日 毛泽东由杭州到达上海。

6 月 20 日 上午，毛泽东同复旦大学教授刘大杰、周谷城谈话，谈话的内容涉及中国文学史、京剧现代戏、学术讨论、教育改革、《辞海》等。

同日 中午，毛泽东离开上海。

11 月 17 日 晚上，毛泽东在上海同陈丕显、韩哲一、曹荻秋谈话，了解上海的工农业生产情况。

11 月 19 日 上午，毛泽东离开上海去杭州。

11 月 22 日 毛泽东从杭州到达上海。

11 月 24 日 下午，毛泽东在上海锦江饭店同斯特朗、柯弗兰夫妇、爱泼斯坦夫妇、李敦白夫妇、马海德等聚会，祝贺斯特朗八十寿辰。

11 月 25 日 下午，毛泽东在上海锦江饭店会见参加中日青年友好大联欢的十五个日本青年代表团和其他日本朋友。

11 月 26 日 毛泽东从上海到达杭州。

---

① 李书城（1881—1965），湖北潜江人，是中共一大代表李汉俊的哥哥。同盟会发起人之一。中国共产党第一次全国代表大会在他的住宅召开。1949 年在武汉号召反对内战，对湖北解放作出贡献。同年 9 月，出席中国人民政治协商会议第一届全体会议。新中国成立后曾任农业部部长，全国人民代表大会常务委员会委员，政协全国委员会常务委员。

12 月 5 日　毛泽东从杭州到达上海。

12 月 8 日至 15 日　毛泽东在上海主持召开中共中央政治局常委扩大会议。

12 月 11 日　上午，毛泽东在上海虹桥招待所会见老挝人民党代表团。

12 月 15 日　毛泽东离开上海去杭州。

1966 年

3 月 26 日　毛泽东从杭州到达上海。

3 月 28 日、29 日　上午，毛泽东会见宫本显治率领的日本共产党代表团。

4 月 1 日　毛泽东由上海到达杭州。

5 月 3 日　毛泽东从杭州到达上海。

5 月 5 日　下午，毛泽东在上海会见由阿尔巴尼亚部长会议主席谢胡率领的阿尔巴尼亚党政代表团。

5 月 15 日　毛泽东从上海到达杭州。

1967 年

4 月 24 日　晚上，毛泽东在北京接见上海、山西、贵州等省市革命委员会负责人，并一同观看上海舞蹈学校演出的芭蕾舞剧《白毛女》。

6 月 16 日　毛泽东在北京观看由上海京剧院演出的现代京剧《智取威虎山》。

6月22日 毛泽东在北京观看上海京剧院演出的现代京剧《海港》。

7月21日 上午,毛泽东乘专机从武汉到上海。毛泽东在上海住了56天。当时,上海天气炎热,好长时间没有下雨。毛泽东十分关心,多次询问郊区的抗旱情况,还指示派飞机作了几次人工降雨。

8月16日 毛泽东会见来中国翻译、校对、出版阿尔巴尼亚文《毛主席语录》的阿方专家莫依修和穆希。

9月1日 毛泽东致电胡志明等,祝贺越南民主共和国成立二十二周年。

9月16日 晨,毛泽东乘专列离开上海。

1968 年

10月31日 毛泽东在中共八届扩大的十二中全会上说:谈家桢可以搞他的遗传学嘛!

1969 年

7月底 毛泽东审阅中共中央7月30日为转发上海市革委会7月6日《关于上海开展夏季爱国主义卫生运动的情况报告》的通知稿,批示:"照发。"中央的通知和上海的报告于7月31日发出。

9月18日 毛泽东由杭州到达上海。

9月19日 毛泽东离开上海。

1970 年

4 月 24 日　毛泽东从杭州到达上海。

4 月 25 日　毛泽东离开上海到达苏州。

7 月 28 日　毛泽东到达上海。

7 月 29 日　下午 3 时 20 分，毛泽东在上海锦江饭店接见罗马尼亚武装部部长杨·约尼查。下午 5 时，毛泽东上海锦江饭店会见了由朝鲜劳动党中央委员会委员、党中央委员会书记、朝鲜人民军总参谋长吴振宇大将率领的朝鲜民主主义人民共和国军事代表团。

同日　毛泽东从上海到达杭州。

1971 年

9 月 10 日　傍晚，毛泽东乘专列到达上海。这是毛泽东最后一次到上海。毛泽东没有下专列，当晚在专列上休息。

9 月 11 日　上午，毛泽东在专列上同许世友等谈话。

同日　下午，毛泽东乘专列离开上海，直返北京。

1972 年

2 月 28 日　中华人民共和国和美利坚合众国在上海发表经毛泽东修改、审定的《中美联合公报》，标志着中美两国开始走向关系正常化。

7月30日 晚上，毛泽东在中南海游泳池住处接见上海京剧团演员、现代京剧《龙江颂》女主角的扮演者李炳淑。毛泽东说：《龙江颂》这个戏不错，我看过四次电视，一次电影。《龙江颂》拍成电影就好了，广大农民就可看到了。

1976 年

2月12日 毛泽东复函上海复旦大学教授刘大杰，同意刘大杰对唐代文学家、诗人韩愈的评介"虽非法家，但也不是醇儒，不能一概否定"。对唐代诗人李商隐的无题诗，毛泽东指出："现在难下断语，暂时存疑可也。"

9月9日 毛泽东主席逝世。上海人民自发佩戴黑纱、设置灵堂，进行各种悼念活动。

后 记

《毛泽东在上海》一书，是中共上海市委党史研究室为纪念毛泽东百岁诞辰于1991年决定编纂的。陈丕显同志为本书写了序言。

本书编纂的范围，以毛泽东在上海的活动为主，也包括毛泽东对上海革命和建设作出的重要指示、批示。由于当时环境限制和其他原因，许多重要的历史资料没有集中保存。在资料征集过程中，我们得到全市党史部门的大力支持，把征集工作深入到工厂、企业、机关、学校，以至个人；我们还得到了上海市档案馆、一大会址纪念馆的大力协助；有些接触过毛泽东的同志主动献出了他们珍藏的文物与资料，曾为毛泽东在上海摄影的记者徐大刚，为本书提供了许多宝贵的照片。由于社会各方的支持，使毛泽东在上海活动的史料能比较全面地收集起来，还挖掘到一批鲜为人知、价值很高的资料。在考订毛泽东来沪次数及活动情况的过程中，中央警卫局有关领导和曾在毛泽东身边工作的孙勇、李银桥、田云玉、李连成、张木奇、胡秀云、钱水桃等同志以及浙江省委党史研究室为我们提供了许多重要线索和资料依据。

本书在编纂过程中，亦得到了方方面面的关心和有力的支持。中共中央文献研究室毛泽东组对编纂本书提出了重要的建议，李捷、冯蕙同志还为本书撰写了毛泽东小传。一些当年陪同毛泽东视察的领导同志，以及受毛泽东接见过的民主人士、知识界文艺界代表，他们怀着崇敬的心情写就了一篇篇情真意切的回忆文章。当年曾为毛泽东服务过的接待人员、警卫员、摄影师、服装师、理发师等以深切的情感记述了他们心目中的毛泽东。

中共上海市委党史资料征集委员会主任王尧山,副主任张承宗、马飞海、邵有民对编辑出版本书十分重视,亲自审阅了由市委党史研究室撰写的《毛泽东永远活在上海人民心中》的重点文稿。李家齐同志为本书审阅了部分重点稿件,并提出了许多宝贵意见。在此,我们谨向他们,以及所有支持、帮助本书编辑出版的单位和个人致以诚挚的谢意。

毛泽东是伟大的马克思主义者,是中国共产党、中国人民解放军、中华人民共和国的主要缔造者和领导人。《毛泽东在上海》所记述的仅是他伟大一生中的一个侧面。由于我们水平有限,本书在史料收集、运用和编纂上难免有不当之处,恳请读者予以指正。

编者

1993 年 5 月

修订版后记

为纪念毛泽东同志诞辰 130 周年，本书在对 1993 年出版的《毛泽东在上海》修订补充的基础上，正式出版与广大读者见面了。

中共上海市委党史研究室高度重视本书的修订出版工作，组织和落实研究人员推进这项工作。在严爱云主任主持下，黄金平、张鼎对 1993 年出版的《毛泽东在上海》做了修订和补充，对原书中的"回忆与专题"文章从时间、地点、人名和提法等方面，进行了核准；特别是对原书中的"大事记"做了比较大的修改。严爱云主任撰写了本书的前言。研究一处、科研处和征编处给予了热情支持和大力帮助，郭炜、胡迎、张丽燕协助做了大量的照片和文章查找工作。中共党史出版社编辑为本书的出版付出了辛勤劳动，在此一并致谢。

毛泽东同志是伟大的马克思主义者，中国共产党、中国人民解放军、中华人民共和国的主要缔造者，中国各族人民的伟大领袖。《毛泽东在上海》所记述的仅是他伟大一生中的一个侧面。由于我们水平有限，本书在史料收集、运用和编纂上难免有不当之处，恳请广大读者予以指正。

编者

2023 年 6 月